心理学教育のための
傑作工夫集

講義をおもしろくする67のアクティビティ

L.T. ベンジャミン・ジュニア 編
中澤　潤・日本心理学会心理学教育研究会　監訳

北大路書房

FAVORITE ACTIVITIES FOR THE TEACHING OF PSYCHOLOGY

By

Ludy T. Benjamin,Jr.,PhD

序　文

1981年にアメリカ心理学会（APA）は*Activities Handbook for the Teaching of Psychology*（Benjamin & Lowman, 1981）シリーズの最初の本を出版しました。その時，この本は第1巻とは銘打たれていませんでした。当時はさらに続巻が出るとは思われていなかったからです。この本はきわめて単純な理由から作られました。当時，高等教育では，学生自身が自らの学習にもっとかかわる必要があるということが認識されるようになっていました。教育の専門用語で言うなら，この本は「参加型学習active learning」，つまり，学生が多くの通常の授業のように受動的な立場であるのではなく（Mathieら, 1993参照），自らの教育の能動的な実践的参加者であることを保証するための教授エクササイズを取り上げたものだったのです。その第1巻のアイデアは，APAの高校心理学委員会での論議から生まれたものでした。そのような教授アクティビティは高校教員向けの，最初は*Periodically*，後に*High School Psychology Teacher*と改題されたAPAのニュースレターにコーナー記事として掲載されていました。第1巻に掲載されたアクティビティのいくつかは，ここからとられました。それ以外のものは，参加型学習に関する良いアイデアを教師に投稿するよう呼びかけ，得られたものでした。結果として，この本は心理学入門教科書の典型的な章立てのテーマをカバーする，心理学のベスト・ティーチャー達が好む88個の教授アクティビティから構成されることになりました。Kathleen Lowmanと私はAPAの教育事業部門のスタッフとして，この第1巻の編集という栄誉を得ました。

第1刷は数か月で売り切れ，ねらい通りのニーズがあることが確認されました。高校教員や，大学教員が購入したのです。その後18年の間に，3巻の本が続くことになり（Makosky, Whittemore, & Rogers, 1987; Makoskey, Sileo, Whittemore, Lamdy, & Skutley, 1990; Benjamin, Nodine, Ernst, & Blair-Broeker, 1999），味と匂いの相互作用からテストの信頼性まで，作業記憶容量から薬物依存まで，神経ネットワーキングから研究倫理まで，パーソナリティ検査から帰属までの総計348の教授アクティビティが提供されました。これらのアクティビティは初任の教師には大きな恩恵を与え，より経験のある教師にもその授業教材庫に価値ある備えを与えたのです。

このシリーズの中の2冊に私の名前があることから，私はこの4分の1世紀の間，数多くの教師からこれらの本が授業でどんなに助けとなったかという感謝のことばをいただいてきました。私自身にとっても，このシリーズは，学部の授業やワークショップまた博士課程の大学院生のための心理学教授法の授業で計り知れない役割を演じてくれました。授業をもつ大学院生は，自分の教授レパートリーを増やそうとする場合，参加型の学習エクササイズを歓迎します。したがって，これらの本は，特に彼らの助けとなってきました。

本書はアクティビティ・ハンドブック・シリーズから出発したものです。しかし，これは新たな第5巻ではなく，本書の67のアクティビティは実際には「新しい」ものではありません。ただし，すべては本書のために改訂されています。本書のタイトルが示すように，これらは，これまでの4巻シリーズのおよそ350のアクティビティの中で「好まれ」人気のあったアクティビティです。本書のために，私は今までのシリーズのユーザーがとても有効であると判断したアクティビティを選択したいと思いました。そのために，まず最小の準備しか必要としないアクティビティを選びました。数多くの教授ワークショップ体験から，私は，教師はいつも時間が足りず，授業で採用するアクティビティはすぐに使えるものでなければならないということを承知しているからです。また誰にでもできるアクティビティとしました。つまり，期待される結果が繰り返し得られるアクティビティです。それがあなたにもあてはまるかには保証できませんが，ここで取り上げたアクティビティに対する評価はきわめて高い成功率を示しています。さらに参加型学習エクササイズを提供することが難しいとされているいくつかの心理学的トピックス，例えば心理療法や薬物依存や脳と行動の関係についても，それを取り上げたアクティビティを入れたいと思いました。また数人の学生がデモンストレーション役をするのではなく，教室の全員が参加するアクティビティを重視しました。さらに授業の人数にかかわらず学生全員が使えるアクティビティとしたいと思いました。例外があるかもしれませんが，本書の大部分のアクティビティがこれらの希望に応えていることをご理解いただけるでしょう。最後に，心理学入門の授業で取り上げられる典型的なトピックスをカバーするアクティビティを選びたいと思いました。今までのハンドブックシリーズにはそのような縛りはありませんでした。各巻の内容は広範囲にわたってはいましたが，テーマはその都度どのような投稿があったかによっていたからです。本書のアクティビティの多くは入門期の授業に適していますが，そのすべては大学院の授業をも含む専門の授業にも適しています。

私自身の授業用の書棚には他の教授アクティビティの本とともに，今までの全4巻のハンドブックが置かれています。私は，これらすべての本に精通していることをうれしく思っていますし，あちこちの頁が折られて，ぼろぼろになった私のアクティビティ・ハンドブックは頻繁な使用の証です。もし書棚に余裕がないなら，本書はあなたの必要とする本です。あなたが大学院で心理学教授法を教えているなら，あなたの学生がもつべきは本書です。あなたが大学で入門心理学の教授をコーディネートし，講師や大学院生の教師をスーパーバイズする役割をもっているなら，あなたの学科がこれら大学院生教師のために提供すべきは本書です。あなたが高校の教師で心理学の通常授業や優秀生徒のための飛び級授業で教えているなら，本書はあなたにとって，計り知れない資源を与えるでしょう。あなたが心理学入門の授業を教える新任の准教授を定期的に採用する学科長であるなら，本書は彼らに提供すべき良い本です。彼らが授業準備に費やす時間を節約し，彼らへの授業評価を高めるでしょう。繰り返しになりますが，本書の最大の価値は入門授業にありますが，アクティビティは多くの上級の専門の授業でも用いることができます。

本書に採用するアクティビティを選択した後，各章の著者にはその改訂を求めました。元の教授アクティビティの中心的概念は維持したまま，この間の心理学的な知識や理論の変化，また教授テクノロジーの変化に応じてアップデートした改訂版を作成して欲しいと依頼したのです。第1巻の出版当時，誰もビル・ゲイツ（Bill Gates）の名は知りませんでしたし，教室の主要な視覚装置は黒板であったし，図書館は学生が必要な情報を探すために書棚を見に行く場所でした。また，著者には，アクティビティの使用を省察し，使用体験に基づいて，必要な場合は修正するよう求めました。もちろん，引用文献や参考文献も最新のものとされました。いくつかの章の著者はすでに亡くなっていました。その場合は私が改訂を行ないました。

以前の巻と同様に，本書のアクティビティは料理の本のようにマニュアル形式になっています。まず「要約」で始まります。「要約」では以下の情報が提供されます。(a)何についてのアクティビティなのか，(b)そのアクティビティが適している授業，(c)アクティビティは授業内で行なうものか，授業外で行なうものか，あるいはその両方か，(d)アクティビティは学生全員が参加するものか，(e)アクティビティに最適な授業人数や最大人数，(f)アクティビティを行なうために必要な推定時間。したがって，「要約」はアクティビティの内容へのすばやいアセスメントと，あなたの授業への適合性を提供するでしょう。

「要約」に続いて，「コンセプト」と題する節が続きます。「コンセプト」では，アクティビティの心理学的内容の詳細な記述が与えられます。次に「必要な材料」の節が続く場合もあります。料理のレシピのように，アクティビティに必要なものを知らせてくれるでしょう。多くのアクティビティで必要なものは最小にされています。例えば，質問紙のような記入式の材料が必要な場合，これらの材料はアクティビティの中で素材として提供されています。

次の節は，「実施法」です。ここでは，アクティビティを準備し，実行し，結論づけるためにあなたが行なうべき事柄が，詳しく述べられています。「考察」の節がそれに続きますが，ここではアクティビティで期待される結果が述べられ，ディスカッション，レポート報告，あるいは参加型学習エクササイズの価値をさらに促すことのできるフォローアップ・アクティビティについての示唆が論じられます。最後の節は，「引用文献と参考文献」★と題されており，そのタイトルが示すように，アクティビティの中で触れられた文献がすべて紹介され，またそのトピックに関する付加的な情報をあなたや学生が探すのに有効な他の資源を提供しています。

12の章が心理学の入門の教科書の章立てに対応する形で構成されています。例えば，脳と感覚処理，知覚，意識，学習と記憶，パーソナリティです。本書は人種・ジェンダー・多文化主義の章で終わります。

本書のアクティビティのやり方や学生の参加の仕方は多様です。デモンストレーション，ディベート，ディスカッション，実験，観察，レポートの宿題，シミュレーション，協同学習，ロールプレイなどがあります。これらのアクティビティを通して強調されるのは，クリティカルシンキングです。クリティカルシンキングという言葉には使い古された感じもありますが，これは本書のほとんどすべてのアクティビティの強い目標です。学生は，さまざまな役割をとり，一見矛盾する現象を経験し，彼らの一般通念を破り，データから言えることと言えないことを学び，多様な原因や統制について学び，適切なサンプリングの重要性について学び，彼らの知覚を文字通りまた比喩的にも変え，ディスカッションや聴くスキルを改善し，そして自分自身の学習を省察しながら行なった経験について論述します。最終的に重要なことは，学生が自分の学習にかかわることであり，参加型学習が求めている参加を通した学習過程に，授業者が学生を喜んで迎えることです。

ここで提示したアクティビティは，著者たちが彼ら自身の授業で使ったものです。著者は多くの場合，授業者が選ぶことができる余地を残しています。すなわち，あなたの授業はあなたのものであるということを思い出すべきなのです。本書を読んで，あるアクティビティは自分の授業では書かれているようにはうまくいかないだろうと判断するかもしれません。それでも，そのアクティビティがあなたの関心を引くなら，自分のニードに合うような修正を考えてください。そのような修正をしても誰も責めたりはしません。教師としてこれらを行なうのはあなたの判断です。もちろんそのアクティビティは変更した形ではうまくいかないかもしれません。あるいは，もっと上手くいくかもしれません！

私は以前の*アクティビティ・ハンドブック*の巻の共同編集者，すなわちKathy Lowman, Vivian Makosky, Linda Whittemore, Anne Poliakoff, Chi Chi Sileo, Christine Landy, Mary Lynn Skutley, Barbara Nodine, Randy Ernst, Charlie Blair-Broeker,そしてAPAの教育事業局のすべてのスタッフメンバーに感謝します。私はこのシリーズを通して最良の教授アイデアを共有してくれた何百人もの偉大な教師に，そして特にこの特別な本に含めるために彼らの章を改訂してくれた方々に深く感謝します。

感謝はまた本書のアイデアを出し，制作の過程を導いてくれたAPA出版局のスタッフにも捧げたいと思います。すなわち，Maureen Adams, Judy Nemes, Katie Funkの皆さんです。

心理学を教えている我々はカリキュラムの中で最も興味深い科目の1つを教えているという点で明らかに有利です。心理学はあえて「活気づけ」を必要とするような科目ではありません。そして本書や，今までのシリーズは「活気づけ」のためのものではありません。本書は，学生達を我々の教える心理学という科目の核心に引き込むために行なわれてきた個人的な方法を心理学の教授法として共有するためのものです。心理学は私たち自身のことや，私たちを含む世界のことをたくさん教えてくれます。私たちの希望は，本書が教師としての課題を果たす上であなたを助け，また本書のアクティビティから得られた洞察や理解を通して，あなたの学生が重要な点で変化することなのです。

Ludy T. Benjamin, Jr.

★訳注：引用文献と参考文献は本訳書の最後にまとめて掲載した。

目 次

■第１章　歴史，統計，研究法

本章の８つのアクティビティは，心理学入門の教科書で通常扱われているテーマである心理学史ならびに以下のような統計と研究法の多くのトピックを取りあげている。つまりサンプリングエラー，代表値，信頼性と妥当性，相関関係と因果関係，仮説検証，観察法，独立変数と依存変数，剰余変数と統制群，そして研究の倫理である。

心的時間測定（mental chronometry），つまり心的処理の速度の測定が，アクティビティ１のテーマである。学生に反応時間を測定する機会を与え，ウイルヘルム・ヴント（Wilhelm Wundt）がライプチヒの実験室で行なった心理学の黎明期の研究のいくつかを再現する。

学生は食べるのが好きなものだが，アクティビティ２では，サンプリングにおける分布，特にサンプルを母集団のパラメーターの推定に用いる際の少数サンプルの問題点を学習しながら，しかも食べることもできる。このエクササイズではサンプルとしてM&Mチョコの小袋を使う。学習が終わったら，学生は被験者を食べても良い。

アクティビティ３は平均とは何か？　を問うものである。平均値，中央値，最頻値という３つの代表値をとりあげ，分布が歪んでいる場合に各代表値が与える影響の違いを示す。このアクティビティは誰が著作者であるかをめぐる訴訟事件で歴史的に用いられてきた言語分析技法により，これら統計測度の適用を示す。

アクティビティ４は標準化されたフェミニズム調査を用いて，学生に態度や特性の尺度得点化の手法を示し，次いでその得点の信頼性と妥当性を判断するための統計の利用法を示す。

実験的研究法と相関的研究法の違いが，アクティビティ５のテーマである。ここでは，因果関係が強調される。学生は正負の相関の違いについても学ぶ。

アクティビティ６は，教師が心霊能力をもっているという印象を作り出す３つのとても巧妙なデモンストレーションを用いる。デモンストレーションは学生がクリティカルシンキングを行ない，仮説検証，独立変数，依存変数，統制群などの実験法の概念を考え，話しあうことを刺激するために用いられる。

観察法がアクティビティ７のテーマである。学生は，通常のテレビ番組を見るという宿題を出され，視聴したことについて多様な観察を行なう。この標準化された観察経験は，人が同じ経験をいかに違って見るか，また観察方略上の一致を開発することの難しさと重要性も説明する。

アクティビティ８は人間研究における倫理という重要なトピックを扱う。３つの異なるアクティビティがあり，それぞれが異なる研究上の倫理問題を扱うようデザインされている。エクササイズの包括的なテーマは，倫理は常に科学的に妥当な研究の一環であるということである。

1. 連鎖反応時間
思考の速度を測定する

Michael Wertheimer：University of Coorado

ここで紹介する実験では，授業内で全受講生が一度に参加して，単純反応時間と選択反応時間を測定することができる。これは12人ほどの小さい授業から数百名の大きな授業まで実施できる。エドウィン・ボーリング（Edwin G. Boring）は，1940年代にハーバード大学の心理学入門の授業でこれを用いている。

□コンセプト

反応時間は心理学の歴史における最も古い行動測度の１つで，初期の心理学研究室でよく用いられたものであった。たとえば，ライプツィヒ大学のウイルヘルム・ヴント（Wilhelm Wundt）の心理学実験室では，心的処理の速度を計るために反応時間の研究が用いられていた。また，ヴント（Wundt）の最初のアメリカ人心理学学生ジェームス・マッキーン・キャッテル（James McKeen Cattell）もこのテーマを研究していた（Cattell, 1885）。このアクティビティに用いられる技法は，オランダの科学者フランシス・コーネリス・ドンダース（Franciscus Cornelis Donders）の1868年の論文で最初に記述されたものである（彼の論文は英語訳で読むことができる：Donders, 1969）。その技法は，今日でも心的時間測定（mental chronometry）という名称で認知心理学の研究方法の１つとして，用いられている。

このデモンストレーションの最初の手続きは単純反応時間を取り上げ，次には選択反応時間を取り上げる。最初の手続きでは，１つの刺激が提示され，１つの反応が要求される，次の手続きでは，２つの異なる刺激のいずれか１つの刺激が提示され，２つの異なる反応から１つの反応が要求される。どちらの場合も，反応時間は刺激の提示から反応までの時間である。

□必要な材料

実験のために必要とされる唯一の器材は，ストップウォッチまたはストップウォッチ機能をもつ腕時計である。そのような腕時計をもっていなくても心配はいらない。学生に持参するよう頼めばよい。受講生の誰かがもっていることは確実に保証する。

□実施法

全受講生を同じ方向に向かって一列に並ばせる（大規模な授業では，学生は弧，円形または渦巻線に一列に並べばよい）。学生は右手を，前の学生の右肩に置く。最後の学生の手は，列の最後の人物，つまりストップウォッチをもっているあなた（教師）の右肩に置く。学生に，自分の右肩が握りしめられたらすぐに，列の前の学生の右肩を握りしめるよう言う。握り方は穏やかだが，知覚できるものでなければならない点を注意する。「はじめ（go）」とあなたが言うことによって実験を開始する。この言葉は，連鎖の1番目の学生が，彼の前にいる学生の肩を握るための刺激である。あなたが「はじめ」と言うと同時に，ストップウォッチを始動させなさい。あなたの後の学生があなたの肩を握るのを感じたとき，ストップウォッチを停止させる。ホワイトボードに「単純反応時間」とタイトルを書き，その下に経過時間（小数点以下2桁）を記録する。十分に安定した反応時間を得るために，あと4回エクササイズを繰り返す。これらの経過時間をそれぞれ最初と同じ列に記録していく。次に，全受講生の平均単純反応時間と学生1人あたりの平均単純反応時間を計算する。全受講生の平均単純反応時間は，列の合計を5で割ることによって得られ，学生1人あたりの平均は，全受講生の平均時間を，参加している学生数で割ることによって計算される。

選択反応時間の測定のために，学生の右手を前の人の右肩に置かせ，左手を左肩に置かせる。学生に，肩が握られたと感じたら，前の人の逆の方の肩を握らなければならないと言う。列の最初の人には，あなたが「はじめ」と言ったとき，自分の前の人の右肩か左肩のいずれかを握るよう告げておいて，実験を開始する。ただし，その選択は学生にまかせ，どちらを握るかは公表しないようにも告げておく。前と同様，各々の試行を，「はじめ」の言葉で開始し，ストップウォッチをスタートさせる（もちろん，学生は，彼らの後で何が起きているか見てはならない）。前と同様に遂行にかかる時間を計り，それから，あと4回エクササイズを繰り返しなさい。間違えて，自分の前の人の違った方の肩を握る学生もいるかもしれない，しかし，こうしたことが起きたとしても，わずかに学生が戸惑うだけのことで，エクササイズの成功を深刻に妨げるものではない。ホワイトボードに「選択反応時間」と書き，その下の列に時間を記録する。前と同様，全受講生の平均と，学生1人あたりの平均を計算し，最初の実験で得られた値と比較する。第2の実験の平均反応時間は，最初の実験よりかなり長くなるだろう。

□考察

平均単純反応時間と平均選択反応時間の違いは，選択過程にどれくらいの時間がかかるのかといった，心理学者が1世紀以上前からすでに扱っていたいくつかの問題に関するディスカッションへと学生を導くことができる。実際上，2つの実験の学生1

人あたりの平均値の違いは，どの肩を軽くたたくべきかについて決定をするのに必要な時間である。２つの実験の求心性および遠心性の構成要素は実質的に同一であり，異なっていたのは，求められる心的課題の違いであった。つまり，最初の実験では単純な決定，第２実験ではより複雑な選択である。学生に選択反応が必要である他の状況について考えさせる。状況の複雑さは，どのような効果をもつのか？　多様な刺激または多様な反応があるならばどうなるだろうか？　複雑さ以外にどのような他の要因が反応時間に影響を及ぼすであろうか？　反応時間の研究には，どのような潜在的実践的重要性があるのか？

単純および選択反応時間は，多くの心理学入門の教科書で論じられている（あなたが使っている教科書の索引をチェックしてみよ）。簡潔な歴史の記述は，ベンジャミン（Benjami, 2006, pp. 61-62），リーヘイ（Leahey, 2001, pp. 59-60），そしてウエルトハイマー（Wertheimer, 2002, P. 281）で見つかる。もう少し長い論議は，コルシニとオーバッハ（Corsini & Auerbach, 1996, pp. 770-772）によって提供される。バンザント（Van Zandt, 2002）は，反応時間の広範な話題について，より徹底的で，かなり高度な分析を示してくれる。ルース（Luce, 1986）は，ドンダース（Donders）に始まる心的時間測定の１世紀にわたる研究の歴史を提供している。

2. おいしいサンプリング

M&Mチョコを使ったサンプリングの学習

Randolph A. Smith：Lamar University

このおいしいデモンストレーションは，学生にサンプリングの概念を経験させ，彼らに日常的なサンプリングの問題を与える。学生は，プレーンのM&Mチョコの小袋を受け取り，その中のサンプルの各色の数を数える。学生は母集団の色の分布を予測するために，それらのデータを使用する。すべてのサンプルを合算することにより，学生は母集団の分布の近似値を得る。この授業内アクティビティは，心理学入門，統計，研究法の授業に適している。ディスカッションにもよるが，すべてを行なうまでにおよそ15－30分かかる。学生（そして教員）は，このデモンストレーションを説得力があるとわかる。

□コンセプト

心理学科の学生が難しいと感じる概念の１つに，サンプリングがある。学生はサンプリングの必要性，あるいはサンプルとそれと関連する母集団の関係を必ずしも理解できるわけではない。この知識は，心理学者の使用する調査や推論プロセスを理解するためには不可欠なものである。

□必要な材料

それぞれの学生のためのプレーンのM&Mチョコの小袋を必要とする。また，各学生用のナプキンももってくる。学生が計算機をもっているなら，このアクティビティはより容易になるだろう。学生が望むなら，教員はデータシートを作成することもできる。（特別な食事制限をしている学生や食物アレルギーのある学生は，このアクティビティを棄権したいかもしれないことに注意すること）

□実施法

このM&Mのサンプリングのデモンストレーションは，サンプリングを実際に生き生きと示すことができ，サンプリングを学生にとってより意味のあるものとする。プレーンのM&Mの食べ切りサイズの小袋が入っている大きな袋を購入し，各学生にサンプルの母集団から１つの“手付かずのランダムなサンプル”（１袋）を選ばせる。学生は被験者（チョコ）を与えられたナプキンの上（机の上よりもはるかに清潔だ！）に色によって分類しなければならない。プレーンのM&Mチョコを使うことが重要である。ピーナッツの入ったチョコはピーナッツアレルギーの問題の可能性があるし，もっと悪いことには，机から転がり落ちて逃げ出そうとする習性をもっているからだ。

学生は，６色（青，茶，緑，オレンジ，赤，黄）のM&Mの単純な度数分布を，あなたが与えるデータシートに記入しなければならない（附録2.1参照）：メモ用紙でも十分である。いくつかのM&Mの小袋には，６色すべてが入っていないことに注意しなさい。被験者が（溶けて）若年死する前に，度数分布を完成させるよう学生に警告しなければならない！

サンプルサイズは典型的にいくらか変動するものであるし（他の興味深い概念や実践的な応用として，品質管理を取り上げてもよい），あなたは学生にサンプルに基づき母集団について何らかの推論をさせたいだろうから，ローデータを割合に変換させなさい。

各学生に，自分のサンプルに基づいて，母集団でのM&Mの色の分布についての仮説を作らせなさい。この推定値は，一般的にかなりばらつきがある。次に学生はペアーを作り（もちろん，文字通りではなく），データを合算し，共同の仮説を作る。最後に，全体的な仮説を産出するために，クラス全体のデータを合算する。

□考察

学生はこのエクササイズから，サンプリングについてのいくつかの貴重な教訓を学ぶ。あなたはM&Mチョコのサンプルサイズを大きくし（例えば，個別包装の小袋の入ったより大きな袋，あるいは１ポンド，２ポンド，３ポンドの袋を使用することによって），典型的にどれくらいの大きさのサンプルが母集団のより良い推定をもたらすのかをデモンストレーションできる。

学生は小さなサンプル（食べ切りサイズの約24個のM&Mチョコ）から個別に仮説を産出するので，仮説された母集団のパラメーターは通常，正確さが低い。たとえば，ある学生はオレンジを８個もっており，別の学生はオレンジを１個しかもっていないということは珍しいことではない。実際，この小袋のサンプルはとても小さいので，著しいばらつきを示すことがわかるだろう。しかしながら，学生がペアーになり２人のM&Mを一緒にしてより大きなサンプルにするにつれ，母集団の割合の推定値の変動は減少していき，母集団の数値により正確に近似していく。クラス全体のデータを合わせると，変動は大きく減少し，サンプルは母集団のより良い推定値となり，仮説はより正確なものとなる。

Mars社は，各種のM&Mチョコ製品の色の割合に関してかなり正確であり，その割合は製品により異なっている。プレーンのM&Mチョコの場合，正確な割合は以下の通りである：青24％，オレンジ20％，緑16％，黄14％，茶13％，赤13％。これらの数値や他のM&M製品の割合は，M&Mチョコの公式Webサイト（http://www.m-ms.com.）で見ることができる。このデモンストレーションを使う前に，Webサイトで割合を確認すべきである—このアクティビティが初めて公刊されてからまだ10年も経たないが，当時は茶のM&Mチョコの割合は30%，青の割合は10%で，それに応じて他の色の割合も異なっていた。

χ^2検定を使用して，母集団のパラメーターと自分達のサンプルデータとのあてはまりを比較することができる。私は3つの異なる機会を使って，データの大きなサンプル（各サンプルで1000個以上のM&Mチョコ）を収集した。興味深いことに，その3つのうちの2つのサンプルは，期待されるデータとの有意なズレを示した（いずれの場合も$p<.001$）。

私がお昼の直前に統計を教えているという事実もあってか，学生はこのテクニックにとても好意的に反応する。また，この授業の単元が，セメスターの中でおそらく最も活気があると言える。もちろん，このアクティビティの終わりに，学生が望むなら，彼らの被験者（チョコ）を食べても良いと伝えて良い。

このアクティビティでレポートの宿題を課したいなら，学生にMars社に授業での発見の結果を記述した手紙を書かせることを提案する。これは，学生にとって，日常的な容易に理解できる言葉で統計的な発見を伝える試みとして，挑戦的なものとなる。そのような宿題は，教員と学生の両方にとって，サンプリングやサンプルから推論を下すという概念を本当に理解しているかどうかを見るのに役立つ。学生はまた，Mars社のWebサイトからM&Mの歴史を学ぶのを楽しむだろう。おそらく，学生や教員は，このお菓子が1941年に考え出され，第二次世界大戦の際に，アメリカ兵のためのスナックとして軍隊に販売されていたことを知らないだろう。

附録 2.1：度数分布データシート

あなたのサンプルデータを記入し，あなたがM&Mチョコの母集団で見られると思う割合を記入しなさい

	青	茶	緑	オレンジ	赤	黄
観察されたf						
予測された割合						

3. 平均値において…

Kurt Salzinger：Hofstra University

このアクティビティの目的は，代表値に習熟させ，異なる代表値が異なる結果を導き出すことを具体的に学生に示すことである。このアクティビティは心理学入門，統計学，研究法の授業に適しており，どのような規模の授業でも実施可能である。教師は分析資料のコピーを準備する必要がある。学生の作表は授業の中か，授業外の宿題として行なわれる。学生は代表値を学習しておく必要がある。

□コンセプト

かつてベンジャミン・ディズレーリ（Benjamin Disraeli）は嘘を“嘘，大嘘，そして統計”に分類した。このエクササイズの要点は，統計において，どのような代表値が用いられているかを理解していれば，我々は真実を知ることができるということを示すことである。代表値は互いに異なることから，特に分布が歪んでいる場合，学習の良い教材となる。さらに，そのような分布のサンプルを，学生はすぐに利用することができる。その上，学生に概念の操作方法を示すことは建設的なことである。つまり，測定できるようにするために，どのように概念を定量化するのかを示すことである。そのような手続きによって我々の仮説に正確な結論をもたらすことができる。

基本的な検討課題は，代表値についての異なる定義が同じ結論をもたらすかである。ここでは言語行動について検討する。「ある文章が他の文章より難しい」という仮説を検討したいとする。難しさを，各単語の文字数で測定することにする。この場合，以下のような問題がでてくる。どのように代表サンプルを選ぶことができるのか。サンプルはどのような大きさにすべきか。各文章の平均的な難しさを，適切な代表値の指標を用いることにより，どのように集約できるのか。

□必要な材料

基本的な材料は難易度が明確に異なる英語の文章である。単語の長さの対称的な材料は，小説 対 教科書，または雑誌で言えばthe *Reader's Digest* 対 the *New York Review of Books*で見つけることができる。

□実施法

学生は同じ出典元からデータを得なければならない。それによって，サンプルの大きさや種類に応じて，どのように測度が変化するのかを理解できる。このようにして，学生は単語の長さを合計する作業を分担する。計数は手で行なう。200単語で構成される文章サンプルを使い，各学生は1枚の紙の左側に単語の長さをリストにした表を作る（1文字から最も長い単語の文字数の範囲)。学生は，各単語の長さのリストの隣に，文章中に現われる同じ長さの単語の数を正の字で記入していく。代表値によってデータを集約し，分布をグラフとして表示し，種々のデータセット間の差を検定するために，コンピュータ・グラフィック・プログラムや既存の統計パッケージを利用する。

次に，学生は横座標に文字数を，そして縦座標にそれぞれの文字数に対応した単語の数を示すことで，度数分布を図に示し，各点を結ぶ。それによって，分布が歪んでいること，つまり，短い単語（3から4文字の長さ）が最も頻度が多いことを明瞭に理解できる。次に算術平均を算出する。つまり，文字の総数を総単語数で割る。次に，**中央値**を算出する。つまり，真ん中の得点である。そして最後に，**最頻値**を算出する。すなわち，最も高頻度で現われた単語の長さである。

教師がどのくらいの時間をこのプロジェクトに充てたいかに応じて，各学生が収集する200語のサンプルの数が決まる。いずれにせよ，各学生からのサンプルを結合して，より大きい単語の長さのサンプルを生成する。そして，同じセット（たとえば，同じ本，同じ雑誌，同じ話題）である時に，それらはどのくらい似ているか，そして異なるセットである時に，どれくらい違うのかを調べるために，各サンプルを他のすべてのサンプルと比較する。それぞれのセットの分布は，次に1つの大きい分布に結合され，2つの分布を比較することができる。たとえば，the *Reader's Digest* からのすべてのサンプルを結合した分布を the *New York Review of Books* からのすべてのサンプルを結合した分布と比較するのである。

□考察

最初に同じ文章からのサンプル，次に違う文章からのサンプルの，度数分布，平均値，中央値，そして最頻値を比較させる。このことにより，学生に推測統計に関する直感的アイデアを与えることになるだろう。この直感的アイデアは2つのデータセットが異なるかどうかを決めるのに使われる。このようにして，学生は以下の事柄を理解できるようになるだろう。(a)2つのデータセット間での違いを見いだすことが，ある1つのデータセットの中のサンプルの間での違いを見出すことに勝ることを，どのようにして確立すべきか，(b)ある代表値はそれ以外のものに比べて，さまざまなサンプルを識別すること，そして(c)単語の長さの分布に関して，平均値が最も大きく，中央値は次に大きく，そして最頻値が最も小さいということ。最後に，推測統計を用いることによって，学生は任意の 2 つのデータセットにおいて，難解さに統計的な差があるかどうかを決定できるようにならなければいけない。

単語の長さの測定は原作者の真贋論争のケースで何年も前に研究された。メンデンホール（Mendenhall, 1887, 1901）はシェークスピア（Shakespeare）の著作の度数分布を調べ，ベーコン（Bacon）の著作と比較した。興味深いことに，彼はシェークスピアの最頻値は 4 文字であり，ベーコンの最頻値は 3 文字であることを見出した。学生はシェークスピアが 4 文字単語を好んだということを知って，彼に新たな関心をもつだろう。より最近の，より洗練された方法において，モステラーとワラス（Mosteller & Wallace, 1964）は，統計学を書籍における原作者の真贋論争に応用させる問題に立ち戻っている。今日では，文学の原作者を究明する**文体測定学**（**Stylometry**）という学問領域が確立されている。これは，文体を測定する科学である。この領域では，論争のある原稿の原作者を特定するために，最新の言語分析コンピュータプログラムと人工知能を用いる（Holmes & Kardos, 2003; Klarreich, 2003 を参照）。

最後に，学生はダレル・ハフ（Darrell Huff）の 1954 年の著書『*統計でウソをつく法*』に興味をもつことだろう。この本で著者は，本来の結果とは別の主張をとおすために，別の代表値をいかにして利用することができるかを述べている。このわかりやすく，非常に機知に富んだ統計の処理が明示されている本は，いつでも最も売れている統計の本である（Steele, 2005）。

4. テストの信頼性と妥当性を調べる

Harold Takooshian：Fordham University

この体験的アクティビティでは標準化されたフェミニズム調査の尺度を用いて，学生に態度や傾向を尺度得点化する方法，そしてその得点の信頼性と妥当性を統計的に調べる方法を示す。このエクササイズは事前知識は不要で，心理学研究法のみならず，心理学入門，心理学的測定法の，どのような人数の授業においても使用可能である。1回目の授業では40分，宿題が1つ（最低10の調査票を集める），その後結果の確認を行なう2回目の授業では20分が必要である。

□コンセプト

テストの信頼性（それ自体との相関）と妥当性（行動との相関）はどのように決定されるのだろうか。この基本的なアクティビティは，2回の授業にわたり，学生は態度や特性をどのように得点化するかを実際に経験し，続いて信頼性と妥当性を統計的に調べるものである。このエクササイズは，ピアソンの相関（Pearson correlation）の計算を学ぶどのような授業の学生にも向いている。

□必要な材料

フェミニズム調査，スコアリング・グリッド，信頼性ワークシート（附録4.1，4.2，4.3を参照のこと）が必要である。用意できるならば，次のものを使ってもよい。(a)テストに関するテキストの信頼性と妥当性についての箇所（例えば，Anastasi & Urbina, 1997, pp. 95–97）または，(b)“*Psychology of Women Quarterly*”の女性やジェンダーに対する多様な視点に関する最近の論文（例えば，Rudman & Fairchild, 2007）。

□実施法

□□1回目の授業

このアクティビティの最初のステップは，自己採点テストである。授業の10分を使って学生にフェミニズム調査（Takooshian & Stuart, 1983）に記入させる。このテストは男女平等に関する信念を評価するものである（附録4.1参照）。学生が記入し終えたら，尺度を自分で得点化する方法を示す。この作業に10分与える。まず，尺度の中に紛れ込ませてある5つの項目（10，13，16，19，20）に目を通す。これらは実際には権威主義を測定するものである。そして残りの15項目の得点をつける（一番左側についている反応は2点，真ん中のNは1点，右側についていれば0点である）。これらの項目の合計がフェミニスト得点であり，範囲は，0～30点である。フェミニスト得点の平均値は，ニューヨークの成人女性の代表的集団においては，17.2点（1983年），17.6点（1997年），17.6点（2006年）である。

次に，学生を2人ずつのチームに分け，チームごとに，次の授業までに最低10人分のフェミニズム調査のデータを取ってくるように宿題を出す。10人のうち5人はフェミニスト，5人は反フェミニストであると期待される人（例えば，学歴の高低，政治的な革新・保守，若い女性・高齢の女性）からデータを取り，得点が期待通りになるかどうかを見る（注：2人組を作れない学生は1人でも可）。各学生に10枚のフェミニズム調査用紙と2枚の宿題シート―スコアリング・グリッドと信頼性ワークシート（附録4.2，4.3参照）―を与え，次の授業までに記入してくることを求める。次に15分間，グリッドの作り方，信頼性の散布図，ピアソンの相関係数rについて（次の節に示す概要に従い）段階的に説明する。

□□2回目の授業の前に

各チームが10以上の完全に記入された調査票を集めたら，学生はそれぞれの回答を，スコアリング・グリッドに2点，1点，0点の得点として入力する。フェミニズム調査は構造化されているので，左側につけられたすべての回答は（「同意(A)」か「不同意(D)」かにかかわらず），フェミニストとして2点，「どちらでもない(N)」の中立は1点，右側の列につけられたすべての回答は反フェミニストとして0点に換算する。スコアリング・グリッド上では，各回答者につき1列を割り当てる。フェミニストと期待される回答者のグループは，必ず右端から人数分（5列以上），そして反フェミニストの回答者を左端から人数分（5列以上），あてはめる。

フィラー項目（10，13，16，19，20）を除いて，各列について，奇数の項目の得点を加算し（1＋3＋5＋7＋9＋11＋15＋17），次に，偶数の項目の得点を加算する（2＋4＋6＋8＋12＋14＋18）。次に，これら15項目すべてを加算し，合計のフェミニスト得点とする。これらの奇数項目得点，偶数項目得点，合計点を，各列の下のスペースに記入しておくこと。（各項目は0～2点，奇数項目得点は0～16点，偶数項目得点は0～14点，合計は0～30点の範囲となる）

尺度の妥当性を調べるために，高いフェミニスト得点が期待される回答者と低い得点が期待される回答者の平均値を求め，実際にフェミニズム高期待者は低期待者よりも高得点になるかどうか確認させる。

尺度の信頼性を決定するために，学生は，信頼性ワークシートを用いて，全10人分の偶数項目と奇数項目の得点のペアを散布図に表わした上で，項目1，2，3に答える。これによって学生は次に，ピアソンの相関係数を算出できる。

□□ 2 回目の授業

学生の結果を検討する。15分間を使って，各チームについて，高群と低群の平均，信頼性のrの結果を黒板にリストアップし書く。受講生と共に，各チームの結果を通してのパターンを見出しなさい。

□□追加事項

時間と関心があれば，次のような若干のエクササイズの追加も考慮すること。

(a)信頼性ワークシートの5番目の項目を記入するために，学生に，彼らが得たrにスピアマン-ブラウンの修正を加える方法を示す。多くの教科書に載っている以下の公式を用いる（例えば，Anastasi & Urbina, 1997, pp. 95-97）。

$$rsb = \frac{2r}{1 + r}$$

(b)宿題記入シートをシャッフルして，各チームが他のチームの提出したシートの二重チェックを行なう。特にもし1つ以上のチームが他のチームとかけ離れている結果を出している場合はこの作業が必要となる。

(c)キャロル・ビーア（Carole Beere, 1990）の性役割に関するハンドブックの471-473ページに，フェミニズム調査の心理測定データのレビューが行なわれているので，これを学生に配布する。学生は自分たちの結果と公刊されている信頼性，妥当性のデータを比較することができる。

(d)ジャノウィッツとマーヴィック（Janowitz & Marvick, 1953）による権威主義尺度の5項目（10，13，16，19，20）もまた同様に2点，1点，0点のやり方で得点化できるので，権威主義得点を0点（低い）〜10点（高い）の範囲で算出することができる。追加の相関の計算実習を希望する学生は，10人分の権威主義尺度を得点化し，同じ人たちのフェミニズム得点との間で相関を取ればよい。通常はおよそ$r = -.40$の負の相関がみられる。

□考察

妥当性と信頼性に関する問題は，ディスカッションのよいトピックとなる。例えば，今回のフェミニズム調査が高い表面的妥当性をもっているかどうかを学生たちに考えるよう求めてみなさい。もし学生が表面的妥当性が高いと肯定したら，こんどは，みせかけや承認への欲求が回答者の得点に影響を及ぼすかどうかについて尋ねてみるとよい。またフェミニズム調査の信頼性をテスト-再テスト法やその他の方法でチェックするには，信頼性ワークシートをどのように使えば良いかを学生に問うこともできる。

多くの学生は，フェミニズム調査の「同意(A)」と「不同意(D)」の位置がしばしば逆になっていることに気づくであろう。この逆転は，手作業での記入の単純化を防ぐためであると同時に反応の構えを弱めるためである。この逆転が記入の正確さに影響を及ぼしうるかどうかについて考えるよう，学生に求めてもよい。最後に，このフェミニズム尺度は1983年のものであり，いくつかの項目，例えばユニセックス・ファッション（項目４）や女性解放運動家（項目14）は，時代遅れかもしれない。時代に関連する言葉が更新されずにそのままである場合，テストの価値は減じてしまうかどうかを考えるよう，学生に求めるのもよいだろう。

附録 4.1：意見調査

フェミニスト運動について，アメリカ人の意見は大きく2つに分けられるようです。以下の意見について，あなたの率直なお考えをお答え下さい。各項目について，同意する場合は「A」,同意しない場合は「D」,どちらともいえない場合は「N」に○をつけて下さい。

なお，この調査は無記名です。ご協力ありがとうございます。

1. D N A 男性と同じ仕事をしている女性は，必ずしも男性と同じ給与をもらう必要はない。
2. D N A 女性は，男性よりも子どもの養育に責任を持つべきである。
3. D N A 女性は，男性よりも家事の責任を持つべきである。
4. A N D ユニセックスな衣類は，男性も女性も同じような格好ができるのでよい。
5. D N A 女性は生まれつき男性よりも感情的である。
6. D N A 女性は生まれつき男性よりもセックスを楽しめない。
7. D N A 初対面の女性に会う時，Ms. よりも Miss や Mrs. で呼ぶのが好きだ。
8. D N A 私は自分自身を呼ぶときに Ms. よりも Miss や Mrs. で呼ぶのが好きだ。
9. D N A 女性は結婚したら，夫の苗字を名乗るべきである。
10. A N D 人間の本性として，戦争や紛争はつきものだ。
11. A N D 幼児のいる既婚女性でも，望むならば家の外で働くべきである。
12. A N D 妻が家計を支えている一方で夫が家にいるのはまったく問題がないといえる。
13. A N D 一般に人は信用できない。
14. D N A 女性解放運動家は，物事をあまりに荒立てすぎるといえる。
15. D N A 自らの女性らしさを否定する女性は実のところ頭が混乱した人だ。
16. A N D 法律や話し合いよりも，数少ないリーダーがこの国をよりよくすることができる。
17. D N A 女性が卑猥なことばを使うのは，男性よりも無作法である。
18. D N A 1人の女性のキャリアよりも，その家族が必要としていることの方が優先である。
19. A N D 出世をしない人の多くは，単に十分の意志力が足りないだけである。
20. A N D 誇りを傷つけられたらそのことを忘れるべきではない。

---

21. フェミニスト運動に関して一般的にどのように感じていますか。(裏の空白も使用可)

---

22. 年齢：____20歳以下，____20–29歳，____30–39歳，____40–49歳，____50–59歳，____60歳以上
23. 最終学歴：____中学校，____高校，____専門学校，____大学，____大学院
24. 婚姻区分：____未婚，____既婚，____死別，____別居，____離婚
25. あなたは現在外に働きに出ていますか。____いいえ，____はい(パートタイム)，____はい（常勤）
「はい」の場合，仕事は何ですか。____________________
26. 性別：______女，______男
27. （自由回答：）コメントがあればここにお書き下さい。(裏の空白も使用可)

附録 4.2 ：心理テスト得点化シート

名前：

尺度：フェミニズム尺度

	(低期待者)										回答者番号									(高期待者)
項目 1																				
2																				
3																				
4																				
5																				
6																				
7																				
8																				
9																				
10*																				
11																				
12																				
13*																				
14																				
15																				
16*																				
17																				
18																				
19*																				
20*																				

偶数項目得点：

奇数項目得点：

合計点：

*注意：10，13，16，19，20 の 5 項目は除くこと。これらは「権威主義的パーソナリティ」を測定している。

附録 4.3：テストの信頼性ワークシート

名前：＿＿＿＿＿＿＿＿＿＿＿＿＿＿＿/　/

尺度：フェミニズム尺度

この授業で使った態度尺度はどの程度
信頼できるものだろうか。
ここで計算してみよう。

1. タイプ

　あなたがチェックしようとしている
信頼性のタイプは，＿＿＿＿＿＿＿＿＿＿＿＿である。
　説明しなさい。

2. 散布図

　回答者1人あたりの２種類の得点を
　散布図にしなさい。
　その際，２つの軸を取り違えないよ
　うにしなさい。

3. 方向

　２つの得点間の見た目の関係は，正，負，無相関のどれか？
　説明しなさい。

4. 強さ

　上記の２セットの得点の相関はいくつか。

$$r = \frac{N\Sigma XY - (\Sigma X)(\Sigma Y)}{\sqrt{[N\Sigma X^2 - (\Sigma X)^2][N\Sigma Y^2 - (\Sigma Y)^2]}}$$

5. 有意性

　あなたのデータに基づくと，この尺度は信頼できるか。
　説明しなさい。

5. 実験研究 対 相関研究

Linda Leal：Eastern Illinois University

このアクティビティは，入門レベルの実験研究，相関研究，因果的推論の関連を論じるためのものである。学生は，実験研究と非実験研究の方法に関する基本的な理解と共に正/負の相関係数の理解を必要とする。あなたが配布資料やパワーポイントを通して調査目的を説明したい場合は別として，事前準備は必要ない。どのような規模の授業にも適しており，授業内あるいは授業外のいずれでも学生が実施できる。心理学入門，クリティカルシンキング，あるいは心理学研究法を扱うどのような授業であっても使用できる。

□コンセプト

研究は我々が心理学者として知識を得たり行動する上で不可欠であるので，研究についてクリティカルに考える能力は，学生の中に一貫して育てるべきスキルである。心理学を学ぶ学生の多くは最初は，すべての研究が実験的なものであると考えている。以下の授業アクティビティは，実験研究と相関研究の違いを明らかにし，学生が研究についてよりクリティカルに考えることの助けとなるだろう。

□実施法

授業で実験研究と相関研究について論じた後，学生に2－4人のグループで作業させなさい。隣に座っている学生どうしでグループを作らせることで，90人以上の学生の場合でも十分に実施できる。

学生に以下の教示を与えなさい。

「あなたは，デンタルケア用品の会社に雇われた科学研究専門の心理学者であると想定しなさい。

1．BEST歯磨き粉で歯を磨くと虫歯が少なくなることを示す**実験**を計画しなさい。誰が研究に参加するか，その人たちをどのように異なる条件あるいはグループに振り分けるかを記述しなければならない。また，独立変数と従属変数を決め，あなたの立てた研究計画の利点と限界をあげなさい。

2．BEST歯磨き粉で歯を磨くことと，研究参加者のもつ虫歯の数の間に関連があるかどうかを決定するための**相関研究**を計画しなさい。その相関研究では+.81の相関係数が得られたとする。あなたは，この結果をどのように解釈するだろうか？　相関係数が−.81であったらどのように解釈するだろうか？　相関係数が+.08であったらどのように解釈するだろうか？　BEST歯磨き粉の製造者は，どの相関係数を見出したいだろうか？　あなたの立てた研究計画の利点と限界は？

□□バリエーション

(1)あなたは受講者の半数を研究1の作業に，残りの半数を研究2の作業に振り分けようとするかもしれない。しかしながら，学生に両方の研究の立案を経験させた方が，相関研究と実験研究の違いをより正確に理解することができる。

(2)また，このアクティビティは，授業外の宿題として学生に与えることもできる。予定した日に，受講者全員の前で自分達の研究計画を発表してくれる学生の報告に焦点を当ててディスカッションできる。

(3)フォローアップのエクササイズとして，学生の研究知識に基づいて，以下の主張の間違いは何かを尋ねることができる。「私はこの1年，BEST歯ブラシで歯を磨いていて，一本の虫歯もないので，BEST歯ブラシが虫歯を防ぐことを知っています」。

(4)学生が授業内でのエクササイズに参加した後で，授業外課題として，ある製品が他の製品より優れている，あるいはある製品の「効果的が証明された」と主張するような広告やコマーシャルを見つけるよう学生に指示することもできる。その後，学生はその主張を検証する研究を計画する。

(5)科学技術の進歩により，学生はクリティカルでない，あるいはセンセーショナルな方法で報告される新しい情報を日々目のあたりにしている。他に考えられるフォローアップのエクササイズは，インターネット，新聞，雑誌から，最近の研究結果を要約しているニュース記事を学生にもってこさせることである。それぞれのニュース記事の情報に基づいて，授業でのディスカッションでは，ニュース記事で提示されている研究タイプ（実験研究か，相関研究か）の決定やその研究から得られた情報の意義，またその限界あるいは批判の可能性に焦点を当てることができる。

□考察

ディスカッションでは，相関研究と実験研究の解釈に関する以下のような違いに重点を置く。(a)どうして相関研究は予測するのを可能にするが，因果関係を決定できないのか，(b)なぜ実験研究は，因果関係について論じるのを可能にするのか，(c)なぜ因果関係の決定に結果の反復が重要なのか，(d)どうして相関計画と実験計画の両方が価値のある研究方法なのか。

必然的に，ディスカッションでは他のトピックも生じる。たとえば，学生は実験計画において食生活や歯磨きの徹底に関する統制方法に疑問をもつ。これは，操作的定義，剰余変数，ランダム割り当て，そして，伝統的な実験室状況外で実施される研究での実験統制群に伴う困難さについてのディスカッションを引き起こす。学生達が「歯磨きをしない統制群」を提案した場合，倫理的な問題がディスカッションのトピックとなる。このアクティビティはまた，実験者バイアスや参加者バイアスについてのディスカッションの機会も与える。

6. 研究法とクリティカルシンキング 「心霊」現象の説明

Sandra Goss Lucas：University of Illinois
Douglas A. Bernstein：University of South Florida and University of Southampton

我々は，研究法を講義するよりも．見かけの『心霊』現象の科学的説明を行なう中で研究法を学ぶよう学生を動機づけることがよいと思っている。学生は「心霊能力」のデモンストレーションとして，容易に行なえしかもインパクトのある一連の手品を提示され，どのようにしてこれが行なわれたのかを説明するよう求められる。このアクティビティは，心理学入門，心理学研究法やクリティカルシンキングを扱う授業に適しており，計画や設定に最小の時間しか要さず，800人規模の授業でも上手く用いることができる。デモンストレーションとそれについてのディスカッションを行なうのに少なくとも30分は必要である。

□コンセプト

この授業エクササイズは，学生の関心の高い現象を探求することで，研究法を紹介するものである。学生はどうしてその現象が起きるのかを説明する際に，クリティカルシンキングを用いるよう求められる。「超常現象」に懐疑的な者には，これらのデモンストレーションが偽りであることを証明することが，そのような現象の真実性を確信している者には，それをトリックよっては行ない得ないことを証明するために科学的に考えることが求められる。

□必要な材料

デモンストレーション1のために，オーバーヘッドプロジェクター，未記入のOHP用紙，マーキングペンが必要である。デモンストレーション2のために，カードボードボックスか空のゴミ箱，紙一束，ペンが必要である。デモンストレーション3のために，2冊の同じ電話帳（ホワイトページ），大きなポスターボード，黒のマジック，そして1人の共犯者が必要である。警告：授業で行なう前に，同僚や当該授業とは異なる学生でトリックの練習しておくこと。

□実施法

霊能者のふりをするか，同僚にそのふりをしてもらう。私たちは通常，学期の最初の授業で，授業スケジュールから心理学の重要なトピックスの１つである超感覚知覚（ESP）や他の超常現象については少ししか触れられず，ちょっとしたデモンストレーションをする時間しかないと嘆いてみせた後に，この「心霊」デモンストレーションを行なう。

□□デモンストレーション１

これは基本的にウオームアップのアクティビティである。学生全員に，(a)１から10までの数の中から，黙って１つを選ぶように，(b)何か１つの色を選ぶように，あるいは(c)絵を描くように求める。次に，彼らに選んだ数を念じてあなたにテレパシーで送るように求める。予備研究では，大部分の人々は５か７を選びがちであり，色では赤か青を，そして絵では木か家を描く傾向があることが示唆されている。学生のメッセージを「受信」し始めたら，オーバーヘッドに７と書き，次にそれを線で消し，５と書く。そして次のように言う「最初に７だと思ったんですが，とても強く５を感じるようになりました」大多数の学生の選択を受信したことで，かなりの印象を与えるだろう。同じ妙技を色の選択や描画でも行なうことができる。別のやり方として，あなたが心的メッセージを学生に送ることもできる。学生に彼らが受信した数，色，イメージを書かせるのである。この場合にも，基本的に大部分の学生はあなたが送ったと主張する刺激を書き留めるだろう。

□□デモンストレーション２

教室の前で一束の紙とペンを持ち，学生にヨーロッパの都市の名を尋ねなさい。パリは最終的には必ず言われるだろう。あなたは各都市の名前を別々の紙に書き，それを丸め，ゴミ箱に投げ入れる。ただし，すべての紙に「パリ」と書く。最終的に，ゴミ箱をくしゃくしゃになった紙（その全部にパリと書いてある）で一杯にするが，学生は全部が異なると思っている。（もしパリの名がデモンストレーションの最初に出てきたら，ゴミ箱がそれとは違う都市の書いてある紙で一杯になるように見えるまでそれを続ける）。さて，１人の学生にゴミ箱からくしゃくしゃになった紙の１つを選ぶように求める（その学生がゴミ箱の中を見れないよう十分に高く持って）。そして，紙を拡げた後にあなたが心を「読める」よう，その学生にはその都市の名前に集中するよう求める。その紙にはパリと書いてあるとあなたが正しく述べると，多くの学生は驚くだろう。（違う紙を使ってもう一度やって欲しいという要求がされた場合は，明確な理由をつけて断らなければならないが，時間がないというのが良い。）

□□デモンストレーション３

学生達の見えない位置（例えば，廊下や教室の後ろ）で，共犯者に電話帳，黒のマジック，１枚のカードボードを持っていてもらう。さて，学生の１人をランダムに選び，同じ電話帳を渡す。他の授業参加者がその学生を見ることのできるように，教室の前の方に座っている人を選ぶのがベストである。そうすれば，学生は共犯者がいる位置を見過ごしてくれる。この学生に電話帳をランダムに開き，その頁を言うよう求める。次に，別のランダムに選んだ学生にその頁のどの列を選ぶべきかを声に出して言うように求める。そしてまた別の学生を選び，その列の上からの行番号を言うように求める（例えば，12行目）。この学生に電話帳を持ってもらい，こうして同定された電話番号の位置を定め集中するよう求める。あなたの隠れた共犯者は，電話番号の位置を同定し，黒のマジックでカードボードに大きくその数字を書き，あなたに見えるように掲げる。共犯者は，あなたからカードボードが見えるが，学生からは見えないところに位置すること。また，ページ数，列数，行数が選ばれたときには，学生に明瞭に繰り返すようにもさせる。これは，共犯者が正しい電話番号を書くことの助けとなろう。（あなたはこの情報に集中しているかのように，これを行なえる「はい。341頁ね。左から2列目，そして上から14行目ですね」）あなたが正しく「その学生の心を読んだ」とき，学生達はあぜんとするだろう。（もしあなたがOHPを使い，プロジェクターのスイッチを切ってOHPシートに「受信した」数を書き，次にプロジェクターのスイッチを入れて皆があなたの書いた数を見ることができたら，このデモンストレーションをよりドラマチックにできる。）

□考察

これらのデモンストレーションを見ると，多くの学生はあなたが本当の心霊能力をもつことを確信するだろう。まさにこのタイミングで，これらは単純な手品のトリックにすぎないこと，次週までの宿題は，心霊能力なしにどのようにしてこれらを行なえるかを明らかにすることであると伝える。

次の授業で，学生は研究を始めたがるだろう。学生が最も興味をもったトリックについて説明するよう求める。この時点で，適切な実験的な術語を盛り込むこと，例えば「すると，あなたの仮説は私が電話帳を覚えているということですね」はとても容易にできる。学生が，彼らの仮説をどのように検証するかを説明しようとしたら，独立変数，依存変数のような概念や，実験デザインの他の要素が，こうした術語そのものは使われないにしろ生じてくる。これによって，あなたがそれらの用語を紹介するのが容易になる（「はい，科学研究の用語では，私が目隠しをしていたかどうかということは，独立変数と言います。なぜなら……」）。学生は，他の学生の実験デザインをディスカッションする中で，統制群の必要性や2重盲検デザインの必要性を指摘し，また交絡変数や，サンプリングエラー，実験バイアスにより生じる問題についても指摘するだろう。実験法についての生き生きとしたディスカッションが生まれるだろうし，学生はクリティカルシンキングの価値をより評価するだろう。

当然のことであるが，学生はあなたがどのようにそれぞれのトリックを行なったかを尋ねるだろう。このトリックをまた使いたいと思っているなら，答えることはできない。この問題についての我々の回答は，次のように言うことである。「あなたたちの仮説のいくつかは真実にとても近いです。しかし，科学者というものは真実を見つけ出したときにもその確信を得ることはけっしてありません。科学者は別のもっともらしい仮説を棄却し，絶対的な確信はないけれど正しいだろうという統計的に有意な可能性に到達するにすぎません。科学者のように，あなたたちもこの状況に満足しなければなりません」もしこれが彼らを満足させなかったら，手品師はトリックの種明かしなどしないと言う。

さらに研究法や術語を強化するために，学生を小グループに分け，デモンストレーションの１つを取り上げ，心霊能力なしでどのようにそれを行なうことができるかの説明を記入し提出させる。各グループは仮説を生成し，その検証のための実験をデザインする（研究の術語を用いて）。小グループは次に授業で彼らの提案した実験を発表し，受講生の間で共有する。

7. 実験デザイン
心拍の変化

Samuel Cameron, Jack Christiano, & Bernard Mausner：Arcadia University

この心拍に関するアクティビティは実験法，独立変数と依存変数の違い，実験における統制群の概念の説明に用いることができる。得られたデータから単純な記述統計が計算できる。心理学入門の授業に適しており，およそ20から25分くらいの時間を要し，学生全員が参加する。データの収集と分析に時間がかかるので，30-50人の授業が最適である。

□コンセプト

アクティビティは実験法，独立変数と依存変数の違い，実験における統制群の概念を説明する。また，生理的な覚醒としての心拍速度が思考過程と身体活動の双方によって影響され得ることを示す。

□必要な材料

実験者１人に１枚ずつ，暴力行為（例えば，銃撃のような）に関する短いニュースのプリントが必要である。そのニュースは以前の新聞か，他の地域の地方版から選ぶ。そうすることで，ニュース・ストーリーは学生にとって新規なものとなり，その事件にかかわる人々が学生の家族や友人の関係者である可能性はなくなるだろう。各実験者には秒針のあるアナログ腕時計か秒表示のできるデジタル腕時計が必要である。

□実施法

以下の実験を学生に述べ，その目的を説明する。ランダムに学生を実験者か参加者に指名する。各実験者は秒表示のできる腕時計が必要である。実験者に心拍の正しい取り方を教える。（もしあなたが正しい取り方を知らないなら，保健室の先生に教えてもらいなさい。）時間の節約のため，実験者は15秒間の心拍数を数え，それを４倍する。次に，各実験者にプリントを配布し，実験者を参加者とランダムにペアにする。

実験者の最初の課題は，参加者がゆったりと安静状態で座っている時の心拍を取ることである。心拍は１分間隔を置いて２回とり，その拍数をそれぞれ記録する。次に，参加者はプリントを声を出して読む。読んだ直後に実験者は再び参加者の心拍を取り，記録する。参加者は次に 3 分間安静にし，その後実験者は 1 分間隔を置いて 2 回心拍を取る。これらの心拍数も記録される。最後に，実験者は参加者をその場で30秒走らせ，参加者の心拍を取り記録する。

黒板に各条件下での各参加者のデータを集める。安静 1，安静 2，読みの直後，読みの 3 分後，読みの 4 分後，走りの直後である。全参加者の各条件下の心拍数を総計し，平均を計算する。

□考察

以下の諸点を問おう。依存変数は何か？　独立変数は何か？　依存変数に影響する他の変数は何か？　実験者と参加者のランダムに選択する方法の目的は何か？　この方法になし得る改善はあるか？

その場で走った後は，ほぼ全員の参加者の心拍が増加するだろう。しかし，ニュースを読んだ後の参加者の心拍増加はかなり多様だろう。心拍数に何の増加も示さない者もいるし，かなりの増加を示す者もいよう。学生には，参加者の読みに対する反応の違いを説明できる他の心理学的，生理学的，社会的要因を探るよう促す。

8. 人間を対象とした研究の倫理に関する3つのエクササイズ

Joan E. Sieber：California State University, East Bay

このアクティビティには3つのエクササイズがあり，個人でも，小グループでもクラス単位のディスカッションという形でも行なうことができる。学生のレベルもクラスの大きさも問わない。学生の研究目的や素養によって異なるアプローチが可能であり，どのようなレベルの学生にも役立つ。事前知識は不要であり，教師の事前準備も資料のコピーのみである。最初のエクササイズは，倫理的原則に学生が習熟することであり，学生は後に他のエクササイズで提出された研究計画にその原則を適用する。エクササイズ1は，単独のディスカッションとして用いることもできるし，エクササイズ2か3，あるいはその双方と共に用いてもよい。

□コンセプト

研究の計画や実施におけるあらゆる段階で必要とされる重要な意思決定がある。これらの意思決定には科学的のみならず倫理的な要素が含まれる。意思決定が倫理的に妥当でなければ，科学的にも妥当ではなくなる。学生の中には「倫理」を礼儀正しく誠実という意味だと思っている者が多い。ここで扱うエクササイズでは，倫理がそれよりはるかに多くのものを含むことを示す。学生たちは，倫理的問題が，科学者が悪人だからではなく，急いでいたり，不注意だったり，データを集めることに集中しすぎるがゆえに起こっているということに驚くのである。このアクティビティとその中のエクササイズは，研究計画の実行に集中すれば誰にでも起こりうる不注意の類を学生が克服できるよう計画されている。

□必要な材料

3つの倫理原則，手紙の見本，研究計画の記述の配布資料を用意するのみである。

□実施法

□□エクササイズ1

人間を対象とした研究のための3つの主要な倫理原則とそれらの原則に基づく6つの科学的規準を列挙した資料を学生に読んでもらう。各規準がどのように原則に関連付けられているかを学生に問う。受講生を小グループに分け，グループごとの結論を全体に対して発表してもよい。（附録8.1，エクササイズ1の資料を参照のこと）

□□エクササイズ2

このエクササイズは，上記の規準と原則を当てはめる能力をテストする目的で作られている。次の各研究計画を学生に説明し，学生は各計画の倫理的な問題についてディスカッションをする。彼らの意見をその後に示す回答と比較する。

A.　数学の問題を解く能力に及ぼす競争の効果を研究しようとしている。実験参加者の半分には，私は皆さんが数学の問題を解くときにどのような解法を使うかを知りたいと告げる。残りの半分には，私は誰が最も優れた解法を選ぶかを知りたいと告げる。

答え：この研究はいくつかの情報を差し控えることが必要である。インフォームド・コンセントを得る際に，研究の実施に先んじて実験参加者にすべての情報を提供することはできないが，実施後にはすべてを説明することも含めて説明する。したがって情報を差し控えられるのをよしとしない人は実験への参加を断る可能性がある。参加する人には，実験終了後可能な限りすぐにデブリーフィングが行なわれるべきである。デブリーフィングは教育的価値があることが望ましく，デブリーフィングを受けて実験参加者がだまされたことをバカだと感じることのないようなものであるべきである。さらに，ストレスが問題解決能力を阻害するということを強調すべきである。学生には，能力が試されるような問題に直面するとき，いかにストレスを減らすかについてブレーンストーミングをさせる。

B.　高齢者と大学2年生の知的スキルの比較を計画している。大学2年生を募集するために，ボランティアの参加者には彼らの受講している心理学の授業でAの成績を与え，参加しなかった人には成績を下げることにする。高齢者を募集するために，翌週，次の週に，毎晩高齢者居住ホームを訪ね，戸別に訪問してパズルを解きませんかと依頼する。ほとんどの高齢者には理解できないと思われるため，詳細な説明はしない。

答え：高齢者を大学2年生と妥当な形で比較するには，両者が同等の良好な教育，視力，試験スキル等々をもたねばならない。この前提がこの研究計画では間違っている。学生の募集のために提案された手法は，不当な勧誘と強制が含まれる。高齢者は夜分の見知らぬ訪問者を恐れるだろうし家に迎えたがらないだろう。さらに，彼らは，十分なインフォームド・コンセントを受けなければならない。これは単純に見えながら，実施には非常に手間のかかる研究計画の一例である。しかしながらこの例は，多種多様なブレーンストーミングの機会を提供してくれる。例えば，

・提案されたようなやり方で高齢者を募集するのは容認できない。これは学生にとって，研究参加者募集に際して，信頼と理解を築くための新たな方法を考え出すチャレンジの良い機会である。例えば，学生は高齢者居住ホームの管理組合に許可を要請し，ランチタイムに研究計画をプレゼンテーションし，その上で募集を始めるといったことである。

・研究参加者が専門的な説明を理解できないだろうという理由で十分な説明をする必要がないと考えるのは容認できない。これは学生にとって，参加者には関心のない専門用語や事細かな部分をすべて省いて，研究の正確な説明を考案するための良い機会である。

次の宿題の１つとしては，学生の祖父母や曾祖父母などの高齢者に協力を仰ぐことである。学生がその世代の人々にわかりやすい仕方で自分の研究の説明するのを助けてもらう。この種のコンサルテーションをしてもらうことは奨励されるべきである。

C. 大学１年生と４年生のマリファナ使用の比較を計画している。後に何人かの参加者に再インタビューをしたいため，データシートには名前と電話番号を書いてもらうことにする。あなたは参加者があなたを信頼してくれるよう守秘義務を約束し，データを鍵付きのファイルに保管する計画を立てる。

答え：これは犯罪行動の研究の１つとなる。秘密の保持は保証できないため，あなたは守秘義務を約束すべきではない。集めたデータは裁判の証拠として提出させられ，研究者は刑務所に行くかデータを引き渡すかの選択をせねばならなくなるかもしれない。もしデータを引き渡せば，参加者は研究者を相手に，守秘義務を守らなかったとして訴訟を起こすこともできる。犯罪行動の研究はリスクが高く，そのリスクやリスクを最小限にする仕方を熟知した専門の科学者にまかせるべきである。守秘義務のしくみについて関心のある学生は，アメリカ統計学会（American Statistical Association）のウェブサイトを参照するとよい。(http://www.amstat.org/comm/cmtepc)

D. ケーブルテレビの教育番組のカリキュラムが読みの学習に及ぼす効果についての研究を計画している。親がテレビのカリキュラムを毎日子どもに見せたいと希望する，５歳児のいる100家庭にこの教育番組を視聴させる。２か月後これら100人の子どもに対してテストを実施する許可を得る。その一方で，ケーブルテレビを視聴させない100人の子どもたちを統制群とする。

答え：カリキュラムが効果的かどうかはわからないため，統制群に対して一定期間番組を「見せない」のは適切である。実験終了後，両群の家族に情報を開示し，統制群の家族にはケーブルテレビを視聴させて公平にする。(「セサミ・ストリート」の評価に関する記述と研究参加者の条件へのランダム割り当てに関する倫理的なディスカッションはCorner, 1982を参照のこと。）

E.　子どもの自尊心を研究するため，8歳児に自画像と友人の絵を描かせ，名前など個人が特定できる個人情報は伏せた上で，いくつかの質問に答えてもらいその反応を得ようと計画している。教師をしている友人に，生徒のデータを取らせてほしいと頼もうとしている。

答え：この研究は子ども，強制，組織責任と関連する，同意に関する特別な問題を含んでいる。子どもは容易に強制に従い，法的な同意はできない。親や監督責任のある組織（学校，刑務所，病院，雇用の場など）は，大人が望む方向へ微妙な同調への圧力をかけるため，子どもの自律性や強制からの自由を保証することは難しい。ほとんどの学校はおそらく教育委員会や親からの同意を得るよう求めるだろう。子ども1人ひとりに対しても，実験への参加を辞退する機会を与えるべきである。学童への研究を所管する法律の理解に関心がある学生は，家族教育の権利およびプライバシー法（*The Family Education Rights and Privacy Act*；*FERPA*）を参照するとよい。（http://www.ed.gov/policy/gen/reg/ferpa/index.htmlでアクセスできる）

F.　大学生が親の死にどのように対応するかを研究するために，いくつかの授業を対象にこの10年間に親を亡くした学生に，調査することを計画している。これら親を亡くした学生に協力を求め，親に何が起こり，その死に学生がどのように対処したかについてインタビューしようとしている。

答え：これは非常に興味深く，重要性を秘めた研究である。なぜなら，実際に親の死に対処しなければならない学生がいるからである。適切に実施される研究では，インタビュアーの手法が客観的かつ感受性豊かであり，このようなトラウマを経験した参加者に対して重要な終結を与えることができる。またこのような学生のサポートを求められている大学のカウンセラーにも有用な洞察を提供することができる。しかしながら，学生の研究者がこうした研究をするにあたっては適切な訓練や指導を受けること，さらに，予備的な研究を行なって，使用する手法が実際に建設的であって害がないことを確認することが重要である。トラウマ研究における倫理的問題についての文献の紹介や，こうした研究が，参加者にどのような経験を与えるかについての評価手段を知りたければ，http://www.csueastbay.edu./JERHRE/notes/index.html,にアクセスし，「慎重に扱うべき研究に対する反応（Reactions to Sensitive Research）」を参照すること。

□□エクササイズ3

このエクササイズを始める前に，インフォームド・コンセントの内容についてディスカッションをすませておくべきである。学生に，附録8.2の資料を配布する。

不幸なことに，多くの研究者—学生だけでなく科学者も—は，依頼文書に求められるものを形ばかりでしか満たせていない。説明は専門的すぎて，長すぎて，しかもおもしろくない。その結果，研究参加者は読もうとしないか，読んでも理解できない。一般に人は，自分が理解できないということを公言したがらないため，意味の取り違えがあってもそれは明るみに出ない。自分の研究を，明快かつ興味深く（専門用語を使わないで）書くことを学ぶには，実のところ専門用語だらけの記述よりも研究方法の理解が求められる。したがって，そのような文書の執筆は，専門誌で読む難解な「科学語（scientese）」をまねしたがるような学生には取り組みがいのある課題である。よい依頼文書を書き，実験参加者と明快なコミュニケーションを取る力を育てるのにきわめてふさわしい機会である。

学生に，附録8.3に書かれている研究計画への参加を要請するわかりやすく，親しみのある文書を書くよう求める。

書いた依頼状を，学生とともに附録8.4の見本と比較すること。そして，文書の何が人をひきつける魅力的なものとしているか，何が研究内容をわかりやすくしているか，また何が研究に参加するかどうかを判断する場合の良い根拠となるのかについてディスカッションする。このとき必ず，研究者とその所属組織の役割の正当性を示すものとしての文書のレターヘッドの重要性についてディスカッションする。

これは書くということに関する最も重要なレッスンである。なぜなら，学生にとってどんな相手に対してもコミュニケーションを取る能力を伸ばすのに重要な意義があるからである。このアクティビティが終わったら，書いた依頼状の中に研究手続きについて曖昧な記述がないか学生に見つけさせる。そして，参加候補者への同意（コンセント）文書を書く練習をさせる。

□考察

ほとんどの学生が一度や二度はいらいらさせられる研究に参加し，そのような研究に愚かしさや異議を感じた経験がある。それはたとえば，電話調査がいかにも不慣れなやり方だとか，電話をかけてくるのが夕食時だとか，結局は何かの勧誘であったとかいったことである。あるいは大学内で行なわれる学術的な研究であっても，何かしら不快な気持ちになったことがあるだろう。研究への参加経験に対してネガティブな態度をもっていると，コミュニケーション不足により，おうおうにして募集に応じた参加者の関心や要求を軽んじることになる。そして研究を説明する際にも，それがおもしろく，学生に役立つものであるという説明ができなくなる。しかし時として研究は本当の意味で愚かしく，知識の蓄積に何の貢献もしないこともある。いずれにせよ，これらの事象状況のどれもが，人間を対象とした研究における3つの倫理原則に関連しうる。

まずは学生に，これまで参加したことのある愚かしさあるいは異議を感じた研究について記述するよう求めるところから始めるとよいだろう。学生たちは，これをおそらく倫理という観点ではなく，嫌な気分にさせられたという観点から考えるであろうことに留意すること。次にエクササイズ1の倫理原則へと進むと，学生は徐々にその研究の何が悪く，なぜ異議を感じたのかを改めて概念化しはじめるだろう。エクササイズ3を終えるころまでには，社会・行動的研究に関する倫理的要求を満たす際に必要な，慎重に計画すること，倫理原則に意を用いること，明快なコミュニケーションを行なうことの役割を理解しはじめるであろう。

エクササイズ2の中の各事例は，いろいろな形でコミュニケーションの問題を含んでいる。明快なコミュニケーションとさらにはインフォームド・コンセントのスキルを身につけたい学生は，ゴードン・ウィリス（Gordon Willis）の著作から大いに学ぶところがあるだろう。彼は実験参加者との自然かつわかりやすいコミュニケーションを学ぶ方法としての認知インタビューの使用について幅広く書いている。http://www.csueastbay.edu/JERHRE/notes/index.html（Cognitive Interviewing）に認知インタビューの要点の簡単な導入がある。さらに詳細な考察については，ウィリス（Willis, 2006）を参照のこと。

附録 8.1 ：エクササイズ 1 のための資料－基本的な 3 つの倫理原則

次の 3 つの倫理原則は人間を対象とした研究の指針である。

A. 善行（Beneficence）：最大限よい結果を出し，不必要なリスクを避ける

B. 尊重（Respect）：個人の自律と礼儀に気を配る。幼児やその他の情報の理解や意思決定の能力に制約のある人たちのような，自律性に欠ける人々へのウエルビーイングを尊重することも含む。

C. 公正（Justice）：公正な手続きに従い，コストと利益の公正な分配を行なう。

これら 3 つの基本原則は，科学的行動の 6 つの規準へと言い換えられる。

1．妥当な研究計画　妥当な研究のみが正しい結果を生み出す。妥当な研究計画は，関連する理論，方法，先行研究を考慮する。（原理A，B）

2．研究者の能力　よく計画された研究であっても，研究者が適切な指導を受けないかまたはその研究を実施するに十分な能力がない場合には，妥当でない結果や損害を生じることがある。（原理A，B）

3．結果の確認　研究を実施するに先立ち，起こりうるリスクや利益が同定され考慮されなければならない。（原理A，B，C）

4．研究参加者の選択　標本となる母集団は，(a)研究の目的にふさわしいこと，(b)研究から利益を得られる個人であること，(c)あまりにも能力が限定される，あるいは自律性を欠く個人を含まないこと。（原理　A，B，C）

5．自発的なインフォームド・コンセント　研究参加者の自発的なインフォームド・コンセントは事前に得ておく必要がある。「自発的（voluntary）」とは，脅威や過度の勧誘などを伴わない，自由意思によるものである。「インフォームド」とは，実験参加者が同意する前にその状況における合理的人間として知りたいと思うことを知るということである。「コンセント」とは，参加することへの明確な同意である。インフォームド・コンセントは，参加者が理解できる明快なコミュニケーションを必要とする。複雑な技術的説明や法律用語を使ってはならない。（原理　A，B，C）

6．損害に対する補償　研究者は研究参加者に起こることについて責任を負い，また損害が生じた場合はその補償を負うべきである。（原理　A，B，C）

附録 8.2 ：エクササイズ 3 のための資料－インフォームド・コンセントに必要な要素

人間に対する研究を所管する連邦法が求めるインフォームド・コンセントの記述内容は以下の通りである。

1．研究の目的，予想される実験参加にかかる時間，手続きについて説明をすること。手続きは参加者が理解できる言葉で述べること。実験への参加・不参加の決定に役立たない専門用語や説明を避けること。
2．予見できるいかなるリスクや不快についても参加者に述べること。
3．実験に参加することによって当然得られることが期待される利益について述べること。
4．参加の代替となる適切な方法があればそれを述べること。
5．守秘義務がどのように守られるかについて述べること。
6．リスクを伴う研究については，損害に対する補償が得られるかどうか述べること。
7．研究や参加者の権利についての質問，あるいは研究に関連する損害が生じた際の問い合わせ先を示すこと。
8．研究への参加は自由意志であり，参加を拒否したとしてもペナルティはなく，拒否しない場合に得られるはずの利益を損なうこともないこと，また，実験参加者はいつでも参加の継続を中断することができることを示すこと。

附録 8.3：研究計画の記述

摂食障害（例：食の嗜好の変化）は，リチウム療法を受けている精神科の患者の中に見られてきた。退役軍人局病院の心理学者であるあなたは，4つの基本的味覚（甘味，酸味，塩味，苦味）の検出と認識の正確さを測定し，リチウム療法を受けている患者の味覚の嗜好を，統制群の研究参加者との比較によって見出そうとしている。検証したい仮説は，リチウム治療を受けている参加者は味覚の閾値と味覚の嗜好が変質するということである。使用するのは，純水にサッカロース（甘味），塩（塩味），クエン酸（酸味），硫酸キニーネ（苦味）を低濃度に希釈したものである。これらの物質は食品添加物としてより高濃度で通常使用されている。3つの小さなサンプルが同時に提示される。このうち2つが同じ味で1つだけ異なるが，3つが等しく試飲されるよう置き場所を変化させる。味覚の嗜好の測定には，一対比較法と嗜好評定尺度を用いる。味覚テストを通じて得られたデータは，年齢，性，喫煙歴，リチウム投与期間，現在の治療で用いられるリチウムの濃度と関連づけて分析される。研究参加者1人につき，10-15分のセッションを5回行なう。4つの味覚物質の3回の閾値テストをそれぞれにつき異なる日に行なう。5日目に，味覚の嗜好の測定を行なう。

附録 8.4：エクササイズ 3 のための依頼状の例

（退役軍人局病院のレターヘッド）

患者の皆様

時下ますますご清栄のこととお喜び申し上げます。

このたび私たちは味覚の感受性と好みに関する研究を行うこととなりました。つきましては，皆様に研究へのご協力をいただきたくお願い申し上げます。この研究は，健康増進のために食事療法を行なう医師や栄養士に資するものであり，さらに，味覚への理解を深めるものとなることが期待されます。

この研究では，人が甘味，酸味，塩味，苦味の味覚をいかにすばやく検出し識別するか，そしていずれの味を好むかを明らかにしようとしています。データは患者の皆様の医療記録と関連づけて分析されます。この研究に参加する場合，5日間，1日あたり20分の時間をいただきます。参加いただく方は，ふつうの水と，ある物質をわずかな濃度で溶かした水を味わうように求められます。この物質は日常の食物にも使われている安全なものです。次に参加いただく方は飲んだ水の味やどれを好むかについていくつかの質問に回答することが求められます。予見できるリスクや不快はありません。参加者の個人的情報の秘密は守られます。

参加はあくまでの自由意志です。参加した後もいつでも止めることができます。参加するかどうかの意思決定は，あなたの利益を損なうものではありません。この研究，参加いただく方の権利，また研究に関連して損害が生じた場合について御質問がありましたら，私のところまで＿＿＿＿＿＿＿＿＿＿＿＿＿＿（名前，住所，電話番号）お問い合わせ下さい。

なにとぞよろしくお願い申し上げます。

John Doe　研究員
退役軍人局病院

■第２章　脳と感覚処理

本章の８つのアクティビティは，解剖学的な神経系の機能，脳の側性化，神経ネットワークの複雑な配列といった脳の機能と構造のトピックスを取りあげる。感覚系の機能が以下のようなデモンストレーションによって示される。目の受容器の順応，視野上のさまざまな位置での色知覚に影響する網膜上の桿体細胞・錐体細胞の分布，人によってきわめて異なる味覚世界を経験させることになる味覚の遺伝的多様性，食事の際に我々が楽しんでいる多くの風味を産み出す味と匂いの相互作用，感覚系の相互依存的活動である。

アクティビティ９は自律神経系の２つの要素である交感神経と副交感神経を教えるために，依存変数としての情動や心拍を増加させる筆記活動を用いる。学生はまた基本拍動期（ベースライン）データの概念と実験的介入の効果を判断する上での基本拍動期データの重要性も紹介される。

脳の非対称性がアクティビティ 10のトピックである。３つのデモンストレーションが，脳の側性化を説明するために示される。加えて，いずれのデモンストレーションも側性化に関する性差への疑問を提出する。

アクティビティ 11は学生にどのくらい足指や手指について知っているかを尋ねることにより，神経ネットワーキングの概念を探求する。著者は以下のように書いている。「ほとんどの学生は，“中枢神経系が１対１対応の配線のセットで構成されている”と考えないことは難しい，言い換えると，脳はスイッチを入れると明かりがつく電気のスイッチのように，配線で接続された機能をもつと考えられている。このような信念をもつために，学生の神経系の集積や神経ノードの確率の結果としての知覚・思考・記憶というような複雑な皮質機能を理解できなくなっている」１つの巧妙なデモンストレーションは学生の１対１対応の配線のモデルを捨てさせようとするものである。

アクティビティ 12は（片目に半分にしたポンポン玉をつけることによる）光の均一分布が産み出す表面の全体野を用い，同質の視野が受容器の順応や視覚刺激の消失をどのようにもたらすのかを示す。

人の網膜における桿体細胞・錐体細胞の分布は，事物の色の同定の際の正確な色知覚の主要な決定因である。アクティビティ 13は事物が視野の周辺に提示された場合，色知覚がいかに大きく損なわれるのかを示す。

アクティビティ 14は味覚の遺伝的多様性と，この多様性の解剖学上の関連部位に関するリンダ・バートシャック（Linda Bartoshuk）の研究に基づくものである。学生は自分が超味覚者であるか，通常の味覚者であるか，それとも味盲者であるかを学ぶと共に，味覚の敏感さと舌の構造との関連を発見する。

味覚のテーマはアクティビティ 15にも続き，ここでは味と匂いの相互作用が示される。アメリカ人のウエストがどんどん大きくなっているのは，食べることが国民的娯楽となっており，味覚が食べることの喜びの重要な部分であることを示している。しかし，味はどれほど重要なのだろうか？　嗅覚や他の感覚要因はより重要ではないのだろうか？　本論文で示される３つのアクティビティはこれらの疑問に答えるものである。

アクティビティ 16は，ある１つの感覚モダリティから得られた情報が他の感覚モダリティの経験をどう形成するのかを説明するためにデザインされた，４つのデモンストレーションからなる。「感覚の相互依存性」と題されているデモンストレーションが伝える主要なメッセージは，感覚システムは独立しているのではなく，協同して働いているということである。

9. 自律神経系

Allan L.LaVoie：The Lenfest Company, Elkins, West Verginia

このアクティビティは情動反応において自律神経系が果たす役割を説明するものである。心理学の知識は不要で，わずかな準備しか必要としない。ストップウオッチか秒針のある時計が必要である。このアクティビティのいくつかのバリエーションが示唆される。そこでは，対比的な情動状態への生理的な反応が検討される。1つのデモンストレーションとその後のディスカッションで1回の授業を使うことになる。このアクティビティは心理学入門，生物心理学，異常心理学の授業に適している。全学生の参加が可能だが，60人以下の授業が最適である。ただし，より大規模な授業でも使うこともできる。

□コンセプト

自律神経系（ANS）は相互に抑制的な効果をもつ2つの神経系から構成されている。1つは，交感神経系（SNS）で，「怖がるか，戦うか，逃げるか」系，覚醒系，ストレス系など多様な呼び方がある。それは，自己防衛のような緊急反応のための資源を駆動させるもので，心拍，血圧，呼吸などの増加をもたらす。もう一方が副交感神経系（PNS）とよばれる。これは呼吸や血圧をスローダウンし，血圧を低下させることで，身体の資源を保持しようとするもので，身体を休息状態に戻し，身体のメインテナンス機能を回復させる。

□実施法

デモンストレーションの前日かそれより前に，とても腹がたった，あるいは怖かった出来事について簡単に書くよう学生に求める。これを教員や他の学生が見ることはない。特にトラウマとなっているような出来事は選ばないように注意を与える。その体験を再体験できるような，最近の出来事に関する1文の記述が有効である。学生はこの記述を授業に持ってこなければならない。

デモンストレーションを始めるために，学生はペアになり，1人が参加者の役割を，1人が実験者の役割を取る。実験者に，指を使って，母指残響（thumb echo）を避け手首の内側で橈骨動脈拍動を測定する方法を示し，数分練習時間を与える。実験者全員が心拍の取り方に自信をもつようになったら，記録用紙を準備するように言う。

この記録用紙には1から10の数字とさらに15と20の2つの数字を記入させる。これらの数字はエクササイズ開始以降の分単位の時間経過に対応する。

最初の3分は**基本拍動期**とよばれる。次の3分は**覚醒期**とよばれ，この間に参加者は書く作業を行なう，次の4分は**回復期**とよばれる。最後の5分ずつの2つの期は，それぞれ最終の基本拍動期を構成する。毎分，実験者は被験者の脈拍を最初の30秒間のみ測り，それを2倍して1分あたりの推定拍動数（BPM）を算出する。開始前に，心拍への自律神経系（ANS）効果を検討することを説明する。参加者は彼らが以前選んだ出来事に関して詳細な作文を書くことによって交感神経系（SNS）を覚醒される。参加者は，3分間の基本拍動期が終わったら，ただちに書き始める。参加者には，教員がその文を集めたりはしないので，自由に書くように，また何が起きたのか，それがなぜ彼らの感情を喚起したのか，それに対して彼らがどのようにしたのかを正確に書くことに集中するよう求める。6分目が終わったら，書くのをやめるように言う。とても没頭する学生もいるので，終わりということを気づかせる必要もあるだろう。全員が書くのをやめたら，次の4分間を静かに座り，リラックスするように言う。この回復期に続く最後の2回の測定は5分目と10分目に行なう。

もしあなたが，全員のアクティビティを一斉に調整できるなら手続きにもっと時間はかからない。授業ですることを説明した後に，学生が記録シートを準備したら計時を始める。30秒経ったときに次のように言う（例：「時間です。心拍数を2倍して書き留めてください」）。2分目の30秒が経ったときには（「時間です。第2期の心拍数を書き留めてください」），等など。4分目が始まったら，被験者に書き始めるように求める。6分目の終わりに被験者に「ストップ」という。残り4分の手続きは最初の3つと同じである。15分目，20分目には，実験者が30秒間の記録を始めることを思い出させるためにアラームをセットするとよいだろう。実験者全員がBPMを書き記すことを確認しなさい。

次に学生の各ペアにこのアクティビティの最後に示すグラフを準備するよう求めなさい。私がプロットしたのは25人の授業の平均である。学生には個々人のデータを提出させる。エクササイズを終える前に，授業参加者の平均に基づいたグラフをまとめなさい。それにより学生は理論的に期待されるものに近い結果を見るだろう。授業規模が特に大きいなら，データシートを集め，次回の授業でとりまとめたグラフを提示する必要があろう。

□考察

学生が自分自身のグラフを検討している時，私は以前の授業からのデータを黒板かパワーポイントのスライドで提示する。最初の3分間の心拍の低下を，モルモット効果の証拠として指摘する。これは，測定されているということへの被験者の反応により生じるものである。この効果はいつでも出現する。次に被験者が作文を書き始めたときの心拍の相対的な急増を指摘する。クラスの平均は基本拍動期より典型的に4から6 BPM高いが，20BPM以上の上昇を示す者も何人かいるだろう。そのような個人差を論議する中で，心拍数が実際に低下する数人の参加者もいることが明らかになるだろう。それは恐怖への並外れた反応の指標か，あるいは作文課題に適切に参加できなかったかである。次の回復期では，副交感神経系（PNS）が交感神経系（SNS）を抑制するにつれ，心拍は徐々に低下を示す。あなたは副交感神経系（PNS）のリバウンド，つまり系が安静期へと戻るときに，平均心拍が最初の基本は駆動期よりも下がるかもしれないということを指摘できるだろう。最後に，最終の基本拍動期の値は最初から3分目（すなわち，モルモット効果の後）の値ととても近くなるべきである。このことは，系が常態へと復帰したことを示す。

このアクティビティはとても直接的である。これはとても信頼がおけるものであり，作文を書くことによって産み出された比較的わずかな変化に敏感で，情動反応における自律神経系（ANS）の役割を明瞭に説明してくれる。もしこのエクササイズをもっとやってみたいなら，いくつかのバリエーションが利用できる。例えば，参加者を基本拍動期へと自然に回復させる代わりに，第7分目の始めに，彼らがリラックスするような（例えば，ピクニックや浜辺での一日）作文を書かせることでより早い回復を強いることも試みられる。あるいは，ある参加者達にはクリスマスについて書くよう求め，他者には落ち込むような出来事について書くように求める等により，恐怖や怒り以外の情動への生理反応を検討することもできる。より多くのアイデアについては，レヴィンサール（Levinthal, 1983）やマクファーランド（McFarland, 1981）を参照していただきたい。

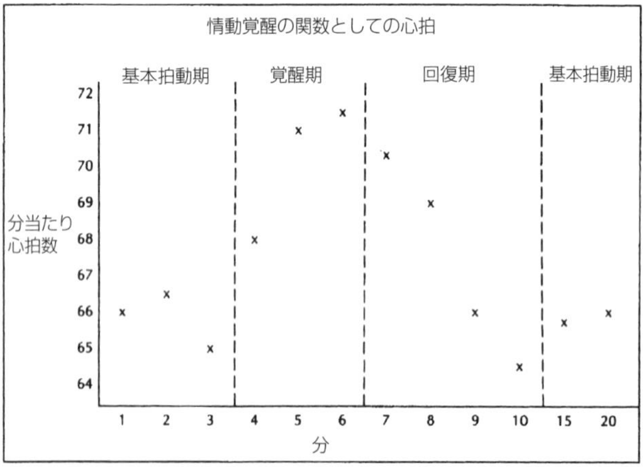

図9-1　情動覚醒の関数としての心拍

10. 脳の側性化

Ernest D. Kemble：University of Minnesota, Morris

このアクティビティは，脳の側性化の異なる側面を調査する3つのエクササイズからなる。どのエクササイズも心理学研究法の授業（学生数35-45名）で用いられてきたものだが，同様に心理学入門の授業にも適している。エクササイズ1では学生に実験者と協力者双方の役を行なってもらう。そのために学生数の多い授業に適している（150名以上）。一方，エクササイズ2と3は学生数35から45名の授業に適している。それぞれのエクササイズは個別テストで構成され，実験者として訓練されたティーチングアシスタントを必要とする。すべての課題は側性化の性差に関する問題を提起する。また，3つの課題で側性化に関して同じ結果が得られるとは限らないため，これら一連の課題は研究方法論および生物心理学に関するディスカッションを行なうのに適している。心理学に関する予備知識は必要としない。必要な材料の作成に特別なスキルや専門性は不要である。すべてのエクササイズは授業内アクティビティである。

□コンセプト

交連切開手術（分離脳split brain）を受けた患者研究および健常者の大脳側性化研究を扱った論文は心理学を学び始めた学生にとても人気があり，ほとんどの心理学入門の教科書で大きく取り上げられている。これから紹介する3つのエクササイズはどれもシンプルな実験であり，必要とするのは安価で比較的利用しやすい装置のみである。また，授業中に短時間での実施が可能である。

□エクササイズ1：手動作業への言語の干渉

□□必要な材料

学生2名につき木製の棒1本（直径約1.25cm，長さ約92cm），ストップウォッチ1つ，80～100個から成るスペリング問題のリスト（例：アルファベットを逆に暗唱させる，Mississippiを逆に綴りを言わせる，など）

□□実施法

学生は2人組に分け，各組内で実験者と協力者に役割を分担する。この役割は次の試行では交代する。協力者の性別を記録する。実験試行に先立ち，学生は人差し指の先で木の棒を垂直に立ててバランスを取る練習を，左右の手を交互に代えながら5分間行なう。その後，各被験者は8回のテスト試行に取り組む（右手4回，左手4回）。テスト試行では，学生は木の棒を左右どちらかの人差し指の先に，それとは反対の手を使って乗せる。指示があったら，支えの手を外し，ストップウォッチをスタートさせる。木の棒が落下するか被験者の体のどこかに接触した時点でストップウォッチをストップさせる。左右それぞれの手で行なう試行の内，半分は沈黙して実施し，残りの半分はスペリング問題を声に出して解決しながら実施する。左右の手の試行の順番，および2種の課題の順番は学生間で系統的に変化させること。

□考察

このアクティビティは競合課題（competition task）の1例である。学生がスペリング問題を解決しているとき，多くの人で言語をコントロールしているとされる左半球での活動が求められる。左半球は右手のコントロールに関与しているため，スペリング問題は，棒のバランスをとるという半球の能力と競合するため，右手でバランスをとることのできる時間は減少するはずである。右半球は左手のコントロールに関与しており，言語への関与をさほどもっていないと考えられているため，スペリング課題と左手でバランスをとることとの競合はほとんどないはずである。結果のデータは男子学生と女子学生で別々にまとめる。スペリング課題は，予測通り，左手によるバランスより右手によるバランスでより強い妨害を示すだろうか？　その効果は，男性でも女性でも認められるのだろうか？　この課題では性差が認められることが多いため，人間の脳の構造上のあり得る性差や，どのようにそうした違いが生じるのかについてのディスカッションも引き出すことができるだろう。

□エクササイズ2：触覚による文字と数字の同定

□□必要な材料

このエクササイズを行なうために，筒状のベニヤ板またはボール紙製の箱（約20×45×20cm）が必要である。この箱の両方は開いているが，一方はカーテンで覆われ，その端は箱の底まで伸ばしてある。すべての刺激が描かれた手がかりカードを，協力者の方を向けカーテンを取りつけた側の装置の上に置く。子ども用の木製文字積み木の単純文字9個，数字9個の合計18個が刺激である。刺激積み木は文字や数字の輪郭のはっきりしたものを選ぶか，電動ドリルなどを用いて自分で輪郭を明確にしておく。積み木のふちが盛り上っているならその部分は取り除く。

□□実施法

協力者は実験者と向かい合わせに，実験装置の端がカーテンで覆われている側に向かって座る。協力者の性別を記録する。実験試行に先立ち，協力者は少なくとも8練習試行，左右の手，文字，数字が交互になるよう行なう。各試行では，ランダムに1

つの積み木を選び，装置の床に置き，協力者に刺激が文字か数字かを言う。次に，協力者はカーテンから左右どちらかの手を装置に挿入し，刺激の輪郭を軽くなぞり，それを同定する（正答まで複数回答が許される）。刺激への接触から正しい同定までの時間をストップウォッチで測定する。協力者は，左右の手それぞれで文字６回，数字６回を与えられる。使用する手，文字，数字がテストされる順序は，協力者間で系統的に変動させること。文字と数字に対する平均同定潜時を，左右の手に対し算出し，結果のデータとする。

□考察

この軽く触れる課題では対側半球優位（およそ95％）である。もし文字の触覚情報が，言語反応として認識され符号化されるための半球機能に伝えられなければならないなら，右手が文字の同定には優れているはずである。右手の情報は主に（言語処理がなされる）左半球に投射されるからである。反対に，数字の同定に関しては，使用する手による違いは認められないだろう。我々がこの実験を行なったとき，女性は，右手による文字同定が優れているが，数字同定では左右の手で違いのないことが認められた。一方，男性の場合は，文字同定でも数字同定でも左右の手で違いがなかった。ほとんどの行動測度（エクササイズ１を含め）において，女性より男性の方が脳の側性化が強いことが示唆されているので，このような結果は健常者の側性化を検討するさまざまな測度について興味深い疑問を提起する。側性化についてどの測度を信じるべきなのだろうか？　健常者の大脳側性化研究について，こうした発見はどのような注意を示唆しているのだろうか？

□エクササイズ３：抽象的幾何学図形の触覚による同定

□□必要な材料

抽象的幾何学図形の触覚による同定は，ボール紙製の箱（約34×38×30cm）を使って行なう。この箱は中央を仕切りで区切ることで，左右それぞれの手を差し入れるためのコンパートメントに分けられている。箱の正面には腕を挿しこむ10×10cmの窓を２つ作り，布のカーテンで覆う。箱の後ろは開いた状態にしておく。刺激はアクリル板から電動のこぎりで切りだした12個の抽象的幾何学図形である。サンプル刺激のサイズおよび形は図10-1に示す。

□□実施法

協力者の性別を記録する。次に，協力者に左右の手を同時に装置に挿入するよう教示する。実験者は12個の刺激のうち１つをランダムに選び，協力者の右手に置く（これ以降の試行では，テストの順序は左手と交互に実施）。学生は10秒間刺激の輪郭を触る。刺激が取り除かれた後，協力者には12の刺激の輪郭の線画（例えば，図10-1をコピーしたもの）を示される。同時に，ストップウォッチをスタートさせる。

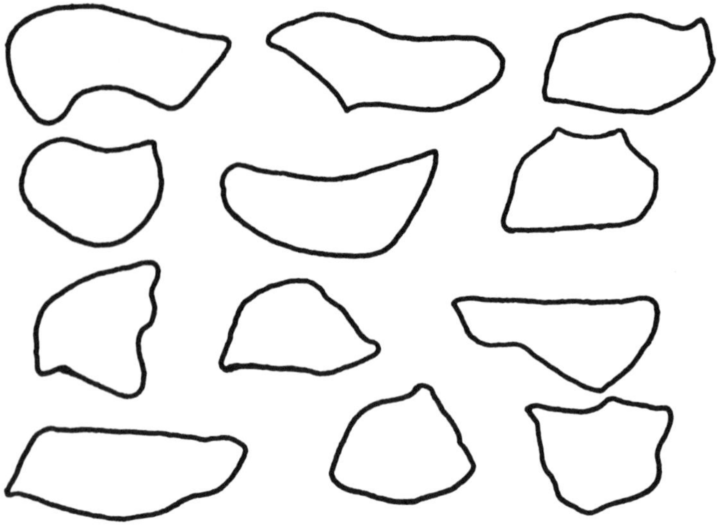

図10-1 サンプル刺激の例

協力者は，手で感じた図形を線画から同定するよう求められる。反応の潜時と正誤を記録する。協力者は4試行受ける。

□考察

抽象的幾何学の処理機能は右半球で主に媒介されると考えられているため，抽象的幾何学図形の同定は，左手が優れていることが予想される。過去に行なわれたワイテルソン（Witelson, 1976）による，右利きの子ども（6-13歳）を用いた初期の実験では，期待された左手優位は男子には認められたが，女子ではどちらの手の優位も認められなかった。我々がこの実験を．主に成人女性で行なったときは，女性で有意な右手優位が認められた。この結果は，2つの重要な点でワイテルソン（Witelson）の結果に反する。左手ではなく右手で優位であった点，また，側性化効果が男性より女性で認められた点である。2つの研究の相違は協力者の年齢によるものなのだろうか？もしそうなら，人は成長するにつれて片方の半球の機能がもう一方にシフトすることを示唆しているのだろうか？　そうではなく，この課題の子どもと大人の相違はこれまでの触覚や操作の体験における性差を反映した可能性があるのだろうか？　3つのエクササイズで与えられたこのような結果は，左右半球間の機能の単純な区分とは矛盾する。また，大脳の機能の特殊化を理解する際の方法論的，実験的変数の重要性を強調するものである。

11. 生体内神経ネットワークの観察

Philip Schatz：Saint Joseph's University
Anthony C. Ruocco, John Medaglia, & Douglas L. Chute：Drexel University

簡単な準備と材料で行なえるこのアクティビティは，「中枢神経系は1対1対応の配線のセットで構成されている」という学生の信念を覆そうとするものである。目隠しされた学生のつま先を触ることで，神経間の相互作用は必ずしも1対1の配線で成り立っているものではなく，また知覚はそのまま直接に感覚へと写像されないことをデモンストレーションすることができる。このアクティビティは心理学入門，感覚・知覚心理学，認知心理学，行動神経科学の授業はもとより，遠隔学習の授業にも用いることができる。どのような規模の授業でも，1人の学生を使うだけでデモンストレーションでき，他の学生には授業外で各自でデータを収集するという宿題を与えることができる。このアクティビティは，ディスカッションの時間をどのくらいとるかにもよるが，15～30分の時間を要する。

□コンセプト

ほとんどの学生にとっては「中枢神経系は1対1対応の配線のセットで構成されている」と考えないことは難しい。言い換えると，脳はスイッチを入れると明かりがつく電気のスイッチのように，配線で接続された機能をもつと考えている。このような信念をもつことで，学生は神経系の集積や神経ノードの確率の結果としての知覚・思考・記憶というような複雑な皮質機能を理解できなくなっている。

歴史的にはワイヤー・ミッチェル（Weir Mitchell）が1864年の論文でこの概念を最初に示した。彼は，体のさまざまな部位に与えられた刺激を位置づける体性感覚能力をみることによって，体の部位によっては他の部位よりも（例えば足の親指は中指や薬指よりも）刺激をより特定しやすいことを示した。ミッチェルは以下のように書いている。

> この結合における接触場所の定位が不完全な能力であることを述べる格好の例である。1つの例が頻繁に繰り返されることで，我々は大抵注意して観察するようになる。そして最終的にそれが正常な不完全さであり，多くの健常な人々に存在すると結論づけられる。これを検証するために，観察者に目隠しをした人のつま先を連続的に触らせてみよう。最初に親指を1とすると，3番めか4番めの指になった時，観察者は，多くの場合，その人が3番目を4番目，または4番目を3番目，あるいは4番目を5番目つまり小指と間違えることに気づくだろう。

(Mitchell, 1864; Louis & York, 2006, p. 1242による引用)

実際，感覚野や運動野への直接的な電気刺激の反復は，類似してはいるが，同一ではない先行する運動や感覚を生み出す。皮質のニューロンは大きな確率的プールを共有しているので，単一のニューロンは，いつも同じ結果を生み出すとは限らない。言い換えると，脳は絶対的な１対１対応の配線ではない。皮質の結合に関するこの確率的な概念は，人工知能のコンピュータモデルから脳損傷後の機能回復におよぶ認知ならびに神経科学における，多くの心理学的研究の基礎である。しかしながら，感覚の真実性や思考の一貫性を疑わないのは“人間の特質”である。したがって，1つでも実験的証拠がないならば，神経の相互関係が必ずしもいつも予測できる明確な結果を生み出すわけではないということを理解するのは難しい。例えば，見えない状態で誰かに手の２・３・４指に触られても，どの指に触れられていたかを答えることができるだろう。同様のことが足の指ではいえない。学生に求められる挑戦は，この理由を考えることである。

□必要な材料

裸足のつま先と目隠し（あるいは信頼できる協力者）が必要になる。ボールペンは良い触針として使え，つま先の指腹の上に印を残すことで触れたことの操作化を可能にする。このボールペンは調査対象となるいくつかの実験パラメーターに応じて準備された記録用紙上に得点を記入するのにも使う。スプレッドシートやデータ解析プログラム（例：ExcelやSPSS）は，心理学入門の授業で我々が使っている簡単なデモンストレーションレベル以上の，純粋に研究的プロトコルを用いようという意図があるなら有効である。これをはじめて実施する時には，授業で行なう前に，友人，同僚，あるいはその他の人に練習台になってもらうことを勧めたい。

□実施法

簡単なデモンストレーション講義として，実験について述べる（これはインフォームド・コンセントやそれにかかわる倫理について言及する良い機会である)。ボランティアを募り，その人に，教室の前でイスに楽に座ってもらう。手続きは軽いユーモアを示す機会を多くする。(アジアのいくつかの文化では，足は性感帯とみなされることに注意しておく。) 協力者は靴と靴下を脱ぎ，目隠しをする。最前列の学生は協力者のどの指に触れられたかと，それに対する協力者の報告の正確さを記録する。足の（親指を第１指とした場合の）２指，３指，４指のみを触る。触針かボールペンの先で優しく触れる。指が動くほど強くはなく，肌に軽く跡がつくかへこむくらいに触る。触れる間に小休止を挟む。(教室内のデモンストレーションでは，我々は直後のフィードバックは与えない。それによってとても急速に学習が成立してしまうからである。) 協力者は正答率が概して80～90％にすぎないことに驚くだろう。デモンストレーションの目的のために，足指の中心線のわずかに右や左を触ることによって，あるいは第2指や第4指の内側面に触れたりすることなどで，エラーを連続させることにより，ランダムから逸脱させて正答率を低下させることもできる。

デモンストレーションをうまく見せる為に，正答率を低下させたいと思うかもしれないが，我々は受容可能な範囲で科学的手続きを見せることが，学生たちにはより良いことだと考えている。練習したり，試行にフィードバックを与えることで，正答率は改善されるだろう。1指ないしは5指に触れられると，これらが準拠となって，正答率はまた大きく改善する。これはおそらく，これらの指が，靴を履いていたとしても感じる，通常の分離した触刺激を感じるからである。実験のバリエーションとして，あるいは宿題の課題として使える実証的な問題は，1指あるいは5指に触ることは，全体の誤答にどのくらいの影響を与えるのかを決定することである。しかし，心理学入門の授業のためのデモンストレーションでは，我々は2，3，4指のみしか触らない。デモンストレーションの最後に，他の受講生がはっきり見えたことを協力者自身にも信じられるように，我々は協力者が誤答するまで待ち，誤答したら触針をその場所においたまま協力者に目隠しを取らせ，結果を個人的に見るよう求める。

□バリエーション

実験は，それぞれの足のまん中の3指をボールペンの先やそれに類したもので短時間触ることによって最も一般的に行なわれる。しかしつま先に触れるデモンストレーションは，正答率を従属変数とし，割り当てた操作条件を独立変数として，容易に実験法に適用し応用できる。学生は，左右差，性別，年齢，時間経過につれた順応，サンダルを履いている仲間とスニーカーを履いている仲間の鋭敏さの違いの効果を検討できる。より大きな力をそれぞれのつま先にかけたり，長く触ることもできる。第1指，5指への刺激も試行に含めることができる。言語的，視覚的フィードバックもまた，前の試行で正しかったかどうかを協力者に示す為の反応を与えることになるだろう。

協力者内デザインを用いることで，学生は神経可塑性現象の概念をさらに強化するために，学習曲線と忘却曲線を描くことができるだろう。通常成績がとても良い親指と小指は，中の3指とは異なる減衰を示す。親指小指の成績は概ね良い。長期にわたり注意深く計画された研究であれば，皮膚知覚帯の境界をするために誤答を使うことができる。引用文献と参考文献のところに，足と皮膚知覚帯の減衰に関するサンプルとなるウエッブサイトを載せておく。

□データ収集

自宅に持ち帰って行なう調査実験の場合であれば，全受講生がグループ平均を出すためにデータを集めることができる。我々はそのようなデータを普通は実習や実験の授業で扱うが，この技法は講義でも使うことができる。授業のノルマとして平均と標準偏差を計算させることにより，各個人の正答率のZ値を決定することもできる。これは計量心理学の中心概念と個人差を予測し，神経機能における確率の鍵概念を強化する。今回のつま先に触れられたところを特定化するという基本的現象は，より進んだ研究のプロトコルでも適用できる。実験データは，学習速度がフィードバック後のわずか10試行程度の遂行で約98％の正答率でプラトーに達するほどであることを示す。

この課題をグループ課題としたり，学生にデータの基本的な分析をさせたりする時には，学生が各自のデータをオンライン入力か電子メールによってスプレッドシートに集めるのが最も良い。それは次に，全学生がアクセスできるマスターデーターベースに入れることができる（表11-1）。

表11-1 学生のデータ収集のためのモデル

試行	右足			左足		
フィードバック：あり・なし	2指	3指	4指	2指	3指	4指
1（2,3,4）	X	X	X	○	○	X
2（3,2,4）	X	○	X	X	X	○
3（4,3,2）	○	○	○	○	X	X

注：○は不適切な足指の同定，Xは適切な足指の同定を示す。
　データ収集表については、附録11.1を参照のこと。

我々の体験では，あらかじめ決められた順序で，各足ごとに，3本の真ん中の指のそれぞれを1つずつ触れるのが，学生には一般に最も容易である。次に，この手続きを必要に応じてカウンターバランスをとりながら，3回か6回繰り返す。学生はそうすることを話すと，学生は時々エクササイズの意図された目的からそれた仮説によって惑わされはするが，しばしばこのデザインに一致してたどり着く。データはしばしば正答（当たり）か真の正答以外か（はずれ）で単純に記録される。実験は3試行か6試行にわたりカウンターバランスされる。フィードバックの効果を示す為，学生は実験により多くの試行を含めるようデザインしたほうが良いし，データの記録の際にフィードバック有りの場合と無しの場合の区別を行なうべきである。授業のレベルに応じて，あなたは性別，利き手，年齢などを含めたくなるかもしれない。時間経過につれ学生は左右差に関する仮説を追求することが特に曖昧になっていくことを我々は見出している。したがって，もし別の仮説を受け入れることがないなら，心理学入門の目的のために，フィードバックの有無についてのデザインのみについて彼らを導くことが望ましい。

□分析

データは集められ，関心のある独立変数（例：性，利き手，いつも靴をはいているかサンダルを履いているか）に応じて分析される。教師はエクササイズの目的に基づいたデータ分析のパラメータを設定するか，どのような分析を行なうかを学生に自由に決めさせるかのいずれかを設定すべきである。

データ収集の様式とデータ表の例を附録11.1に示す。

□考察

学生は中枢神経系やその体制を理解するために，比喩を用いがちである。それは，機能の中枢間が電線でつながっているという概念に頼った比喩である。すなわち，「概念的骨相学」の類いの比喩であり，研究データはその部分的な情報しか与えないものである。大部分の学生は，つま先に触れるデモンストレーションの意味することを理解している。そして我々は，可塑性，神経ネットワーク，発達，記憶，運動スキーマ，リハビリテーションのような神経科学の中心概念に言及することにより，ディスカッションを強固なものにする。時に，データを否定して，きわめて具体的な見方を変えない学生に出会うだろう。このような学生には自分自身で友人や知人を相手に実験を行ない，レポートを出させることを勧める（現象に関する知識は結果には影響しない)。疑い深い学生に，この実証的なアプローチが役立たなかったら，あなたは盲点の説明に適したファイルカード（点と十字が描かれている）か，残像（しばしばアメリカ国旗）を生み出す視覚的提示を準備したくなるにちがいない。これらのデモンストレーションは，我々が神経の配線が欠けていても知覚として解釈することを通常認識してはいないこと（盲点)，また，視覚的刺激がまったく欠けている場合でも情報を知覚しうること（残像）を説明する。

つま先に触れることは，感覚ニューロンを活性化する。しかしそれらの統合や解釈には，経験と高次認知機能の支援が必要である。実際どの指が触られているかを特定する処理は，複雑な高次機能と関連している脳の領域である前頭葉を選択的に活性化する（Persinger, Webster, & Tiller, 1998)。しかしながら，指の同定には脳の多くの領域が関与している。例えば，ゲルストマン症候群は主症状がどの手の指に触られたのかをまったく認識できない（**手指失認**）という神経障害である。この症候群はしばしば脳の特定領域（側頭・頭頂葉の接合部付近）の損傷と関連している。そして，この症候群の患者の中には，どの足の指を触られたのかを認識できない（**つま先失認**）人もいる。さらにどの足の指に触られているかを認識する能力は，頭部外傷患者の脳の機能不全の最も強力な指標の１つである（Richards & Persinger, 1992)。このように，触られた足の指の混同現象は，神経系には配線された感覚間の関係があらかじめ装備されているのではなく，これらの関係は学習されるもので，また忘却されるものであり，そして，時に（いつもではない）これらは脳のさまざまな領域に起こる障害によって影響を受けるものであるということを示している。少なくともこの現象は神経障害の後，心理学者の仕事の重要な分野であるリハビリテーションを試みることの理由となる。

□□関連した現象

ほとんどの学生が自発的に思い出すであろう概念的に類似した現象は，２つの子どものゲームである。１つめは，各自が体の前で腕を交差させ，手の平は右手と左手の指を交互に組んで（一番上に右手の親指がくるか，左手の親指がくるか）しっかり握りしめる。ほとんどの人はどちらかのやり方で指を組む方がよりおちつくと報告する。これは研究のための新たな潜在的な変数を提供できる。

次に，組んだ腕を体の方に回転させる。実験者は次に動かして欲しい指を指し示す（その指を触らないで）。ほとんどの協力者は，反応潜時が増加したと報告し，時々間違った手の方の指を動かすというエラーを起こすだろう。異なる手の多くの指をランダムにすばやく動かすように要求すると，通常エラーがより多くなる。もし実験者が実際に指に触ると，指を動かすエラーはめったに起こらない。

２つめのゲームでは，１人が目を閉じて腕を伸ばし（半袖か，上腕まで袖をまくる），もう１人が触針（ペン，鉛筆，カギ）をゆっくり手首から腕に上下に，正確に肘を曲げる場所を同定するまで動かす。つま先に触る実験と同じように，肘の内側のかなり大きい部分からの求心性刺激は，実際，触針が１インチずつ動いた時に，肘の内側が刺激されたという知覚を引き起こすことで同じスポットに「写像」される。

これらの例で，学生は認知地図や，ねじれによる視覚・運動モードが混乱させられた身体スキーマについてより考えるだろう。もちろん，この場合，彼らの体性感覚・運動モードに混乱はない。軽い脳しんとうを経験している人でさえ，このようなスキーマのかく乱は左右の混乱をもたらすことを述べている。例えば，精神状態をチェックする際に（例えば，サッカーの試合の時にベンチが）脳しんとうをおこした選手に，名前，時間，場所を尋ねると同様に，自分と他の人にとっての左側右側を尋ねることが典型的である。より深刻な神経心理学的状況（すなわち，認知症）でみられる知覚と行為のエラーは，ここで説明された感覚と運動の現象に概念的に類似している。

このつま先を触るという現象は，学生にとって具体的で理解できるようだ。この場合，子どものゲームについて考えることから引き出されたユニークな実証的観察を，彼らのレベルで行なうことが可能であるからである。

附録 11.1

本表の使い方：学生は，反応の正確さに対し，その試行でフィードバックが行なわれたかどうかを示すために，Y（yes）かN（no）に丸をつける。括弧内の数字は各試行で触られる足指の順番を示す（すなわち，2指とは，足の親指の隣の指である，以下同様)。例えば，第1試行では，2指，3指，4指の順番で触る。

表 11-2 足指につき3試行の使用

試行	右足			左足		
フィードバック：あり・なし	2指	3指	4指	2指	3指	4指
1 (2,3,4)						
2 (3,2,4)						
3 (4,3,2)						

表 11-3 足指につき6試行の使用

試行	右足テスト#			左足テスト#		
フィードバック：あり・なし	2指	3指	4指	2指	3指	4指
1 (2,3,4)						
2 (3,2,4)						
3 (4,3,2)						
4 (2,4,3)						
5 (3,4,2)						
6 (4,2,3)						

表 11-4 14人の授業の10試行の実際の結果

右足			左足		
2指	3指	4指	2指	3指	4指
79	69	70	84	75	74

これらのデータを元にすると，フィードバックが与えられなかった場合は75％の正解率である。この遂行率はフィードバックが与えられるまで試行を通じて安定したまま維持される。これらの結果は実験のバリエーション（すなわち，各足指を押さえる力の強弱）により上下するだろう。

12. そしてライトが消えた
簡単な全体野の作成

Cathy A. Grover：Emporia State University
Stephen F. Davis：Morningside College

この授業内アクティビティは心理学入門，知覚心理学あるいは認知心理学の授業に適している。材料は利用しやすいものではあるが，若干の事前の準備が必要である。参加できる学生は準備できる赤色発光ダイオード（LED）やピンポン玉の数によって限られる。各学生は１～２分以内の現象のデモンストレーションを個別に経験する。

□コンセプト

図と地の関係を維持し，受容器順応を抑制するのに感覚システムがさまざまな刺激を必要としていることを学生に説明するのは容易である。しかしながら，説得力のある方法で理解させるのは難しい。このアクティビティにおいて，我々はこの現象をデモンストレーションするために全体野（Ganzfeld：均一に分散する光エネルギーを与える視野面）の概念を紹介する。全体野の均一化された視野面は多くの感覚刺激を遮断する為，急速な受容器順応が期待される。この効果をデモンストレーションするために，以下のようなホッホバーグ，トリーベルとシーマン（Hochbelg, Triebel, & Seamen, 1951）の手続きを改良したものを用いる。

□必要な材料

普通のピンポン玉で，簡単な全体野を作り出すことができる。カッターナイフを使って，ピンポン玉の継ぎ目にそって２つにカットする。製品スタンプの付いている方の半分は破棄する。学生の目を保護するために，残した半分の外周に綿を接着する。自作の全体野の作成はこれで完成である。受容器順応のデモンストレーションのために，コーヒーメーカーや携帯電話などに使われている赤色発光ダイオード（LED）を入手する必要がある。

□実施法

学生に，片目に全体野を当てるように指示する。その際に，全体野で覆った目は開けておく。次に，学生は全体野をLEDに当てるようにする（ピンポン玉を通して赤い光が見えるはずである)。学生に反対の目を閉じて，赤い光を凝視するように指示し，何が起こるのかを報告させる。1分も経たないうちに，学生はあなたが赤い光を消したと報告するはずである。全体野の単一な視覚面の結果としてライトを見えなくした原因である受容器順応がこの誤った知覚を生み出した。学生に全体野をはずさせ，事実が違うことを示す。その後の授業でのディスカッションや理解を促すために，このデモンストレーションにできるだけ多くの学生を参加させる。全体野に関するさらなる文献（Cohen, 1957, 1958a, 1958b）が読みたくなるだろう。そしてそれは，自作全体野を用いたさらなるアクティビティを創り出す助けとなる。

全体野は，はじめは手がかりのない環境に視覚がどのように影響されるのかを研究するために，輪郭のない均一化された視野を作る方法として心理学では紹介されてきた。しかし，その技術は最近では超感覚的知覚（ESP: extrasensory perception），とりわけテレパシーの研究に用いられている。この分野の研究は議論の余地があり，多くの心理学者たちは，全体野の利用が本当にESPの存在を示す証拠を生み出すのかに疑問を抱いている。詳細は，ミルトンとワイズマン（Milton & Wiseman, 1999, 2001)，ストームとエーテル（Storm & Ertel, 2001）を参照されたい。

13. 網膜上の桿体細胞・錐体細胞の分布と色知覚

Charles T. Blair-Broeker：Cedar Falls High School, Iowa
Douglas A. Bernstein：University of South Florida and University of Southampton

この簡単なアクティビティは，網膜上の桿体細胞と錐体細胞の分布に加え，それらの光受容体の色を検出する能力の違いを説明するものである。入門心理学，感覚・知覚心理学，あるいは認知心理学の授業に使用できる。10分弱のものであり，どのような規模の授業でも行なうことができる。これは1人の学生を参加させるデモンストレーションだが，時間や材料を追加すればより多くの学生を参加させることもできる。

□コンセプト

視野の中央の刺激は中心窩（fovea）に集中する色に対する感度の高い錐体細胞によって主に検出されている一方で，視野の端の刺激は，網膜の周辺にある色を感知しない桿体細胞によって主に検出されていることを実演で示す。

□必要な材料

数本のペン，マジックマーカー，あるいはさまざまな色（例；赤，青，緑，黄，黒）の他の事物と，健常な色覚をもつ学生ボランティア1名。

□実施法

学生ボランティアに教室の前方で受講生の方を向いて座るか立ってもらい，あなたの指示で，教室の後ろのある一点か事物を見つめてもらう。目が凝視点から外れてしまうとデモンストレーションはうまくいかないので，凝視点に集中することが必要であるということを強調しなさい。受講生に，ボランティアの回答の正確さに対するいかなるフィードバックも与えてはいけないことを教示しなさい。

それから，ボランティアの横に立ちなさい。色のついた事物のうちの1つを，ボランティアの耳から3-4フィート（約84-112cm）離れた，目の高さの位置でもちなさい。（この時まで事物は隠しておくこと。）ボランティアに，あなたの手にある事物の色を識別するように言いなさい。ボランティアはそう簡単にできないだろう。ボランティアが回答したら，ボランティアに回答の正確さにどのくらい賭けられるかを尋ねることで，確信度を決定できる。受講生の方に一歩ずつ近づきボランティアの前の方へと行って（最終的にはボランティアの前に行き着くように，弧の軌跡上を歩くことを想像しなさい），同じ質問を尋ねなさい。ボランティアが事物の色に確信がもてるまで，弧にそって小さく一歩ずつ移動し続けなさい。一歩ずつ踏み出す前に休止をいれ，一時的に事物を隠し，ボランティアに目をリラックスさせる機会を与えると良いだろう。1歩ずつ進めていく前には，ボランティアに必ず凝視点を見つめ続けるよう確認しなさい。

□考察

視野の端から大きく外れて提示された事物でさえも認識する能力に反映されるように，あなたは多くの参加者がすばらしい周辺視野をもっていることに気づくだろう。しかしながら，多くの人々にとっては，事物の色を認識できるようになるまでには，何歩か歩く必要があるだろう（最初，多くの人は事物を黒と認識するだろう。これは，彼らが桿体細胞だけで事物を見ているためである）。学生は，事物の色がはっきりと見えるようになるには，事物が視野の中央にかなり近づかなければならないことに驚くだろう。日常生活において，私達は視野の周辺で色を知覚している。これは，脳がそこにあるべき色を覚えていたり，それらしい色を予測するからである（例：空は通常，青色である）。しかしながら，このデモンストレーションでは，脳が事物の色を正確に推測する方法がない。

予期した結果が生じなかった場合，それはおそらく参加者が凝視点を見失ったり，運よく色を推測できたためである。桿体細胞と錐体細胞の分布やそれらの色の感度を確かめるためには，さまざまな色を使って，より多くの試行を行なうとよい。

学生にこの手続きの結果を予測し，授業や教科書で提示されている資料に基づいてそれらの予測を根拠づけるよう求めることで，このデモンストレーションを能動的な学習経験とすることもできる。他には，受講生を3チームに振り分け，異なる距離を取らせて，さまざまな大きさや色の事物を使って，この手続きを実施させる方法がある。チームのメンバーは，ボランティア，実験者，データ記録者（この人の仕事は，各試行で事物が最初に検出された位置，正しく命名された位置，その色が同定された位置を書き留めることである）としての役割を交代で担うことができる。その後，チームには事物の大きさや距離の影響を含め，それらの結果を授業で報告し，矛盾するデータに対するもっともらしい説明（例：網膜組織の個人差，制限的な周辺視野，あるいは試行中の凝視の失敗）をするように求める。

14. あなたはどのくらい青い？
味覚のバリエーションの世界

Margaret Davidson：L.V.Berkner High School, Richardson, Texas

2つのアクティビティはリンダ・M・バートシャック（Linda M. Bartoshuk）氏らが行なった研究に基づいている。これらのデモンストレーションの目的は，各学生が超味覚者（super-taster），通常の味覚者（taster），そして味盲者（non-taster）のいずれであるのかを明らかにすること，またこれら遺伝的な味覚の変動性と解剖学上の構造との関連を説明することである。最初のアクティビティ1は，簡単かつ効果的に，舌にある茸状乳頭を視覚的に確認し，その数を数えることができるアクティビティである。多様な参加者は，これらの特殊な構造の分布にばらつきがあることを見る機会を得られる。次のアクティビティ2では，味サンプルの提示による味覚体験のばらつきを確認し，これらの味覚経験と舌にある茸状乳頭の密度との関連を示す劇的なフォローアップ・デモンストレーションである。ディスカッションから学生は味覚の世界に差異があることを理解していないことに気づかされる。これらのアクティビティはあらゆる規模の心理学入門の授業，そして知覚心理学や認知心理学の授業にも適している。授業内アクティビティは，パート1，パート2のどちらも15分以内に終わる。パート2のアクティビティはどのような規模のクラスでも可能である。パート1は，大規模なクラスで行なうことは可能だが，味覚体験用の材料のセットが必要である。

□パート1：コンセプト

このデモンストレーションの目的は，舌の前部を着色し，デモンストレーショングループの各学生の乳頭の分布を観察することによって，味蕾のある茸状乳頭を見ることである。このアクティビティでは，たくさんの協力者により，学生は味覚の遺伝上の差に関連する味覚受容体の密度の多様性を検出することができる。

□パート1：必要な材料

このデモンストレーションに必要な材料は，拡大鏡，懐中電灯，綿棒，青の食品用着色料，観察用の型紙として使うワックスペーパー（一辺1インチ（2.54cm）の正方形にカットし，穴あけパンチで紙の中央に1つ穴をあけたもの）である。ノートに使われている通常の補強材（粘着性のリング状のもの）も観察用の型紙の代わりになる。

□パート1：実施法

最初の観察では，舌の上にあるさまざまな突起を見ることができる。最も多いのは糸状乳頭で，味覚機能をもっていない。このデモンストレーションは（顕微鏡によって）小さなマッシュルームのように見える茸状乳頭を目に見えるようにすることである。これら茸状乳頭は，顕微鏡なしでは小さくて確認することができない味蕾への導管である味孔を含む（バートシャック博士の大きさの比喩によると，茸状乳頭がハンバーガー用のパンとすると，味孔はゴマ程度の大きさになる）。茸状乳頭を観察するために，少量の食品用の青い着色料に浸した綿棒で舌の先端を塗る。参加者に食品着色料は体に入っても無害であることを知らせること。舌の塗る箇所は，先端と喉の方向に1インチ（2.54cm）程度下がったところである。参加者は口を閉じ，青い染料を広げるよう舌を動かし，最後に飲み込む。懐中電灯，拡大鏡，観察用の型を用いて，突き出された舌を調べると，ピンク色の円（小さな点）が青い背景に浮かびあがるだろう。これらが茸状乳頭であり，数多くある糸状乳頭ほどには着色しないので（Bartoshuk, Duffy, & Miller, 1994）ピンク色に見えるのである。学生は，舌の先の正中線より右側に置いたワックスペーパーの型紙を通して染色した舌を観察することができる（図14−1参照）。比較できるように作られた標準化された大きさの観察用型紙を使うことによって，学生は舌の突起の数を数え，記録できる。綿棒とワックスペーパーの型紙は各参加者の使用ごとに捨てること。

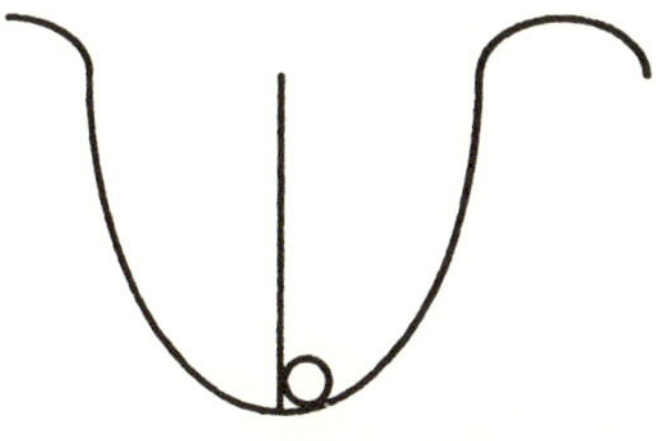

図14−1　型紙をのせる位置

□パート2：コンセプト

アクティビティのこのパートは，参加者を超味覚者，通常の味覚者，味盲者に分類するための手段として，先ほどの舌を染色する教室デモンストレーションのペアとなるものとして計画されている。このデモンストレーションもまたリンダ・M・バートシャック（Bartoshuk et al., 1994）の研究に基づくものである。ボランティアの学生は，6-n-プロピルチオウラシル（PROP）（強い苦味のある白色水難溶性の結晶体。バセドー病の治療に使われる）の溶解液に浸された紙片を味わうように求められる。

6-n-プロピルチオウラシル（PROP）の（苦みの）知覚の尺度化は，味の評定者を強烈に苦いと評定するグループ（超味覚者），適度に苦いと評定するグループ（通常の味覚者），弱いかほとんど苦みを検知できないと評定するグループ（味盲者）へと分類する。

□パート2：必要な材料

このアクティビティのためには，PROP紙（後述の作成方法を参照）と参加者の反応記録や味覚者の分類のために，修正版グリーン尺度のコピーが必要である（附録14.1の図14-2と14-3を参照）。

PROP紙を作成するために，鍋で500mlの水をほぼ沸騰させる。5gのPROPをお湯に溶かし，飽和溶液を作る。コーヒーフィルターのようなフィルターペーパーの切片をPROP溶液に十分に浸す。PROPはフィルター紙に結晶化し，参加者にPROP結晶を衛生的に与えることが可能になる。アルミニウムホイルのシート上に置くか，前もって準備された衛生的な場所で1列にぶら下げるかして乾かす。乾燥したら，フィルター紙を1インチ（2.54cm）四方に切る。紙は衛生的に保存しておくべきである（PROP紙の準備に関するこれらの指示は，バートシャックの1997年10月の個人的情報）。

PROPはバセドー病（甲状腺機能亢進症）の治療薬として用いられる。バセドー病治療薬としての個人の摂取量は，50mgの錠剤で1日3,4個の処方である。このデモンストレーションへの参加者はおよそ1.2mgのPROP摂取となる（バートシャックの1997年10月の個人的な情報）。米国薬局方（USP）★1によるPROPの摂取量評価の情報元住所は14422S, San Pedro Street, Gardena, CA 90248, 電話（310）516-8000。東海岸のUSPの施設の住所は755 Jersey Ave., New Brunswick, NJ 08901, 電話（732）214-1300である。この薬に警告ラベルが添付されていることは怖がられるだろう。法律上の理由のため，このラベルは「過剰警告」となっている（バートシャック氏の2007年5月30日の個人的情報）。このエクササイズで用いる投与レベルでは，濃度が非常に低いため，この薬物は薬学的に不活性である。

□パート2：教示

各参加者はPROP紙の切片を舌の上にのせる。参加者は，もししたければ紙を噛んでもよい。最大限の苦味を感じるまで（苦味を感じる実験の協力者の場合），紙を口の中にいれたままにしなければならない。自己評定の後，参加者は容器にPROP紙を捨てること。PROP紙は飲み込むべきではない（PROP紙は無害ではあるが）。

参加者用の修正版グリーン尺度を用いて（図14-2参照），参加者は自分の感じる苦味を，縦軸に設定された目盛りで評定しなければならない（Green, Shaffer, & Gilmore, 1993）。評定は，比率特性への変換用の尺度上で，マグニチュード推定値へと換算できる（図14-3参照）。各参加者は，PROP紙による味覚能力によって，味盲者，通常の味覚者，超味覚者に分類される。この能力は，先の舌の染色によって確認された茸状乳頭の数と関連する。PROP紙を適度（「これは苦い」）よりも苦味を感じない（「何の味だろう？」）と評定した参加者は，おそらく味盲者である。通常の味覚者は苦味が適度からとても強いと知覚する（「これは苦い」から「これはとても苦い」）。超味覚者はPROP紙を極端に苦い（「最悪のひどい味だ！」）と評定する（Bartoshuk et al., 1994）。このアクティビティはデモンストレーションの目的だけのためであることに注意すべきである。科学的に正確な，味盲者，通常の味覚者，超味覚者への分類は研究室で行なわれなければならない。

□考察

「人の舌の味蕾の数は味覚能力に直結し，両者とも正規曲線に従って変化する」（Levenson, 1995, p.13）。舌の先端右側をサンプリング領域とした場合，茸状乳頭の平均は，超味覚者で44個，通常の味覚者で32個，味盲者で24個であった。

およそ一般の人々の25％が超味覚者のカテゴリーに該当する。このカテゴリーの人々は，さまざまな苦味物質や甘味物質から強い味を感じ，刺激物からもより多くのひりひりした刺激を受ける（アルコールやカプサイシンなど。後者は，唐辛子に含まれる成分で，ヒリヒリした感覚を生じさせる）。女性の多くの割合の人が超味覚者にあてはまるのはとても興味深い（Bartoshuk et al., 1994）。この世界は，食べ物を甘過ぎ，苦過ぎ，塩辛過ぎ，すっぱすぎると感じない，普通の味覚者の人々に合うようできている。一般の人々の半数は，通常の味覚者にあてはまる。いわゆる味盲の人は平均で超味覚者のわずか半分の茸状乳頭しかもっていない。およそ25％がこの分類にあてはまる。味盲者は，他の人と同じようには食べ物の味の強さを感じない。味盲者は，おそらく何か強烈な味を経験しようとするために，とても刺激的な食べ物を好む傾向がある。例えば，味盲者はアルコール度数が高い飲み物にも苦さを感じることがない。バートシャック氏は超味覚者が蛍光色のような味覚世界に生きているとしたら，味盲者はパステルカラーのような味覚世界に生きているようなものだと指摘している。

味覚者の分類のために味のついた紙を用いる研究は，フェニルチオカルバミド（PTC,フェニールチオ尿素）とよばれる化学物質を合成したデュポン社のアーサー，L. フォックス氏によって始められた。バートシャック博士は，フォックス氏が実験室でPTCを飛散させたとき，同僚がその化学物質の苦さについて言及したことを述べている。フォックス氏自身はその物質の味を感じることができず，味覚の個人差について研究することに興味を抱いたという。通常の味覚者と味盲の人の存在を非公式に検証するために，Fox氏は米国科学振興協会の1932年の学会でPTCのサンプルを配布した。通りがかりの人々はその物質の味（苦味）について回答を求められた。およそ１／４の報告は，彼らが味盲の人であることを示唆した。この結果は通常の味覚者と味盲の人が存在するという見解を確立することとなった（Cartiere, 1997）。これ以来，遺伝学者は遺伝的な味覚特性の遺伝子の存在を発見してきている。バートシャック氏と彼女の同僚は味覚者の分類をさらに超味覚者まで広げた。PTCの使用に関する健康への懸念から，今日の研究では極少量の6-n-プロピルチオウラシル（PROP）が使用されている。これは超味覚者には強烈な苦味を与えるため，一般の人々の中で，味覚者のタイプを識別することができる。

舌を染色するデモンストレーション★2の後，学生はデモンストレーション参加者のサンプルの茸状乳頭の個人差を分析し，分類しなければならない。PROP紙を用いた味覚テストの後，学生の自己報告の感覚知覚と意味ランキングは，PROP紙の苦みをランキングするために開発された尺度化システムであるグリーン尺度によって，比率特性によるマグニチュード推定法へと変換することができる。このグリーン尺度は，デモンストレーションの目的に応じて調整されている（Green et al., 1993）。味覚者を超味覚者，通常の味覚者，味盲者に分ける分類は，全人口における味覚のばらつきをディスカッションするきっかけとなるかもしれない。

学生は味盲者や超味覚者のグループに，それぞれの食物嗜好を決めるためのインタビューを行なってもよい。また，インタビュー後に，これらのばらつきの関係について仮説を立てることもできる。「超味覚者と味盲者であることに良い点はあるだろうか？　超味覚者は周囲の状況についてよりよく知ることができるのだろうか？」と尋ねるのもよい。学生は遺伝による味覚が健康全体に及ぼしうる影響について仮説をたてなければならない。あるタイプの味覚者は健康に良いあるタイプの食物を好む傾向があるのだろうか？　健康一般に貢献するようなタイプの食物であるにもかかわらず，不快な味を感じるがゆえに，超味覚者の日常の食事では不足している食物があるのだろうか？　食物は，通常の味覚者の好みにあわせてつくられているため，通常の味覚者はよりバランスのとれた食生活をおくるのだろうか？　味盲者は，その味覚能力のせいで有害な食物や，傷んだ食物を食べる可能性があるのだろうか？　人の味覚の分類が他の何よりも遺伝的に決まっているのなら，自然淘汰はなぜ超味覚者と味盲者を同じくらいの割合で作り出したのだろう？　味覚の分類は文化と関連するのだろうか？　それはどのようなものだろうか？

★1 訳注：米国薬局方（USP：The United States Pharmacopeia）　URL: http://www.usp.org/
★2 訳注：lab_03_patterns_of_inheritance.pdfに舌の染色のようすを撮影した写真が掲載されている。

附録 14.1 ：修正版グリーン尺度

研究協力者使用用

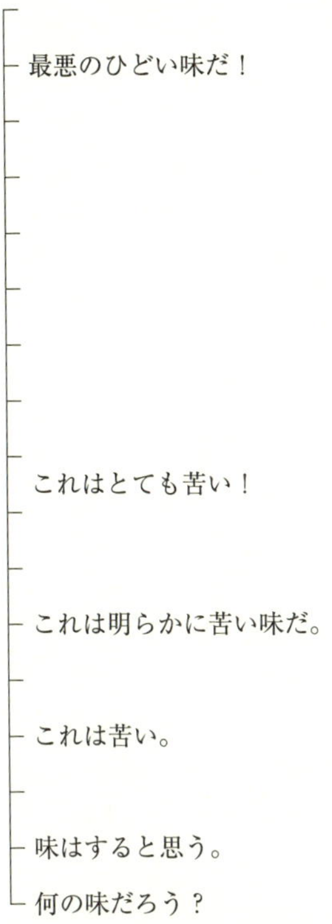

図 14-2　研究協力者用修正版グリーン尺度

比率特性変換用

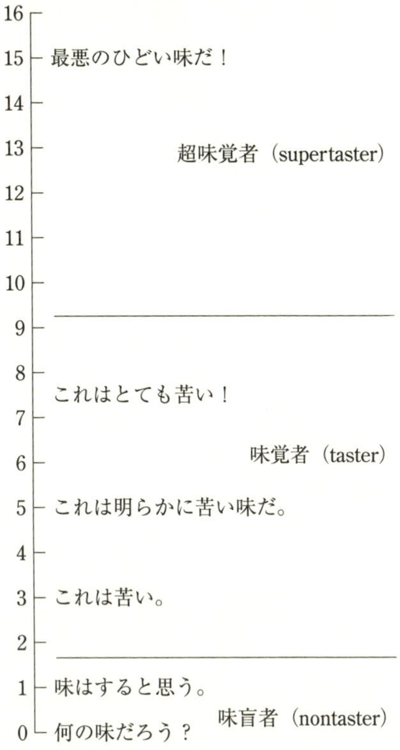

図 14-3　比率特性変換用の修正版グリーン尺度

15. 風味の創造に及ぼす味と匂いの相互作用

Bernard C. Beins：Ithaca College

このアクティビティでは，風味の総合的な知覚に味（狭義の味覚）以外の感覚が重要であることを示すために，数種類の食物を使用する。このアクティビティは，感覚・知覚心理学，認知心理学の授業ではもちろん，心理学入門においても行なうことができる。またどのような人数の授業においても実施可能な授業内アクティビティである。所要時間は，アクティビティをいくつ行なうかによって変わる。10分以内に完了するアクティビティもある。

□コンセプト

このデモンストレーションは，味覚に対して嗅覚がいかに重要であるかを学生に示すものである。テキストでは，しばしば味覚と嗅覚の相互作用により風味がつくられると書かれているが，そのような簡単な記述では，食べる際の嗅覚と他の感覚の役割を十分に表わしているとは言えない。このデモンストレーションで学生は，風味を同定する際に嗅覚の手がかりを使えない場合は「味覚」の感覚がきわめて貧弱になることを学ぶ。またその一方で，嗅覚の手がかりは，通常味覚とだけ結びついている豊かな体験を与える。このアクティビティにより，学生は嗅覚，味覚，風味の間の深い関係を体験し理解できる。

□必要な材料

食べる際に，さまざまな感覚が重要であることに気づかせる食べ物は多くない。ジェリービーンズは，その味と色の豊富さゆえによくその役割を果たす。しかしながらジェリービーンズの選定の際には，それらが異なる味であることを確認することが重要である。ブランドによっては，色が異なっても，ジェリービーンズの味は同じことがあるからだ。色によってその味の違いが明確にわかるものと，そうでないジェリービーンズを用いることも有用である。

ジェリービーンズ以外でも，ポテトチップス（例えば，普通のものと，サワークリームやオニオンなどの特徴あるものなど）やトルティーヤチップス（例えば，ドリトスのクールランチトルティーヤチップスなど）は風味をつくりだすことについて興味深いデモンストレーションを提供してくれる。学生はごく通常のポテトチップスでさえも，その風味にとって重要な嗅覚の構成要素を示すことに驚くことだろう。デモンストレーションでは，バニラの香りづけがされた食べ物であればどれでもまた，よい匂いの刺激となる。

さらに，味覚は触覚の要素であることを示すことも可能である。この側面は唐辛子やシナモンで香り付けされた食物を用いることによって明らかにできる。

□実施法

授業の前に，各学生に一袋ずつになるよう，小さなビニールの袋にジェリービーンズを数個ずつ入れておく。学生はペアになって作業をする。すなわち，1人がジェリービーンズを食べ，もう1人がその反応を記録する。次に，役割を交替する。

□□アクティビティ1

このエクセサイズでは，学生はジェリービーンズを1つ袋から取り出し，指で鼻をつまみ，ジェリービーンズを口に入れ噛み始める（しかし飲み込んではいけない）。1つ目の条件としては，彼らは目を閉じたまま行ない，2つ目の条件としては目を開けたまま行なう。課題は，鼻をふさがれた状態でジェリービーンズの風味を同定することである。(目を開いた条件の際は，学生がジェリービーンズを口にいれる前に確実に色を見るよう注意する)。その後記録係の学生はジェリービーンズの推測された風味を書き留める。学生は，ジェリービーンズをまだ噛んでいるので，次はつまんでいる指を離し鼻をふさがずに再度風味を同定させ，この二番目の反応についても同じように書き留める。学生の鼻がふさがれた状態では，彼らはほとんどの場合，間違って推測するだろう。しかし，鼻をふさいでいた手をとると，すぐに風味の全体像が明らかになり，同定は容易になる。鼻が通ることによって，口からの匂いが上方の鼻腔に届くことができる。いわゆるあと香（retronasal olfaction）である★。

風味の他の感覚の要素としては視覚が含まれる。このデモンストレーションでは，学生はその風味の頼りとしてジェリービーンズの色を用いる。例えば，りんごフレーバーのジェリービーンズが緑色である場合がある。緑色を見た学生はしばしば，ジェリービーンズを最初に食した際はライムと評定する傾向がある。もし学生が目を閉じ，鼻をつまんでいれば，推測をするのが難しくなるだろう。この事実は我々の食物に対する反応は，味や匂いだけに頼っているわけではなく，視覚的な情報にも頼っているということを示している。

□□アクティビティ2

まず最初に，食べる係の学生に，記録係の学生が袋から2つのジェリービーンズを取り出す間，目を閉じているよう伝える。記録係の学生は，2つのジェリービーンズが同じものであるのか，異なるものであるのかを記録する。そして，食べる係の学生は鼻をつまみ，2つのジェリービーンズを食べる。課題は，2つのジェリービーンズの味が同じであるか異なるかを評定することである。学生は推測した後，鼻をつまむのを止める。多くの場合，学生は味覚のみではジェリービーンズの異なる種類を識別することはできないが，嗅覚の手がかりがあると区別は容易になる。教師が何を期待するかによるが，同じあるいは異なる風味のジェーリービーンズを含む体系的な試行を使えばデモンストレーションの幅が広がる。

□□アクティビティ 3

風味のデモンストレーションのこのパートでは，ジェリービーンズではなく，食べ手が以前に見たことがない他の食べ物を用いる。どのケースにおいても今までと同様に，学生は鼻をつまみ，口の中に食べ物を入れる。そして鼻をつまむ手を離して匂いを嗅ぐ前に，食べ物を同定する。このデモンストレーションに有用な食べ物としては，ピーナツバターカップ（ミルクチョコレートのカップの中にピーナツバターがはいったもの）やキスチョコレート，ケイジャンスパイスやりんご酢などの味のスナックなどがあげられる。

ケイジャンスパイスのスナックを用いると，舌の上の感覚は味の触覚要素として表われ，他のデモンストレーションでもそうであったように，鼻をつまんでいる際はスパイスの風味がまったく知覚できない。学生がケイジャンスパイスのスナックを食べる際，全体的な食体験（すなわち，広い意味での感覚としての風味）の一部は胡椒によるぴりぴりとした刺激からもたらされるのは明らかである。シナモン風味のジェリービーンズも同様に舌にひりひりとした効果をもたらし，これが味覚や嗅覚からの知覚とは別の側面である。

チョコレートもまた良い匂いの食べ物である。食べ手が「その食べ物はおいしい」ということを知らなければ，ピーナツバターカップの触感には混乱するかもしれない。なぜなら，ピーナツバターカップは，土のような触感ともとられるかもしれないからだ。最後に，冒険心のある受講生がいれば，時には，匂いがないほうが味が良い場合もあるという例も見せることができる。例えば，小さなスプーンいっぱいのりんご酢を，鼻をつまんで飲むと甘く感じるが，鼻をつままずに飲むと酢本来のすっぱい風味を感じる。彼らが酢を飲んだ後のために，酢の味を緩和するような食べ物や飲み物を準備するとよいだろう。

□重要な注意事項

いくつかのジェリービーンズは動物由来のゼラチンが用いられていることは知っておくべきである。厳格なベジタリアンや，糖分を絶つダイエットあるいは糖分を控えたダイエットをしている学生は参加したがらないかもしれない。同様に，ユダヤ教の律法にかなった食品のみを食べる学生も避けるだろう。単純にジェリービーンズが好きではない学生たちもいるかもしれない。デモンストレーションで使用されるジェリービーンズが動物由来であるかどうかを確認し，それに応じて学生に知らせることは適切である。

このデモンストレーションは教師と学生の間にある程度の信頼関係が必要である。ピーナツバターカップのような食べ物を使用するデモンストレーションでは特にそうである。学生は，「用いられる食べ物はすべて普通のもので，一般的な意味で変なものはない」という教員の保証を受け入れなければならない。

最後に，もし学生が何かアレルギーをもっている場合は問題である。教師は，どのようなタイプでも食物アレルギーの学生は参加を差し控えるべきであるという一般的な注意をしておく。あるいは，例えばピーナツなどを含む食物のリストを準備し，リスト上の項目にアレルギーがあれば参加すべきではないと学生に知らせることもできるだろう。リスト上の多くの項目は，学生が実際に食べる食物が何であるのかがわからないように，ディストラクターであるべきだろう。

□考察

概して，ジェリービーンズを見てその色から風味を推測できる時を除くと，鼻がつままれている際には学生はジェリービーンズの風味を同定できず，また鼻を自由にして香りの一瞬の通過を体験するまでは異なる風味を区別することもできない。この時点で学生は簡単に異なる種類のジェリービーンズの風味を区別することができる。多くの心理学入門の教科書には味覚と嗅覚の基本的な知識と，その生涯を通した発達について記述がなされている。味と匂いに関する詳細なディスカッションは，感覚や知覚に関する専門書にみられる（例えば，Coren, Ward, & Enns, 2004）。

このデモンストレーションの後，風味は単に舌で感じるもの以上のものであるということが説明しやすくなる。味覚は 4 つの感覚，つまり，塩味，甘味，酸味，苦味というただ 4 つの感覚を認識するということを学生に気づかせる。他のすべての「味」，例えば，チョコレートやレモンや，ペパーミントやストロベリーの味は，多くが嗅覚に由来する。それゆえ，flavor という言葉は，味覚と嗅覚の両方によって生み出された「風味」感覚を表わすものとして用いられる。

学生は味の判断は嗅覚，また視覚にさえも影響されるという事実を経験する。さらに，しばしば学生は，舌の上でシナモンを「噛む」ことによってシナモンフレーバーのジェリービーンズを正しく同定する。そのような経験は，触覚的な刺激もまた風味において役割を果たしていることを示している。最後に，人間の予期もまた風味には影響している。Jelly Bellies社の強烈なポップコーンフレーバーのジェリービーンズは，それが何かがわかるまでは，不愉快な味として知覚されるかもしれない。

風味の知覚における嗅覚の重要性を学べば，学生は「経験のどの要素が，経験全体に貢献するのだろうか」ということついての仮説を発展させることもできるだろう。例えば，鼻の下でジェリービーンズを持ち，匂いが出るようにそれらを潰すと，人はジェリービーンズの風味を同定することができるだろうか？　学生達は簡単にこの仮説を検証することができ，彼らの予測や発見について話す（あるいは書く）ことができる。

別のアクティビティとしては，舌の上にジェリービーンズを置き，他の潰したジェリービーンズを鼻の下に持ち，付加された嗅覚手がかりが感覚に影響をおよぼすかどうかみてみるというものもあるかもしれない。そのようなデモンストレーションの中で，学生は口の中でジェリービーンズを味わい，匂いを嗅ぐが，しかしながら何か他のものについても匂いを嗅いでいるのかもしれない。学生は仮説をたて，結果が仮説と一致しているかどうかを説明することができるだろう。

最後の仮説は，「喫煙者や元喫煙者は嗅覚能力が減少していく」と言われていることに関するものである。パーキンスら（Perkins et al., 1990）は，喫煙者は非喫煙者と比較すると味覚の楽しみはあまり感じていないものの，喫煙者の味覚は非喫煙者のそれと同等であることを示している。しかし，嗅覚は喫煙者と非喫煙者では異なる（Hepper, 1992）。学生は，見かけは同様の味覚反応を示すが全体の風味は減少しているということについて仮説をたてることができるだろう。1つの明白な推測として，元喫煙者は，味覚は正常かもしれないが，嗅覚は衰えているかもしれないということが言える。

デモンストレーション自体を発展させることが期待できる2つのレポート執筆のエクササイズは，学生により一般的な風味の体験について書かせることである。まず最初に，学生は多くの食べ物の楽しみ方に影響するような，食べ物のもつ異なる側面を同定できる。例えば，湿気たポテトチップスは，パリパリしたものほど楽しめない。つまり，触覚と聴覚手がかりの関連性の示唆である。学生は，しばしばクラマトジュースとして市場で売られているような貝とトマトのジュースやヘッドチーズ（豚や子牛の頭を茹でて，脂肪と一緒にプレスしチーズのように成型した料理）については，それを味わってみることなく，否定的な反応をする。これは，何が良い食べ物だと考えられているかという文化の重要性を反映している。

第2のレポート執筆エクササイズとして，私は学生に，嗅覚能力の多くを失っているが味覚能力は維持しているお年寄り（Bartoshuk, Rifkin, Marks, & Bars, 1986）のための食事の献立を考えることを求める。食事の雰囲気，触感，色，そして食物の配置などが食事の中でより重要な要素になるかもしれない。さらには，学生はより味わいよくするため，食事を混ぜる方法なども提案するかもしれない。

★訳注：人は食物を食べる際，鼻先から入ってくる香り（「たち香」orthonasal olfaction）と，喉越しから鼻から吐く息にのって感じる香り（「あと香」retronasal olfaction）という2種の香りを感じている。

16. 感覚の相互依存性

George M. Diekhoff：Midwestern State University

ここで取り上げる4つのデモンストレーションは，1つの感覚モダリティを通して得られた情報がどのように他の感覚モダリティの経験を形成するかを示す。感覚システムは独立しているのではなく互いに影響を及ぼしあっている。このアクティビティは心理学入門や上級生学年向けの知覚・認知心理学のどのような規模の授業にも適している。どのデモンストレーションもおよそ10分である。デモンストレーション1から3までは，他の受講生から観察されるボランティアの少人数グループや個人協力者が参加する。デモンストレーション4は，全受講生が参加する。

□コンセプト

ヨハネス・ミューラー（Johannes Müller）は彼の特殊神経エネルギー説の中で，感覚経験は物理的な刺激の性質よりも，感覚神経終末部位のある皮膚への投射領域に依存するという仮説を提唱した（Benjamin, 2007; Müller, 1842）。したがって，例えば光や，圧力や，電気による視覚神経への刺激は，視覚体験をもたらす。分化し，かなり特殊化した感覚投射領域の存在は，感覚経験がそれに対応して分化し独立していることを示している。しかし実際には，感覚は人々が期待するほどは独立していない。以下のアクティビティでは，感覚モダリティ間に存在するいくつかの相互依存性をデモンストレーションする。

□実施法

デモンストレーション1：嗅覚が味覚に及ぼす影響

一口大に切ったりんごとジャガイモを準備する。ボランティアの参加者に，目をつぶらせ，鼻をつまませながら，ランダムな順序でりんごとジャガイモのスライスを食べさせる。参加者の課題は，彼らの食べているものを同定することである。彼らの知覚の正確さは正答数の割合で示される。

次に，同じ手続きを繰り返すが，参加者は食べている間，普通に息をする。匂いの感覚が味の重要な要素であることを確かめるために，嗅覚の寄与がない場合とある場合で味覚の正確さを比較する（味覚と嗅覚の相互作用に関する別のデモンストレーションについてはアクティビティ15を参照)。

デモンストレーション2：温度が味覚に及ぼす影響

4つの小さいグラスに水（8オンス：240cc）を準備する。そしてそれぞれに小さじ1／4の砂糖を加え，溶けるまでかき混ぜる。グラスの水はそれぞれ，氷のように冷たい，冷たい，ぬるい，熱いという状態にしておく。ボランティアには各砂糖水を飲み，その甘さを評定するよう指示する（もちろん，ボランティアはコップに含まれている砂糖が同じ量だということは事前に知るべきではない)。味に及ぼす温度の影響を反映し，冷たいものやぬるいものは氷のように冷たいものや熱いものに比べると甘く知覚されるだろう。

デモンストレーション3：大きさが重さの知覚に及ぼす影響

このアクティビティでは2つのコーヒー缶を用意する必要がある。1ポンド（約500g）の缶と，3ポンド（約1500g）の缶それぞれに，同じ重さになるまで砂を入れる。ボランティアには，重さの違いの知覚閾を調べていると告げる。ボランティアは，それぞれの缶をもち上げ，思いと感じるほうを選択させる。同じ重さにもかかわらず，参加者はいつでも小さいほうの缶がより思いと判断する。これは大きさと重さの錯覚を説明する（アクティビティ20参照)。視覚的な大きさが重さの知覚に及ぼす影響は，十分検証されてきている。ある重さの小さい物はそれと同じ重さの大きな物よりも重く評定される。すなわち，我々の「重さ」の知覚は，ある程度は密度の知覚なのである（すなわち，重さ／大きさ)。

デモンストレーション4：聴覚と視覚の共感覚

受講生に「各々の音がそれぞれの色をもっていると想像してください。あなたの課題は，各音を，赤，黄，白，黒，青のいずれか1つとそれぞれ対応させることです」と教示し，以下に示す母音のリストを読み上げる。

母音
ah，mamaの発音の中にみられる
eh，letの発音の中にみられる
o，homeの発音の中にみられる
oo，bootの発音の中にみられる

400人の共感覚者ではない研究協力者の研究により，ローウェンス・マークス（Lawrence Marks, 1975b）は相当な程度の「感覚モダリティ間の相互転換」の証拠を見出した。それぞれの母音に対するあなたの学生たちの最も一般的な色の回答を表にして，マークスの結果と比較してほしい。

母音	最も一般的な色の回答
ah	赤か黄色
eh	白
o	赤か黒
oo	青か黒

個人が見せる共感覚の程度には大きな多様性があるものの，アメリカ共感覚学会（http://www.synesthesia.info）が設立されるほどに，数多くの個人の体験において共感覚は十分に顕著なものである。

□考察

このアクティビティでデモンストレーションされた感覚の相互依存（性）は，2つの基本的な知覚原理を説明している。まず第一にゲシュタルト心理学の部分と全体の考え方（すなわち，全体は，部分の集合とは異なる）は，感覚モダリティ内の刺激要素だけではなく，感覚モダリティ間の刺激要素にも適用される。あるモダリティの中の刺激要素は，全体の感覚経験を決定するために，他のモダリティの刺激要素とも相互に関連する。第2に，共感覚の経験は，特に，入力される刺激が，あるモダリティに特殊というのではなく，すべての感覚モダリティがアクセスするデータベースに移されることを示唆している。それゆえに，視覚と聴覚の両システムが，同じモダリティの特殊ではない感覚データベースにアクセスするので，聴覚経験が視覚的印象を生じさせることもありうる。この見解は以下のようないくつかの他の知覚の興味深い事実を説明する助けとなる。知覚学習のモダリティ間転移，感覚モダリティを超えて強度を一致させることのできる人間の能力について，また言葉の話せない乳児のただ触る経験をしたことがあるだけの対象を視覚的に認識することができる能力である。感覚に非特殊であるデータベースを通して，ある感覚モダリティに提示された情報は，他のモダリティに利用可能となる。

■第3章　知覚

本章は知覚，多くは視知覚をテーマとする魅力的で説得力のあるアクティビティを示す。扱われるトピックは，眼球運動，錯覚的な動き，知覚的順応，視覚的残像，大きさ一重さ錯覚，知覚的入力と脳の相互作用である。

アクティビティ 17は眼球運動がテーマである。これはサッカード眼球運動の存在を説明し，それが視覚的知覚をいかに危ういものにするかを示す。学生は注視と視覚的サッカードによって読みや読みの速度がどのように影響されるかを学ぶだろう。

事物に手を伸ばしたり触ったりするには視覚系と運動反応の協応が必要であり，それは我々が乳児のころからうまくやりこなしていることである。しかし，視野がプリズムによってズラされ，事物が本来あるべき所にないとしたら，何が起こるのだろうか？　この変化に順応するにはどのくらいかかるのだろうか？　また順応は，視覚の変化によるのか運動の変化によるのか？　アクティビティ 18は学生に異なる視覚世界を経験させ，この新しい視覚環境で効果的に機能するために新たな目と手の協応を学習させる。

アクティビティ 19のテーマはプルフリッヒ（Pulfrich）効果である。これは直線上で揺れている事物が，楕円や円の軌道で揺れていると実際には知覚される運動の錯覚である。このアクティビティは，2つの目からもたらされる差のあるフィードバックに一貫するような視覚的現実を脳が創りあげるという知覚の論理を説明する。

1ポンドの羽と1ポンドの鉛はどっちが重いだろうか？　もしあなたがどちらも同じ重さだと言うなら物理的な感覚では正しいが，心理的な感覚では誤っている。実際1ポンドの鉛は1ポンドの羽よりも人間の観察者には，はるかに重く知覚される。アクティビティ 20は大きさ一重さ錯覚とよばれる事象をデモンストレーションすることで，それを劇的に説明する。

17. サッカード眼球運動時の視知覚の減退

James W. Kalat：North Carolina State University

人は他の人の目の動きを少し離れたところからでも見ることができるが，鏡の中の自分自身の眼の動きは見ることができない。目が動いているときには，視知覚は，実質的に抑制されている。この頑健な現象は，読みの速さの限界を含むいくつかの原理の説明に用いることができる。この授業内アクティビティは，心理学入門や知覚心理学，認知心理学の授業に適切である。少人数でもかなり大人数のクラスでも行なうことができ，同時には難しいが全受講生を参加させることができる。

□コンセプト

人々は，２種類の眼球運動をもっている。１つは，追従眼球運動で，動いている対象物を追尾する。もう１つは，サッカード眼球運動で，目は注視（固定的な焦点化期）とサッカード（１つの注視点から他の注視点への弾道的なジャンプ）の交互の動きを示す。サッカードの間は視知覚はすべてではないが大部分が抑制される。サッカード中の視覚は不明瞭なのでこの抑制は有用な機能として働いている。人々は盲点の存在に気づかないでいるのと同様，この抑制にも通常気づいていない。簡単な手続きによって，サッカード中の視覚的感受性の大きな減退をデモンストレートする。

□必要な材料

各学生は，数秒間，手持ちの小さな鏡を用いる。可能ならこのデモンストレーションの日の授業に鏡を持参するように学生に伝えておく。ドラッグストアで安く買えるような鏡を余分に用意しておくとよい。１列に１つずつの鏡があれば，学生は順に鏡を渡していけばよい。

□実施法

まず最初に学生に以下のように教示する。「鏡の中の自分自身の目を見て，片方の目に焦点をあててください。それからもう片方の目へと焦点を移してください。眼球が動くのが見えましたか？　数回試してみて，次の人に鏡を渡してください」 眼球運動が見えなかったことが同意されるだろう。最も簡単な仮説は，眼球運動というのは，あまりに微少，あるいは，速いので見えないということだ。この仮説はたやすく覆すことができる。「それでは，1人ひとりパートナーを見つけて，その人の目を見てください。一方の人は，パートナーの左の目に焦点を当てて，それから，右目に焦点を移してください。役割を交替して，先ほど見つめていた人が今度は目を動かしてください。眼球が動くのが見えましたか？」 1人の学生でデモンストレートすることによって，例を示すこともできるだろう。学生たちは，一貫して，自分の目の動きは見えないが，他者の目の動きは見えると報告するだろう。したがって，鏡で自分の眼球運動が見えないのは，動きのスピードが速いせいでも，動きが微少であるせいでもない。これは，サッカード抑制，すなわち自発的眼球運動の際の視覚減退を示すものであることがわかる。

□考察

サッカード眼球運動中，少なくとも2つのメカニズムによって視知覚は抑制されている。第1に，ある脳領域がこれから起ころうとしている眼球運動をモニターしていて，サッカード中は皮質の活動を抑制するよう視覚野にメッセージを送る。完全な闇のなかにいてもサッカード中の視覚野の血流は減少し，特に運動の検出に重要な経路である大細胞性経路において大きく減少する（Burr, Morrone, & Ross, 1994; Paus, Marrett, Worsley, & Evans, 1995）。視覚野の反応性は，眼球運動が始まる最大75msec前から低下を始め，その低下は終了のほぼ75msec後まで続く（Vallines & Greenlee, 2006）。

第2に，サッカードの終わりの知覚は，サッカード中に見たものに干渉する逆向マスキングを生み出す。水平的なサッカードの間に，光るスリットのような明るい刺激が点滅すると，見ている者は，刺激が提示されている間に眼球が水平移動した距離に応じた幅のぼんやりとした光を知覚する。しかし，刺激がサッカードの終わりにも残ったままであると，見ている者はその刺激を注視により知覚し，それ以前のぼんやりとした光をもっと弱くしか知覚しないか，あるいはまったく知覚しない（Matin, Clymer, Matin, 1972）。注視の間に刺激が残っている時間が長くなるほど，先行したサッカード中に感じるぼやけた光の知覚は弱められる。

このサッカード抑制のデモンストレーションはいくつかの点を説明するのに役立つだろう。第1に，わたしたちは，注視しているときにしか読字できず，注視と注視の間のサッカード中には読めない。たいていの人は1注視あたり，約11文字くらいしか見えないので（Just & Carpenter, 1987），最大の読みの速度は，1秒間に何回注視するかによる。大部分の大学生の平均は，1秒間に4注視で，ときに戻ったり，休んだりもあるので，だいたい1分間に200語くらいの速さになる。読み手は注視の持続時間を減らすことによって，読みの速度を2倍，3倍にすることは可能である（Just & Carpenter, 1987）。しかし，各サッカードには，25−50msecかかる。非現実的だが，仮に注視時間を0として，サッカード抑制がサッカードそのものよりも長く続くという事実を無視すると，理論的最大値としては1秒間あたり20から40の注視ができる。速読コースの修了者が1分間に5000から10000個の語を読めると主張するならば，多くの単語を実際に読んでいるのではなく，推測をしているのだと考えるのが無難であろう。

第2に，このデモンストレーションを運動失認の説明に用いることができる。大脳皮質の側頭葉に損傷のある人では，持続的運動の知覚能力を失うことがある（Marcar Zihl, & Cowey, 1997; Zihl von Cramon, & Mai, 1983）。わたしたちは色覚障害がどのようなものかを容易に想像することができるが，運動失認ははるかに理解の難しいものである。サッカード抑制のデモンストレーションは運動失認を非常に小規模ではあるが説明するものであるので，失認の経験がどのようなものであるかを考える材料を十分与えることになるだろう。

第3に，サッカード抑制は，意識について問題にする。わたしたちは，自分に届いている刺激すべてに対して持続的な意識の流れをもっているものだと考えてしまいやすい。しかし，このデモンストレーションは，わたしたちの意識には隙間があることを示す。あなたの目が動いている25–50msecの間やその前後の短時間の，あなたの意識的視覚経験とはどんなものだろう？　その答えは，明らかに「意識経験はない」ということである。

18. プリズム順応を用いた眼と手の制御システムの検討

J. W. Kling：Brown University

知覚順応に関するこのアクティビティは，講義の中でのデモンストレーションとして，あるいは少人数クラスやグループには学生全員が参加できるエクササイズとして，実施できる。心理学入門や感覚･知覚心理学，認知心理学の授業に適している。教室でのデモンストレーションとしては，10分あればよい。データを収集したいのであれば，40人以下の授業やグループなら学生の各ペアが手続きを完了させるまで約20分必要となる。学生各自が実施する場合と講義のデモンストレーションとして実施する場合の両方を示す。

□コンセプト

視線を向けている対象に手を伸ばしたり，それを触ったりする時，動きを意識的に制御する必要はあまりないため，眼と手の協応動作は生得的な反射であると考えられがちである。このアクティビティは，これが生得的な反射ではなく，絶えず変容するシステムであることをデモンストレーションする。このデモンストレーションは，100年以上心理学で研究し続けられてきた“網膜像を変位させる”実験の１つの例である。ジョージ・ストラットン（George Stratton, 1865-1957）や他の人々（Hochberg, 1971, p. 533を参照）は網膜像を反転させるレンズを用いて，行動が順応するまでにどのくらい時間がかかるのか，また反転した視覚世界が常に“普通”に見えるのかどうか検討した。このような実験を少し修正したものとしては，網膜像を数度ずらすものがある。プリズムを通して対象をはじめて見て，それに手を伸ばすと，対象から外れた手と腕の動きが生じる。この手伸ばしの動きを繰り返すと対象への手腕の動きの誤差は減っていくが，次にプリズムを外すと過度な補償が生じる。このデモンストレーションは，感覚の過程や順応についてディスカッションするために有益な助けとなり，遺伝か環境に関するディスカッションを刺激するのに役立つだろう。

□必要な材料

最初の説明は，学生がペアで実施する場合を想定したものである。ここで，学生は交互に協力者と実験者の役割を取る。プリズムが10個あるならば，20人の学生がこのエクササイズを一度に実施でき，その間他の学生は何か他のデモンストレーションを行なう。その後，交代する。

各学生のペアに目盛のついたターゲットを1つ与える必要がある。ターゲットは，レジ計算機の領収書用巻き紙（事務用品店で入手可能）を用いて作成することができる。巻き紙を60cmにカットし，横長に置き，左から右へ正中線を引く。そして，その中央に大文字でXを描き，Xの両側15cmに1cmずつ目盛をつける。誤差のほとんどはプリズムによって生じ，学生協力者の場合，第1試行ではたいてい約10cmの誤差が生じる。ターゲットはおおよそ胸の高さに設定し，壁に貼る。

各学生ペアに1つのプリズムを用意する。プリズムは科学玩具ショップ（たとえば，Edmund Scientifics）で購入することができるが，この種の実験に適したプリズムは比較的低予算で作成できる。（プリズムの作り方は，附録18.1に記す。）

□実施法

学生は2人1組で作業をする。もしデータを収集したいのであれば，下に示すようなデータシートを配布する。［プリテスト試行］1人の学生S（Subject：協力者）は，右肩がXの前に来るように壁に十分近づいてまっすぐ立ち，右腕を伸ばして人差し指の先で目盛がふってあるターゲットに触れることができるようにする。他の学生E（Experimenter：実験者）は以下の教示を読み上げる。「左手で左眼を覆ってください。右手は体の横に下げた状態で，リラックスしてください。私が『あげて』と言ったら，滑らかな一回の動きで腕をあげ，ターゲットの長い紙の中央にあるXを人差し指で触ってください。ターゲットの長い紙に指が触れたら，指差した場所がどこであったとしても，そのままにしていてください。つまり，最終調整をしてはいけません。私が『さげて』と言ったら，腕を体の横に下げてください。いいですか？　用意。あげて」。Eは，指が最初に触れた位置の数値を（Xの左または右何cmといったように）すばやく書き取る。約5秒経ったら「さげて」と教示する。少し時間をおき，「用意。あげて」と言い，次の試行を行なう。試行間隔は5から10秒とし（つまり，Eが各試行のズレの数値を記録するのに必要な時間間隔をあけ），5試行実施する。（注釈：理想的な状況は，S自身の腕の動きの観察を最小限にすることであるが，このデモンストレーションではSが手の動きを多少見ても機能する。）

［順応試行］次に，Sは，左手を使ってプリズムで右眼を覆う。左手は左眼を閉じたままにするのに役立つ。プリズムの厚い部分を左に，四角い紙が下に来るようにもつ。5試行終了するまで，この状態を保つ。この場合にも，Sは右手を体の横に下ろした状態で立ち，「あげて」という指示のもと，ターゲットの長い紙に向かって滑らかな1回の動きで人差し指をもっていく。指の位置は修正させない。ズレの数値を記録し，Eは「さげて」と言い，腕を下げさせる。プリテスト条件と同様に，ターゲットの長い紙に指があたった位置をEが記録するために，試行間隔は約5から10秒と

し，5試行実施する。ターゲットの長い紙に指が触れたら，指を動かさないことが重要である。

［ポストテスト試行］順応試行の5試行目の後，腕をおろしたらすぐにSは「両眼を閉じ，プリズムを私に渡してください。左手で左眼を覆ってください。右眼をあけ，X印を滑らかな動きで指差してください」と言う。Eはズレの値を見たらすぐに，Sに「さげて」と言う。試行間隔は5から10秒で，合計5試行実施する。

役割を交代し，すべての手続きを繰り返す。グループのデータを収集し，ズレの平均値を算出する。

ズレの値

	プリテスト試行	順応試行	ポストテスト試行
第１試行	＿＿＿＿＿	＿＿＿＿＿	＿＿＿＿＿
第２試行	＿＿＿＿＿	＿＿＿＿＿	＿＿＿＿＿
第３試行	＿＿＿＿＿	＿＿＿＿＿	＿＿＿＿＿
第４試行	＿＿＿＿＿	＿＿＿＿＿	＿＿＿＿＿
第５試行	＿＿＿＿＿	＿＿＿＿＿	＿＿＿＿＿

□講義デモンストレーション

もし，教室が比較的小さいならば，ボランティアとして協力者になってくれる学生が上記の手続きを実施し，受講者全員でプリズムの効果を観察することができる。大教室であれば，ボランティアの学生協力者は，黒板に向かい，右手にチョークをもって，上記の手続きを実施する。この場合も，右肩はターゲットの前に来るようにする。ターゲットが頭の高さを少し上回るようにすれば，受講生はチョークが黒板にあたる位置を観察することができる。

□考察

全員がプリズムの厚い部分を左にもつようにすると，学生は皆同じ結果のパターンを観測するだろう。すなわち，プリテスト試行でのズレは基本的に0であり，順応試行での第1試行では中央よりかなり大きく右にズレ，5試行を通してズレは減少していく。ポストテスト試行では左に偏向し，5試行を通してそのズレは減少する。

結果のディスカッションでは，以下の点が強調される。

1．プリテスト試行の間と順応試行の第1試行までは，指は網膜に投影されている視覚映像にとって適切な空間へと動く。したがって，この最初の6試行のデータは，腕が網膜の特定部位上にある像と関連した位置へと動くという仮説と一致する。

2．プリズムへの順応試行の第2，3，4，5試行は，Xからのズレの減少を示す。この観察は，網膜像と手の動きの間には固定的かつ不変的な関係があるといった仮説が支持されないことを証明する。

3．多くの学生は，より正確にしようとした自分自身の努力の効果がほとんどなく，順応試行を通しての改善は，本質的には直前の試行におけるエラーの埋め合わせをしようとする意図的な努力をしなくても生じたということに同意するだろう。

4．多くの学生において5試行後にも多少のエラーは残るものの，順応は急速に生じる。したがって，眼と手のシステムは，他のスキル学習と似た様式で経験の効果に反応する。「学習曲線」を描き，その意味についてディスカッションする。

5．ポストテスト試行の結果は，手と眼の協応が比較的少量の新しい経験によって急速に修正されることを示している。その結果は，体の他の部位に対する実感的な腕の位置が，プリズムへの順応の経験によって変化するという仮説と一致する。この結果はまた，視覚情報の入力と特定の出力信号との関係における変化を仮定する説明とも一致する。レディングとワラス（Redding & Wallace, 2006）は，プリズム効果の現代的解釈を論じている。

6．結果はまた，ポストテスト試行でのエラーの大きさが，順応試行中に生じる偏向よりも小さく，エラーの消去速度は順応試行中よりも急速であることを示している。これらの効果は，このシステムは経験の量に比例して経験の効果が重み付けされるという仮説と一致する。また，学習曲線における負の加速曲線と類似していることを指摘する。

このアクティビティはハリス（Harris, 1965）の実験手続きを基にしたもので，ストラットン（Stratton）などの逆さ眼鏡を装着したよく知られた実験や，ロジャー・スペリー（Roger Sperry），エックハード・ヘス（Eckhard Hess）などのサンショウウオやひよこ，またその他の動物の網膜像変容を行なった実験と類似している。哺乳類は，変位した像にかなり急速に順応するが，ひよこや両生類はまったく順応しないようだ。この結果のパターンと，学生がよく知っている遺伝と環境の相互作用の種間比較の結果を比較するよう学生に求めることもできる。

体が急速に成長する乳幼児期の網膜像と手の位置の関係を，学生に考えさせる。このデモンストレーションと類似している日常生活場面として，新しい眼鏡をかけた時の影響や，新しい遠近両用の眼鏡をかけた時の困難さ，歪んだバックミラーを見ながら縦列駐車を行なう時に生じるエラーなどがある。平らな底の靴からハイヒールに履き替えた時に類似した影響が生じるか学生に質問する。学生は，順応に不可欠なものは，自己生成的な動きであるというヘルドとヘイン（Held & Hein, 1963）の結論を思い出すだろう。そして，学生に（この結論を心に留めながら）新しい遠近両用眼鏡をかけた時の問題を最小化する方法を提案するよう求めることもできるだろう。

補足エクササイズ 時間があれば，各ペアに１つテニスボールを与え（比較的空気が抜けていて弾まないものがよい），何度か下手投げでワンバウンドのパスをさせる。ペアは，約３m離れて立つ。そして，一方の学生は片方の眼にプリズムをつけ，もう片方の眼は閉じる。多くの学生は，プリズムを通して見ているボールをキャッチすることはできるが，下手投げでワンバウンドのパスをすると，うまくいかないだろう。ボールをキャッチすることと投げることの違いを，学生に気づかせる。ボールをキャッチする時には，自分自身の手と近づいてくるボールへ手を伸ばす動きを見ることができるが，ボールを投げている時は，連続的な調整ができないのである。ボールを投げることは，右手をターゲットへ伸ばすことに似ている。ボールをキャッチすることは，Xに指が触れるまで，ターゲットに沿って指を動かすことに似ている。大教室でのデモンストレーションでは，ボール投げとキャッチのさまざまな動きをさせると有益である（時にとても楽しいものとなる）。

ジュリアン・ホッホバーグ（Julian Hochberg, 1971）の執筆した章に，変位したり歪曲した像についての優れた概説がある。中心か周辺かといった解釈についての考察は特に役立つ。アトキンソンら（Atkinson et al., 1999）は，ヘルドとヘイン（Held & Hein）の実験を含めて，知覚における経験の役割を簡潔にまとめている。古典的論文の多くは，www.psychclassics.yorku.ca.で，オンラインで見ることができる。レッディングとワラス（Redding & Wallace, 2006）の引用文献には，検討したいと思えるような多くの最近の論文があげられている。

附録 18.1：安価なプリズムの作り方

（注意：この方法は複雑そうに見えるが，学生の論文に成績をつけている時の良い休憩として，簡単で満足のいくプロジェクトである。また，授業のためのプロジェクトとして，プリズムを作る技術をもった学生に頼むこともできる。）アクリル系の“窓ガラス用透明板”を1枚購入し（約36×36cmの窓ガラス用透明板は建築物用品を扱う店で約2.25ドルで入手可能），1つが約9×36cmになるようにそれを4等分する。（注意：アクリル板は簡単に傷つくため，両面保護シートで覆われている。細長く切る間は保護シートをそのままにしておく。外側の保護シートはプロジェクトが終わるまでそのままにしておく。長い辺に沿ってアクリル板2枚をテープで貼り，36cmの長さのくさび型の鋳型を2つ作成する。テープを貼っていない辺を約2.5cm開いておく。最適な位置，形の鋳型を保つために，レンガや重い本を使って固定する。両端の開口部をダクトテープでしっかり密閉する。（マスキングテープの粘着剤は樹脂で溶けてしまうため，ダクトテープを使う。）約1リットルの樹脂（そして，それに対して適量の硬化剤）は，船や自動車の修理店において約10ドルで購入できる。今回のプリズム作成では，1リットルあれば十分である。飲み終えたコーヒー缶や金属製の容器に樹脂を半分注ぎ，硬化剤の半分を入れて良くかき混ぜる。この作業はよく換気されている場所で行なう。泡を立てないように，ゆっくりかき混ぜる。一方の鋳型にそれを流し入れ，もう一方の鋳型用に残り半分の樹脂と硬化剤を混ぜる。この樹脂で作成されるプリズムは薄茶色であるが，この実験に使用するには十分である。約1リットルの樹脂で2つの鋳型を上部約5～6 mmまで満たすことができる。それを一晩ねかせておく。樹脂はアクリルシートに接着されている。幅約5 cmになるように長い辺を切ると，14個のプリズムができる。帯ノコがあれば，この切断作業はうまくいく。堅い紙（フォルダーペーパーが適している）を約10cmの正方形に切り，両面テープでプリズムの下部に貼りつける。前に突き出した堅い紙は，腕や手の動きのほとんどが視界に入らない役割を果たす。

19. プルフリッヒの振り子効果
往復する振り子が回転して見えるとき

Ludy T. Benjamin, Jr.：Texas A & M University

このアクティビティは最小限の準備で劇的な動きの錯視とその基にある生理学的原因をデモンストレーションするものである。これは心理学入門，感覚・知覚心理学，行動神経科学，認知心理学の授業に適している。授業の10分から15分を必要とし，どんな規模の授業でもクラス全員が参加してデモンストレーションできる授業内アクティビティである。

□コンセプト

プルフリッヒ現象，またはプルフリッヒの振り子効果は視知覚のデモンストレーションの中でもかなり劇的な効果を産み出す，最も効果が大きくしかも準備が最も簡単なものの1つである。この単純なデモンストレーションは強力な運動錯視，より正確に言えば，あやまった運動の知覚を生じさせる。観察者は視線の高さで前額並行面上（視線と直角に交わる平面上）を揺れて往復する物体を見る。両眼で観察するが，片目はサングラスのレンズか，何か他の光フィルターで覆う。揺れている物体は直線軌道ではなく，楕円形か円形の軌道を描いているように見えるだろう。レンズを反対の目に換えれば，揺れている物体は逆方向に動いて見えるだろう。

□必要な材料

プルフリッヒ現象を最も単純にデモンストレーションするには，天井に紐をつけ，反対の端に，振り子の錘になるものを結びつける。9ボルトの乾電池（四角い形の乾電池）が錘にはちょうど適している。バインダークリップを紐の反対の端に結ぶと天井のつり出したタイルやその他の構造に取りつけることができるようになる。この方法の唯一の問題（デモンストレーションを目的としているなら問題ではない）は振れ幅が少なくなってきたときには振り子をその度に再スタートさせなければならないことである。

一定の速度での物体の運動が重要であるなら（例えば，研究を目的とする場合などで），振り子はモーターにつけたほうがよいだろう。1つの解決方法はこの種の動きのためにデザインされたモーターを見つけることであり，それは70から90度の円弧を動くものである。たとえばウィンドーディスプレイ広告に使われる多くの小さなモーターは適切な角度で物体を前後に動かすように作られている。通常これらのモーターは頑丈なものではないので振り子の軸と錘は軽くなければならない。これら小さなモーターで上手く動かすには，細いアルミの軸とピンポン球（よく見えるように赤く塗る）が適している。

その他に必要なものは，各学生に一枚ずつの光フィルターである。目的のためには，サングラスのレンズが適しているが，日光の当たっているときだけ暗くなるもの（光発色性もしくは調光性とよばれるもの）は使えない。レンズが暗いほど錯覚される動きの量は大きくなる。もし何年にもわたってこのデモンストレーションを授業で行なうなら，壊れたサングラス（少なくともレンズの一枚は完全に残っている）の寄付を歓迎すると受講生に言えば，数年後には必要な数のレンズを集めることができるだろう。どんな種類の光フィルターでも使える。たとえばある程度露光した写真のフィルム（暗すぎないもの）はよいフィルターを作れる。

もし各学生に一枚ずつのフィルターがないのであればまず半数の受講生にデモンストレーションし，その後残りの半数の学生にレンズを渡させればよい。

□実施法

前もってデモンストレーションの日にサングラスのレンズをもってくるように学生へ伝えておく。可能であれば学生は教室の中央辺りに着席する。最適な観察距離は4.5～6 mであるが，それより遠くてもよく観察できる。そしてどんな教室であるかにもよるが，前の数列の学生には部屋の後ろで立って見てくれるよう言ったほうがよい。もし教室が特に横に幅広ければ，両端に位置した学生にはこのデモンストレーションがよく見えない。彼らも教室の後ろへ移動させなければならない。振り子のひもは教室の前方に設置し，錘がおおよそ着席した学生の目の高さになるようにしなければならない。

この現象のデモンストレーションをするときは，背景が重要な変数となる。往復運動をする物体の軌道と近くの壁は十分な距離（1.8～から 3 m）を取るべきである。そうでないと，知覚される運動の軌道が壁に近くなるほど，効果の大きさは減少する。

学生に右目をサングラスのレンズで覆うように指示する。こわれていないサングラスをそのまま使うときは，サングラスを縦に回転し，ツルをそれぞれの手で持つのが最もよい方法である。すなわちレンズを上下に配置し学生は下のレンズを通して見るのである。この方法だと一方の目から他方の目へとレンズをすぐに切り替えることができる。

学生がレンズを適当な位置にあてたら，両目を開けて振り子を見ることを再度注意する。振り子のどちらかの側に立って，錘の振りをスタートさせ，学生に錘の動きを観察するように言う。数秒後に，学生にどのように見えるか報告を求める。普通，学生は錘が円または楕円を描いて動いて見えるというだろう。右目を覆ったときは軌道の手前の動きは左から右へと見える。レンズを左目に移すと知覚される運動の方向は変わる。観察者が運動を上から見ているところをイメージするなら，右目を覆っている時はその動きは反時計回りであり，左目を覆っていれば時計回りとなる。

学生が見えた動きについて報告したら，レンズを左目にすばやく換えさせ，運動の方向を報告させる。一度逆方向に見えると，レンズを入れ替えるたびにその効果が生じる。

学生にその軌道の前後の奥行きを見積もらせてみよう。見積もられた範囲は1.2～1.5mとなる。これは，実際には直線軌道上を揺れている物体が，円か楕円の軌道を描くと知覚される劇的な性質を示唆している。教室の外周辺にいる学生が軌道の奥行きを小さく報告するのに気がつくかもしれない。さらにこの錯視の知覚される強さはフィルターで減少する光の量に直接関係する。したがって，より暗いレンズを使った学生は軌道のより強い錯覚的な動きを知覚するだろう。

この他に興味深い効果も観察される。たとえば，もし教師が振り子の弧の横に立ち，弧の終端での錘の位置の前に片手を出すと，錘は手をすり抜けるように見えるだろう。物体（本のような）や教師の体を使ってこの効果を自由に実験する。錘は物体や周りにあるものをすり抜けるように見えるだろう。

□考察

知覚された錯覚的な動きがどのように生じたと思うか学生に尋ねることからはじめてもよい。著者の経験では，この現象の正確な説明を考えつくことのできる学生はまれであった。プルフリッヒ現象とよばれるこの運動の錯覚は，両目からの情報が一致しないために生じる。フィルターに覆われていない目に比べ，フィルターに覆われた目から視覚野へは情報が遅い速度で送られる。これは，フィルターをしている目は常に過去の振り子，つまり振幅の中の実際の位置よりも後ろの位置を見ていることを意味している。振り子はほとんど水平な平面上を往復する。錯視が最も大きくなるのは振幅の中央であり，そこでは錘の速度が最大になる。振幅の終端では錘は静止する。そこでは不一致がないため，奥行きは発生しないことを意味する（Gregory & Heard, 2003）。これがどのように現われるかを視覚的に理解するために，図19-1を見て欲しい。ここでは左目を覆っており，視覚野への情報が遅れて伝達されるため，錘が実際の位置よりも少し遅れて見えることを意味している。両目に対する錘の位置情報を統合すると，錘は奥行きをもって動いているように，すなわち，直線的に動くのではなく円軌道を描いて見える。左目をレンズで覆うと動きは時計回りに見え，右目を覆うと反時計回りに見える。要するに，脳は両目から伝えられる一致しない情報を，物体の運動軌跡を２次元ではなく３次元の情報として見ることによって，処理しているのである。1922年にドイツの科学者カール・プルフリッヒ（Carl Pulfrich, 1858-1927）が自分では観察できない彼の名を冠したこの現象を発見したのは興味深い。プルフリッヒは片目が見えなかったのだ（Christianson & Hofstetter, 1972）。

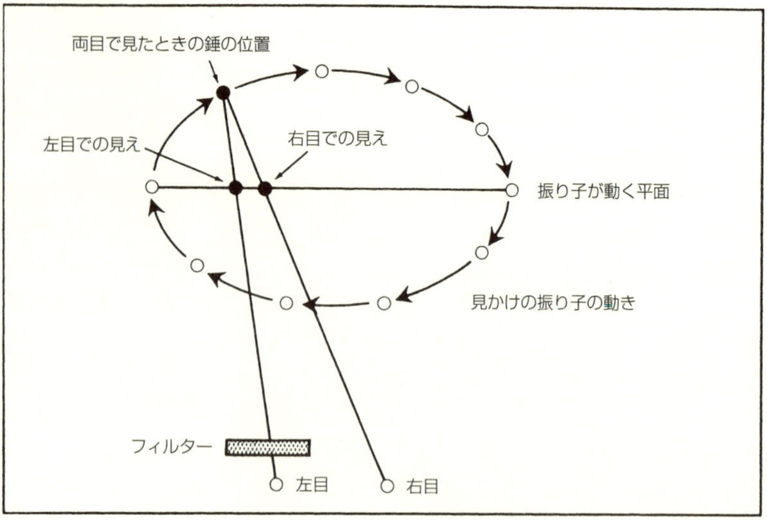

図19-1 プルフリッヒ振り子効果

両目の間で神経の伝達潜時に違いを生じさせるような目の病気のため（例えば，目の神経炎），プルフリッヒ効果のような障害が生じて苦しむ人もいる。これらの知覚的問題は，たとえば車の運転を妨げるような問題にもなりうる。通常このような問題は特別に色をつけたコンタクトレンズで補正できる（Diaper, 1977）。

プルフリッヒ現象に関する科学的，臨床的文献は想像以上に多く，この効果についての講義に加えることもできる。さまざまな視覚的スキル，特に奥行きと運動知覚に優れた特別な人々が研究されている。たとえばホッフェルドとホーファル（Hofeldt and Hoefle, 1993）はプロ野球選手の打率と錯視への感受性の相関を研究し，よいバッターは運動錯視の知覚量が少ないことを示している。

20. 大きさ–重さの錯視

周りがどんな世界でも1ポンドは1ポンドで変わらないか？

Clifford L. Fawl：Late of Nebraska Wesleyan University

このアクティビティは知覚の相対性の概念，つまり，異なる文脈と我々の対象への判断の関係性を示すものである。心理学入門の授業だけでなく，知覚心理学，認知心理学，社会心理学の授業にも適している。これは授業内アクティビティであり，ある部分は全員で，ある部分は数人の学生で行なう。どの授業規模でも行なえる。

□コンセプト

相対性は心理学における1つの原理である。知覚の分野以上にこれが確かなところはどこにもなく，ゲシュタルト心理学者は約1世紀も前に一部を全体から独立して知覚することが難しいことを示している。例えば，図20-1に示される円Aは，円Bよりも大きく見えるが，実際は同じ大きさである。そしてその（相対的な）感覚からいうと円Aは円Bよりも文脈に対し相対的に大きいのである。円Aと円Bは絶対的なサイズで比較でき，その場合は同じ大きさであるが，文脈に対する相対的なサイズで比較することもでき，その場合は円Aのほうが大きくなる。知覚による判断は，当人は絶対的なものに注意していると考えていても，事物の相対的な側面に基づく傾向がある。

この基本的な原理は知覚のさまざまな側面で示すことができる。例えば，音の大きさ，色の違い，運動，そして社会的知覚でさえも（例えば知能など）。ワラック（Wallach, 1959）は*Scientific American*に掲載された容易に読むことのできる論文で，特に印象的な事例を示した。すなわち，人の動きの知覚はその人と地面の相対的な関係の変化によるものであり，人ではなく実際に動いているのが地面であっても人は動いていると感じられるという。努力すればいくつかの授業アクティビティがこの論文を元に開発できるだろう。

提示の容易さと，効果の印象という2点を同じ程度に考慮するならば，フランス人医師のオーガスチン・シャルパンティエ（Augustin Charpentier, 1852–1916）が1891年に最初に示した「大きさ–重さの錯覚」が良いだろう（シャルパンティエの論文の翻訳はMurray, Sllis, Bandomir, & Ross, 1999を参照）。事物の見かけの重さはその文脈，この場合は大きさに大きく影響されるということを容易に示すことができる。次

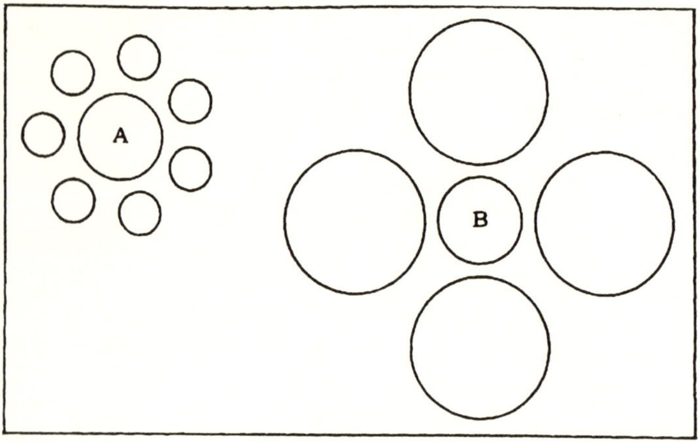

図20－1
D, Krech, R. S. Crutchfield, & N. Livson（1974）による。*Element of Psychology.*（3版）*New York : Alfred Knopf.*

に示すのは，クレッチ，クラッチフィールドとリブソン（Krech, Crutchfield & Livson, 1974，p.300）の教科書に示される提示の適応例である。

□必要な材料

このデモンストレーションにはさまざまな材料が使えるが，以下のものが勧められる。200gの重さの十分な砂（以下これを基準とよぶ）が入った大きな缶（空の46オンス（1380ml）のトマトジュース缶)。75，100，125，150，175，200，225グラムのそれぞれの重さの砂が入った小さな同じサイズの缶7個（空の6オンスのフローズンオレンジジュース缶（180ml，おおよそ缶コーヒーショート缶））に，（以下これを比較缶とよぶ)。理想を言えばそれぞれの缶には，中身を見ることができないようにフタをし，持ち上げることができるようにリングか把手をつける。しかし，いずれも必須というわけではない。教師だけがそれぞれの重さを理解できるよう，7つの比較缶には何らかの方法でコード付けしなければならない。(重さの比較には空の35mmプラスチックのフィルムケースも役立ち，それは写真屋さんで入手できるだろう-いくつか取っておいてもらうようにお願いしておきなさい。プラスチックのふたがついた1ポンド［450g］のコーヒー缶も基準に使える。)

□授業の準備

円をパワーポイントのスライドで提示することは，受講生全員に知覚の相対を説明するのに使えるが，大きさ - 重さのデモンストレーションは一度に1人の学生にしか使えない。ただし，手続きは簡潔なので多くの学生の参加も可能である。重さの刺激を複数セット作成すれば，多くの学生が同時に参加できる。これは楽しいアクティビティで，多くの学生は自分で試したがる。学生に反応を個人的に記録させ，まだ被験者になっていない他の学生に影響がないようにする。

□実施法

テーブルの上に一列に８つの缶を並べる。一番大きな缶（標準）を最初に配置し，続いて７つの比較缶をランダムに並べる。学生に一番大きな缶がきっかり200gであることを伝える。学生に缶を持ち上げさせ，200gがどのくらいの重さかを感じさせる。次に，一番大きい缶を標準とし，学生に比較缶を１つずつ順番に持ち上げさせ，それぞれの缶の重さの見積もりを記録させる。学生は標準缶に戻ることもできるが，以前の比較缶に戻ることはできない。またやりたいなら標準缶を片手に持ち，逆の手に比較缶を持ってもよい。もし聞かれても，比較缶のうちのどれかと標準缶が同じ重さであるかに関しては答えないようにしなさい。記録用紙は次の学生が開始する前に教師に手渡す。

２番目の手続きは同じ学生達でも違う学生達でも行なうことができるものである。ここでも，一度に１人の学生しか行なえない。前と同じように，７つの比較缶をランダムに並べる。しかし，今回は学生に比較缶のうちの１つは標準缶とまったく同じ重さ（200g）であることを告げる。学生の課題は，どの缶がそうであるかを探すことである。一度決めたら学生はその缶のコードを紙切れに書き，それを教員に手渡す。どの缶が選ばれたのかを他の学生が見るかもしれなので，次の学生には，比較缶の順番をまた並び替える。

□考察

結果は簡単に学生に示すことができる。最初の手続きに関しては，それぞれの比較缶に見積もられた重さの平均値か中央値を実際の重さとともに提示する。学生は多くの場合，比較缶の重さを実際よりも多く見積もる。学生の中には最も軽い比較缶（75g）でさえも標準缶よりも重く見積もることがある。

第２の手続きに関しては，結果は２つの方法で提示することができる。第１に，それぞれの比較缶ごとに標準缶と同じ重さであるとされた頻度を示すことである。第２に標準缶と同じであるとされた比較缶の重さの平均値（もしくは中央値）を求めることである。多くの場合，結果は驚くものとなり，学生は実際の８個の缶の重さが正しく計られているのかを尋ねてくるであろう。天秤が利用できれば，皆の前でそれぞれの缶の重さを正しく測定できる。

これは人がすぐに順応する錯覚なのだろうか？　そうではない。この錯覚は人が正しい答えを知ることで消滅するのだろうか？　これもちがう。実際，もし時間が許せば，何人かの学生に１つまたは両方の手順を繰り返してみる。錯覚の程度は減るかもしれないが，大部分の学生は小さい缶の200 g の方が大きい缶の200gよりも重く感じると報告するだろう。

学生は自分が錯覚に弱いことを知って「おろか」で恥ずかしいと感じることが多い。特に，ここで示したような判断に実際にかかわった場合はそうである。彼らはクラッチフィールドら（Krech, Crutchfield & Livson, 1974に示されている）の陸軍士官の集団もこの錯覚にきわめて影響を受けやすかったという結果を知ると安心するかもしれない。士官たちは2つの箱を与えられた。それぞれは300gであったが，一方は他方よりも8倍大きかった。士官はその大きい方の重さを告げられ，小さな箱の方の重さを推測するよう求められた。彼らの平均見積もりは驚くことに750gであり，実際の重さよりも2.5倍多く見積もっていた！

重さに関する知覚はある意味相対的であるが，完全にそうであるというわけではない。最初に述べた円Aと円Bの比較のように，200gの比較缶が200gの基準缶よりも重く感じるという感覚がある。その大きさとの相対性でいえば前者は後者よりも重いのである。明らかに人は単にその絶対的な重さではなく，缶の密度に影響されており，結局のところ，密度（容積単位あたりの重さ）は相対的な測度となる。フラナガンとバンドミー（Flanagan & Bandomir, 2000）は，錯覚は重さの違いにより維持されるだけではなく，缶の真上から握る感覚の違いによっても変わることを見出した。

重さの判断における大きさの影響を示す最も良い方法は，学生に缶を見ずに持ち上げさせるか，何らかの方法により（輪や紐を使って）缶に触れずに持ち上げさせることである。このような条件の下では，学生は大きさや体積がわからないので，純粋に重さによる反応を行なうことができ，その結果，錯覚は消失する。

■第4章　意識

本章のアクティビティは心理学入門教科書の意識の状態に関する章でみられる主要な領域を取りあげている。最初の2つは睡眠と夢に関するものである。1つ目のアクティビティでは睡眠と夢の質問紙を用い学生からデータを集め，理想的には授業のディスカッションでそれを使う。2番目のアクティビティは，文脈の違いがいかに同じ夢内容の解釈に大きな差異をもたらすかを示す。第3のアクティビティは学生にストレス解消効果を強調する瞑想のエクササイズを行なわせる。最後のアクティビティは，学生に安全な設定の下で薬物依存のパラメーターのいくつかを経験させるようデザインされた，シミュレーションエクササイズである。

アクティビティ21は睡眠時間や睡眠の質，夢の記憶，その他夢に関連したことの質問項目による睡眠と夢の質問紙を授業で用いる。学生から収集した情報は講義の中で使うか，興味深い授業内のディスカッションに使う。

夢の解釈がアクティビティ22のテーマである。ここでは，既存知識，期待などによるトップダウン処理が夢の解釈を大きく変えることをデモンストレーションする。同じ夢が，異なる文脈的素材を与えられた学生に解釈されることにより，文脈が解釈にどう影響するかを説明する。

アクティビティ23は学生に実際の瞑想エクササイズで瞑想を行なわせる。瞑想に対するいくつかの誤解をただし，そのような手法が意識状態を変えるためにもつ潜在的有効性をデモンストレーションすることがねらいである。

アクティビティ24は嗜癖物質の心理学的・生理学的束縛やそれが依存症にもつ意味を理解するのを助けようとするシミュレーションエクササイズである。このアクティビティは薬物依存の生物-心理-社会的モデルを用いる。授業外でのシミュレーションに続いて，セルフ・ヘルプグループのミーティングの形態をとる授業内ディスカッションが行なわれる。これは，安全でしかも意義のある学習経験を学生に与える強力なエクササイズである。

21. 眠る，ひょっとすると夢見る

Ludy T. Benjamin, Jr.：Texas A & M University

質問紙を用いて学生から睡眠と夢をみることについての情報を集めるこのアクティビティは，教師の講義の補助として，あるいはディスカッションの手段として用いられる。特に心理学入門の授業に適しているが，睡眠と夢，意識の諸状態，行動神経科学などの授業でも活用可能である。質問紙は，１回の授業中に完了することもできるし，行動についての長期にわたるより信頼性の高いデータ収集のために，授業外で使用することもできる。授業の規模にかかわらず，すべての学生が参加できる。

□コンセプト

睡眠そして夢を見ることについては，おそらく性は別として，それ以外のどのような人間行動よりも，多くの神話や誤解があるだろう。たいていの人々にとって，睡眠や夢はその生活の３分の１を占めるのに，それでもなおほとんどの人が，この活動について初歩的な知識さえもっていない。睡眠や夢現象の研究は，1953年にREM睡眠が発見されてから，かなり進歩してきた。REM睡眠と夢現象との関係は，夢現象についての研究にきわめて大きな風穴を開けた。例えば，次の事実について考えてみよう。脳波活動に基づく基準に従えば，少なくとも５種類の睡眠があり，そして睡眠時には人はこれらの５つの段階を周期的に繰り返している。どうもすべての人が夢を見るようだ。すなわち，夢を見ない人はおらず，単に想起しない人がいるということであろう。８時間の夜間睡眠中，ほとんどの人々が，通常昼間の活動とまったく無関係なトピックの夢を４つから５つ見ている。夢の大多数には色がついている。睡眠学習が起こるという証拠はほとんどない。人気のある文学作品が信じているようには，夢はいつでも容易に解釈可能な心理的意味で満たされているわけではない。

このエクササイズの目的は，(a)学生たちに彼ら自身の睡眠や夢現象のパターンに注意を向けさせること，(b)授業でのディスカッションのためのデータを生成すること，(c)睡眠や夢現象に関するデータ収集の概念を学生たちに紹介すること，(d)データを要約するために適切な統計上の測度を説明すること，そして(e)一般的なデータと特定のデータの解釈について学生が理解するのを手助けすることである。

□実施と授業の準備

1日につき「眠りと見た夢の記録」（附録21.1）を1枚，記録日数分（14夜連続して記録すると好ましいデータとなる）をセットにし，受講者数だけ用意し，配布する。学生にデータを集める理由を説明し，この活動への参加が任意であることを述べる。彼ら自身が決めた数字（6あるいは7桁）のIDを各自の記録用紙に書くことにより，記録者が誰かわからなくなることを説明する。この手続きは，要約されたデータが後に提供されるとき，学生たちが，他の受講者のデータの中から自分の統計量を区別できるようにするためである。記録のための所要時間は毎日わずか5分程度であることを強調しておく。2週間の記録があれば，睡眠と夢見行動についての信頼できるデータとなるだろう。しかしより短い時間枠で実施することも可能である。学生たちに普段の睡眠と夢見行動についての質問に答えるように言えば1日で調査を終えることもできる。しかしながらこの手順では，例えば学生たちは自分の睡眠時間を少なく見積もる傾向があるなど，信頼性について妥協しなければならないことに注意しなければならない。

□実施法

すべての学生に，同じ日に一斉に記録を始め，記録用紙を寮やアパートなど自分自身の手元に置いておくように依頼する。記録をつけ続けている期間中は，データへの意図しない影響を避けるために，睡眠や夢見のパターンについて，受講者どうしで話題にすることは最小限にとどめるように要請しておく。記録をきちんとつけるよう指示を与える。（14日間継続する前に，全員が記録する方法を確実に把握するために，「練習期間」を設定するとよい。）附録の記録用紙はただのサンプルである。必要に応じて適切に修正してかまわない。

期間が終了し，学生たちが記録を提出したら，教師にとっての手間のかかる作業，つまりデータの整理が始まる。Excelファイルにすれば整理できるが，統計のいくつかにおいては電卓が必要になるだろう。各学生の記録を別々に整理し，データはそのグループ全体をまとめて分析する。次に，参加者全員をID番号ごとに一覧にし，グループとしての分析結果を示した要約一覧表を学生用に準備する。例えば，ID番号107654の学生はその要約一覧表の行を見れば，自分が5.6から9.7時間の範囲で，平均7.3時間（14日間以上）の睡眠時間であることがわかる。学生は，次に，これらの数値を，他の学生の数値やグループのデータに基づくクラス全体の数値と比較できる。

□考察

調査質問紙に多くの他の質問を付け加えることができる。一日の内，最もキビキビしていたのはいつで，まったくだめだったのはいつかという質問をする時に，朝

(「ヒバリ型」), 午後, 夕方, あるいは夜遅く (「フクロウ型」) というように尋ねることができる。(自分がフクロウ型か, ヒバリ型かを決めさせるための学生に与える質問紙調査についてはColeman, 1986を参照すること)。目覚めについては,「簡単に目が覚めますか」「平均的な目覚めですか」「なかなか目が覚めませんか」と尋ねることができる。また彼らの睡眠の必要量については, 学生たちに, どれぐらい睡眠をとっているか考えさせ, その後に彼らにもっと長く眠りたいと思ったか, あるいはもっと短い睡眠でよかったか, あるいはその程度でよかったかと尋ねる。昼寝について,「昼寝しますか」「どれぐらいの時間ですか」「それはいつですか」と尋ねてもよい。昼寝以外, これらの質問への答えは日ごとに変動すべきものではないことに注意してほしい。そのためにもこれらは長期間の記録をつける調査より, 一回限りの調査の項目と考える方がよい。再度言うが, 講義とディスカッションのどちらであれ, あなたの授業で対象としたいトピックのニーズに応じて睡眠質問紙を構成することが重要である。

学生たちが生成したデータは, 睡眠と夢現象についてのトピックへの彼らの個人的な関心がかなり加わっているであろう。さらに統計処理は, データをより意味のあるものにするために, それらがどのように要約され, 分析されるのかに対する学生たちの理解を促すであろう。さまざまな代表値測度の適切さ・不適切さを学生が理解するのに役立つ方法として, 異なる測定尺度 (すなわち, 名義尺度, 順序尺度, 間隔尺度, 比率尺度) に基づく質問を含むこともできる。次年以降の授業のデータと比較するために, 今回の授業で得られた記述統計量を残しておくことは有用であろう。

必ずしも必要ではないけれども, 教師は, 収集されたデータについての変数間の関係を統計学的に検討したいかもしれない。例えば, 睡眠時間と想起する夢の数の間に関係があるだろうか？　あるいは主観的な睡眠の質の評価と, 夜間の目覚めの回数の間に関係があるだろうか？　ここで注意すべき重要なことは, 相関は2つの変数が関連づけられる程度の測定であって, 必ずしも関係性の特質を明確にするものではないということである。すなわち, もし2つの変数が相関係数によって関連があることが示された場合でも, その関係を因果関係と仮定することはできない。

附録 21.1 ：「眠りと見た夢の記録」

学生番号＿＿＿＿＿＿＿　　　　　　　　　　日付＿＿＿＿＿＿＿

1．総睡眠時間（時間数で）＿＿＿＿＿＿
昼寝を含めたあなたの睡眠時間を下欄の時間軸に描き入れてください。

6:00	10:00	2:00	6:00	10:00	2:00	6:00
午後	午後	午前	午前	午前	午後	午後

2．主な睡眠中に目覚めた回数＿＿＿＿＿（最後の朝の目覚めはカウントしないでください）

3．下欄のスケールを用いて，あなたの夜間睡眠の質を評価してください（あなたの考えで)。－４～＋４の数字のうち，あてはまるものに１つ丸を付けてください。

悪い　－４　－３　－２　－１　０　＋１　＋２　＋３　＋４　良い

4．あなたの判断で，少なくとも断片だけでも想起できる，異なる夢はいくつありますか？

＿＿＿＿

5．いくつかの夢は他の夢より鮮明に想起できることでしょう。あなたの見た夢それぞれが，どのくらい思い出せたか，その想起量の程度を，パーセンテージを用いて以下に記入してください。

夢１＿＿＿＿　夢２＿＿＿＿　夢３＿＿＿＿　夢４＿＿＿＿

6．これらの夢のうち，夢を見た日の睡眠前に体験した事柄と関係がある夢はいくつありますか？＿＿＿＿

7．想起した夢の中で，あなたは登場しましたか？　それはいくつの夢においてですか？

＿＿＿＿

8．あなたの夢のうち，色が付いていた夢はいくつありますか？＿＿＿＿

9．あなたの夢の中に，非映像的な刺激はありましたか？　次のうちあてはまるものにチェックしてください。

音＿＿＿＿　味＿＿＿＿　感触＿＿＿＿　におい＿＿＿＿

22. 夢分析における先行情報の役割

Douglas A.Bernstein：University of South Florida and
University of Southampton

このアクティビティは，夢の解釈は他の刺激の解釈と同様に，先行する知識，期待，動機付け，感情，およびその他のトップダウン処理によって影響されるということを学生に理解してもらうためにデザインされた。このアクティビティは，心理学入門における，意識，パーソナリティアセスメント，心理療法，あるいは社会的認知の単元の授業で使える。各学生用の配布資料を準備することが求められ，授業の10分から15分を要し，全学生が参加し，どのような授業規模でも行なうことができる。

□コンセプト

「ドリスの夢」（Ullman, 1986）は，患者についての先行知識が，いかに容易に夢の内容の意味の推測に影響を及ぼすかを説明している。このアクティビティでこれを使うことで，学生に事物の知覚を導く原理と，社会的認知全般や，特にパーソナリティアセスメント，心理療法において作用する原理との間の関連を示すことができる。

□必要な材料

附録22.1，22.2，22.3，22.4に示す夢に関する４種類の配布資料が受講生の人数分必要となるだろう。資料を配布する前に，これら４種のバージョンを順に並べておく。そうすることで，４分の１の学生に４種のうちの１つが配布される。あるいは学生を５～８人ずつのグループに分け，各バージョンをグループの４分の１ずつ配ってもよい。

夢の解釈が，いかにさまざまの先行情報（先行情報がない場合も含め）に影響されて変化するかについての授業でのディスカッションを助けるために，夢の配布資料の各バージョンを，教室の後ろからでも十分読めるようなサイズのフォントを用いて，パワーポイントやオーバーヘッドプロジェクターで投影するとよい。

□実施法

各学生，あるいは小グループごとに異なるバージョンの夢の資料（あるいは，附録22.1のみ）を配布し，読む時間を数分与える。次に，その夢の解釈を資料の下の空欄やさらには裏面に書くよう求める。小グループで行なう場合は，グループの解釈を記録する学生を各グループで１人割り当てておく。すべての解釈を集めた後で，そのうちのいくつかを読みあげてもよい。あるいは，ボランティアの学生，またはグループの記録係に，自分たちの解釈の発表を求めることもできる。

□考察

あなたが解釈を読むか，学生が発表するにつれ，受講生は何かが食い違っているということに気づき始めるだろう。なぜならドリスの人生における特徴が，ある人々やグループにとっては初めて聞く情報だからである。偏りのある情報にさらされていない（附録22.1の夢のみの資料を与えられた）学生やグループから解釈を聞き始めるのが理想的であるが，そのためにはどの学生やグループが該当者かを事前に確認しておく必要がある。附録22.1を与えられた学生は，夢の解釈に関して，他の偏りのある情報を与えられた学生に比べれば，多くを語らないので，これが最適な順序である。これらの学生の解釈は，夢を見た人物に特定の生活史情報をもつことの影響を調べる際の，ベースラインとして用いることができる。

異なる先行情報が与えられていたことに個人やグループが気づいた時が，４種類の資料をすべて示し，資料の違いがドリスの夢の解釈に与えた影響を指摘する時である。

夢分析において（他の療法においても），臨床家は先行する知識の果たす役割に気づいていることを指摘して，このデモンストレーションを終わらせる。このことが，例えば，なぜ臨床家が１つの夢からではなく一連の夢に基づいて患者に関する結論を出す傾向があるのか，また，なぜ臨床家はテストや面接等による多様なアセスメント情報を総合しようとするのかの理由である。臨床家が患者と接する時には，一般の人と同じくらい，期待のバイアス効果に対して脆弱であることを指摘すると，授業のディスカッションは盛りあがる。

フォローアップとして，デモンストレーションの後か授業の最後の５分間を用いて，デモンストレーションの手短な要約，目的，彼らが学んだことを書かせるのがよい。これらの要約を読めばあなたが意図した主旨を学生が理解したかどうかが判断できる。

附録 22.1：配布資料 1

ドリスの夢

私は友人のベティの家にいる。私は毛染めの予約をとるためにアンに電話を掛ける。私は美容院の受付と話す。私はロシア語のアクセントで話す。受付は私がいつ来店できるかと尋ねる。私は一両日中にはと答える。私は水曜日になるかもしれないと思う。受付は私の気が変わって予約を取り消すようなことは好ましくないとほのめかすように，「こちらの都合もあるので大丈夫ですか？」と尋ねる。彼女と話した後で，私は髪がまだそれほど伸びていないので毛染めをする必要がないことに気づく。しかしジョージと私はA列車★で美容室に向かう。A列車は私がまだ一度も見たことがない地域を通っている。列車は外を走っている。ジョージはさも無関心風に駅で降りる。列車は彼を残して出発する。私は彼に手を振るが，彼が列車にいないので当惑する。

★A列車：ニュヨーク地下鉄 8 番街急行線

Ullman,M.(1986). Access to dreams. In B.B.Wolman & M.Ullman(Eds.), *Handbook of states of consciousness.* New York:Van Nosrand Reinhold(p. 539).

この夢についてのあなたの解釈を，以下の空欄に書き留めなさい。

附録 22.2：配布資料 2

ドリス，S. は以下の夢を見た当時，65歳の女性でシカゴ郊外に住んでいた。彼女にはそれぞれ男女 2 人ずつの，4 人の成長した子がいた。40年連れ添った夫は彼女がこの夢を見る2年前に亡くなった。何年間も丈夫に過ごしてきたが，彼女はちょうど乳がんと診断されたところだった。予後は良好だが，自分の健康状態を案じていた。また孫の 1 人で，自閉的で発達遅滞で生まれた男の子についても案じていた。こういった不運な問題以外は，ドリスは人並みの人生を送り，けっして深刻な精神的問題を抱えることはなかった。

ドリスの夢

私は友人のベティの家にいる。私は毛染めの予約をとるためにアンに電話を掛ける。私は美容院の受付と話す。私はロシア語のアクセントで話す。受付は私がいつ来店出来るかと尋ねる。私は一両日中にはと答える。私は水曜日になるかもしれないと思う。受付は私の気が変わって予約を取り消すようなことは好ましくないとほのめかすように，「こちらの都合もあるので大丈夫ですか？」と尋ねる。彼女と話した後で，私は髪がまだそれほど伸びていないので毛染めをする必要がないことに気付く。しかしジョージと私はA列車★で美容室に向かう。A列車は私がまだ一度も見たことがない地域を通っている。列車は外を走っている。ジョージはさも無関心風に駅で降りる。列車は彼を残して出発する。私は彼に手を振るが，彼が列車にいないので当惑する。

★ A列車：ニュヨーク地下鉄 8 番街急行線

Ullman,M. (1986). Access to dreams. In B.B.Wolman & M.Ullman (Eds.), *Handbook of states of consciousness.* New York:Van Nosrand Reinhold (p. 539).

この夢についてのあなたの解釈を，以下の空欄に書き留めなさい。

附録22.3：配布資料3

ドリス，S. は以下の夢を見た当時，18歳の女性で田舎に住んでいた。彼女は高校を卒業し，自分の妊娠に気づくまでは医者になることを夢見て，長い道のりを歩き始める準備をしていた（彼女は家族の中で，初めて医者になる子と期待されていた）。両親はまだ彼女の妊娠に気づいていなかった。そして妊娠中絶をするか，医学部進学への志しの終わりを意味する結婚を選ぶか，ドリスとボーイフレンドは決断の真っただ中にいた。こういった不運な問題以外は，ドリスは人並みの人生を送り，決して深刻な精神的問題を抱えることはなかった。

ドリスの夢

私は友人のベティの家にいる。私は毛染めの予約をとるためにアンに電話を掛ける。私は美容院の受付と話す。私はロシア語のアクセントで話す。受付は私がいつ来店出来るかと尋ねる。私は一両日中にはと答える。私は水曜日になるかもしれないと思う。受付は私の気が変わって予約を取り消すようなことは好ましくないとほのめかすように，「こちらの都合もあるので大丈夫ですか？」と尋ねる。彼女と話した後で，私は髪がまだそれほど伸びていないので毛染めをする必要がないことに気付く。しかしジョージと私はA列車★で美容室に向かう。A列車は私がまだ一度も見たことがない地域を通っている。列車は外を走っている。ジョージはさも無関心風に駅で降りる。列車は彼を残して出発する。私は彼に手を振るが，彼が列車にいないので当惑する。

★A列車：ニューヨーク地下鉄8番街急行線

Ullman,M. (1986). Access to dreams. In B.B.Wolman & M.Ullman (Eds.), *Handbook of states of consciousness*. New York:Van Nosrand Reinhold (p. 539).

この夢についてのあなたの解釈を，以下の空欄に書き留めなさい。

附録 22.4：配布資料 4

以下の夢を見た当時，ドリスS. は夫と共にシカゴの快適なマンションに5年間暮らす，幸福で健康的な28歳の女性だった。彼女と夫は共に広告の仕事でよい収入を得ており（2人は仕事で出会った），「ヤッピー」として人生をおおむね楽しんでいた。2人はよくあるささいな不一致を乗り超えて何とかやっていた。彼らにとっての悩みの種は，1つは彼女の高圧的な母親（彼らの生活に何かと口出ししようとする）と，もう1つはロサンゼルスに引っ越すかどうかというとてもやっかいな決断であった。ロス移住は夫にとっては高給が得られる刺激的な新しい仕事を得るチャンスであるが，ドリスには何のメリットもない。これらのお決まりの問題の他は，ドリスは人並みの人生を送り，決して深刻な精神的問題を抱えることはなかった。

ドリスの夢

私は友人のベティの家にいる。私は毛染めの予約をとるためにアンに電話を掛ける。私は美容院の受付と話す。私はロシア語のアクセントで話す。受付は私がいつ来店出来るかと尋ねる。私は一両日中にはと答える。私は水曜日になるかもしれないと思う。受付は私の気が変わって予約を取り消すようなことは好ましくないとほのめかすように，「こちらの都合もあるので大丈夫ですか？」と尋ねる。彼女と話した後で，私は髪がまだそれほど伸びていないので毛染めをする必要がないことに気付く。しかしジョージと私はA列車★で美容室に向かう。A列車は私がまだ一度も見たことがない地域を通っている。列車は外を走っている。ジョージはさも無関心風に駅で降りる。列車は彼を残して出発する。私は彼に手を振るが，彼が列車にいないので当惑する。

★ A列車：ニュヨーク地下鉄8番街急行線

Ullman,M.(1986). Access to dreams. In B.B.Wolman & M.Ullman(Eds.), *Handbook of states of consciousness.* New York:Van Nosrand Reinhold(p. 539).

この夢についてのあなたの解釈を，以下の空欄に書き留めなさい。

23. 瞑想への導入

Antonio E. Puente：University of North Carolina Wilmington

この授業内アクティビティでは，瞑想の導入と，心理科学の厳密さと「神秘的」・主観的・宗教的としばしば見なされる事柄との調和方法を提示する。このアクティビティを行なう際に１つ重要なことは，15分間連続して，気を散らされずにアクティビティが行なえる場所が必要なことである。エクササイズは内省とレポート執筆を通して，経験したり理解できるようにするだろう。付加情報として，単純な生理的機能における変化の記録を得ることができる。このアクティビティは心理学入門，異常心理学，意識状態，ストレスとコーピング，または瞑想をトピックとするどの授業にも適している。学生全員が参加できる。ディスカッションの時間をどのくらいとるかによるが授業時間の約30分から45分を要する。

□コンセプト

どの心理学入門の授業においても，学生は心理学についての先入観をもってやって来る。彼らはその領域が，瞑想のような関心のある現象についての研究と関係していると信じている。しかし，そのようなトピックと科学の統合とはたいてい無関連な概念だと考えられる。多くの点で，この状況は比較的素朴な学生にとっての心理学の問題と魅力を反映している。

意識の変容状態の講義は，特に瞑想のようなより難解なトピックについて論じるときに，大きな関心を引くが，同時に大きな誤解も生みだす。学生は多くの一般向けの情報源から瞑想やリラクゼーションについて知っており，そのトピックについて何らかの先入観を形成している。このエクササイズは，特に意識の変容状態と瞑想に対して，学生のより正確な理解の発展に役立つように設計されている。加えて，学生が好奇心をそそられ関心をもつものと，心理学者が測定可能であり科学的だととらえるものとの間の隙間を埋めることを助ける。さらに，トピックが東洋の精神的もしくは宗教的伝統に根源をもちながらも，心理学として実行可能な見方を学生に紹介する。

□必要な材料

気を散らすものがない教室，もしくは類似した部屋が基本的に求められる。加えて，読みとりやすいストップウォッチ，可能であれば秒針のあるものが必要である。学生は紙と鉛筆が必要であろう。

□実施法

はじめに，学生に基本的な瞑想とリラクゼーションの方法を説明するところから始まる。巻末にあげたウェブサイトを通して簡単な映像が利用できる。瞑想の目的への明確な理解には，学生が瞑想に対してもつ通説や誤解，恐怖をなくす必要がある。その際に，エクササイズの潜在的な利点についての簡単な説明が役立つだろう。これは特に，ストレスの緩和装置や，新たな代替的な健康の実践としての瞑想の利用に焦点をあてることができる。本質的に，焦点は瞑想の超自然的で神秘的な見方を排除し，実質的で科学的，健康的な見方に置き換えなくてはならない。同時に，経験的で個人的な見方も考慮されるべきである。

もし学生がこのアクティビティへの参加を望んでいない場合は，ただ目を閉じて静かに座ることを選択させる。あなたが学生からの質問に答えたあと，下記の3つのことを学生に書き留めるよう求めることからエクササイズが始める。

1．呼吸数（60秒間の呼吸数）
2．心拍数（60秒間の脈拍数）
3．その時点でどのように感じたり考えているかについての簡単な文章

まず，慎重に従う必要のある一連の簡単な指示が与えられると説明する。次に部屋の電気を消し，その後10分から15分間の間は気を散らすものがない部屋であることを確認する。手は机かひざにのせ，足は交差させず床につけるといったゆったりした姿勢で背筋を伸ばして座るよう学生に指示する。学生がリラックスした姿勢になったら，ゆっくり少なくとも30秒（長すぎなくてもよい）かけて目を閉じるよう求める。目を閉じたら，瞑想プロセスを行なう前にゆっくりと10を数えさせる。心に浮かんだどんな思考にも集中するが，その思考をそのまま解放しはじめるよう促す。つまり彼らは「一時的に心に浮かんだ思考を受け入れ，気楽にその思考を手放す」のである。この時，雑念を払い呼吸に注目するよう学生に呼びかける。大きな声で「お腹で呼吸しなさい。可能であれば鼻を通して息をしてください。吸い込む，空気を送り込む，とめる，ゆっくり吐き出す。10分間ほどこの呼吸を続けてください。時間になったら私が合図します」とよびかける。およそ1分間呼吸だけを続けたあと，穏やかな気持ちを体験するよう呼びかける。

学生がリズミカルに呼吸し始めたら，労力のいらない受動的な方法として，「One」（もしくはより伝統的な言葉であるオーム（OM））を繰り返すよう求める。学生がこのパターンを開始したら，心に浮かぶ新しい思考またはアイデアを一時的に受け入れながら，常に呼吸に意識を集中させ「One」という言葉を繰り返すよう促す。このエクササイズを10分間続けた後，「One」という言葉を繰り返すことを止め，呼吸だけ

に集中するよう呼びかける。呼吸自体にゆっくりと集中し始めるために一分間与える。学生に，姿勢を直す時間を約30から60秒を与え，それから，ゆっくりと目をあけ少しの間静かに座ることを指示する。次に，脈拍数と呼吸数を再び計測し，現在どのような気持ちなのかを手短に書くよう指示する。

□考察

まずは，受講生からこのエクササイズについての肯定的・否定的なコメントを引き出す。次に，生理的効果が示されたかどうかを確認するため，学生に脈拍数と呼吸数のデータを図表に表わすよう指示する。守秘義務を守るために，学生はこれら双方の測度について瞑想の事前と事後のデータのみを提出できる。分布図などの記述統計は，学生のディスカッションの基盤となるだろう。

ディスカッションは，瞑想への興味をもたれている側面と同時に科学的な側面にも焦点をあてることになるだろう。素人である学生にとって，心理学的トピックは以前から関心をもっていたことではあっても，科学的には考えていたものではない。学生が興味をもつものと彼らが科学的と考えるものとの統合は，心の科学を学生に正しく理解させるための１つの方法である。

附録 23.1 ：基本的な瞑想教示

アクティビティ	説明
準備	静かな部屋。拘束されない衣類。
姿勢	ゆったりした姿勢（または蓮華座のような古典的な姿勢）。
呼吸	ゆっくりと吸い込み，吐き出す。可能であれば，鼻を通して呼吸する。
思考	率直な態度。特定のものに注意しない。

24. 嗜癖のシミュレーションエクササイズ　アイス・キューブ嗜癖

Todd C. Campbell：Marquette University

このアクティビティは薬物嗜癖の生物－心理－社会的モデルに，学生を安全に，参加型で，効果的な方法で触れさせることを目的とするダイナミックな学習エクササイズである。エクササイズの概要が示され，エクササイズに対する学生の反応と教師へのアドバイスが論じられる。このアクティビティは，心理学入門や異常心理学，薬物乱用など，嗜癖がトピックとなるような授業に適している。授業の規模にかかわらず，希望すればすべての学生が参加可能である。このアクティビティは，大部分が授業外シミュレーションとして行なわれるが，授業内でのディスカッションも含まれる。

□コンセプト

薬物嗜癖は今日のアメリカが直面する最も切迫した健康問題である（Substance Abuse and Mental Health Services Administration, 2006）。薬物嗜癖の影響は，心理学や精神医学，社会学，犯罪学，生物学，政治学，経済学を含むさまざまな領域で研究されている。多方面にわたる影響を考えると，学生が薬物嗜癖の根底にあるダイナミックなプロセスを理解することは重要である。これらのプロセスは，本来，生物学的，心理学的，社会学的なもので（Goldstein, 2001），これらはまとまって，生物–心理–社会的モデルと一般に呼ばれるモデルを形成する。

嗜癖を対象とする安全で倫理的で効果的な学習エクササイズの開発には多くの困難があった。このシミュレーションの価値は，学生が安全な参加型の学習エクササイズにより，薬物嗜癖の生物学，心理学，社会学の相互作用の過程や嗜癖の影響それ自体を体験し理解できることである。

□必要な材料

それぞれの参加者に病院の入院患者用のIDブレスレット（用意できなければカラフルな糸かデンタルフロスが代わりになる。着ける場所は指示しないこと。），そして「嗜癖のシミュレーションエクササイズ：アイス・キューブ嗜癖」の配布資料（附録24.1）が必要となる。

□実施法

「嗜癖のシミュレーションエクササイズ：アイス・キューブ嗜癖」の配布資料に示されたガイドラインに従う。以下の記述を読む前に附録24.1を読むとよいだろう。

学生はこのアクティビティにとても夢中になりやすいので，これが単なる学習エクササイズであること強調するのは大切なことである。学生にはモラルに反する行為や違法行為をしないように指示する。学生には，このエクササイズのすべてに参加することによって最も得るものが多いけれども，いつやめても良いことを伝える。メタンフェタミンという薬物の俗称が「アイス」であることに注意する。このことを学生に知らせ，このエクササイズでは凍らせた水だけを用いることを強調する。他の物質を氷の代わりにするべきではない。学生は食べ物や飲み物を提案するかもしれないが，摂食障害が広くみられることから，氷以外のものを用いることは賢明な判断ではない。

フォロー・アップのディスカッションは回復のためのセルフ・ヘルプグループ（Alcoholics Anonymous, 2007; Narcotics Anonymous, 1991）の形式で行ない，それぞれの学生には「こんにちは。私は○○です。私にはアイス・キューブの嗜癖があります」と自己紹介させる。このアクティビティの実施を考えている教師には，この形式を理解するために断酒会や断薬会のオープン・ミーティングに参加することを勧める。オープン・ミーティングの精神を踏まえて，エクササイズを完全にできなかったり，参加しなかった学生も含め，受講生全員がディスカッションに参加するよう促す。著者の経験では，学生はすぐに役に入り込み，このエクササイズを進めるためのこの形式を楽しむようだ。ここで，学生は他の参加者や教師とそれぞれの経験を共有し，整理した。実際の断酒会や断薬会では，参加者どうしのやりとりはほとんどないが，このエクササイズではオープンなディスカッションが勧められる。特に，感情的な経験や，学生のとった方略，エクササイズで得られた洞察，薬物嗜癖からの変化や回復の過程に注意を向けるべきである。学生は記録やレポートをディスカッションに役立てることができる。フォロー・アップのディスカッショングループは15～20人以上にはならないことを勧める。したがって，より大きな授業では，異なる時間にそれぞれのグループ・ミーティングを行なう。

学生の参加の程度はディスカッションの焦点になる可能性がある。質問は，程度の異なる参加者が自制 - 使用 - 乱用 - 嗜癖の連続を表現することに使えるものを示すことができる。以下のような質問が例である。

1．なぜ何人かは嗜癖に発展し，何人かはそうならなかったのか？
2．何がそれを試すことを避けさせたのか？
3．どのようにあなたはその日に「手を染めた」のか？
4．あなたはあなたが費やした労力に驚いたか？

□考察

このエクササイズを行なう中で私は，学生が彼らの「嗜癖」に関連する妙な行動に，彼らの友人や家族がほとんど反応しないことに驚いたことに気づいた。問題にされなかったのは，「夜の11時に寮の部屋のドアをノックして氷がないか聞く」といったことから，「コーヒーに氷を入れる」「ルームメイトの氷をすべて使い，次にたくさんの氷ができるよう冷蔵庫のスイッチを入れる」「溶けた氷の入ったビニール袋をポケットに入れている」といった行動に及ぶ。このことは学生に，気づかなければならない人からさえ，嗜癖を隠すのがどれほど簡単なのかを実感させた。

学生は，自分の行為にも驚かされた。特にそのいくつかはエクササイズの前に，彼らがしないだろうとかたくなに言っていた行為であったからだ。それらは，コーヒーに氷を入れることや，学校に氷をこっそりと（断熱マグカップに入れて）持っていくことや，「痕」が見えないように共有のバスルームでルームメイトを避けるといった行為である。数人の学生は，彼らの計画に対する強迫観念がキャンパス内のすべての製氷機の場所を覚えるという形で現われたと述べた。

これは学生に嗜癖のいくつかの生物学的，心理学的，社会学的な側面を経験させる，とても強力な参加型の学習エクササイズとなる可能性がある。このエクササイズに参加することについての学生の感情や反応を整理することは非常に重要である。なぜなら，彼らにとって大切な人の「本当」の嗜癖の記憶を思い出すかもしれないし，学生は自分や友人のアルコールやその他の薬物の使用を疑問に感じるかもしれない。教師は，学生がこのエクササイズを行なうことから生じる可能性のあるいくつかの問題を相談できる支援機関を把握しておかなければならない。

学生のこのエクササイズへの反応は非常にポジティブであった。ほとんどの学生はエクササイズのすべてに参加し，何人かは1日だけ参加したが，まったく参加しなかった学生はほとんどいなかった。参加した学生は，嗜癖を維持するのに必要な莫大な量の計画と嗜癖の維持におけるダイナミックスに関する洞察が得られたと述べた。アイス・キューブ嗜癖のエクササイズは，多くの心理学的，社会学的な要素を浮き彫りにし，嗜癖の複雑さについて学習する学生を助ける効果的でリアルなシミュレーションとして用いることができる。

附録 24.1：嗜癖シミュレーションエクササイズ：アイス・キューブ嗜癖（配布資料）

原理

このエクササイズであなたは，直接的に（実際の嗜癖と同じ程度ほどでもないけれども），実際に薬物嗜癖のある人の身体的（薬の渇望に類似している渇き），社会的，認知的，感情的な経験のいくつかを体験できます。このエクササイズへの参加は任意です。あなたはエクササイズの途中で，いつでも参加をやめることができます。しかし，もし最後までやり通すことができれば，このエクササイズのすべての恩恵を得られるでしょう。

手順

あなたはこの授業から次の授業までの間の48時間，このエクササイズに参加します。あなたが厳密にこのガイドラインを実行するほど，エクササイズはあなたにとってより効果的なものとなるでしょう。

1．**薬物**　あなたの選んだ薬物はアイス・キューブ（角氷）です。あなたは，今までは単なる水で「興奮」することができましたが，あなたの嗜癖はこれを越えて進行しています。あなたは今，特別な処理を行なった水－つまり氷，アイス・キューブを必要としています。これは粉のコカインからクラック・コカインへの進行に似ています。
2．**渇望**　渇きが薬物であるアイス・キューブへのあなたの渇望です。あなたは何であれ何か液体を飲むときには，その液体に必ず氷を入れなければなりません。そう，これは困難で，行なうにはかなりの計画が必要となります。予想してください！これは，コーヒー，水飲み場の水，ビン・カン入りの飲み物，深い眠りから覚めた後に飲む夜中の水を含む，すべての飲み物に適用されます（夜中の水のために，寝る前に氷のトレーがいっぱいになっているか確認すること）。
3．**法的見地**　アイス・キューブは社会的に容認できるものではなく，違法です。「普通の人」にあなたがアイス・キューブを使っているところを見られたり，見つけられたりしないようにしましょう。友人や家族にもです。あなたのアイス・キューブの使用について明かすことが許されるのは，このエクササイズに参加している，他の「嗜癖のある人」だけです。これには，家，レストラン，そして公共の場で何らかの創造的な思考が必要になるでしょう。
4．**強迫性**　薬物嗜癖の強迫性という面をシミュレートするために，1時間ごとに記録を取り続けます（起きている時だけ）。ノートを手に入れ，1時間おきに以下の質問への答えを記入します。1．あなたは今のどが渇いているか？　2．次のアイス・キューブはどこで入手できるか？ 3．渇望を満たすためにどんなプランを立てているか？　先を読んで考えておくこと。
5．**痕**　あなたには身につけるために，病院の入院患者用のIDブレスレットが配布されるでしょう。ブレスレットはエクササイズ中，必ず身につけていて下さい。このブレスレットは嗜癖のある人の注射痕に似ています。ですから，このブレスレットを着けているということは，社会的に受け入れられないということです。「普通の人」に，このブレスレットを見られないように最善を尽くしましょう。彼らはそれが何かと聞くでしょうし，そうなるとあなたはそれを説明する困難な状況に陥ることになるからです。あなたは「普通の人」からあなたの嗜癖を隠そうとしていることを心に留めておいて下さい。また，ブレスレットはまたあなたがこのエクササイズに参加していることを思い出す手がかりとしても働くでしょう。エクササイズは2～3時間で簡単に忘れられてしまうので，参加していることをいつでも意識する必要があります。嗜癖のある人は彼らの渇望を意思で止めることはできないということを心に留めておいて下さい。
6．**レポート執筆**　48時間の終わりに，エクササイズへのあなたの考え，感情，反応を1～2ページ書いて下さい。レポートの形式は自由ですから，自分が適していると感じた方法で書いて下さい。このレポートと記録を次の授業に持参して下さい。
7．**ディスカッション**　このエクササイズは次の授業でディスカッションされます。あなたの経験を話し合うための回復のためのセルフ・ヘルプグループのシミュレーションを用いるでしょう。

■第5章　学習と記憶

本章のアクティビティは，習得，消去，弁別，般化といった多くの古典的条件づけとオペラント条件づけの現象を説明する。学習の高度の形態とされる概念学習も取りあげられ，理解，応用，評価のような学習材料の認知的習得のレベルの違いを学生に示すエクササイズが行なわれる。記憶に関するアクティビティでは作業（短期）記憶と長期記憶を扱い，意味の重要性を強調する。文脈，チャンク化，記憶容量，処理水準，再構成過程としての記憶といった概念が取りあげられる。

アクティビティ25は，おもちゃの水鉄砲と1人のボランティアの学生を古典的条件づけに関連する，習得，般化，弁別，消去，自発的回復といったさまざまな現象のデモンストレーションに用いる。

スキナーボックスを手づくりするための完璧なプランを，アクティビティ26は提供する。費用はおよそ25～30ドルである。このスキナーボックスは，ほとんどすべての標準的なエクササイズに使え，オペラント条件づけにおけるマガジントレーニング，シェーピング，弁別，消去をデモンストレーションできる。

概念学習（**カテゴリー学習**とよばれる場合もある）がアクティビティ27のテーマである。ギリシャ文字の3文字綴りを用いて，学生は何かこれら3文字綴りのあるものを真（当たり），あるものを偽（はずれ）としているかを学習する。このアクティビティでは人間以外の動物がどのように概念を学習するのかに関するディスカッションもできる。

アクティビティ28で，学生は多様なレベルの認知的習得をテストする多枝選択質問紙を受ける。学生は保持，理解，応用，比較，対照能力，評価を測る質問に答える。このアクティビティは学生の学習スキルやテストを受ける能力を助ける。

意味以上に記憶を助けるものはない。アクティビティ29で，学生は14文からなる節が読まれるのを聞き，これら文の一語一句をできるだけ正確に思い出すよう求められる。難しいのは，文章が意味をなしていないという点である。ある学生達は他の学生より有意に文の再生ができる。なぜか？　彼らは文脈を与えられ，それが一見意味のない文の集まりに意味を実質的に付与したからである。

アクティビティ30はジョージ・ミラー（George Miller）の研究に基づき，作業（短期）記憶容量と魔法の数7（±2）をデモンストレーションする。このアクティビティはまたチャンク化と，それがなぜ再生には影響しても，容量には影響しないのかを説明する。

意味の記憶への影響はアクティビティ31でもテーマである。このアクティビティは**処理水準**や**処理の深さ**とよばれる効果をデモンストレーションする。学生は20の名詞を聞き，後に再生するよう求められる。ある場合，学生は名詞をその意味によって処理するよう求められる。これらの名詞は意味処理を求められなかった他の名詞よりもより頻繁に再生される。

アクティビティ32では，学生は長期記憶に貯蔵されているものはメッセージの意味であり，メッセージの一語一語のコピーではないということを示される。このアクティビティはまた長期記憶からの情報の検索はしばしば作話を含む再構成の過程であることを説明する。そのために，再生は実際に起きたことよりも，起きるべきだったことが構成されたものである。

25. 古典的条件づけ
おもちゃの水鉄砲を使った汎用デモンストレーション

Joel I. Shenker：University of Missouri — Columbia

学生に人気のあるこの授業内アクティビティでは，人間の古典的条件づけが，楽しく，わかりやすく，記憶に残るデモンストレーションによって提示される。このデモンストレーションの準備は最小限ですみ，実行は簡単で，学生はそこからすばらしい発見をすることができる。心理学入門，学習と記憶の心理学，認知心理学の授業に適している。1名か2名の学生ボランティアが必要で，所要時間は10分から20分であり，ほとんどの規模の授業で行なえる。

□コンセプト

学生は，古典的条件づけをとても抽象的な概念だと考えており，それが人間以外の生物だけでなく，人間にもどうあてはまるのかを理解することが難しいようだ。このデモンストレーションによって，学生は人間に起こる古典的条件づけの具体例を，簡単にかつ楽しく知ることができる。そして間違いなく，あなたの授業で経験するアクティビティのなかで，もっとも記憶に残るものの1つになるだろう。古典的条件づけのわかりやすい例を体験することで，活発なディスカッションが行なわれる。このデモンストレーションは，学生が古典的条件づけを学んだ後に実施されるのがもっとも望ましい。これは，その中に1つの「キー」になる単語が紛れ込んでいる，ランダムに並んだ単語のリストを大きな声で読み上げて，そのキーワードが読み上げられるたびに，学生ボランティアに水鉄砲で水が発射されるというものである。学生ボランティアはすぐに，そのキーワードに条件づけられた反応を示しはじめる。

□必要な材料

大きなポリ製ゴミ袋1枚，はさみ，大容量の水鉄砲1個か小さい水鉄砲数個，タオル1本

□実施法

受講生に，古典的条件づけは人間以外の生物と同様に人間にも起こり，さまざまな刺激と反応が結びつけられることを説明する。ボランティアを募集し，その際身を守

るためのポリ袋を着用する必要があること，顔に水を発射されることを丁寧に説明する（ある程度穏やかに説明するとボランティアを得られやすい）。

ボランティアの頭が通るように，ポリ袋の底の一部を切って穴を開ける。ポリ袋を上下さかさまにしてボランティアにかぶせ，ポンチョのように頭を出させて，体の部分は覆われるようにする。ボランティアは受講生に向き合うようにイスに座る。安全のため，デモンストレーションの間ボランティアは目を閉じたままであることが重要である。デモンストレーションの開始にあたり，学生たちに対し，静かに注意深く観察するように，また最後に彼らが見たことについてディスカッションするので，心得ておくようにと教示する。

学生ボランティアが席について目を閉じて，全員の準備ができたら，私はいつも「これから単語リストを読み上げるので，皆さんはその間，ボランティアをよく見ていてください」と教示するようにしている。そしてそれ以上の説明はせず，以下のような単語リストを読み始める。それぞれの単語を大きな声で順番に，クラス全体に聞こえるように，だいたい１単語につき２秒の速さで読む。教師の代わりに学生に読み上げ作業をしてもらってもいいが，私の経験では教師が読んだほうが，デモンストレーション全体がうまくいくように思う。単語リストには，canという単語が頻繁に出てくるが，大文字の太い字でCANと表記されている場合もあれば，小文字でcanと表記されている場合もある。大文字の太い字で表記されているCANを読み上げた後のみ，約２分の１秒の時間をおいて，ボランティアの顔に水を発射する。単なる小文字のcanが出てきたときは，ボランティアに水鉄砲を撃ってはならない。これらの試行で，対象となる単語に対するボランティアの条件反応を検証する。私がリストを読むときはわざと，また笑っている学生を静めるために，次の単語に進む前に時々時間をおくようにしている。

このデモンストレーションで使用される，単語のリストは次のようなものである：

---

cup, can, lime, **CAN**, dish, girl, chalk, can, dish, **CAN**, key, screen, ran, **CAN**, desk, **CAN**, knob, bag, tape, **CAN**, dish, clip, **CAN**, air, ban, cheese, **CAN**, door, can, box, dish, hair, **CAN**, ring, nail, **CAN**, boat, cap, dish, **CAN**, crane, wheel, fire, **CAN**, dish, king, cape, apple, **CAN**, dog, blue, can, dish, **CAN**, take, call, brick, pair, **CAN**, spin, chair, **CAN**, camp, **CAN**, dish, **CAN**, bridge, scale, can, fan, board, **CAN**, cool, three, horn, disk, **CAN**, can, cast, test, pen, dime, **CAN**, dish, van, can, card, stand, meat, pad, can, dish, set, can, tree, ice, plum, can, cost, bird, glass, can, light, can, sword, juice, can, dish, rock, smoke, grease, dish, keep, kid, tan, dice, hole, set, dish, eye, friend, wax, bill, bulb, dish, class, mine, mark, work, can, dish, can, bus, dish, phone, can, smart, first, can, crack, feet, can, tub, bowl, can, van, day, can, rake, dish, **CAN**, bluff, risk, **CAN**, salt, dish, **CAN**, ball, stack, **CAN**, rain, hat, food, can, van, disk, tree, can

---

すべて読み終えたら，ボランティアを自分の席に戻らせる。ボランティアにタオルを渡し，丁重にお礼を言うのを忘れないように。学生たちに，彼らが見たことを述べ，

ディスカッションするよう教示する。おそらく彼ら自身で，古典的条件づけに関連した多くの重要な現象を発見することができるだろう。あなたは，ディスカッションの中であげられたこうした現象に名前を与えたり，話を広げることができる。

□考察

古典的条件づけに関する多くのトピックが，このデモンストレーションに関連づけられる。

1．**無条件刺激**（UCS: unconditioned stimulus）は，ボランティアの顔に水が発射されることである。
2．**無条件反応**（UCR: unconditioned responses）の例には，ボランティアのたじろぎ，薄目を開けること，もしくは明らかな表情の変化がある。
3．**条件刺激**（CS: conditioned stimulus）は，canという単語の音である。
4．**条件反応**（CR: conditioned responses）は，たじろぎ，薄目を開けること，明らかな表情の変化である。ボランティアは，しばしば何らかの**オペラント条件づけ反応**（operant conditioned responses）を展開させることがあることに注意する（例えば，頭をそむける，水から身をかわそうとするなど)。もしそれらが見られたら，条件反応との興味深い比較対象として，ディスカッションの新たなトピックになりうる。
5．**獲得**（acquisition）がみられる。最初canという単語自体は，特別な反応を何も引き起こさない。canという単語と水の発射という組み合わせが繰り返されることで，その単語自体がだんだん条件反応を引き起こすようになる。
6．canと似たような音の単語（ban，ran，cap，castなど）が条件反応を引き起こすとき，**刺激汎化**（stimulus generalization）が生じている。
7．異なる単語によって異なる条件反応が起こるとき，**刺激弁別**（stimulus discrimination）が生じている。デモンストレーションでは，条件反応がもっとも強力で，かつ生じやすいのは，canという単語が読まれたときである。一方，条件反応がもっとも弱く，かつ生じにくいのは，canと音が似ていない単語（dish，board，smokeなど）が読まれたときである。
8．canという単語が，水の発射と結び付けられずに何度か読み上げられ，条件反応が消えるか弱まるとき，**条件づけの消去**（extinction）が生じている。
9．消去が生じ，canという単語が読み上げられない状態がしばらく続いた後に，canという単語がでてきたとき，条件反応を引き起こしたら，**自発的回復**（spontaneous recovery）が生じたことになる。こうした，canという単語が読まれない状態は，デモンストレーションの最後近くに起こる。
10．リストの最後には，canという単語と水の発射が再び組み合わされ，**再条件**

づけ（reconditioning savings）が生じる。この時点で，強く信頼性のある条件反応を達成するには，リストの始めのころの獲得に比べ，試行数は少なくてよい。

このデモンストレーションには，数々の有意義な目的がある。まず，古典的条件づけという現象の生き生きとした具体的な例を与えられる。古典的条件づけに関連した新たな教材を目のあたりにし，学生はこのデモンストレーションで得た発見を用いて，古典的条件づけの構成要素を再び統合することができる。このような具体的な例を体験することは，抽象的な方法では古典的条件づけを理解しにくい学生には特に有用である。

2つ目に，このデモンストレーションは古典的条件づけが，人間以外の生物に対してと同様に，人間にどのように影響を与えるかを示す。こうした原理は，文献を読む，話し合いをするといった他の方法で古典的条件づけの例を学ぶ際には，学生が見落としがちなものである。

3つ目は，ボランティアは条件刺激に対し，おそらく1つ以上の条件反応を示すだろう。ボランティアはたじろいだり，薄目を開けたり，表情を変えたり，上半身を動かしたり，特有のパターンで呼吸するなどの反応をする可能性がある。このような現象を観察することで，現実世界（つまり，統制された実験室の外）で生じる古典的条件づけでは，条件刺激は実験者が生じさせようと意図していた特定の反応だけでなく，関連する多くの条件反応を引き起こす場合があることがわかる。

最後のポイントは，このデモンストレーションが古典的条件づけの適応上の特性を示すということである。この観点は，デモンストレーションを体験しないままだと，古典的条件づけをオペラント条件付けよりもとるに足らず，重要でないとみなす学生にとって特に有意義である。デモンストレーションについてディスカッションした学生は，水が当たって衝撃を受けた直後ではなく，水が目に向かって飛んでくる直前に薄目を開けることの効用を指摘するかもしれない。このように，刺激が重要な無条件刺激であると予測される場合，生物にとって自分の身の周りで起こる出来事に対する条件反応を学習することが，なぜ重要なのかについてディスカッションできる。あるいは学生たちは，反応の消去の意義を観察するかもしれない—条件刺激が，顔に水がかかることをもはや予測しなくなったなら，なぜボランティアはわざわざ薄目を開けようとし続けなくてはなくてはならないのか？　学生は，自発的回復や再条件づけにも同様の意義を見出すかもしれない。

26. 教室におけるオペラント条件づけ

学生が制作する安価なスキナーボックス

Kenneth D.Keith：University of San Diego

このアクティビティは，安価に制作したスキナーボックスが，どのようにラットの行動観察と行動形成を行なう機会を与えてくれるか，さらにそれが論文作成やクリティカルシンキングに有意義なエクササイズをもたらし得るかを示すものである。これは心理学入門，学習心理学の授業に適している。装置は学生が授業や実験の時間を使って制作でき，15分から30分あれば実施可能な授業内アクティビティで，いかなる規模の授業でも可能である。

□コンセプト

動物実験施設の維持は，費用の面でも補給の面でも多くの心理学科にとってたいへん高くつく。そうではあるが，学生は動物の活動や実験を直接体験することで多くのものを得ることができる。心理学の教員は動物施設がなくても，その行動原理をデモンストレーションするさまざまな工夫に富んだ方法を開発してきた（Abramson, 1990; Crisler, 1988; Owen & Scheuneman, 1993）。しかしながら動物の行動がどのようにしてスキナーの実験室で形成されたのかを単に想像するだけでなく，それ以上に実際に実験してみたいと思う学生や教員は，代替物で完全に満足することはないだろう。

このアクティビティは安価なスキナーボックス―この用語はスキナー（1983）には気に入られてはいなかったが（彼は，オペラント条件づけチャンバーという用語を気に入っていたようだ）広く世には，標準的なオペラント条件づけ装置として理解されている―を制作，使用する。学生や教員は簡単に装置を作ることができ，それを使用することは，デモンストレーション，行動観察，クリティカルシンキング，論文作成など，多くの可能性を提供する。

□必要な材料

スキナーボックスを組み立てるには，小さなプラスティックまたはアルカリ樹脂製の動物ケージ（ペットショップで簡単に手に入る），数フィートの軽い電線，次のような通常のRadio Schack（米国の家電チェーン）で扱っている製品が必要となる：プラスティック電池入れ2-C，#270-385；1.5ボルトの直流小型ブザー，#273-053；E

−10豆電球ソケット，#272−357；PK16ワイヤーナット，#64−3057；C アルカリ電池，#23−871；SMini SPDTレバー，#275−016；およびSQ NO押しボタンスイッチ，#275−618。

これらの部品に加えて，箱の外側に給餌用漏斗を作るためのアルミホイルとダクト用の耐水テープ，（内側には）えさ箱となる小さなプラスティックの受け皿を必要とする。また短い板（例えばへら）を接着してレバーを長くしておくとよい。これらのものを図26−1に従い，簡単なベニヤ板の上に組み立てる。

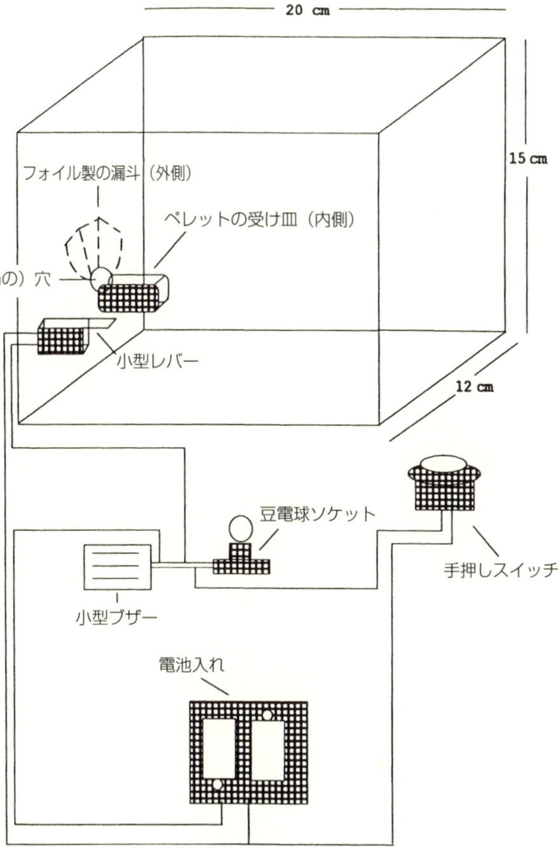

図26−1
手作りのスキナー箱の略図で，ライト，ブザー，レバー，手押しスイッチ，電池入れ等の結線を示している。この装置の設計はシーン・ハード（Sean Heard）の好意によるものである。彼は父親の助けと私たちの実験室の助言を受けて，ネブラスカ州リンカーンで開催された公立学校科学フェアのためにこの原型を作った。

教員はこの装置を教室でのデモンストレーション目的で制作できるし，１人ひとりの学生が制作することもできる。さらに大規模なクラスでは，学生を小グループに分け，共同して制作することもできる。できあがった装置は，実験用ラットが容易に押せるレバー，食餌ペレットが漏斗を通して落ちる受け皿や，レバーと手押しスイッチによって作動させる視覚と聴覚の刺激源を備え付けたチャンバーである。全費用はだいたい＄25から＄30である。

□実施法

学生の作成したスキナーボックスは，オペラント条件づけに関して長い間卓越した実験研究が示してきたほとんどすべての標準的なエクササイズやデモンストレーションに用いることができる。これらには，マガジン・トレーニング★，行動形成，弁別，消去などである（Michael, 1963）。装置は教員による実験，もしくは個人的であれ，小グループであれ，各学生が自分のスキナーボックスで能動的に行なうのに適している。

あなたは餌のペレットを給餌容器に落としながら，ライトやブザーを繰り返し提示することにより，空腹のラットを簡単に訓練できるであろう。同じ大きさのえさ用のペレット（45mg）は，ニュジャージー州フレンチタウンのBio-Serv（http://www.bioserv.com）やインディアナ州リッチモンドのPurina TestDiet（http;//www.testdiet.com）で入手できる。通常のラット用の餌の小粒も使用できる。スキナー（1956）は調理していない精白丸麦を用いたことを報告している。数試行後には，ライトとブザーが提示されるとラットは給餌容器に行くようになるだろう。次に，心理学入門の教科書（例えば，Davis & Palladino, 2007；Mayes, 2007）に共通に述べられている漸次的接近強化によって，レバー押しをラットに形成させることができる。さらにもっとさまざまなエクササイズ（例えば，消去，弁別，強化のスケジュール）も容易に追加できる。

□考察

米国の心理学では動物実験は長く重要な歴史がある。私たちの分野はソーンダイク（E.L.Thorndike）,マーガレット・ウオッシュバーン（Margaret Washburn），ジョンB. ワトソン（John B. Watson），トールマン（E. C. Tolman），スキナー（B. F. Skinner），マーチン・セリグマン（Martin Seligman），ジョン・ガルシア（John Garcia）といった著名な人々がいなければ，明らかに今とは異なるものとなっていただろう。デービス（Davis, 1993）が論じているように，学生が学習理論の科学を理解するためには，彼らに動物研究やその研究に適切な方法，施設に触れさせなくてはならない。

上位の大学の多くは，心理学科に動物施設を維持しているが（Benedict & Stoloff, 1991; Cunnningham, 2003），しかし実際には実験装置はきわめて高価で，動物コロニーの維持は多くの（おそらくほとんどの）大学や高校では不可能であるという事実は残る。私の学科では，動物実験室の費用は，運営予算の中でただ１つ際立って大きな費目になっている。

ここで述べた装置一式は，学生に有意義な動物実験の経験を与える上で低価格でかつ実践的なアクティビティを可能とする。この装置は手動操作を必要とすることから，学生が即時強化の重要性，弁別刺激の役割，注意深い観察の意義，その他重要な行動プロセスを確実に調べることができる。その点で入門的な授業の目的に有益である。

コンピュータを利用したプログラムは動物の行動実験エクササイズのシミュレーションに利用できる（Alloway, Graham, Wilson, & Krames, 2000 ; Venneman & Knowles, 2005）。それにもかかわらず，このような仮想的経験が，スキナーが装置をいじりながらパブロフに親近感を覚えた時に感じたのと同じ情熱を引き起こすかどうか，私には確信がもてない。そのような興奮はおそらく学生が動物行動観察や行動形成を直接経験してこそ実現するだろう。

さらにスキナーボックスを用いたアクティビティは，多様なクリティカルシンキングや論文作成の機会を与えてくれる。１つの有力な方略は，学生に装置の中でのラットの行動を観察することで湧いてきた疑問と，それに対する回答を記述させ，それをディスカッションさせることである。以下にいくつかの例を示す。

1．レバーを押すたびに食餌ペレットを与えるのではなく，その代わりに単に30秒ごとにペレットを落とすようにする。そうするとラットの行動はどのようになるか？　それはなぜか？

2．ラットがレバーを押すとき，ペレットを与える時間を管理することができる。ペレットを落とす前に20秒おいたら何が起こるか？

3．自然環境においては，多くの行動は間欠強化のスケジュールによって維持されている。そのような例をいくつか提示しディスカッションせよ。

4．ラットのレバー押しを形成するように，餌にライトとブザーを対提示する。ラットの行動を管理するのにそれらはどのような役割をするのか？　どのようにすると，これを判断できるか？

最後に，スキナーボックスを用いたアクティビティは，動物の権利，研究倫理，動物愛護基準について意義ある議論の機会を与えるであろう（例えば，Akins, Panicker, & Cunningham, 2005; Herzog, 1990）。

★訳注：実験者が給餌装置を作動させ，その作動音により受け皿に来て餌を摂取するようにする訓練。ここで行なわれる音-餌の対提示は古典的条件づけの手続きである

27. 概念学習

Ludy T. Benjamin, Jr.：Texas A&M University

このデモンストレーションは概念学習として知られている人間の重要な学習形態を説明するものである。心理学入門の授業にも学習心理学や認知心理学の授業にも最適である。デモンストレーションは全受講生が参加でき，どのような規模の授業でも可能である。ディスカッションを含めて通常30～40分を要する。

□コンセプト

日常生活で私たちは，それまでの学習の中で獲得したきわめて多様な概念を扱う。たとえば「ネコ」「リンゴ」のような単純な概念から，「動物」「果物」「寛大」「知能」「心地よい眠り」というような，より複雑な概念までである。私たちは，概念が学習を簡潔にするのにとても有効であるという理由から，さまざまな概念を学習する。概念学習（概念形成あるいは事例による学習ともいう）により，私たちは事物や事象に共通する特性を認識することで同じラベルを多くの事物や事象に適用することができる。概念によって，私たちは環境の中で出会う新奇な刺激を理解できる。このアクティビティはどのような人数の授業においても教室内で簡単に実施できる概念学習課題を紹介するものである。この課題への参加に先立ち，学生が教科書の概念学習の章を読んでいれば，通常デモンストレーションはより効果的になる。

□必要な材料

刺激スライド１セット（これにはパワーポイントが最適である）と，学生が使う複数部の採点表が必要である。ギリシャ文字のΔΘΓ（デルタ・シータ・ガンマ）やΣΦΔ（シグマ・ファイ・デルタ）のような３文字綴りがこのデモンストレーションには最適である。それらは連想価が低く，意味性を避けることができるからである（男子学生社交クラブ（フラタニティ），女子学生社交クラブ（ソロリティ），名誉社交クラブを表わす３文字綴りを選ばない限りにおいて★。さらに，学生は一般にその記号をあまり知っておらず，容易に発音できない。これらの要素はいずれも，この課題で用いられる３文字綴りの記憶を困難にする。

スライドはどのワープロソフトからでも，ギリシャ文字の３文字綴りを取り込むことで容易に制作できる。スライドのうち半分には3文字綴りにシータ（Θ）が，残りの半分には3文字綴りにファイ（Φ）が含まれるようにする。ただし，これら2文字は同じスライドに同時に出現してはいけない。これらの文字の位置は，3文字の中の最初，真ん中，最後といった多様な位置に出てこなければならない。これら2文字以外のギリシャ文字を使って3文字綴りを完成させる。このデモンストレーションで学生が学習する概念は，真偽判定である。シータを含む3文字綴りは常に真であり，ファイを含む3文字綴りは常に偽である。これら以外のギリシャ文字を選ぶ際には，各文字が真スライド（シータを含む）にも偽スライド（ファイを含む）にも含まれていることが重要である。

スライドを構成する際に，12個の3文字綴りを試行ブロックとなるように並べる。第1試行ブロックでは，最初のスライドが3文字綴りで，次に解答スライド（「真」か「偽」か）が続く。次にまた別の3文字綴り，そして解答スライドの順になる。6～8試行ブロック分のスライドを構成するとよい，そのいくつかをくり返し用いることも可能である。

学生の使う解答用紙は8列12行からなる。したがって第1試行ブロックでは第1列を使い，学生はその下の12行に順次解答を記入する。

□実施法

受講生に以下のように教示する。

あなたはこれから概念学習課題に参加します。3つのギリシャ文字で3文字綴りの書かれたスライドを短時間見てもらいます。これらの3文字綴りのうちのいくつかは真（あたり）であり，いくつかは偽（はずれ）です。あなたの課題は，真偽を決定している3文字綴りの特徴を学習することによって，どれが真（あたり）で，どれが偽（はずれ）かを知ることです。それがあなたが学習する概念です。12回の試行ブロックで3文字綴りを1つずつ見せます。各3文字綴りに続いて，直前のスライドが真であったか偽であったかを示す解答スライドが出ます。配った解答用紙を見てください。第1列目から始めます。第1列の上から下の各行へと順にあなたの答えを記入しなさい。課題は次のように進みます。3文字綴りのギリシャ文字がスクリーンにとても短時間，約5秒間出ます。それを見たらすぐにそれが真（あたりT）か偽（はずれF）かを決め，第1列目の最初の欄にあるTかFのどちらかに○をつけてください。次のスライドは解答スライドで，あなたが正しかったかどうかを知らせてくれるでしょう。解答スライドであなたが間違っているとわかったら，解答表のその欄に×をつけ，次の試行の準備をしなさい。課題はとても速く進むことに注意してください。3文字綴りと解答，いずれのスライドも約5秒間出ます。したがってすばやく解答しなければなりません。

概念をあなたが学習し終わっても，その知識を自分の心の中に留めて秘密にしておいてください。近くの隣の席の人には彼ら自身で学習させてください。この

> 課題での学習の成立基準は，1度の間違いもない2連続試行ブロック（すなわち24連続正反応）とします。この基準に達したら，このデモンストレーションが終わるまで静かに座って待っていてください。さあ，準備が整いました。

この時点で多くの学生は，あなたが何か言い忘れていると感じ，戸惑った表情をしているだろう。次のような質問が出るかもしれない。「3文字綴りが真（あたり）か偽（はずれ）かどうやって分かるのですか」。課題のために必要な情報はもうすべて与えていると簡単に告げる。再び学生に，これは学習課題であり，3文字綴りのそれぞれに，それが真（あたり）か偽（はずれ）かを決定する何かがあり，彼らの課題はその何かを見つけることであると言う。

第1試行ブロックの24枚のスライド（3文字綴りと解答）を提示する。それには約2分間かかる。このブロックの最後に，全問正解した人に挙手を求める。この時点で全問正解する人はあまりいないが，この最初の試行ブロックで概念を学習し終える学生も何人かいる。第2試行ブロックを始め，その最後に挙手を求める。通常この時点までに課題を習得する者が数名いる。同じやり方で第7〜8試行ブロックまで（時間がない場合は短くしてよい）を引き続いて行なう。私の経験では，第7試行ブロック終了後には，約60〜75％の学生が24試行連続正反応の基準に達する。

最後の試行ブロックを終えたら，デモンストレーションは終わっていないので学生にまだ話をしないように注意する。20桁の数（たとえば，42,685,791,004,434,201,559）のスライドを見せる。学生に，この中の誰もこの数を今までに見たことがないことを私は自信をもっていると言う。次に，彼らにその数は奇数か偶数かを尋ねる。もちろん彼らは容易にこの質問に答えることができる。しかし今までに見たことのない特定の数を見た時に，彼らはどうしてわかるのだろう？　彼らは，何がその数を奇数にするか偶数にするかの法則を学習している，すなわち，数に関係している奇数性と偶数性の概念を学習しているからだと，あなたに答えるだろう。

この説明はデモンストレーションしたばかりの概念学習課題のディスカッションの導入となる。ここで次のような3文字綴りスライドを提示しよう：ΔΘΦ。学生に，これは彼らが見たことのない3文字綴りであるが，概念学習の学習基準に達した人たちに，この新しい3文字綴りを判定して欲しいと言う。これは真（あたり）ですか？これは偽（はずれ）ですか？　あるいは，よくわかりませんか？　各質問に対して挙手を求め，黒板に書いた真，偽，わからないの横に，各人数を書く。通常，どの質問に対しても手を上げる人がいるだろう。

学生に，彼らは本当は2つの概念学習課題に参加していたことを伝える。すなわち，2つの概念があったのである。つまり，シータが真（あたり）とファイが偽（はずれ）である。この両方の概念を学んだ学生は，新奇な3文字綴りにわからないと反応する。しかし一方の概念のみを学んだ学生も概念学習課題を完全に遂行できる。たとえば，新奇な3文字綴りに真（あたり）と答えた学生は，シータを含む3文字綴りは真（あたり）で，シータを含まない３文字綴りは偽（はずれ）と学習したのである。新奇な３文字綴りに偽（はずれ）と答えた学生は反対の概念，すなわちファイを含む３文字綴りは偽（はずれ）で，ファイを含まない３文字綴り（トリグラム）は真（あたり）と学習したのである。

□考察

概念学習課題で得られた学習曲線の形状についてディスカッションする。曲線は最初チャンスレベル（50％）の近くを示すが，いったん概念が発見されたら遂行は100％成功の水準に達するだろう。これは漸増的学習の事例だろうか，それとも１試行学習の事例だろうか？　概念を学習しようとしていた間に用いた方略について学生に話させるとよい。正しい仮説に到達するまでに，彼らはどんな間違った仮説を検証しただろうか？

人間の思考機能の補助としての概念学習を話題にする。学生にこの促進的な過程の例を出させる。知覚や判断などを妨害する学習された概念についてディスカッションする。たとえば，ステレオタイプというのは，共通の性質や属性があるという信念に基いて多くの人々にラベルを付けることを学習するという概念学習の１つである。

ほとんどの心理学の教科書では古典的条件づけとオペラント条件づけに圧倒的に焦点が置かれている。しかしこのデモンストレーションで示したような他の学習の形態がある。概念学習は人間にとって特に重要な種類の学習である。しかしそれは人間に限定されているのだろうか？　動物の言語を観察している長期間の研究を含む最近の動物研究でみられるように，明らかにそうではない。

★訳注：米国の大学内のこれらのクラブでは，ギリシャ文字３文字でクラブ名をつけることが一般的である

28. 多枝選択式問題の認知的分類

Drew C. Appleby：Indiana University Purdue University Indianapolis

このアクティビティは，多枝選択式問題（MCQ：multiple-choice-questions）が1つの心理学的概念についてのさまざまなレベルでの認知的習得をテストするために使えることを，学生が理解する一助となる。これは心理学入門の授業に最適である。というのも，このレベルの学生の多くは，より高度なクリティカルシンキングのスキルをテストするMCQをまだ経験していないからである。こうした状況では，学生は問題にうまく解答できず，自分たちの低い成績にネガティブに反応することがよくある。なぜなら，彼らは自分が不正解であった場合，問題の方を，不公平，曖昧，あるいはずるいとみなすからだ。この授業内アクティビティの所要時間は約20分で，どのような規模の授業でも実施可能で，全受講生が参加できる。

□コンセプト

このアクティビティでは，ある概念に関するさまざまなレベルの認知的習得が，多枝選択型の質問によってどのように測定できるかをデモンストレーションする，MCQの質問形式の認知的分類（Anderson & Krathwohl, 2001; Bloom, Englehart, Furst, & Krathwohl, 1956）を述べる。MCQによって高次の思考スキルが測定できるということについては疑義が唱えられているものの，ハラディナ（Haladyna ,1994）のようなテストの専門家は，「たいがいの状況では，知識を測定するには論述式よりも多枝選択式の方が効果的である。問題解決や臨床的判断といったメンタルなスキルの測定については，多枝選択式が同程度あるいはそれ以上に有効な場合もあるだろう」（p. 34）と指摘して，多枝選択法を擁護している。良質のMCQの作成は論述式問題の作成よりも難しいが，心理学入門の教科書につけられているテスト・バンク（問題集）によってMCQを豊富に得られる心理学入門の授業では，このテスト形式を用いる利点は大きい★1。採点の容易さと客観性，コンピュータ化された項目分析，高い信頼性，およびそれと同等あるいはもっと高い妥当性は，ハラディナが認めた利点である。このアクティビティの目的は，MCQは単に定義を記憶することの域を超えた心理学的概念の習得を測るために用いることができるということを，学生にデモンストレーションすることである。このアクティビティの附録資料を用いることで，授業内容の習得を促進し，勉強方法を指導し，テスト問題についての学生たちの批判を減らし，テスト不安のレベルを下げ，そしてMCQは機械的に学習した内容しか測定できないという従来の通説を否定することができる。

□必要な材料

必要な材料は，附録28.1にある3ページの資料のコピーのみである。この分類をそのまま使うことも可能ではあるが，独自の分類を作成するための見本としてこれを用いるのが最適である。教師が独自の分類を作成することは，自作したりテスト・バンクから自分が選んだMCQの質とタイプを吟味するきっかけにもなるので勧められる。自作のテスト項目の多くが学生に示した概念についての単なる暗記力や表面的理解を測るものに過ぎないと気づく教師もいれば，自作問題が概念間の関係性を非常に複雑に測定しているので，むしろ上級学年用の授業にふさわしいことを認識する教師もいるだろう。また，教師にとって多枝選択問題の分類を作成するプロセスは，授業シラバスにふさわしい一連の学習成果を生み出す一助となる（例えば，心理学関連の術語や概念，方法を記憶し，理解し，応用し，比較し，対照し，評価する）。教師が独自の分類をつくる場合には，多くのサンプルMCQが何段階かの認知的複雑性をもってその分類を記述しうるよう，十分に複雑な質問項目を選ぶとよいだろう。

□実施法

学生には3ページの資料が配布され，今回の目的は彼らの理解を助けることであり，この授業の第1回目のテストで彼らが目にするであろういろいろなタイプのMCQの練習をしてもらうと告げられる★2。教師は学生に資料の1ページ目を，それが最初のテストのために指定された課題文と思って学習するよう教示する（すなわち，注意深く読みなさい，重要箇所に下線を引きなさい，余白にメモをとりなさい等）。最初のページを5分ほどかけて学習した後，学生にページをめくらせ資料の1ページに戻って見ることはしないで，6つの質問に答えるよう教示する。およそ5分後，教師は問題を音読し，受講生に解答を求め，それに続く分類上の説明を読み，そして，問題に正しく答えるために必要な思考プロセスの性質に関する質問を求める。学生たちはこの過程の中で，テストで良い成績を得るには，授業や教科書中の内容をただ暗記するだけでなく，内容を理解し，応用し，比較し，対照させ，評価しなければならないことに気づきはじめる。彼らは授業で出てきた内容について書かれているどの分類タイプのMCQにも答えることができるよう，学習技法を発達させることが奨励される。資料の3ページ目は，MCQテスト用の学習の手引きである。教師は，学習の仕方を知らないがために期待したレベルの成績をあげる能力が発揮できないかもしれないと突然気づいた学生に，有益な方略を与える準備をしなければならない。この点で，クレイクとロックハート（Craik & Lockhart, 1972）による処理水準理論の論議は，きわめて有益である。とりわけ，学生たちはそれが自分たちの学業成績といかに関連が深いかに気づいたとき，この理論を受け入れやすいようである。

□考察

心理学入門授業を担当しているほとんどの教師が学生のテストにMCQを使うのには，いくつか理由がある。第1に，MCQの採点は簡単で速く，しかも正確である。第2に，MCQは広範囲におよぶ大量の内容を含むテーマ領域で，高い内容的妥当性を生み出すことができる。第3に，MCQは心理学入門教科書の出版社によって豊富に用意されている。残念なことには，学生たちはこの種のテスト項目に対して教師がもつ情熱を常に共有するとは限らず，しばしばMCQは何か本質的に不公平でずるいところがあると感じ，特に自分が間違えた問題に対してこうした感情をもつ。このことが，心理学入門授業で教えることの最も不愉快な側面につながる。すなわち，テストが返されたときに学生たちから起こる各問題の妥当性に対する疑問への防御の必要性である。こうしたテスト後のやりとりは，学生と教師の双方にとって有益なフィードバックとなり得るのだが，学生側が不公平なテストをされたと信じ込み，また教師側が自分の権威が疑われたと感じると，そこで生じたネガティブな感情によってこの有益な効果が隠れてしまう。ここで，学生たちにテストを予想できるような問題の例を与えれば，彼らの批判の回数が減る。問題を間違えたのは，正解できなかった学生から問題がずるくて曖昧で不公平だと決めつけられた教師に責任があるのではなく，概念をさまざまなレベルから学習できなかった学生に責任が求められるからである。

ペリー（Perry, 1970）は，大学1年生レベルの学生は二元的思考をすると述べている。つまり彼らは，知識とはまさに絶対的かつ具体的な点で，正しいか間違っているかのどちらかだと思い込んでいる。このレベルの学生たちは，教師の第一の目的は，彼らに事実を教え，そしてテストによってそれらを—教えた通りのかたちで—再認あるいは再生させることだと固く信じている。この段階で思考している学生たちにとっては，事実を問うテスト項目（すなわち，教科書や授業で出てきた用語やその定義の保持を問うもの）が一番気楽で勉強しやすく，また最も好成績である。だが，こうした情報を理解，応用，比較，対照，評価するよう求める問題の中で，術語や法則や理論についてのより高度な習得を示すことを求められるようになっていくと，彼らの不満レベルは一気に上昇する。

次のようなコメントに留意されたい。「こんな問題を出すとは言わなかったじゃないですか！」「こんな問題が出るとわかっていれば，別のやり方で勉強してもっとよい点を取っていたのに！」「問題の意図がわかりません，ましてや答を出すなんてできるわけがない！」。テスト後に少しでもこうしたコメントを聞いたことがある教師には，この分類は非常に有益だろう。すなわち，穏やかな雰囲気の中で（つまり，テストではなく授業でのデモンストレーションを通して），心理学的概念のより深い理解と習得を求める問題を紹介することで，学生たちがより情報豊かな—したがって苦痛の少ない―やり方でさらに高次の段階へと認知発達を遂げることの助けとなる。学生の多くは，これまで事実を記憶する能力を測るMCQしか経験しておらず，より高度な認知的スキルを必要とする問題に予告なしに出会うとまごついてしまう。学生たちは，最初のテストで出会いそうなタイプの問題が実際に出題されることを喜び，それに対応してテスト不安が軽減すると報告している。初めてのテストで出そうな問題のタイプ，およびそれらにどのように準備すればよいかを明確に教えるために教師が時間を割いて十分に注意を払ってくれることは，大多数の学生にとっては初めてのことだろう。

★1訳注：米国の心理学入門教科書には，教師用に各章の内容に関する多枝選択式の問題集が出版社により準備され，別冊子やHPで公開されていることが一般的である。教師はこれらテスト・バンクから適切な問題を選び，テストに使うことができる。

★2訳注：米国の心理学入門の授業では，授業期間中に何回かテストが行なわれる。

附録 28.1：人の記憶システム

人の記憶は，相互に関連する3つの記憶貯蔵庫からなる。感覚からの情報は，まず私たちの感覚によって処理されるのと同じ形で（たとえば像や音として）感覚記憶（SM）に貯蔵される。情報がSM内に保持されるのは2秒以下であるが，それは私たちが情報を解釈し，どの部分に注意を払い，次にその情報について「作業」する場である作業記憶（WM）へ転送するに十分重要であるかを決定するには十分な時間である。WM内の情報は主に音響的に（つまり聴覚的に）貯蔵される。そして，私たちがそれを自分自身で繰り返すことで維持しない限りは，WM内にはわずか約7個ほどの情報（たとえば数字，文字，単語等）が30秒程度保持されるに過ぎない。より多くの情報がSMからWMへ転送された場合―したがって7個という容量を超えてしまう―，あるいは，私たちが現在WM内に貯蔵されている情報を繰り返すことをやめた場合，WM内で忘却が起きる。リハーサルとして知られるこの反復プロセスには2つの目的がある。第1に，私たちはWM内の情報を，それを自分自身に繰り返す限り維持することができる。第2に，リハーサルを通じて，より永続的に覚えておきたい情報を，長期記憶（LTM）とよばれる3つ目の最後の記憶貯蔵庫に転送することが可能となる。LTM内の情報は，主に意味として（つまり意味的に）貯蔵される。そしてこの記憶貯蔵庫はしばしば，収蔵物がさまざまな有意味な方法（たとえば，テーマ，書名，著者名など）にしたがって整理されている図書館と対比される。私たちは，望むときにいつもLTMから自由に情報を検索できるわけではないが―時に図書館で本がなかなか見つからないのと同じように―，しかし一度ここに貯蔵されれば，それは永久に貯蔵される。実際，一度LTM内に貯蔵されれば，私たちが情報を忘れることはない。それらを利用できないのは，検索がうまくいかないからに過ぎない。

1．情報を30秒程度貯蔵するのは，次のどのタイプの記憶か。

a. SM　b. WM　c. LTM　d. 該当なし

この問題は，特定の概念について1つの定義的な特徴（たとえば，WM内の情報は約30秒しか維持されないなど）を再認する能力を測るものです。ここで求められるのは，単に用語とその定義を暗記することだけです。

2．WMについて正しいのは，次のうちどれか。

a. 約7個の情報しか保持できない。

b. ここに貯蔵された情報は，主に聴覚的にコード化される。

c. ここに貯蔵された情報は，リハーサルされない限り30秒ほどしかもたない。

d. 上記すべてあてはまる

この問題は，特定の概念に共通する一連の特徴を学習する能力を測るものです（たとえば，WMは一定の形式の一定量の情報のみを，一定時間内で保持するだけである，など）。ここでは，問1よりもより包括的な概念に関する知識が求められますが，やはり基本は主として暗記です。

3．人の記憶システムで処理される際に情報がたどるプロセスとして正しいのは次のどれか。

a. SM→WM→LTM　b. WM→SM→LTM　c. SM→LTM→WM　d. WM→LTM→SM

この問題では，一連の概念（たとえば，SM，WM，LTM）の間の時系列的関係性の学習が求められます。

4．ジョアンは電話番号を調べ，電話帳を閉じ，そして電話をかけながら番号を復唱した。このとき電話番号は＿＿＿に保管される。

a. SM　b. WM　c. LTM　d. 該当なし

この問題は，知識を理解し，教科書や授業では出てこなかった新たな日常的状況に応用する能力を測るものです。ここでは概念に関して，定義や特徴の単なる暗記以上の深い理解が求められます。

5．WMとLTMの関係は，＿＿＿と＿＿＿の関係である。

a. 7，無限　b. 意味的，聴覚的　c. 比較的永続的，30秒　d. 上記すべてあてはまる

これは，2つの概念（例えば，WMとLTM）を比較し対照させる能力を測る類推問題です。この技能は，概念の一連の特徴を暗記する比較的単純な能力（問2参照）に基づいていますが，しかしそれ以上のものが求められます。

6．なぜトムがたった3分前に紹介された人物の名前をもう忘れてしまったのか，について最も適した説明をしているのは次のうち誰か。

a. チャン：「その名前はトムのWMに一度も入らなかった」

b. モニカ：「その名前はトムのLTMから失われた」

c. フリッツ：「トムはその名前をLTMからSMへうまく転送できなかった」

d. ジャニータ:「トムはその名前をWMからLTMへうまく転送できなかった」

この問題は，先の5つの問題で測ったすべての認知的スキルを含んでいます。ここでは，あなたが獲得した知識を評価することが求められます。それによって，あなたは複雑な人間行動のある例（例えば忘却）を説明するのに使うことができるような関連概念について，深い理解（例えば，WMからLTMへの情報の転送を成功させる要因）に基づいた論理的決定を下すことができます。

テストの出来はどうでしたか。もし全問正解ならば，あなたはこの授業で出てくる情報を記憶し，理解し，応用し，比較し，対照させ，評価する能力を備えています。あとあなたに必要なのは，自分の学業への潜在能力を発揮できるよう一生懸命学ぼうとするモチベーションです。あまり芳しくない結果であったなら―そしてこの授業でのテストでこうした成績を避けたいと思うなら，なぜ問題を間違ったのかよく考える必要があります。もしあなたが，このテストを受けて期待以下の成績しかとれなかった多くの学生たちと同じであるなら，おそらく最初の2，3問は正解だったでしょうが，あなたのもつ知識の応用，比較，対象，評価が必要とされた後半の問題に答えようとした時からつまずいたのではないでしょうか。もしそうであるなら，あなた自身にとって教科書の課題を「勉強する」ことがどんな意味をもつか，じっくり考えてみてください。もしあなたにとって勉強することが，講読課題に出てくるすべての単語を確実に目で追い，重要な術語とその定義を暗記することを意味するのであれば，「勉強する」ことの意味についての考え方をぜひ改めてください。このテストの後半の問題を解くには，講読課題を読み進めながら，以下の質問について自問自答するという能動的な勉強法を行なう必要があります。

1．私は本当にこの問題を理解しただろうか，それともただ暗記しただけだろうか。
2．私はこの情報を「現実生活」の状況に応用できるだろうか。
3．私はこの情報を，この課題に出てくる他の情報と関連づけられるだろうか。
  a. これは何らかの時間的連続性の一部だろうか。
  b. これは他の情報と類似しているか，そうであればどのように類似しているのか。
  c. これは他の情報と異なっているか，そうであればどのように異なっているのか。
4．私はこの情報を，記述の妥当性（すなわち真実性）を評価するために使用できるか。

課題を読みながら―そして答えを見つけるために能動的に読みながら―上記の項目を自問すれば，あなたは読んでいる内容についての認知的習得を増加させ，テストで好成績を得る可能性を高める勉強法に取り組むことになるでしょう。このエクササイズと結果を真剣に受けとめてください。教科書や授業のノートで勉強するときには，その内容について問われそうな問題をいろいろ考えてみることです。こうしたタイプの問題を予想してみること―そしてそれにどう答えるか考えてみること―は，この授業の内容を習得し，かつテストで良い成績を得るための強力な方略になります。

29. 文脈と記憶

Marty Klein：Lincoln, Nebraska

この授業内アクティビティは，記憶の再生を促進するための文脈の重要性に関するデモンストレーションである。このアクティビティは，入門心理学，記憶心理学，あるいは認知心理学の授業に適している。授業で約10分かかり，授業者の授業外でのデータ分析，次の授業で結果を報告し，それについてディスカッションを行なうことを必要とする。どのような規模の授業でも適しており，すべての学生を参加させられる。

□コンセプト

記憶は，保持を強めたり，忘却を促すような，いくつもの変数によって影響される。学習と記憶における最も重要な要因は，題材に含まれる有意味性であることはほぼ間違いない。題材の意味を増加させる1つの方法は，材料を文脈の中に置くことである。このアクティビティは，その原則を説明する。

□実施法

受講生の半分に，“凧揚げの状況である”と書かれた紙一枚を配布しなさい。学生には，他の受講生にこのメッセージの内容を明かしてはいけないと指示しなさい。その後，以下の文章を声に出して，かなりゆっくりと読み上げなさい：

> 新聞は雑誌よりも良い。海岸は道路よりも良い場所である。最初は，歩くよりも走る方が良い。あなたは何度も挑戦するかもしれない。ちょっとした技術を必要とするが，それらを学ぶのは簡単である。幼児でさえ，それを楽しむことができる。一度成功すれば，厄介な問題はわずかなものである。鳥はめったに近づいてこない。しかしながら，雨はすぐにびしょ濡れにする。同じことをしている人が多いことは，問題の原因となりうる。たくさんのスペースを必要とする。厄介な問題がない場合，それはとても穏やかなものとなりうる。石は錨の代わりとなる。しかし，それから離れてしまった場合，あなたは二度目のチャンスを得られないだろう。

すべての学生に鉛筆1本と用紙を取り出し，できる限り多くの文章を再生して書くよう求めなさい。彼らに，できる限り正確に文を再生するよう求めなさい。再生の手がかりとして，全部で14個の文があったことを伝えても良い。前もって文脈的な記述を与えられた学生を同定できるように，それらの学生に自分の回答用紙にしるしを付させなさい。用紙を回収する前に，文脈的情報を与えられなかった学生に，何について書かれた文と考えたかを用紙の下に書かせる。すべての用紙を回収しなさい。

授業外でデータを分析し，次の授業時に両条件の違いを報告しなければならない。1文ごとに意味が本質的に同じである文に1点を与え，各用紙を採点しなさい。たとえば，学生は“石は助けとなる”，“あなたは歩かず，走るべきである”あるいは“新聞は最も良い”と書くかもしれない。それらの文は，いずれも正答として得点化される。このような数量化の方法を用いて，再生に関して半分ずつにした受講生を比較できる。あなたが見出すだろうことは，文の文脈を同定する紙一枚を与えられたグループで，再生得点がより高いことである。

□考察

明らかに，文脈を知っていることは，ともすれば関連のない文として見えてしまう題材に意味を加える。文脈は学習の体制化を可能にする。適切に体制化された場合，“あるものごとは他のものごとを導く”。この原則は，学習方略について何を提案するだろうか？　もちろん，文脈は他の方法においても，記憶を助ける働きをする。心理学者は，長い間，環境的文脈が再生を助けることを知っている（Smith & Vela, 2001）。たとえば，これまでの研究は，ある題材の再生が，それらを学習したのと同じ部屋でテストされた場合に，そうでない他の部屋でテストされた場合よりも良くなることを示している。記憶の状態依存（Smith, 2006）や記憶の気分依存（Eich, Macauley, & Ryan, 1994）は，再生を促進する文脈の他の種類の例を提供している。もし望むなら，授業でのディスカッションを知覚における文脈の重要性や，文脈がどのように知覚能力の強化を助けるのかに広げても良いかもしれない。

再生をテストする別の機会を学生に与えたい場合のために，ここでは凧揚げの文章と類似した他の例をあげる。これを，前もって文脈を認識させる学生と認識させない学生に与えることができる。学生がそれらの文が何について書かれているかを推測できるかどうかを尋ねることもできる。

> 実際，手続きはまったく単純である。最初，あなたはアイテムをいくつかのグループに分ける。もちろん，する量によっては，1つの山でも十分であるかもしれない。もしあなたが，次の段階の設備がないために他のところにいかなければならない場合以外は，準備は整ったことになる。重要なことは，一度にやりすぎないことである。一度に多すぎるより，少なすぎるほうが良い。すぐには，これが重要であるとは思わないかもしれないが，厄介なことが簡単に起こってしまう。失敗には，お金がかかる。最初，この手続きすべては複雑に思えるかもしれない。しかし，すぐに生活の一部となるだろう。すぐ近い将来，この課題の必要性がなくなると予測するのは難しく，誰もそんなことを言わないだろう。この手続きが

完了した後，人は材料を再びいくつかのグループに分ける。そのうち，それらはもう一度使用され，その後，このすべてのサイクルが繰り返されるだろう。しかしながら，それは生活の一部なのである。

ここでも文は14個である。そして，これらが何についての文かを推測できただろうか？　これらは，洗濯についての文章である。

30. 情報処理容量

魔法の数７の視覚的デモンストレーション

Fairfid M. Caudle：The College of Staten Island,
City University of New York

このアクティビティはジョージ・A・ミラー（George A. Miller）が述べた「魔法の数７±２」という，有名な情報処理容量の限界について，視覚的なデモンストレーションを提供するものである。心理学入門，感覚・知覚心理学，認知心理学の授業に適している。授業時間の15分～20分を要し，受講生全員が参加できる授業内アクティビティで，最大90名までの授業でデモンストレーションできる。

□コンセプト

「魔法の数７±２」は短期記憶，ないしは作業記憶の限定的容量を示している(Miller, 1956)。このアクティビティは，心理学入門の教科書に一般的に載っている聴覚的なデモンストレーションではなく，この容量とチャンク化の価値を示すために視覚的刺激を用いる。学生は不規則あるいは規則的に並べられた点の配列を提示される。各配列において学生が判断した点の数のグラフが情報処理容量の限界とチャンク化の促進効果を示す。デモンストレーションはまた実験デザインと記述統計を検討する機会も提供する。

□必要な材料

黒板とチョークの他に，8.5インチ（21.6cm）×11インチ（27.9cm）の白いカードに直径0.75インチ（1.9cm）の黒か水色の点（丸いシール）が貼り付けてある17枚の刺激項目が必要である。これらのシールは文具店で買える。全部で136個のシールが必要である

附録30.1に示されているような17の刺激項目を準備する。各項目は，シート１枚に，提示されている個数の点がランダムかまたは規則的に配置されたものである。各シートの裏面には，あなた自身に参考になるように，刺激項目番号と点の数と配置をメモしておく。こうすれば，デモンストレーションを始める前に，各シートが正しい順に並んでいるかをチェックできるだろう。

ここに述べられている刺激項目の構成は，90名までの授業で適切であることが確認できている。もっと大人数の授業の場合，刺激項目作りをパワーポイントによるス

ライド提示にしたくなるかもしれない。しかし，もしそうする場合には，各刺激項目の提示後に空白のスライドを必ず提示する。

点の数が増える順にランダム配列の刺激項目番号（たとえば，項目6は点1個，項目3は点2個，項目12は点3個；そしてこれら以外のランダム配列の刺激項目についても続ける。項目1，項目16，項目14，項目9，項目11，項目5，項目4，項目17，項目2，項目8，項目13）と，同じように数が多くなる順で規則配列項目（項目15，3列3行の点，項目7，2列5行の点，項目10，4列3行の点）を示す要約シートを準備しておくと役に立つだろう。これによって結果のグラフを作成することが容易になる。

□実施法

□□準備

机の上に刺激項目を裏返して項目1が一番上，項目17が一番下になるように置く。パワーポイントで提示する場合には，刺激項目を順番通りにし，各刺激項目の間に空白スライドを入れること。受講者にノートの新しいページを開け，1行目から17行目に順に番号を記入させる。

受講生に，以下のように言う。「これから点が描かれているカード（あるいはスライド）を見せます。各カード（スライド）ごとに，準備のために3拍，見るために1拍，カード（スライド）であなたが見た点の数を書くために1拍与えます。カード（スライド）ごとに答を1行目から17行目まで1行に1つずつ書いてください。何行目であるかはその都度言わないので，終わるまで順に続けて書いていってください。カード（スライド）ごとに「ダッ，ダッ，ダッ，見て，書いて」と言います。「見て」のところで，刺激項目のカードを掲げるかあるいはスライドで示すかをデモンストレーションして見せる。

□□刺激提示

1拍約1秒の速度で「ダッ，ダッ，ダッ，見て，書いて」と言いながら各カードを見せる。「見て」という時に刺激項目を見せるか，パワーポイントスライドを見せる。「書いて」という時にカードを伏せるかパワーポイントの空白画面を見せる。各刺激項目でこれを繰り返す。

□□結果の記録

パワーポイントのスライドを用いて刺激項目を提示した場合は，この時点で黒板が使用できるようにするためにスクリーンを上げなければならない。黒板にグラフを書く。縦軸を「正答者数」とし，10ずつの目盛りを入れる。横軸を「点の数」とし1から14（点の最大数）までの目盛りを入れる。

全刺激項目をリストした要約シートを参照しながら，点の個数の小さい数から順に大きい数へと，正答者に挙手を求めて人数を調べる。たとえば，「項目6は点1個です。正しく答えられた人？」と言う。続いて，「項目12は点２個です」というように進める。あらかじめ何人が出席しているのかを把握しておけば，ほとんどの人が正答だった場合，間違えた人数を引き算することができる。大人数の授業の場合，受講生をいくつかのブロックに区切り，各ブロックで誰かに数えさせればよい。（もし学生の反応を匿名にしておきたいなら，いったんすべての回答シートを集め，それをシャッフルしてから学生に返し，彼らが今もっている回答シート上の反応について挙手するよう求めればよい。）

この手続きを用いて，不規則に配置された１個から14個の点に正しく答えた人数を記録する。各刺激項目について，正答者数を数え，グラフ上の適切な位置に黒い丸でマークする。これらの黒い丸を実線で結びグラフを完成させる。次に，規則的に配列された点を示した３項目に正しく反応した人数を記録する。正答者数を白い丸で示し，点線でそれらを結ぶ。実線で結ばれた黒い丸は不規則配置，点線で結ばれた白い丸は規則的配置に対応していることを示す凡例を添えて，グラフを完成させる。

□考察

典型的に，不規則配置の点の場合，ほとんどの受講生が１～５個までは正答するだろう。その後，正答者数は減少し始め，10～14個では急激に減少する。あなたのグラフは完全ではないかもしれないが，そのような傾向は明確に現われるだろう。

不規則配置のグラフを完成させたら，グラフを解釈するように学生に求める。多くの人が間違え始めるポイントを見つけ，これを人の情報処理容量を示す「魔法の数７」と関係づける。

点が規則的に配列された場合には，正答数は常により高い。受講生に，規則的に配列された９個，10個，12個の点への正答数と，不規則に配列された９個，10個，12個の点への正答数の比較を求める。なぜ結果がそうなるのかについての意見を求める。情報が規則的に組織化された場合の容量の劇的な増加を説明するためにチャンク化の概念を紹介する。

デモンストレーションの主要な結果を議論した後に，学生に実験デザインの観点からこの課題を検討させることにより，アクティビティを拡張できる。デモンストレーションのために学生に，独立変数（２つある：点の総数と，不規則か規則的かという配列のタイプ）と従属変数（正答者の数）を指摘させる。このアクティビティによって示された独立変数と従属変数の関係を誰かに説明させる（点の数が増加するにつれて正答者の数が減少する。しかし，点が規則的に配列されている場合には正答者数はより多い）。

変数に関する議論を続け，次に結果に影響するかもしれない，統制されていない変数を同定するように求める。これらは刺激項目からの距離，見ている角度，あなたがそれを見せているときの刺激項目の揺れ，提示時間のわずかな変動等々のような事柄かもしれない。これらの変数をどのように統制するかについての意見を求め，心理学の実験機器について説明する。例えばタキストスコープはそのような変数の高度な統制を可能にするよう作られたものである。

また，とても多くの個人の反応数（参加者数の17倍）がただ1つのグラフによって要約されることを指摘することもできる。また，規則的配列の点と最後のグラフの類似性も指摘するかもしれない。いずれも情報の個別の要素を組織化（チャンク化）する視覚的な方法である。またグラフによるデータの視覚的な表示と表を用いたデータの数値による表示を区別できる。両方共にデータを扱いやすく理解しやすくする価値のある方法であることを指摘し，それぞれの例を授業で使っている教科書の中から示すとよい。

最後に，日常生活場面では視覚的情報を規則的な配列へとチャンク化することが重要であることを論議することによって，論議をさらに発展させたいと思うかもしれない。これらには職業（例えば航空管制官や音楽家），スポーツ（たとえばサッカーやバスケットボール），ボードゲーム（たとえばチェス），いくつかのテレビゲーム，または日常生活の活動（たとえば広い駐車場の中で自分の車を見つける，スーパーマーケットで品物を見つける）などがあるだろう。視覚的チャンク化を報告するいくつかの研究例は，引用・参考文献の中に示されている。

附録 30.1 ：刺激項目

項目番号	点の数	配置
1	4	不規則
2	12	不規則
3	2	不規則
4	10	不規則
5	9	不規則
6	1	不規則
7	10	規則的（5 個 2 列）
8	13	不規則
9	7	不規則
10	12	規則的（3 個 4 列）
11	8	不規則
12	3	不規則
13	14	不規則
14	6	不規則
15	9	規則的（3 個 3 列）
16	5	不規則
17	11	不規則

31. 再生を促す意味処理

James J. Jenkins：University of South Florida

このアクティビティは，ほとんど準備が不要で，学習，記憶，認知に関する重要な成果をデモンストレーションする。実験は心理学入門や研究法の授業に適している。授業時間内の15-20分でできる授業内アクティビティであり，すべての学生が参加できる。どんな規模の授業でも行なうことができる。加えて，符号検定や*t*検定のような単純なノンパラメトリックとパラメトリック統計を説明するのに使える実際のデータをすぐに生み出す。

□コンセプト

この簡単な実験は，単語の意味処理を含まない課題が再生に効果的ではないのに対して，意味処理を含む課題は単語の再生に役立つことを示す。アクティビティは，研究法としての再生法を説明し，人が単語を聞いた時言葉に対して行なったことに，記憶がどのように依存するのかを示す。そして各参加者が自分自身を統制群として用いる実験について説明する。

□必要な材料

それぞれにどのような点でも明白な関連性のない20の普通名詞，そのいくつかは1音節，いくつかは2音節以上，のリストを作る。（リストの例を，附録31.1に示す。）それぞれの名詞を3×5サイズのカードに書く。10枚のカードには，単語の後にAの文字を書き，残りのカードにはBの文字を書く。カードをよく切って，AとBがよく混ざるようにしておく。各学生には紙とペンが必要である。これで準備完了である。

□実施法

学生に紙を一枚配り，1から20までの番号を記入させる。学生には，後で再生するようにいわれる単語のリストを聞かせるが，最初に2つの判断で各単語を評価して貰いたいと説明する。各単語の後についている文字が彼らに下して欲しい判断を表わしている。単語の後にAがついていたら，その単語がいくつの音節から成っているか記入して欲しい。単語の後にBがついていたら，その単語が「快（pleasant）：P」と考えるか「不快（unpleasant）：U」と考えるかを記入して欲しい。この情報を忘れないよう，スクリーンか黒板に提示しておく。

あなたは，約4秒ごとに1単語の速度で，単語のリストを読み上げる。例えば「机（小休止），B（自分で1.2.3.4と数える），海（小休止），A…」全体を読み上げ終わったら，学生に用紙を裏返しにさせる。この時点で，再生や記憶の重要性について2.3点述べる。（この目的は少しの遅延時間を作ることである。）次に，以下のように言う。「今聞いた単語をすべて再生してみてください。思い出せる順番で構いません。ページの左端に単語を上から書いていってください。さぁはじめ！」3～4分で学生は再生できた単語をすべて書くだろう。

学生に自分の回答を採点させる。Aカードを選び出し，描かれている単語を受講生に読み上げる。学生は自分が「Aの単語」を何個再生できたのか合計する。次にスクリーンか黒板の上で度数分布表を作る。単語10個再生できた人は何人いるか，9個再生した人，8個再生した人…と尋ねていく。次に同様にB単語についても採点させる。そしてAの度数分布の右側に，Bの度数分布を作る。何人かの学生は10個のうち8か9個を再生できるだろう。音節を数えた単語の平均に比べ，快-不快を判断した単語の平均は2倍になるだろう。

参加者を自分自身の統制群として用いることをデモンストレーションするために，Bの単語よりAの単語をより多く再生した学生の人数と，Aの単語よりBの単語をより多く再生した学生の人数を明らかにする．しばしば，最初のグループに入る学生はおらず，全員が第2のグループに入るだろう。

□考察

受講生に，この実験はどのように一般化できるか尋ねてみよう。他のどのような課題がこのように作用するのだろうか？　思い出すのに良い課題はどんなものなのだろう。またどんな課題は貧弱な遂行にするのだろう？　単語の意味について考えることを求める課題は一般的に再生がよい。ここで筆者が使用してきた他の課題を紹介しよう。「その単語は重要か重要でないか？」「名詞に適切な形容詞が使われているか？」「それは無人島で快か不快か？」一般に単語の形式に注意が向けられる課題は，再生への準備が乏しくなる。「単語は綴りにeが含まれるか？」「文字数は何個か？」「韻を踏む単語をあげよ」もし，あなたがより多くのリストを準備できれば，学生のアイデアをすぐにテストすることも容易である。最後に，いかに勉強したらよいかについて，今回の実験から何か示唆が得られたかを尋ねてみよう！

□理論的背景

この種の実験，特にハイドとジェンキンス（Hyde & Jenkins, 1969）の実験は，クレイクとロックハート（Craik & Lockhart, 1972）の人間の記憶における「処理水準」モデルを導き出した。クレイクとロックハートの論文は，次に記憶の処理モデルに対する新しい関心を引き起こした。人間の記憶の処理水準に関する会議においては（Cermak & Craik, 1979），「水準」が本当に意味することについて，多くの不一致があった。ジェンキンス（Jenkins, 1979）は元の学習課題に含まれる処理の種類と基準となる記憶の測度（再生，再認，手がかり再生など）で求められる処理の種類の間に交互作用があることを強調した．この研究の流れの歴史の説明と最近の理論における重要さの説明は，ローディガー，ギャロとジェラッシ（Roediger, Gallo, Geraci, 2002）に示されている。

附録 31.1：単語リストの例

本（Book）	A
鷲（Eagle）	B
家（House）	B
机（Table）	A
王（King）	A
ガラス（Glasses）	B
木（Tree）	B
スプーン（Spoon）	A
絨毯（Rug）	B
高速道路（Highway）	A
川（River）	B
靴（Shoe）	B
芝（Lawn）	A
ボタン（Button）	A
子猫（Kitten）	B
女性（Women）	A
こしょう（Pepper）	B
ランプ（Lamp）	B
トラブル（Trouble）	A
手（Hand）	A

32. 長期記憶の意味論的内容

George M. Diekhoff：Midwestern State University

このアクティビティは，長期記憶に保存されているものはメッセージの意味性であって，メッセージ一語一句そのままではないことをデモンストレーションするものである。学生は，長期記憶からの情報の検索がかなりの量の作話を含めた再構築過程であることがわかるだろう。つまり，その過程が実際に経験したことではなく，経験されたに違いないことを再生するのである。このアクティビティはどのような規模の心理学入門の授業はもとより，上級の知覚心理学や認知心理学の授業にも有効である。授業時間中の15分を使い，全受講生が参加する授業内アクティビティである。

□コンセプト

短期記憶として保持された項目の再生エラーは比較的少ないのだが，エラーの多くは正答した項目と音が似ているものである。例えば，ヒキガエル（Toad），壁（Wall），本（Book），空（Sky）というリストが与えられて，短期記憶再生の実験協力者はヒキガエル（Toad），ボール（Ball），本（Book），空（Sky）と再生するかもしれない。間違って再生された項目であるボール（Ball）は，正答である壁（Wall）と音が似ている。しかし，意味の上からは関係がない。このことは，記憶課題の材料が音の形式で短期記憶に保持されている証拠であると思われる。それとは対照的に，長期記憶からの再生のエラーは，正答項目と意味が似ているために生じる。同じ課題リストが与えられた場合，実験協力者はカエル（Frog），壁（Wall），本（Book），空（Sky）と再生するかもしれない。間違って再生された項目，カエル（Frog）は音の上では正答のヒキガエル（Toad）とは似ていないが，意味は関係がある。このアクティビティでは，長期記憶においては，その意味を伝えるのに利用される表層構造（すなわち，特殊な単語とか物理的刺激特性）よりはむしろ，メッセージの深層構造（すなわち，意味）を保持する傾向にあることをデモンストレーションすることになる。

□実施法

授業のはじめに，ノーベル賞作家であるドリス・レッシング（Doris Lessing）の『なんといったって猫（*Particularly Cat*）』★1（1967）から以下の下りを学生に読み聞かせる。

> 庭の片隅にある大きなシカモアイチジクに，毎年1羽のツグミが巣を作る。そしてこれも毎年，雛が孵って巣立ちの初飛行を試みると，下で待つ猫の餌食となる。母鳥なのか父鳥なのかすぐに追いかけて来るが，こいつも捕まる。捕らえられた鳥の怯えたチーチー，ギャーギャーいう鳴き声がやかましく家中にこだまする。灰色の猫がその鳥を家の中に運び入れるが，まるでその腕前を褒めてもらいたいためだけのようで，その雌猫はじゃれたり，押さえつけたり，優雅にやっている。黒猫は階段に腹ばいになり，それをじっと見ている。灰色猫がそいつを捕らえてから3時間経ち，4時間経ち5時間経つと，そいつは死んでいるか瀕死の状態だ。そこで，今度は黒猫がそいつを取り上げて，灰色猫の真似をするように放り投げたり，転がしたりする。毎夏，私は灰色猫から鳥たちを救い出す。そうすると，灰色猫は興奮し，耳を後ろに引いて，怒り出す。鳥を家に運び入れるときのその雌猫は自慢げに見えるのである。(p. 81)

授業の終わりに，学生に『なんといったって*猫*』の一節についてのクイズ（附録32.1）を配布するか，単に学生にクイズを読みあげ，挙手で答えさせる。クイズは原文が含まれている3つと（2，9，10)，意味が異なる3つ（4，6，12)，原文の意味を含んではいるが文構造の異なるもの3つ（1，5，8)，そして原文にはまったく含まれていないが，内容をほのめかすもの3つ（3，7，11）である。学生はクイズの問題の各文について，その文が一節にあったものとまったく同じであったかどうか（オリジナル文)，あるいは一節の文とどこかが異なるかどうか（新しい文）を判断することが求められる。

下のような表を用いて，上記4つの形のそれぞれの問題文についてオリジナル文か，新しい文かどうかの回答学生数をまとめる。表中のアステリスクは，あなたの結果が，典型的にみられる結果（Bransford, Barclay, & Franks, 1972; Sachs, 1967）と一致しているならば，最も高い頻度を示すであろうと考えられるセルを示す。学生は自分たちが文構造が異なるものや1節の中の他の文によって単にほのめかされただけのものを，自分達がいかに頻繁に「オリジナル」と思うかに驚かされるだろう。意味の上で実際に変化した文だけが「新しい」文として容易に注意される。

反応 文の形	オリジナル文	新しい文
オリジナル文（2, 9, 10）	*	
意味が変化した文（4, 6, 12）		*
文構造が変化した文（1, 5, 8）	*	
内容を仄めかす文（3, 7, 11）	*	

□考察

文構造が変化した文が新しい文として認められにくいという事実は，その文の表層的な特質とは異なり，文の意味というものが長期記憶として保持されていることを示していることになる。また，学生たちが仄めかした文章を「新しい文」と見なすことが難しいのは，長期記憶の検索過程がもつ再構成という性質を示している。すなわち，我々が実際にどうであったかというよりも，「こうであったに違いない」ということを想起する傾向にあるということである。

以下のような疑問点について，その一部でもそのすべてでも，学生とディスカッションしたくなるだろう。意味に対する記憶を維持しながら，表層的特性を忘れてしまうという傾向には,どんな有利な点があるのだろうか？　考えうる不利な点は何だろうか？　人間の記憶におけるこのような事実が，大学という教育環境にある学生にどのような影響を及ぼしているのだろうか？　この事実が，法廷における目撃者証言の正確さにどのようなインパクトをもつのだろうか？　事実を仄めかすことを実際に起こったことと混同するという傾向は，時間的に遠い出来事（例えば，子どものころの出来事の再生）を思い出すときの正確さについて何を示唆するのだろうか？

★1原注：『なんといったって猫（*Particularly Cat*）』★2（著作権　1967年ドリス・レッシング［Doris Lessing］）のこの部分の引用は，ドリス・レッシングの代理であるJonathan Clowes, Ltd., Londonの許諾による。

★2訳注：ドリス・レッシング（深町 眞理子訳）（1987）なんといったって猫　晶文社

附録 32.1 :『なんといったって猫』についてのクイズ

指示:ドリス・レッシングの『なんといったって猫』のくだりの原文にあったと思われる文章が以下にあれば,その頭の数字の前にチェックを入れて示しなさい。

1. 毎年,ツグミたちは庭の片隅にある大きなシカモアイチジクにそれぞれの巣を作る。
2. 毎年,雛が孵って巣立ちの初飛行を試みると,下で待つネコの餌食となる。
3. 毎年,灰色の猫はシカモアイチジクの下で待っている。
4. 捕らえられた鳥の怯えたチーチー,ギャーギャーいう鳴き声がやかましく家中にこだまするこどももはやない。
5. 階段に腹ばいになりながら,黒猫はじっと見ている。
6. 母鳥なのか父鳥なのか,すぐに追いかけて来るが,こいつらは捕まらない。
7. 黒猫はじっと見ながら自分の番を待っている。
8. 灰色猫がそいつを捕らえてから3時間経ち,4時間経ち5時間経つと,そいつは死んでいるか瀕死の状態だ。そこで,今度は黒猫がそいつを取り上げて,放り投げたりして,灰色猫の真似をする。
9. そうすると,灰色猫は興奮し,耳を後ろに引いて,怒り出す。
10. 灰色の猫がその鳥を家の中に運び入れるが,まるでその腕前を褒めてもらいたいだけのためのようで,その雌猫はじゃれたり,押さえつけたり,優雅にやっている。
11. 灰色猫はわかっていない。というか,全然わかっていないのである。
12. 鳥を家に運び入れるときのその雌猫は恥ずかしげに見えるのである。

■第6章　思考，問題解決，言語

思考，問題解決，言語は認知過程というテーマに入れられるが，そこにはまた，今までの章で取りあげられた知覚，学習，記憶も含まれる。本章では，クリティカルシンキング，選択的注意，機能的固着を含む問題解決への妨害，言語への期待効果が示される。

アクティビティ33は，神話（例：我々は10％しか脳を使っていない）や都市伝説（例：B.F.スキナーは娘を箱で育て，娘は後に彼を裁判に訴えた）に関する一連のクリティカルシンキングのエクササイズを行なうために，4つの知ることの源（直感，権威に頼る，合理的判断，実証）を用いる。このアクティビティの目標の1つは，学生が心理学を科学であると理解することである。

アクティビティ34は構えあるいは時に**心的構え**とよばれることを扱う。学生は文章を読み，そこから何らかの情報を再生するよう期待される。しかし，何を彼らは再生すべきなのだろう？　このアクティビティは選択的注意が情報処理にどう影響するか。すなわち，ある情報を後の検索に利用できるようにすると，他の情報の喪失を引き起こすことを示す。

アクティビティ35では，今まで長時間のレコード演奏を見たことのない学生に，音楽が聴けるようレコードで音を出すよう求める。しかし，彼らは与えられた材料，つまりひと綴りの紙，マーカーペン，輪ゴム，ペーパークリップ，裁縫キット，セロテープ等でいかにそれができるようになるのか？　このグループエクササイズは，問題解決と関連した機能的固着を含むいくつかの問題を説明する。

知覚は我々の期待により影響される。これがアクティビティ36のポイントである。我々は世界をこうした期待と合っているもののように知覚する傾向がある。アクティビティ36はこの点を言語の知覚から説明する。ここでは，綴り，文法，意味について学習された規則がどのように言語期待の基礎を与えているかを示す。期待が言語の知覚に与える影響に関する2つのデモンストレーションが与えられる。

33. クリティカルシンキング改善のための都市伝説の利用

Alva Hughes：Randolph-Macon College

クリティカルシンキングには，我々が出会う情報の真実らしさをどう決定するかを査定するということが含まれている。本アクティビティは学生が都市伝説を評価する際に，それが真実かどうかを決める方法を批判的に考えるよう促すものである。また文化によって，その方法への価値が異なることの論議も引き出せる。これは全学生が参加する授業外アクティビティで，どのような規模の授業でも行なえる。心理学入門，認知心理学，心理学研究法の授業に適している。

□コンセプト

真実を査定する方法には多様なものがあるが，通常4つの基本的な方法が研究法の教科書で述べられている。すなわち，直感，権威者の意見，合理主義，経験主義である（例：Graziano & Raulin, 2006）。心理学入門の教科書では，より焦点化して直感と経験主義を対比させることが一般的である（例：Myers, 2007）。本アクティビティはどのような教科書で論じられている方法にも合わせることができる。真実かどうかを決めるために直感を使う時，我々は非合理で無意識的な能力の使用に頼る。真実かどうかを決めるために権威を使う場合，我々は他人の知識や専門技能に頼る（これはピアレヴューされた科学専門ジャーナルの中の知識と，多数のインターネットサイトから得た知識の違いについて話す良い機会となる）。真実かどうかを決めるために合理主義を使う場合，我々は論理規則ないし道理に頼る。最後に，真実かどうかを決めるために経験主義を使う際に，我々は客観的な観察可能な手法に頼る。

知識の検証方法についての情報は，伝統的な講義形式によって伝えることができたが，クリティカルシンキングは，受動的なスキルではなく能動的なスキルである。学生にクリティカルシンキングを使うことを教える最も効果的な方法は，知識検証の4つの方法をそれぞれ実際に使ってみることである。以下の宿題は学生が，都市伝説として語られている一連の主張を評価することで，知識検証の4つの方法を練習させるものである。都市伝説とは，話し手が真実であると信じているストーリーである。ストーリーの中の出来事は，友達の友達に起こったことであったり，メディアで報道されたことであったり，語り手から一段階ないし2段階離れた誰かが聞いたことであったりする（Brunvand, 1981）。ストーリーはやたら詳細であったり，しばしば教訓を含んでいたりする。学生は，その主張が妥当か，それとも都市伝説であるかを決めるために知識の検証方法を用いる。表33-1にリストした主張はSnopes. comからとられたもので，このサイトは噂や都市伝説を研究している。都市伝説のコレクション（例：Brunvand, 1981, 2001, 2002），トークショー，あるいはタブロイド新聞からも，別の例を選択できるだろう。

□必要な材料

1．知識検証の４つの方法の定義

2．都市伝説ないしその他の主張。表33-1はSnopes（http://www.snopes.com）で見つけた都市伝説の例を示したものである。陳述のいくつかは，真実である必要がある。それによって，学生は主張がすべて誤りであると推測できなくなろう。

表33-1　評価される主張

1．我々は脳を10％しか使っていない。
2．ビニールの弁当箱は安全でないレベルの鉛を含んでいる。
3．心理学者 B. F. スキナーの娘はスキナーボックスで育てられたことがトラウマになり，後に父親を裁判で訴えた。
4．覚せい剤の売人は味のついたクリスタル・メタンファタミンをストロベリークイック（粉末ジュースの商品名）と呼ぶ。
5．バナナは10年以内に絶滅する。
6．アメリカ合衆国で流通している20ドル札の45％にはコカインで汚染されている。
7．腺ペストはまだアメリカ合衆国の西部には残っているが，流行の原因にはならない。
8．レーズンは犬には急性腎不全の原因となる。
9．アメリカ人のサンタクロースのステレオタイプのイメージはコカコーラの宣伝キャンペーンに由来する。
10．LSDが混じった転写シールの入れ墨は子どもをドラッグの虜（とりこ）にするために使われる。

□実施法

知識検証の４つの方法に関する20分の講義を行なう。講義に続き，学生を２人ずつのグループに分ける（大規模なクラスの場合，より大きな人数のグループにしても良い）。各グループに都市伝説の記述を配り，知識検証の４つの方法をそれぞれ用いて伝説の真実性を見つけるように求める。学生には，いくつかの伝説は倫理的ないし実際的な問題で経験的検証を行なうことができないことを伝える。これら実際に検証できない伝説に割り当てられた学生には，その主張の適切性を検証できる実験を述べるよう求める。この宿題を完成するのに1週間与えなさい。

□考察

受講生は主張の検証における経験主義の有効性を話し合うことができる。そのディスカッションには，科学が4つすべての知識検証方法を用いていることを入れることができる。科学者として，我々は仮説を生成するのに直感を用い，しばしば既存の研究結果のレヴューを踏まえることで権威を用い，実験をデザインしたり結果を解釈する際に，論理や経験主義を用いる。ディスカッションにはまた経験主義や権威に価値をおくことには文化による違いがあることを入れることもできる。伝統的社会ではしばしば権威がより強調され，一方テクノロジー社会ではしばしば経験主義が強調され，科学の基礎である論理，直感，権威が無視される。最後に，そのディスカッションの中では，日常生活で出会う情報の適切性を検証する道具を，学生たちが今やもっていることを伝えることができる。この宿題によって，学生はなぜ心理学が科学なのかを理解する。また心理学の方法が日常生活と関連していることを理解するようにもなる。

34. 構えと情報処理

Michael Wertheimer：University of Colorado at Boulder

この単純な授業内アクティビティは，選択的注意がどのように情報の処理に影響しているかをデモンストレーションする。これは，心理学入門，知覚心理学，認知心理学の授業に適しており，どのような規模の授業でも使用できる。すべての学生が参加する機会をもてる。このアクティビティのためにおよそ15分を要するが，もっと長引いてしばしば活発なディスカッションを生む可能性がある。

□コンセプト

ヒトは膨大な量の情報を供給する環境の中で暮らしている。認知プロセスは通常，この入力のある一部を選択し，それ以外の部分を無視するようになっている。我々が注意を向けようと選択することは，しばしば構えとよばれる。通常，情報入力のうちの，我々の構えと一致する側面だけが処理される。無視された部分は，通常，更なる処理がなされないままとなる。

□必要な材料

各学生は用紙一枚と筆記用具を必要とする。受講生に向かって声を出して読み上げる，一連の数字を含んだ物語を必要とする。使用される特定の数字は，あなたの思う通りでよい（エクササイズを現実的なものとし，学生がわりと容易に暗算できるように，数字はかなり小さな，容易に処理できるものにすべきであるけれども）。ここでは，物語の例を記す。

> あなたは旅客列車の機関士であると想像してください。最初の駅で，乗客20名が乗りました。次の駅で，乗客5名が降り，15名が乗りました。その次の駅で，乗客10名が降り，12名が乗りました。その次の駅で，7名が降り，10名が乗りました。その次の駅で，乗客50名が降り，5名が乗りました。その次の駅で乗客8名が降り，3名が乗りました。

□実施法

文の間と，それぞれの数字の語句の後に休止を入れながら，受講生に向かってゆっくりと物語を読み上げなさい。(それぞれの数字の語句の後の休止は，学生が暗算するのを可能にするだけでなく，学生が暗算しなければならないのだと思うようにさせるのを助ける。) あなたが物語を読み終えた後，学生に用紙に1～5の数字を縦に書くよう求めなさい。その後，各1～5の数字に続けて，以下の5つの質問の答えとなる数字を書くよう，学生に求めなさい。

第1問:「列車の機関士は何歳ですか？」。第2問:「駅はいくつありましたか？」。第3問:「列車に何人の乗客が残っていますか？」。第4問:「最初の駅から数えて，結局全体で何人の乗客が降りましたか？」。第5問:「その路線で列車に乗ってきた乗客は，結局のところ全体で何人ですか？」。あなたがそれぞれの質問のディスカッションを始める前に，学生が5つすべての質問に答えたことを確認しなさい。

□考察

参加者がこのデモンストレーションと出会ったことがなければ (ひょっとすると，少なくとも数名の参加者には知られているかもしれない－これが，前もって知っていることのなさそうな質問を最後に2つ含めている理由の1つである)，彼らの多くは第1問によって愕然とさせられ，この物語の世界で供給された情報は機関士の年齢についてのいかなる手がかりも与えていないことを不思議に思い，困ったという反応をするだろう。あなたが受講生に物語の最初の文「あなたは旅客列車の機関士であると想像してください。」を思い出させると，多くの学生はうめくか，あるいはそれは見抜いていたといったサインを示すだろう。もし聞き手が列車の機関士であるなら，もちろん，答えはその聞き手自身の年齢である。与えられた情報の最初の処理の中で，聞き手は列車の機関士であると考えるという事実は取るに足らないものとして扱われ，そのため，多くの学生の記憶に残らなかったのである。

第2問への回答に関して，このエクササイズを初めて行なった参加者の多くは，列車の乗客数の変化を追いかけるのに忙しく，いくつの駅があったのかを心に留めるのに失敗してしまう。第3問は，列車の乗客数の変化を追いかけていた学生には正答されるかもしれないが，この課題の中身を知っていて，駅の数を保持しようとして，乗客数を保持しなかった学生には間違われる傾向がある。

第4問と第5問は，学生がこのエクササイズのトリックの本質に気づいたかどうかにかかわらず，すべての質問に正答するのに必要とされる認知的な処理を行なう可能性がきわめて低いことを指摘するためのものである－課題と関連しそうな数量の変化を追いかけていた人にとっては簡単に答えられる，完全に妥当な質問であるけれども。

あなたはこれがすべて終わった後で，全部の物語を再び読み上げたいと思うかもしれない。そうすれば，学生がすべての質問に答えるのに必要とされる情報すべてを保持する試みができる。しかし紙と鉛筆を使わない限り，どんなに努力してもどの学生もそれをすることのできる学生はいないだろう。それぞれの駅の後での，4つの数字すべてを心の中に保持することは，ほとんど不可能なのである。注意に関する最新の認知モデルは，我々が入力情報の保持や処理の限定的な能力しかもっていないことを明らかにしている。これらの量より１つか２つ以上を保持しようとすることは，情報の過剰負荷をもたらす。ヒトの認知システムは，支援なしにこれを行なうことはできない。もちろん，このデモンストレーションのポイントは，我々がすべての入力に対し選択的に注意を向け，処理ができるように，多くの入力の内のただ１つか数個のみを処理しているということである。

35. 問題解決における機能的固着

Douglas A. Bernstein：University of South Florida
University of Southampton
Sandra Goss Lucas：University of Illinois

機能的固着は問題解決において最も興味深い障害物の１つである。機能的固着とは，新奇でよく知らない方法で問題解決を行なう際に，なじみのある物を使用することを思いつかないことである。この現象について教科書に出てくる最もよく知られた例としては，２本のヒモ課題（two-string problem）がある（腕を広げても同時には届かないほど離して吊されている２つのヒモの先端をたぐり寄せる課題で，片方のヒモの先端に振子としてはさみなどのなじみのある物をぶら下げることで解決する）。本アクティビティは，何年も前に放映されていたアメリカのテレビ番組“Mr. Wizard”において用いられた，上記とは別の機能的固着に関する課題を取り上げる。アクティビティは，心理学入門および認知心理学の授業に適している。この授業内アクティビティは，全受講生参加のエクササイズとしても，小グループごとに実施することもできる。学生が課題を解決するために10～15分，それとは別にディスカッションの時間がもう10～15分必要であろう。

□コンセプト

このデモンストレーションは，機能的固着（この用語は，ドイツの心理学者カール・ドゥンカー（Karl Duncker）によって1945年に名付けられた）や他の認知的習慣が，いかに問題解決の障害となりうるのかを学生に理解させることができる。このデモンストレーションはまた，問題解決に及ぼす先行知識，ストレス，集団過程，性役割ステレオタイプの影響を明らかにすることにもなる。

□必要な材料

裁縫キット，8.5インチ×11インチ（21.59cm×27.94cm）の紙のパッド，セロハンテープ，マーカーペン，破損しても構わない古いレコードからなる一式を用意する。学生の課題をより難しくするためには，この基本材料一式に，テニスボール，工具，リンゴ，クリップ，輪ゴムのなどのさまざまな多様性があっておもしろい物（しかし，この課題には不要な物）を加える。もしあなたが，小さなグループごとに，このアクティビティを実施することを計画しているのなら，グループごとに同じ材料が必要である（ただし，グループによって使うレコードは異なる曲のもので構わない）。

□実施法

学生に「これから行なう課題は，提示された材料だけを使用して，クラスの皆が聴くことのできる程度にレコードを鳴らすことである」と伝える。そして，トレーとして紙のパッドを使用することを確認して，使用する材料一式を学生にみせる。続いて，この課題を解決するための意見を募り，受講生に意見を出させる。学生からの意見（例えば，マーカーペンの先をレコードにテープでとめる，など）に従って試しに材料を扱ってみせる学生を１人指名してもよいし，あるいはこの役割をあなた自身がやっても良い。

もし，あなたがこれを小グループごとのプロジェクト学習にしたい場合，教示は同様であるが，その場合のあなたの役割は，各グループが材料一式を用いて課題に取り組んでいる間，進捗を観察しながら部屋を巡回することである。後のディスカッションを盛り上げるために，あなたは問題解決の障害物の特徴，性差に対する偏見，集団過程効果，そしてその他の現象の例を特別に書き留めておく必要がある。例えば，あなたは，男性がこの課題で主導権をとる傾向があることやレコードプレーヤーに豊富な知識と経験をもっているかもしれない年上の学生がこの課題で活躍することに気づくかもしれない。

また，問題解決におけるストレスの影響をデモンストレーションするには，問題解決の時間制限を短く設定するか，もっとよいのは最初に問題を解決したグループに報酬を与えるということで，受講生をいくつかのグループに分け競合させることである。

□考察

レコードを除いて，与えられた材料の物はいずれも通常，レコードを再生させる用途では用いない物なので，学生達が以下のような解決方法を考えるには時間がしばらくかかるかもしれない。解決方法は以下の通りである。パッドから１枚の紙を取り，１つの隅からそれを丸めて円錐を作る。そして，縁をテープでとめて，その円錐形を固定する。次に，裁縫キットから針を一本とりだし，先ほど作った円錐の細い方の外側，先端が円錐から2.54cmほど先に出るようテープでとめる。次に，マーカーペンのキャップを外し，しっかりとレコード板の穴にペンの先を押し込む（穴にぴったりのペンを選ぶこと）。平面に垂直にペンを立てて，ペンの胴体部を回すことによって，レコードは水平面で時計回りに回転させることができる。このようにレコードを回している間，親指と人差し指で紙の円錐の広い端の方をもち，回転するレコードの上の針を下ろす。（しばしば２人の人が協力する必要がある。つまり，１人がレコードを回転させ，もう１人が円錐を固定する。）その音質はハイファイでもステレオでもないが，皆が聞くことができるくらいの音にはなるだろう。もし，音が小さすぎる場合は，針に少し圧力を加える。

ほとんどの学生が，与えられている材料についての機能的固着を示すので，この課題を解決するのに苦労するだろう。例えば，彼らは裁縫セットを開けたり針を使用したりせず，裁縫セットのケース自体を使用するかもしれない。また，彼らは紙のパッドを単に材料を置くものとみなし，無視するかもしれない。

私たちは，男性がしばしば問題解決過程の主導権をとろうとすることに気づいた。もしある男性が「私は工学部です」などと発言すると，クラスの残りの学生は彼がほのめかす専門的な技術に従ってしまうだろう。ときには，男子学生が自らリーダーをかって出て，女性からの提案を無視することも出てくる。教師による，そのような集団過程や問題解決中のその他の側面の観察は，しばしばグループがどう機能するか，専門性の役割，領域関連知識の必要性（近年の学生はますますレコードそのものや，その音響増幅方法になじみがなくなってきている），そして不正確な問題解決に対しての固着についてのディスカッションを促す。

また，あなたは，問題解決のすべての提案の一連の記録をとることを，受講生から１人，または各グループで１人ずつ依頼することもできる。学生はこの記録のコピーを，彼らの問題解決方略や障害物と授業でのディスカッションやテキストに書かれている論述とを比較する短い宿題レポートの基礎資料として使える。また，学生は特に好奇心をそそられた特定のグループの問題解決の試みに関してコメントすることや，観察をすることを推奨される。ジェンダーステレオタイプや注意の狭窄のような問題についてのディスカッションはしばしばこの部分で行なわれる。

36. 言語知覚における期待の役割

George M.Diekhoff：Midwestern State University

このアクティビティは，文法と意味論の法則によって形成された期待が，私たちの書き言葉と話し言葉の知覚にどのように影響を及ぼすのか，また時にはその知覚をどのように歪めさえするのかを学生が知ることを助けるだろう。加えて，このアクティビティは，知覚におけるトップダウンまたは概念駆動型の情報処理に関する，広範囲にわたる概念を紹介することに役立つだろう。このアクティビティは心理学入門やより上級の知覚・認知心理学の，どのような規模の授業にも適している。これは，授業時間のうちの約10分を要し，すべての学生を対象とする授業内アクティビティである。

□コンセプト

知覚は，私たちの期待に影響され，私たちはこうした期待と一貫するように世界を知覚しようとする傾向があることは，一般的に正しい。このことは話し言葉や書き言葉の知覚において容易にデモンストレーションすることができる。スペル，文法，および意味論に関する学習された規則は，私たちの期待の基礎の多くを形成する。これらの規則は，私たちに，ある文字や単語のつながりを他のつながりよりも期待させる。また言語刺激の知覚の正確さと容易さは，私たちの期待に沿う度合いによって影響される（Miller & Isard, 1963）。以下のデモンストレーションは，言語の知覚に及ぼす期待の影響を説明し，トップダウン処理，概念駆動型処理，および知覚の主観性についての広範なディスカッションの準備となる。

□実施法

□□デモンストレーション１：書き言葉の知覚

以下の文章が書かれたボードまたはパワーポイントを用意する。

Flowers bloom
in the
the spring

（注意すること！　この刺激には“the”が２回でてくる）

まず，「とても簡潔で短い刺激を呈示する」ことを学生に伝える。次に刺激を3秒以内の間，呈示する。そして，”Flowers bloom in the spring.”に見えた人に手を上げてもらう。必ず，受講生の半数から3分の2が手を上げるだろう。その後，学生にもう一度刺激を呈示して，彼らの間違いを指摘する。

□□デモンストレーション2：話し言葉の知覚

文法的で意味がある文章（例えば，「犬は警戒しながら肩越しに見回し，次いでホットドッグにがつがつ食らいついた（The dog looked warily over its shoulder and then gobbled down the hot dog.)」，文法的であるが無意味な文章（例えば，「ドアは空を大声で食べたが，海には落とさなかっただろう（The door ate the sky loudly, but would not drop the ocean.)」，そして，文法に反していて無意味な文章（例えば，「ドア海すぐに空越しに落とす肩でもなく警戒してそして（Door ocean the quickly sky over drop shoulder the nor warily and.)」をいくつか用意する。

あなたがそれぞれの文章をゆっくり，ただし一度だけ読み上げることを学生に伝える。彼らの課題は，それぞれの文章を逐語的に読まれた通りに書き下ろすことである。用意した文章を学生にとって書き取るには少し速いが，文法的，意味的に文章を正確に書き取るのには十分にゆっくりした速度で読む。もう一度，文章を読み，各文章から正確に書き取られた単語数を数えさせることで，書き取りの正確さを採点させる。さらに，3つのタイプの文章の間で，正確に書き取られた単語の割合を比較する。正確さは，文法的で意味のある文章で最も高く，文法的で無意味な文章で低くなり，反文法的で無意味な文章で最も低くなるだろう。

□考察

ここで重要なことは，観察された効果は，一般的な原理の具体的な例であることを学生に説明することである。1番目のアクティビティでは，文法規則では同じ単語が二度続くことは禁止されているので，“Flowers bloom in the the spring”という文の2番目の“the”はしばしば知覚されないであろう。知覚は文法規則により引き起こされた期待に一致し，私たちは，私たちの目の前にあるものではなく，見ると期待しているものを見るのである。

2番目のアクティビティにおいては，文法的で意味のある文章の知覚は，最も正確である。なぜなら，こうした文章は文法的・意味論的いずれの規則を破っていないからである。私たちの期待は刺激と合っており，正確な知覚を導く。文法的であるが無意味な文章はそれほど正確に知覚されない。なぜなら，文法規則により形成された期待には反していないが，意味論から形成される期待には反しているからである。最後に，非文法的で無意味な文章は，最も不正確に知覚される。これらの文は，私たちの文法から形成される期待にも意味論から形成される期待にもすべて反しているからである。

より詳細な説明は，知覚における期待の効果の基にある理論的メカニズムにかかわる。ドナルド・ヘッブ（Donald Hebb）のセル・アセンブリ（cell assemblies：細胞集成体）と位相連鎖（phase sequences）の理論★（Allport, 1995; Hebb, 1949）は，期待は期待された刺激の知覚の基礎となる神経構造の部分的前活性化（preactivation）を導くという主張が含まれている。これら前活性化された構造は，次に完全活性（すなわち，知覚）をもたらすための付加的な刺激活性化をわずかしか必要としない。人のもつ期待（そして，その期待に対応した神経の前活性化のパターン）が，実際に遭遇する刺激と一致していないときは，正しい知覚の基礎となる神経構造を完全に活性化するために，より強い刺激の手助けが必要となる。

いくつかの非生理学的な解説も提案されてきている。ウルリック・ナイサー（Ulric Neisser）は，彼の統合による分析（Analysis by Synthesis）についての修正理論（Neisser, 1967, 1976）の中で，入力メッセージの予備的な分析が，次にどのような情報が来るかに関する一般的な仮説を生成させるように導くとき，言語知覚が起こると主張した。これらの期待は，次に何を汲み取るかを決定するために，その後の注意の過程を方向づける。私たちの期待に反する言語刺激は正確に知覚することが困難である。なぜなら，私たちの期待は，これら予期していなかった刺激とは一致しない方法で私たちの注意を方向づけるからである。

パターン認知の特徴分析理論で，ジェローム・ブルーナー（Jerome Bruner.1957）は，知覚は入力刺激の特徴分析の特徴リストへの変換に関与すると主張した。この特徴リストは長期記憶に移動する。長期記憶では，最も類似した貯蔵されている特徴リストと照合しながら検索が行なわれる。その貯蔵された特徴リストは，それが見つかったときに活性化され，再認が生じる。ブルーナーはまた，貯蔵された特徴リストはそれぞれアクセス容易性が異なっており，そのアクセス容易性は私たちの期待によってある程度決定されていると主張した。すなわち，私たちが見ることを予期している刺激に対する特徴リストはよりアクセスが容易であり，予期していない刺激に対する特徴リストはアクセス容易性が低い。文法，意味論，および他の要因によって作られた期待は，このような方法で貯蔵された特徴リストのアクセス容易性に影響を及ぼし，非文法的あるいは無意味な言語刺激をより知覚しにくくし，文法的で意味のある言語刺激の知覚をより容易にする。

より最近の認知構造に対するネットワークモデルは，認知構造を通して１つの概念ノードから別のノードへの活性伝播（spreading activation）の結果として，知覚における期待の影響を説明しようと試みている。使用される用語は変化したが，期待がどのように知覚を形成するかに関する基本的な考えは何年もの間，ほぼ一貫している。

ここで示したアクティビティは，言語の知覚における文法と意味によって形成された期待の影響を最も直接的に説明するが，あなたは他の方法で形成された期待によって形成された他の知覚について学生とディスカッションすることを望むかもしれない。

偏見はどのように対人知覚を形成するのだろうか？　実験結果に対する科学者の期待はどのようにデータに対する彼らの解釈に影響を及ぼしえるのだろうか？　テーマを知覚から記憶に移すと，例えば，目撃証言は，弁護士の質問で使われる言葉遣いにどのように影響されるのだろうか。

知覚に及ぼす期待の歪曲効果を検討することに加えて，この影響による潜在的利益について考えるよう学生に促すのもよい。期待は知覚をより正確で，かつ努力を要しないものにする。結局，私たちが遭遇する世界はほぼいつでも，私たちの期待に反することはなく，期待と一致している。

結論として，学生たちはこれらのアクティビティとその後のディスカッションを通して，私たちはものごとを「それは，そういうものである」からそのままに見ているというわけではないことに気づくであろう。むしろ，時に私たちは，「それが私たちのやり方である」がゆえに，ものごとをそのように見るのである。

★訳注：セル・アセンブリ（細胞集成体）とはニューロン間の機能的なシナプス結合に基づき形成されたニューロン集団をいう。発達初期の経験によって入力された感覚刺激作用（すなわち位相連鎖）により形成される。

■第7章　動機づけと情緒

本章では，動機づけと情動に関する大学生に特に身近ないくつかの問題についてのディスカッション・エクササイズが重視されている。これらアクティビティでは，学生の悩み調査でよくみられる，攻撃，性的指向性，不安といったテーマを取りあげる。

攻撃は動機づけや社会心理学の単元でよく扱われるトピックである。本書では，これを最初に取りあげた。アクティビティ37は授業内で行なう質問紙調査を基に行なわれるディスカッション・エクササイズである。この質問紙は，生き物を傷つけること 対 生き物でないものを傷つけること，偶然 対 意図，道具的攻撃 対 敵意的攻撃，実際の損害 対 物理的損害の無さ，自己防衛，受動的攻撃，娯楽のための殺戮等の主要な問題のほとんどを調査する。

アクティビティ38は，学生に性的志向性を定義することの難しさを示す少人数のグループによるディスカッション・エクササイズである。アクティビティでは，性的志向性の判定に重要と思われる，年齢，文脈，行動形式，情緒的愛着，性的な空想の内容などのいくつかの要因を明らかにする。

不安は学生生活の正常な要素である。学生は健康，外見，恋愛関係，社会的受容，お金，成績，卒業後の進路で悩む。アクティビティ39では35項目の「学生の悩み」質問紙を基に，これら彼らに身近な問題について授業内でディスカッションを行なう。

37. 攻撃性を定義する

Ludy T. Benjamin, Jr.：Texas A & M University

これは，攻撃性というトピックを探索し，また，攻撃性の心理学的な構成概念や操作的定義の性質についての洞察を与える（質問紙に基づく）ディスカッションアクティビティである。攻撃性が主題となる授業や心理学的構成概念の定義や測定を扱う授業で用いるのが適切である。心理学入門授業の動機づけと情動あるいは社会心理学の該当する単元の中で行なうのが，おそらく最も適している。典型的には30分から45分を要する。授業に出席しているすべての学生が参加するもので，大人数の授業でも少人数の授業でも，違いはあるにせよ使うことができる。

□コンセプト

このアクティビティは，攻撃性の定義と，それに関連した因果関係と統制の問題についてディスカッションを生み出すために作られた。学生は，攻撃性を定義することにかかわる多くの問題にさらされる。そして，彼らがそのような構成概念の複雑さ，すなわち，自分のクラスメイトと心理学者が攻撃性の意味するところについて一致しない理由を，理解する助けとなる。

攻撃性はほとんどすべての心理学入門の教科書で取り上げられているトピックである。攻撃性を動機づけと情動の章で論じている教科書もあれば，社会心理学の一部で触れている教科書もある。ほとんどの教科書では，人間の研究に関して述べているが，動物での攻撃性研究についての議論もよくみられる。暴力，怒り，欲求不満，主張性のような関連する概念もまた共通した話題である。

攻撃性が教科書で取り上げられるのはほぼ確実だが，その用語の定義はほとんど取り上げられていない。10冊の心理学入門の教科書の（私の本棚から選んだ）無作為でないサンプルの内，5冊では攻撃性の明確な定義が示されていたが，それ以外の教科書では，攻撃性の意味するところは一連の文章の中に埋め込まれていた。したがって，読者は辞書編集者のように自分で定義を読み取らねばならなかった。攻撃性という用語の複雑さを考慮するなら，それらの教科書の著者が特定の定義を採用するのを避けることを選んだのも驚くべきことではない。

このアクティビティにおいては，攻撃性が心理学における典型的な構成概念の例として使われる。それらの構成概念は，多くの微妙な意味と，微妙さとは逆の明確な不一致に満ちており，それが皆の合意による定義に到達するのを困難なものにしている（他の似たように困難な構成概念は，知能と自尊心である）。攻撃性は学生の鋭い興味をひく話題である。この主題に魅力があることの逸話的な証拠は，映画やテレビのテーマ，格闘技人気の伸び，暴力犯罪の報道に対して多くの人々が示す関心といった攻撃性の広まりから引き出すことができる。私がこれを書いているのは，ヴァージニア工科大で起きた32人の学生と教授が犠牲となった大量殺人からわずか1週後のことである。

ここで記述されるエクササイズは，心理学入門や攻撃性の話題を扱うすべての授業をはじめとする多くの授業の中で使うことができる。攻撃性について講義する前に，そして，学生が教科書でその主題が扱われている個所を読む前に使うべきである。このアクティビティは50人以下の授業が最適だが，データ報告の手続きを変えることにより，それより多人数の授業でも使える。ただし，大人数授業ではディスカッションは明らかに難しくなるだろう。アクティビティには50分ほどかかるが，より短くもより長くもできる。このエクササイズの中での教師の役割は，データのまとめ役（図表化）と討論の司会役である。例えば，200人以上のようなきわめて大人数の授業においては，攻撃性についての講義より前に，授業でデータを集めるのに質問紙を使うことができる。その場合，教師は授業で集めたデータをまとめた形で紹介する。

□必要な材料

授業に参加する各学生に1枚ずつ配るために，附録37.1に示す攻撃性質問紙の十分な部数が必要となる。

□実施法

授業のはじめに，各学生に番号のついた26個の文章があげられている攻撃性質問紙を配る。学生に以下のように教示する。「各文を読み，書かれている状況が攻撃性の1つであるかどうかを判断してください」反応を歪めないために，この教示の言い回しは重要である。“攻撃行為”または“攻撃的な行動”のようなフレーズを使うのは避けなさい。討論されるべき問題の1つは，攻撃性の生起に何らかの外顕的な行動が必要であるかどうかだからである。攻撃性を述べている各文の番号に丸をつけるように学生に言う。どのように回答すべきであるとか，多くの人はどのように回答するだろうと考えるのではなく，自分が信じるところにしたがって回答すべきであることを学生に伝えること。この要求は，質問紙は無記名とすることを伝えることにより強く順守されうる。実際のところ，このエクササイズで特定の人がどのように回答したのかを知る理由はない。もし，攻撃性の定義にあるかもしれない性差を見ることに興味があるなら，学生の性別を質問紙に書かせたいと思うだろう。そのような性差が得られるなら，ディスカッションへの興味は明らかに高まるだろう。

質問紙に完答するために，学生に5分ほど与えなさい。全員ではないかもしれないが，ほとんどの学生はその時間より前に回答を終えるだろう（実際には多くの学生が3分以内で回答を終えるだろう）。したがって，最後の人が終えたのと同時に先に進められるよう用意をしておく。質問紙を集め，混ぜ合わせ，学生にまた配りなさい。それによって，各学生は質問紙を1枚ずつ手にする。ほとんどの学生は自分自身の回答ではない質問紙を与えられるだろう。しかし，自分の質問紙が手元に戻ってくるかどうかは重要ではない。この方法により，学生は自分の回答した質問紙であるかどうかにかかわらず，回答を報告することができ，こうすることで，バツの悪さを感じなくてすむ。

各文の番号を読み上げ，自分がもっている質問紙でその項目番号に丸がつけられているなら手を上げるように学生に求め，黒板上にデータを記録しなさい。このエクササイズでは，どの文で全員の回答が一致したのかを知るために，正確な人数を知ることが重要である。例えば，34人の授業では，34点か0点の場合が完全な同意である。満場一致の得点はまれで，典型的には危害を加えようとする意図がないように見えるわずかな項目でのみ生じる。黒板へのデータ集計は，ふつうは5分間未満で手早く行なえるので，授業時間の大部分はディスカッションに用いることができる。授業が例えば50人以上のように大きい場合，授業外でデータを集計するために質問紙を集め，次の授業で集計してきたデータを使いなさい。

□考察

攻撃性がどのように定義されるかについて，学生に話し合いさせるために質問紙の結果を使う。多くの同意が集まった項目から始めて，クラスが均等にわかれた項目へと進めていく。26の文はとても多様であり，攻撃性に関するすべての範囲にわたる問題を含めようと意図されていることを指摘しなさい。生き物 対 生きていない物への危害（声明文9，23），偶然 対 意図的（8，21），道具的攻撃（26），実際の損害 対 身体的な損害のなさ（10，13，18），自己防衛（3，13，14），義務ないし仕事上の責任（3，4，19，20，22），捕食と本能行動（1，2，25），生存（1，6，16），人間以外の動物を含む行為（7，16，17，18），内潜的な行為（11，14），受動的攻撃や何もしないこと（12，15），自傷（24）そして，娯楽のための殺戮（17，25）。

ディスカッションの中で，関連する項目をグルーピングすることにより，それらの問題を学生が理解するのを助けなさい。例えば，文16と文17では興味深い比較ができる。後者の方がより頻繁に攻撃的だとみなされる。同様のパターンは文1と文25の間にもみられる。いずれのペアでも，学生は食べるために殺すことと娯楽のために殺すことを区別する。多くの学生が，食物を求める行為は正当化されると主張し，その行為を攻撃には分類しないだろう。それらの項目やそれ以外の多くの項目についてのディベートは，一般的に活発なものとなり，逆の視点が共有される。いくつかの問題で，別の視点が現われないようなら，あなたはわざと反論を言う役割を演じたくなるかもしれない。質問1に蠅ならどう答えるだろうかと尋ねなさい。

時間があれば，あるいは次の授業期間の別の講義の際に，あなたは心理学者たちによって提唱されてきた攻撃のいくつかの定義を提示することができる。以下の例を考えてみよう。

1.「反社会的行動の一形態。他の人ないし人々に向けられ，攻撃の受け手に害や傷をもたらすことを意図した行動」(Sternberg, 2004, p. A–24)。
2.「自分の種の他の成員に対して向けられる敵対的行為。通常身体的もしくは社会的な害を与えることまたは，敵意から対象者の行為を制限することを意図した行為」(Gleitman, Reisberg, & Gross, 2007, p. G–1)。
3.「他者に対して害をもたらすことを意図したすべての行動（実際の結果として害があろうとなかろうと）」(Zimbardo, Weber, & Johnson, 2003, p. 572)。
4.「害を加えられることを望んでいない他の生体に害を加えることを意図して行なわれる行動」(Kosslyn & Rosenberg, 2004, p. G–1)。
5.「他の人に害を加えることを狙った言語的なまたは身体的な行動」(Sdorow & Rickabaugh, 2002, p. 502)。
6.「他の人を（身体的にまたは言語的に）傷つけること，もしくはその所有物を破壊することを意図した行動」(Atkinson, Atkinson, & Hilgard, 1983, p. 321)。
7.「有害な刺激を他の有機体へと伝える反応」(Buss, 1961, p. 3)。

最初の6つの定義は意図を必要とするが，最後の定義は必要としない。定義1，5と6は，他の種については述べないことで，攻撃性を人間に対するものに限定する。定義6は唯一攻撃が所有物へと向けられうることを認識しており，それゆえにくずかごをけることやテニスラケットをたたきつけること（質問紙参照）は攻撃性と分類されるだろう。すべての定義が行動，行為，ないしは反応を述べているが，内的な活動が攻撃的となりうるのか否かに関してははっきりしない。定義5と6は，攻撃性が言語的な行動でありうることに特に言及している。定義4はマゾヒストを排除するだろう。定義3は，害を加えようという意図だけが求められることをはっきりさせる。すなわち，仮に害を与えられなくても，害を加えようという意図が存在したのであれば，やはり攻撃性となりうるということだ。これらの定義を学生に提供することは，学生が，自分たちと同じように心理学者たちも何が攻撃性を構成しているかあるいは構成していないのかについて同意することに何らかの困難さを抱えていることを理解するのを助ける。

私の授業の学生は，満足の点から，そして学習のエクササイズとしてこのアクティビティを一貫して高く評価してきた。書かれたコメントは，多くの学生が自分のクリティカルシンキングスキルを高めるためにこのアクティビティが役立ったと信じていることを示している。少数の学生はこのアクティビティのねらいを間違い，エクササイズが終わった後に攻撃性の“本当の”定義が話されることを望むが，その種の反応はきわめてまれである。

あなたはこのエクササイズをディスカッションの基礎として，あるいは攻撃性の原因についての講義として使うことができる。ディスカッションを引き出すための質問として以下のものがあげられる。攻撃は本能的なものか？　攻撃は，欲求不満，葛藤そして痛みといった条件に対する自然な反応なのか？　攻撃は学習されるのかあるいは生得的なものか？　コンラット・ローレンツ（Konrad Lorenz），小説家ウィリアム・ゴールディング（William Golding）（彼の作品『*蠅の王*』を採り上げながら），そしてB. F. スキナー（B. F. Skinner）の見方を対比しながら考えなさい。攻撃が学習されるのなら，どのような情報源が重要だろうか？　この最後の質問はメディア，特にテレビとビデオそれにコンピュータゲームの中での攻撃や，それらが視聴者の行動にどのような影響を与えるかについて議論する機会を与える（Anderson & Bushman, 2002参照，そして対立する見解として Freedman, 2002参照）。他の興味深い話題は，競技の中の攻撃，競争心 対 攻撃性，主張性 対 攻撃性，攻撃の肯定的な役割，暴力犯罪，偏見と攻撃の関連，攻撃のコントロール法である。

附録 37.1：質問紙

1．蜘蛛が蠅を食べる。
2． 2頭のオオカミが群れのリーダーの地位のために戦う。
3． 兵士が前線で敵を撃つ。
4．刑務所長が有罪判決を受けた犯罪者に死刑を執行する。
5．少年ギャングが別のギャンググループのメンバーたちを攻撃する。
6． 2人がパンのかけらをめぐって戦う。
7．ある人が悪意をもって猫をける。
8．窓を拭いていたある人が植木鉢をひっくり返し，落ちた植木鉢が通行人を傷つける。
9．少女がくずかごをける。
10. ブラッドリー氏は悪名高い陰口屋で，知っている多くの人をけなしてしゃべる。
11. 女性が，彼女が犯そうとしている殺人のリハーサルを心の中でする。
12. 怒った娘がわざと母親への手紙を書かない。母親は手紙を期待しているので，手紙が来ないと傷つくだろう。
13. 激怒した少年が，敵対者である体がより大きい少年に全力で傷害を与えようとするが，成功できない。彼の努力は単にそのより大きな少年を楽しませるだけである。
14. ある女性が敵対者に危害を加えることを夢見るが，そうする望みはない。
15. ある上院議員が，自分は道徳的に反対している爆撃のエスカレートに抗議しない。
16. 農場主がニワトリの首をはね，それを夕食に用意する。
17. 猟師が動物を殺し，記念品としてそれをはく製にする。
18. 犬が郵便配達人に対して唸るが噛まない。
19. 内科医がインフルエンザの注射を泣き叫んでいる子どもにする。
20. ボクサーが対戦者の鼻を血まみれにする。
21. ガールスカウトが年配の女性を支えようとするが，偶然彼女をつまずかせる。
22. 銀行強盗が逃走しようと背中を撃たれる。
23. テニス選手がボレーをミスした後にラケットをたたきつける。
24. ある人が自殺をする。
25. ネコがネズミを殺し，ネズミの周りを行進し，その後ネズミを捨てる。
26. 高校生が昼食のためにカフェテリアへと走っていてクラスメイトとぶつかり，彼女を倒してしまう。

Johnson (1972); Kaufman (1970); および Krech, Crutchfield, Livson, Wilson, and Parducci (1982) から採用。

38. 授業でのディスカッションを通した性的志向概念の探索

Mark G. Hartlaub：Texas A & M University — Corpus Christi

このアクティビティは，性的志向を定義することの難しさを学生が理解できるように，小グループ形式で行なわれる。いったんエクササイズを終えた後，学生は性的志向の定義にかかわるいくつかの要因をリストにし，短いディスカッションをする。この授業内アクティビティは，心理学入門，社会心理学や，人間の性に関する授業に適している。受講生全員参加型で，どんな規模の授業でも実施可能で，1コマの授業時間が必要である。

□コンセプト

一般的に心理学者は，性的志向を定義することがいかに難しいかを理解しているものだが，学生はそうでない場合が多い。このアクティビティを行なうことで，学生に性的志向の概念を紹介するとともに性的志向の測定や定義からはじめ，性的志向のさまざまな側面についてのディスカッションへと深めることができるだろう（Sell, 1997参照）。性的志向が原則として2つに分類されているキンゼイ（Kinsey）による連続体モデル（continuum model）（Kinsey, Pomeroy, & Martin, 1948）とそれ以外の性的志向が4つに分類されているストーム（Storms, 1980）などによる，より複雑なモデルとが比較される。

またこのアクティビティによって学生は，心理学者が「同性愛者と異性愛者はそれぞれどれくらいいるのか」といった質問に対して，なぜ明確に答えられないのかを理解することができるだろう。人間の性に関するある有名な教科書では，男性の約93.8％が完全な異性愛者であり，約2.4％が完全な同性愛者である一方で，女性の約95.6％が完全な異性愛者であり，約1％未満が完全な同性愛者であると記述されている—残りの人々は，どの定義を用いるかによって変わってくる（Hyde & DeLamater, 2006で引用されている，Laumann, Gagnon, Michael, & Michaels, 1994のデータより）。学生は，性的志向にグレーゾーンがあると聞くと驚くことが多い。

このアクティビティは，学生が小グループや全員でのディスカッションを通して，年齢，行動形式，情緒的愛着，性的な空想の内容，与えられた文脈的状況といった，性的志向を定義するのに重要だと考えられる要因を探索できるようデザインされている。

□必要な材料

もし授業が比較的小規模であれば，このエクササイズを小グループに分けて実施できる。その場合，あなたはさまざまな人物についての短い記述がリストアップされているグループ・ワークシートを，何枚か用意しておく必要があるだろう。一方，もし授業が75人以上の大規模なものである場合は，パワーポイントを使用して人物についての記述をクラス全体に見せ，学生は1人で，または近くの学生といっしょに作業をすることになる。私が使用したことのあるリストの簡略版を附録38.1に示すが，教師は，性的志向の定義の難しさを伝える短いシナリオを自分で作成することができる。

□実施法

アクティビティの最初に，学生に前もって課題を説明する。もし小グループで作業ができる場合は，学生に机を移動させてグループをつくるように促す。4人か5人によるグループができたら，グループのリーダーを選ばせるか，あなたが誰か1人を選ぶ。各グループのリーダーに，グループ・メンバーの氏名記入欄のあるワークシートを配布する（附録38.1参照）。大規模な授業で実施する場合は，パワーポイントでシナリオを投影し，学生にペアで，もしくは1人で，それぞれの記述について考え，回答を記述するという作業をさせる。

学生グループには，約10分から15分の作業時間を与える。各グループのリーダーは，仮定の人物それぞれについての短い記述をほかのグループ・メンバーに紹介する。メンバーは，その人物が「**確実に同性愛者である**」から「**確実に異性愛者である**」までの7段階評定の上でどれにあてはまるか，またその理由は何か，ということについて，グループ全体としての意見をまとめる。この尺度はキンゼイが用いた7段階評定を模している（Kinsey et al., 1948）。いったんメンバーで各個人についてディスカッションしたら，**同性愛者**と**異性愛者**という用語を定義してみる。私は，「難しいとは思うが，君たちの定義が，今ディスカッションしていた各個人に対して行なった判断と一貫性をもつようにすべきだ」と強調するようにしている（いうまでもなく，大規模授業ではこの作業を個人で行なう）。

すべてのグループが作業を終える，もしくは終えそうになったら，椅子を元の位置に戻し，全受講生によるディスカッションを始められる。原則的に，配布資料の短い記述について，記載順に話し合う。グループ・リーダーに，自分のグループの意見をクラス全体に伝えるよう教示する。もし学生が個人で作業を行なった場合は，有志の学生に自分の評定を発表するよう求める。彼らが評定について答えたら（例：「『**確実に異性愛者である**』より1つ左です」），そのたびに「どうして？」とその理由を尋ねる。グループによって指摘された重要なコメントや要因は，クラス全体が見えるように黒板，OHP，あるいはパワーポイント上に記録する。

私は，ほとんどいつでも同性愛的な行動を１度でも行なった場合は，必然的に「確実に同性愛者である」と評定するといった，比較的極端な立場をとるグループが少なくとも１つはあることを見てきた。私は受講生に対立姿勢をとらないようにしている―私はよく，「『完全な同性愛者』であるが，異性と一度性的関係をもったことのある人とはどんな人か？　その際その人物は，異性愛者なのか？」といったような質問をする。ほかにも，私は論点を導くために記述を変化させる。たとえば，ディスカッションのテーマが，男性成人と結婚したがっている幼い男の子であるとき，学生グループは「私たちのグループは，判断できないとしました。彼があまりに幼すぎるからです」といった答えをしがちである。それに対して私は彼らに「もし彼が15歳だったら？」「もし彼が25歳だったらどう？」と問う。こうした質問によって，魅力に関する記述を解釈するときに，年齢が文脈的要因として重要であることを理解しやすくなる。

最後に，各グループ（もしくは各個人）は，同性愛者と異性愛者の自分達の定義を他の受講生と共有する。各グループ（もしくは各個人）に，授業が終了した後にワークシートを提出させる。私はたいていこれらに軽く目を通す程度だが，ワークシートを提出することによって，学生は彼らが行なったディスカッションについて説明責任があると感じることができる。

□考察

このアクティビティは学生に性的志向を定義する際に関連する重要な要因を教えるのにたいへん役立つ。授業評価では，学生はこのエクササイズが有意義かつ楽しいものであると見ている。小グループのディスカッションによる効果を査定するため，心理学概論の授業を履修している学生（49名）に，小グループでのディスカッションをする前と終了後の２回にわたって，４分以内で性的志向の定義に影響を与えると考えうる要因を考えつくだけ書かせた。対応のあるグループ間のt検定を行なった結果，参加者はエクササイズに参加する前（平均値＝3.4）よりも，エクササイズに参加した後（平均値＝6.3）に有意に多く要因をあげることができた（$t(48)=-6.79$, $p<.01$）。これは小グループエクササイズが，エクササイズが始まる時には知らなかった，性的志向の定義に影響を与えるいくつかの要因を学生に提示するのに効果的であったことを示している。

このアクティビティの結果として，学生が性的志向に関連した質問をされたときに，明確に答えることがいかに難しいかを，よりよく理解できるようになったことは明らかである。教師が学生にその難しさを教えたのではなく，学生自身がその難しさを体験したのだ。性的志向はある学生たちにとっては非常にデリケートな問題である。したがってこのエクササイズは，学生を身構えさせることなしにディスカッションやクリティカル・シンキングを促すという点で，性的志向というトピックについて深く考えさせる導入として適している。

附録 38.1 ：性的志向に関するエクササイズ

グループ・メンバーの氏名：＿＿＿＿＿＿＿＿＿＿
＿＿＿＿＿＿＿＿＿＿
＿＿＿＿＿＿＿＿＿＿
＿＿＿＿＿＿＿＿＿＿

指示：人々についての短い記述を読みなさい。グループで，それぞれの人が同性愛者と異性愛者のどちらだと考えられるかについて意見をまとめなさい。いったん課題を終えたら，グループの回答をまとめることにより，同性愛者と異性愛者を定義しなさい。

A. 人物Aは男性の既婚者で3人の子どもがいる。だいたい月に1回，彼はほかの男性と，公衆トイレか公衆浴場でゆきずりのセックスをする。

確実に　　　　　　　　　　　　　　　　　　　　　　　確実に
同性愛者である ＿＿ ＿＿ ＿＿ ＿＿ ＿＿ ＿＿ ＿＿ 異性愛者である

B. 人物Bはひとり暮らしをしている58歳の男性である。彼は一度も結婚したことがなく，性的な接触はどんな種類のものでも経験したことがない。彼はたまに男性どうしの性的接触が描かれたポルノ雑誌を購入するが，彼はあまりそれを楽しんでいない。

確実に　　　　　　　　　　　　　　　　　　　　　　　確実に
同性愛者である ＿＿ ＿＿ ＿＿ ＿＿ ＿＿ ＿＿ ＿＿ 異性愛者である

C. 人物Cは29歳の女性である。彼女は19歳のときから，24歳でレイプの被害に遭うまでの間，積極的に男性と性的関係をもっていた。それ以来，彼女は性的接触を一度ももっていない。彼女はもはや男性とのセックスに興味がないが，ほかの女性と性的関係をもつことは考えると話す。

確実に　　　　　　　　　　　　　　　　　　　　　　　確実に
同性愛者である ＿＿ ＿＿ ＿＿ ＿＿ ＿＿ ＿＿ ＿＿ 異性愛者である

D. 人物Dは44歳の女性で，結婚してから20年になる。夫とのセックスの最中，彼女はたまにほかの女性とセックスしていることを想像する。彼女には夫以外にセックス・パートナーがいたことはない。

確実に　　　　　　　　　　　　　　　　　　　　　　　確実に
同性愛者である ＿＿ ＿＿ ＿＿ ＿＿ ＿＿ ＿＿ ＿＿ 異性愛者である

E. 人物Eは，ほかの女性とアパートの部屋をシェアしている女性である。彼女らは，あいさつをするときや出かけるときにハグやキスを交わす以上には，性的接触をしない。

確実に　　　　　　　　　　　　　　　　　　　　　　　確実に
同性愛者である ＿＿ ＿＿ ＿＿ ＿＿ ＿＿ ＿＿ ＿＿ 異性愛者である

F. 人物Fは，バスケットボールの試合を見るのが好きな5歳の男の子である。彼に誰と結婚したいか聞いたとき，彼は（NBAの人気選手である）「レブロン・ジェームズ」と答えた。

確実に同性愛者である ＿＿ ＿＿ ＿＿ ＿＿ ＿＿ ＿＿ ＿＿ 確実に異性愛者である

G. 人物Gは28歳の男性で，刑務所に収容中である。20歳のときから刑務所に収容されるまで，彼はガールフレンドと，だいたい週に2回セックスしていた。現在，彼はほかの男性受刑者と，だいたい週に2回セックスしている。彼は，釈放されたらガールフレンドと性的関係を続けるつもりだ。

確実に同性愛者である ＿＿ ＿＿ ＿＿ ＿＿ ＿＿ ＿＿ ＿＿ 確実に異性愛者である

同性愛の定義：

異性愛の定義：

39. 学生の心配の査定

Patricia Smoot McDaniel：Jefferson College
James Eison：Southeast Missouri State University

このアクティビティは，学生にとって関心のある話題を含んでおり，情動や方法論，あるいはテスト法についてのディスカッションへの導入として用いることができる。事前の準備はほとんど要らず心理学理論の予備知識も必要ない。この授業内アクティビティは，心理学入門，健康心理学，異常心理学だけでなく心理検査法の授業にも適しており，どのような規模の授業でも実施できる。

□コンセプト

心配（worry）は，抽象的概念であるが，たいていの人々にとって非常に親密なものである。それは一生を通じて何らかの影響を我々に及ぼすからである。心配についての多くの定義が，その有形無形の影響力を示している。例えば，モールツビイ（Maultsby: Benson, 1981で引用）は，心配を「恐れ（fear）の，非生産的で，無益で，張り詰めた形態（p. 66）」と定義した。またボーコベック（Borkovec, 1985）は心配を「否定的で，相対的に統制不可能な思考やイメージの連鎖（p. 59）」と定義した。心理学研究において，学生は協力者として広く用いられているが，驚くべきことに，学生の心配の特質や程度についてはほとんど知られていない。しかしながら，大学生の心配やストレスは，緊張緩和のための飲酒に関連しており（Kieffer, Cronin, & Gawet, 2006），また，学生の抑うつ症状の予測因子でもある（Dyson & Renk, 2006）。

心理学入門，異常心理学，健康心理学の教科書の読者は，ストレスの概念について明らかに慣れ親しんでいるだろう。そのような教科書では，ストレスについて詳細に論じ，また心理学者がどのようにこの構成概念を測定しようとしてきたかのかを述べている。ホームズ・レイの最近の経験スケジュール（The Holmes and Rahe Schedule of Recent Experience）（Gatchel & Baum, 1983で引用）とハッスルズ尺度（Hassles Scales, Kanner, Coyne, Schaefer, & Lazarus, 1981）は，ストレスの査定として広く用いられている２つの尺度である。ストレスはしばしば広範囲に分析されるが，心配というテーマが取り上げられることはほとんどない。これはおそらく，心配を測定する尺度や査定用具の不足のためである。

□必要な材料

受講生にそれぞれ一枚ずつ，心配尺度（Worries Survey, 附録39.1参照）と心配尺度（Worries Survey）回答用紙（附録39.2参照）を用意する

□実施法

心配尺度（Worries Survey: Eison & McDaniel, 1985）は未公刊であり，35項目から成る自己記入式質問紙として，大学生の心配の査定を目的とした予備研究を基に開発されたものである。この質問紙は以下の7つの心配の次元それぞれに5つの項目から構成されている。(a)学校，(b)恋愛と人間関係，(c)健康と外観，(d)キャリア発達，(e)社会的受容，(f)金銭，(g)時間。これらの次元は，予備調査として行なわれた数百人の大学生による自由記述質問紙への回答から決定されたものである。また，生物学，心理学，社会学，経済学，看護学，英作文，歴史学，ビジネスコースに所属する533名の大学生から得られた基準のデータを，表39-1.に示す。

学生は，与えられた指示にしたがって，心配尺度（Worries Survey）の各項目に，以下の2つの方法で回答を記入する。頻度を0（まったくない）から4（いつもある）までの5件法で記録し，強度を0（まったくない）から4（非常に強い）までの5件法で測定する。各項目に対する，全体的な不快感得点を算出するため，各項目の頻度得点と強度得点とを掛ける。回答用紙上（附録39.2参照）に得点化の指示を入れておくか，または回答後に（変更した回答用紙を用いた場合）を行なうとよい。学生はたいてい，心配尺度（Worries Survey）への回答と集計を25分以内に行なえる。

表39-1　学生の心配尺度（Worries Survey）:基準

パーセンタイル順位	次元と対応する調査項目 学校 (1,8,15,22,29)	恋愛と人間関係 (2,9,16,23,30)	健康と外観 (3,10,17,24,31)	キャリア発達 (4,11,18,25,32)	社会的受容 (5,12,19,26,33)	金銭 (6,13,20,27,34)	時間 (7,14,21,28,35)	合計 (1-35)
100	80	76	66	80	80	80	76	452
90	59	46	45	51	35	53	50	297
80	51	32	37	40	27	42	42	244
70	45	26	31	32	21	35	34	219
60	40	21	26	25	18	30	29	192
50	35	17	21	22	14	25	25	173
40	31	13	18	18	11	20	21	152
30	25	10	14	14	9	15	18	128
20	21	7	10	9	7	11	14	105
10	16	3	5	5	4	6	9	79

注：N=533

□考察

心配尺度（Worries Survey）は，研究のための材料であると同時に，学生の自己分析を促進し，また心配に関する授業でのディスカッション（例えば，定義，原因や根拠，影響，他の健康指標との相関関係，制御の方法など）を活発にするための教材としても構成された。自分自身の回答用紙をスコアリングすることで，学生は，自分の大きな懸念の原因となっている心配の，特定の項目や次元を同定することができる。また，個人のデータを基準のデータと比較することで，学生は自分の得点を他大学の回答者と比べて解釈することや，自分の心配に関するプロフィールを作成することができる。

上述のような心配尺度（Worries Survey）の使用に加えて，この査定法の分析それ自体が有用である。授業でのディスカッションをはじめるきっかけとして，以下の質問を学生にしてみるとよい。自己記入式調査用尺度の長所，短所，限界は何か？　他大学から集められた基準データはどのくらい信頼性と妥当性があるか？　学生のもつ心配は他の社会集団のもつ心配と比べて例外的なものか，それとも類似したものか？この調査用質問紙の特徴（すなわちその開発と得点の解釈法）は，尺度の適切さにどのように影響するか？

我々は，大学生の心配と他の健康や適応の尺度との関連を研究するために，心配尺度（Worries Survey）と他の調査用質問紙（McDaniel & Eison, 1986）を使用している。この研究のコピーは，第2著者から入手できる。

附録 39.1：心配尺度

指示：以下は，あなたのような個人に対するインタビューや調査から得られた，人々に共通して見られる心配ごとのリストです。配られた回答用紙に，以下の評定尺度を用いて，あなたがそれぞれの項目についてどのくらいの頻度で心配しているか，またそれぞれの心配によって産み出される不快の強度・程度を評定してください。

頻度 Frequency［F］	強度 Intensity［I］
0－ まったくない	0 まったく感じない
1－ めったにない（年に１，２回）	1 ほとんど感じない
2－ ときどきある（月に１，２回）	2 わずかに感じる
3－ しばしばある（週に１，２回）	3 明らかに感じる
4－ いつもある（日に１，２回）	4 非常に強く感じる

１つの項目に時間をかけ過ぎないように，正直にまた率直に答えてください。あなたが実際どのように感じているのかを最もよく表わすものを選んで回答してください。けっしてどう感じるべきかとあなたが思っていることを回答するのではありません。

1．私は自分に必要な，もしくは望んでいる授業やゼミに入れるか心配である。
2．私は自分が望む以上に１人で時間を過ごさなければならないのではないか心配である（例えばデートする相手がいない，もしくは一緒に過ごす友達がいない)。
3．私は望ましい体重を維持していくことを心配している。
4．私は自分が本当に適切な専攻分野を選んだのか心配である。
5．私は他人を喜ばせるためにがんばりすぎてしまうことが心配である。
6．私はお金の収支を合わせることが心配である。
7．私はしなければならない事が多いのに，それをする時間が少ないことが心配である。
8．私は効率良く勉強できないことが心配である。
9．私は人と新しく関係を始めることが心配である。
10．私は悪い習慣を改善すること（例えば禁煙や禁酒など）ができないことが心配である。
11．私は自分の専攻や将来的なキャリア計画の変更に関する問題が心配である。
12．私は友人から好かれているか心配である。
13．私は日常生活とレクリエーションの双方に必要な十分なお金がないことが心配である。
14．私は大事な人と過ごす時間が少ないことが心配である。
15．私はテストの成績が心配である。
16．私は現在の人間関係（例えば夫婦関係やその他の人間関係）を良好にしたいと心配である。
17．私は適切で規則的な食事や定期的な運動ができないことが心配である。
18．私は自分の専攻分野で成功していないことが心配である。
19．私は他の学生とうまくやっていけるか心配である。
20．私は自身の教育にかけるお金が十分にないことが心配である。
21．私は学校や仕事やその他の活動に費やす時間を適切に配分できないことが心配である。
22．私は自分の授業の課題や宿題をこなすことができるか心配である。
23．私は情緒的に満たされない人間関係が続くことが心配である。
24．私は外見や服装がよい状態であるか心配である。
25．私は卒業後に自分の専攻分野にあった就職先を見つけられるか心配である。
26．私は教授とうまくやっていけるか心配である。
27．私は賢くお金を管理する方法を知らないことが心配である。
28．私は休息やリラックスするための十分な時間を作れないことが心配である。
29．私は成績が心配である。
30．私は大切な人との関係が終わることへの対処が心配である。
31．私は深刻な病気になるのではないか心配である。
32．私は職業的に成功するのか心配である。
33．私は良い家族の一員であるのか心配である。
34．私は自分が家計の負担になっているか心配である。
35．私は自分自身のための穏やかで十分な時間がないことが心配である。

附録 39.2：心配尺度回答用紙

採点法：35項目それぞれについて，頻度（F）列の数字と強度（I）列の数字を掛け合わせてください。また，その値をI列の右の空欄に記してください。そのF×Iの値を7つの列（a～gとラベルづけされている）ごとに合計してください。最後に，それらの7つの合計点をすべて加算し，全体的心配得点を算出してください。

F I	F I	F I	F I	F I	F I	F I
(1) ＿ ＿	(2) ＿ ＿	(3) ＿ ＿	(4) ＿ ＿	(5) ＿ ＿	(6) ＿ ＿	(7) ＿ ＿
(8) ＿ ＿	(9) ＿ ＿	(10) ＿ ＿	(11) ＿ ＿	(12) ＿ ＿	(13) ＿ ＿	(14) ＿ ＿
(15) ＿ ＿	(16) ＿ ＿	(17) ＿ ＿	(18) ＿ ＿	(19) ＿ ＿	(20) ＿ ＿	(21) ＿ ＿
(22) ＿ ＿	(23) ＿ ＿	(24) ＿ ＿	(25) ＿ ＿	(26) ＿ ＿	(27) ＿ ＿	(28) ＿ ＿
(29) ＿ ＿	(30) ＿ ＿	(31) ＿ ＿	(32) ＿ ＿	(33) ＿ ＿	(34) ＿ ＿	(35) ＿ ＿

項目計：	____	____	____	____	____	____	____
	a	b	c	d	e	f	g

合計：________

■第8章　発達心理学

本章の6つのアクティビティは，乳児から高齢者までの人間発達の全域を扱う。中には，ラットの赤ん坊の出生日からの発達を見るというものさえある。扱われるトピックは，遺伝子診断，子どもの発達段階と関連した親の養育スタイル，青年のアイデンティティ，高齢者への態度である。

アクティビティ40は遺伝診断とそうした遺伝情報を使うことの可能性を取りあげるもので，学生はこの焦点をしぼったディスカッションにより，遺伝と環境の相互作用をよりよく理解する。このエクササイズにより，学生は親の立場から遺伝子診断がもつ意味をディスカッションできる。

アクティビティ41は学生に，1腹のラットの仔を用いることで，直接に発達を観察する機会を与える。学生は仔の最初の1か月を観察し，運動スキル，グルーミング，探索，社会化，離乳の発達の情報を記録する。ラットは急速に成熟するので，学生は赤はだかで目の見えない赤ちゃんのころから，走ったり，ジャンプしたり，きょうだい達と相互作用する若者になるまでの行動の大きな変化を見ることができる。観察のための詳細な方法が示される。

出生から8歳までの人の発達がアクティビティ42のテーマである。学生は与えられるチェックリストを基に，運動と言語の行動の発達的な順序を定めるよう求められる。また成熟の結果と思う行動と，何らかの訓練の結果と思う行動とを判断するよう求められる。このエクササイズを基に，授業のディスカッションを行なう。

アクティビティ43では，学生は小グループに別れ，自分達が探求したい親としての段階を選び，親に参加してもらう小規模のパネルディスカッションを設定運営する責任を与えられる。親のパネリストに授業に来てもらい，養育スタイルや発達段階に応じた親の問題を受講生とディスカッションしてもらう。これらのパネリストの目標は，子どもの発達段階に応じた親の役割の変化を学生に示すことである。

アクティビティ44が取りあげるのは青年のアイデンティティである。ピアジェ（Piaget），エリクソン（Erikson），コールバーグ（Kohlberg），ギリガン（Gilligan）の研究を引きながら，このアクティビティは3つのディスカッションを基に，青年のアイデンティティの社会的，認知的，道徳的側面を探求する。

アクティビティ45で，学生は高齢者への態度や信念について，（受講者以外の）4人の友人に面接するよう求められる。この調査の結果は集計され，加齢についてのネガティブなステレオタイプや，こうしたステレオタイプが高齢者や成人に与える結果に関する授業ディスカッションのデータとなる。

40. 遺伝子診断の家庭への導入

私たちは遺伝子操作された赤ん坊を望んでいるのか

Richard Ely：Boston University

この簡単な教室デモンストレーションは，遺伝子診断の意味をとても現実的に感じさせるのに有効であることが証明されている。この授業内アクティビティは，行動に及ぼす遺伝子の影響，またダウン症候群などのスクリーニングに触れて，出生前診断の背景を講義した後に行なわれるべきである。このアクティビティにはディスカッションを開始する役割として10人の学生が参加するが，焦点化したディスカッションには大部分の受講生が参加する。我々はこのデモンストレーションを一般心理学の授業で使用してきた。これは，発達心理学，健康心理学，生物心理学の授業にも適している。通常，1回分の授業時間が必要である。

□コンセプト

このシミュレーションアクティビティは，まだ生まれていない自分の子どもについて，遺伝子診断に基づく情報が与えられたらどうなるかを，学生が経験するものである。このアクティビティによって学生はそのような知識にどう反応するかを検討できる。そうすることで，学生は遺伝的感受性（genetic susceptibility）の概念をより現実の世界で理解できるようになる。学生はまた遺伝子と環境の相互作用についての知識を得ることができる。最も重要なことは，彼らが遺伝子診断で得られる情報利用にまつわる倫理的問題を検討することである。

□必要な材料

3×5インチ（7.6×12.7センチ）のカード10枚と封筒10枚。

□実施法

何人かの学生にまだ産まれていない自分の子どもの性別を前もって知りたいかを尋ねることから始める。次に，なぜそう答えたのかを尋ねる。前もって知りたいと思わない学生は，そうすることは，喜び，興奮，驚きを減少させるだろうとしばしば答える。知りたいとする学生は，より良い準備ができるだろうからとしばしば答える。この反応には準備できるとはどういうことを意味するのかと学生に尋ねることができる。

この導入的な議論はこの後へのウォームアップとなる。

導入的なディスカッションを行なった後，学生にランダムに封筒を配る。各封筒には胎児診断，すなわち，発達しつつある胎児の遺伝的素質についての記述が入っている。それらは，あなたが期待する効果をとりまとめるのに便利なように，１番から10番までの番号が振ってある。効果とは，各診断内容の性質と，各診断の前後にあげられた他の診断との相対的な位置の双方から産み出されるものである（後で説明する）。

封筒を受け取った学生に起立してもらい，診断を声に出して読み上げるように求める。診断の選択とその表現についてはいずれもできるだけ独創的にして欲しい。我々は２人称で診断を表現している（例えば，「あなたの赤ちゃんは成長して……になる可能性がある」。しかし，１人称での表現も効果的だ（例えば，「わたしの赤ちゃんは成長して……になる可能性がある」)。以下は，我々が通常使用している10項目のリストである。

1．あなたの赤ちゃんは，成長して重い神経症になる可能性がある。
2．あなたの赤ちゃんは，成長してとても外向的になる可能性がある
3．あなたの赤ちゃんは，成長して自閉症になる可能性がある。
4．あなたの赤ちゃんは，成長して天才になる可能性がある。
5．あなたの赤ちゃんは，成長して天才で，かつ重い神経症になる可能性がある。
6．あなたの赤ちゃんは，成長して音楽的には才能豊かだが，言語課題の成績は悪くなる可能性がある。
7．あなたの赤ちゃんは，成長して読字障害になる可能性がある。
8．あなたの赤ちゃんは，成長して同性愛者になる可能性がある。
9．あなたの赤ちゃんは，成長してちょうど平均的になる可能性がある。
10．あなたの赤ちゃんは，成長してちょうどあなたのようになる可能性がある。

学生になじみのない特定の診断名については説明する。いくつかの診断については（例えば，読字障害，自閉症），医師や臨床家が時々用いる高度な専門用語をまねて最初の説明をすると良いだろう。専門用語を使うことで，出産を控えた親がよく直面する，言われたことを理解する際の困難さを，学生に経験させることができる。後に，よりわかりやすい表現を用いて追加説明を提供する。学生がすべての診断を理解した後に，それぞれの診断を受けたらどのように感じるかを考え，話し合うように求める。前もって各診断を知ることにより，彼らの子育ての実践は変化するだろうか？　彼らはいずれかの結果を他の結果よりも変えようとするだろうか。

□考察

このエクササイズで用いられた10の診断は，４つの異なる領域から引き出されたものである。第一に，いくつかの診断（例えば神経症や外向的になる傾向）は，遺伝性のパーソナリティ特性に焦点を当てている（Jang, Livesley, & Vernon, 1996; Loehlin, McCrae, & Costa, 1998）。この情報を与えた後に，あるパーソナリティ特性の表出を変えることは可能か，あるいはそうすることは良いかについて，学生の考えを尋ねる。多くの学生は，遺伝的な神経症傾向に関しては，親が遺伝的な傾向を減少させたり和らげようとすべきという意見に同意するだろう。反対に，遺伝的な外向的傾向を親が変えようとすべきという考えへの支持はほとんどないだろう。このような考えを明らかにすることにより，さまざまな文化がさまざまなパーソナリティ特性をどのように価値づけているかの議論も導き出すことができる（Schmitt, Allik, McCrae, & Benet-Martinez, 2007）。

第二に，他の領域よりも遺伝子によって影響されることが示されてきているさまざまな認知的な領域において，いくつかの診断は，その子が将来優れるかつまずくかを明らかにする。この領域には，知能，言語能力，音楽的能力がある（Drayna, Manichaikul, de Lange, Snieder, & Spector, 2001; Gupta & State, 2007; Hawke, Wadsworth, & Defries, 2005; Plomin & Spinath, 2004）。学生に，この領域で遺伝的傾向をどの程度変えようとするか，あるいはさらに伸ばそうとするかを考えるよう求める。たとえば，学生たちは音楽的な才能のある遺伝的傾向の子どもには，そのような傾向をもたない子どもに比べて，音楽レッスンにより費用をかけたがるだろうか？ 天才となる遺伝的傾向をもつ子どものおしりをたたいて勉強させるのだろうか？ 学業には興味を示さないばかりか学業が損なわれるくらい活発にスポーツする子どもにも，彼らは同じことをするだろうか。

第三のカテゴリーは，１つの診断，すなわち同性愛者になる遺伝的傾向のみからなる。これは多くの学生たちが強い感情を喚起される複雑なトピックである。教師は性的指向性が遺伝子によって媒介される証拠をレビューする（Bailey, Dunne, & Martin, 2000; Kirk, Bailey, Dunne, & Martin, 2000）。それから，学生は，自分の息子か娘が同性愛者になる強い傾向があることを示す胎児診断に対してどのように反応するかを，できるだけ率直にディスカッションするよう促される。以下に示すような具体的な質問をすることにより，そのディスカッションはより焦点化されたものになるだろう。彼らは幼児期に子どもが比較的普通に行なう（Linday, 1994）性別を超えた遊び（すなわち女児が男児のふりをしたり，男児が女児のふりをしたりする）をどのように見るだろうか？ 彼らはそのような遊びをやめさせるだろうか（Sandnabba, 1999）？ 子どもが思春期に近づいた時，彼らは子どもと性についてどのように話をするだろうか？

第四の領域は，ちょうど平均的にと，ちょうどあなたのようにという2つの診断によって表わされる。ちょうどあなたのようにという診断は，クローンに関する最近の進歩に特に関連する（Wilmut & Highfield, 2006）。ちょうど平均的にと，ちょうどあなたのようにという2つの診断は，アイデンティティ，自己概念，養育についての興味深い疑問を生じさせる。どの程度まで私たちはユニークであることを求めるのか？　私たちは自分自身をどのように複製したいか？　これら2つの診断は他の診断と結びつけることにより，全体のディスカッションの終結に役立つ。たとえば，もしある学生が天才であるとしたら，自分の子どもがちょうど自分のようになることをより望むだろうか？　あるいは，ある学生が重い神経症あるいは読字障害であるとき，自分の子どもがちょうど平均的となることをのぞむだろうか。

エクササイズを通して，教師は，特に診断の用語（例，「あなたの赤ちゃんは成長して……となる可能性がある」）によって表現されるような遺伝的傾向が意味するものを強調すべきである。教師は，ほとんどの行動，特に複雑な行動は遺伝子と環境の相互作用の産物であると理解することが重要であることを強調すべきである（Moore, 2001; Rutter, 2006）。同様に，遺伝子型の効果はトータルすれば，どの子孫にも多くの人が考えるようなポジィティブとみなされる属性とネガティブとみなされる属性のいずれの傾向も生み出す可能性がある。診断5と6はこの考えを示すために設定された。

最後に，遺伝子診断の社会的，政治的，倫理的な意味がディスカッションされるべきである（Beckwith, 2002; Hay2003; Kitcher, 1997; Sternberg, Grigorenko, & Kidd, 2005）。遺伝子診断に個人的，個別的な意味合いをもたせることにより，このエクササイズは，そのようなディスカッションをより有意義なものにできる。再び，学生に特定の質問をすることで，より焦点化したディスカッションを促すことができる。質問例は以下のようなものである。ある障害（例，自閉症のような）についての遺伝子診断は義務づけられるべきか？　一方，その他の行動（例，パーソナリティ特性，性的指向性）についての遺伝子診断は禁止されるべきか？　あなたは，インドにおける出生児の男女比のアンバランスが，性別の遺伝子診断による選択的な人口中絶によるものであるという最近の証拠を指摘してもよい（Jha et al., 2006）。

一般的に，学生たちは，このエクササイズに深く感動し，私たちの経験では，議論はいつも思慮深く熟慮的に行なわれる。彼らはまた，どのように遺伝子と環境が相互作用するかのより深い理解を得てエクササイズを終える。（未来の）親としての役割として，学生は自分の子どもが出会うであろう社会的環境の多くを提供することになることを指摘する。最後に，このようなエクササイズが生み出す可能性のある文化的，宗教的な意味合いに敏感であること。これらの問題を単刀直入に，かつバランス良く議論することは，それ自体がしばしば質を高めるものである。

もし，考察の節で示した分類が授業でのディスカッションの中で明瞭に説明されなかったら，学生に診断を分類するよう求める。次に，その分類について順序づけを求め，分類と順序づけの説明を求める。私たちは，学生は私たちが分類したのと同じような分類をするか，あるいは社会的，文化的な望ましさの水準に対応するように分類する（例，天才と外向性が一緒にされ，読字障害と神経症に比べて修正される可能性が低いものと順序づけられるであろう）と予想する。

最終エクササイズとして，学生たちに診断のリストを配る。その診断を用いて，州議会議員や国会議員に向けての政策綱領を作成させる。彼らは以下の2つの質問に取り組まなければならない。(a)総合的な遺伝子診断を広範に利用することには，どのような危険と利益があるか。(b)政府や自治体はこのような診断にどの程度財政支出すべきか，あるいはこのような診断への財政支出を義務づけるべきか。

41. 動物観察
ママラットプロジェクト★

Barbara F. Nodine：Arcadia University

生まれてから1か月間，一緒に生まれたラットの赤ちゃんを観察するこのアクティビティは，どのような規模の心理学入門の授業にも容易に入れることができる。これは，学生が授業外の時間で観察を行ない，動物が窓ガラスの奥で飼われるからである。このプロジェクトは，学生にどのように何を観察するのかを明瞭に教示し，また学生が最も関心をもっている事柄の観察やレポート執筆が行なえるよう多様な選択枝を与える。動物行動学・比較心理学，発達心理学，研究法の授業に適している。

□コンセプト

仔犬や仔猫，仔馬，そして人間の赤ちゃんほど興味深い生き物はない。さまざまな種の赤ちゃんが発達するのを見ることは，魅力的で啓蒙的である。発達や動物行動学における概念的な教材は，伝統的に心理学入門の授業で講義によって教えられていた。しかし，講義や講読は教わる方法の中では受動的な方法であり，学生参加型の授業の方が良い授業であるとされている。心理学の教師は，学生が一度に生まれたラットの誕生と発達を観察することが，発達や動物行動学の概念の教授を豊かにすることを発見するだろう。

このアクティビティは4週間にわたり，一度に生まれたラットの赤ちゃんの誕生，運動スキル，社会化，離乳の発達を観察することを学生に求める。もう1つの方法として，観察期間を短縮するために，生まれてからの日数が1週間ずつ異なる4腹の赤ちゃんを準備してもよい。学生は観察をレポートにまとめ，授業で教わった概念と観察を関連づけることが求められる。観察に併せて教えられる概念は，はいはいや歩行，走行，ジャンプなどのような運動発達の傾向や方向，つまり中心部—周辺部，頭部—尾部，それぞれの部位の大きさである。巣作り，子どもの回収行動，えさやり，毛づくろい，離乳などにおいては種に特有の行動が観察されるかもしれない。4週間にわたるこの成長の観察を終えると，学生は授業で教えられた概念を有意義でリアルなものにする自分で収集した詳細な記述をもつことができる。このアクティビティの目的は，学生が(a)客観的で詳細な観察を学ぶ，(b)それらの観察についての要約を書くことを学ぶ，(c)授業で学んだ発達や動物行動学の概念を用いた結果の解釈の執筆を学ぶことを目的にしている。

教授法としての価値ばかりでなく，このアクティビティは教師にも非常に実際的なものである。ラットは成長が速いため，この授業に適している。動物はただケージの中で生活しているだけなので，環境の操作を行なう必要もない。学生は，母親が全体的に依存的で，目も見えず，毛もない赤ちゃんを産むところを観察し，4週間後，子どもたちが十分に発達し，走り回り，飛び回り，きょうだいと相互作用し，固形の餌を食べるところを観察する。この活動はまた，準備するべき装置が最小限ですむため，入門の授業に適している。100人程度の学生であれば，一腹のケージの観察は容易にできる。学生は自分たちの都合のよい観察のスケジュールをたてればよいからである。加えて，学生には洗練された研究スキルを必要としない。必要なのは観察のスキルだけである。確かに，単純な観察は見た目以上に難しいが，学生は心理学だけでなくほかの科目にも有効となる基本的スキルを発達させるだろう。

□授業の準備

必要なものは妊娠中の雌のラット，出産後の母親と生まれた赤ちゃん用の大きく，透明なプラスチックのケージ，そしてマジックミラーか窓のある部屋である。窓や何かほかのバリアを使用することは，学生のケージをたたきたい，開けたいという衝動を防止することで，ラットを起こしたり，さまざまなことで彼らの邪魔をしたりすることを防ぐ。また，妨害を最小限に抑えるために，暗い部屋で赤いライトをケージの上に照らすことで，学生が観察している間もラットは自然の状況にいるかのように行動できる。もう1つの可能性として，もし設備が整うならば，ウェブカメラとコンピュータを用いて，常時ストリームビデオを大学のウェブサイトに流すこともできる。

このアクティビティに参加するために学生に必要な準備は，数分の講義時間だけであり，すべての観察は学生の自由時間の中で行なわれる。次の4ページに示す学生用の資料は，授業の教科書や講読資料は別として，本アクティビティを完全に説明している。アクティビティにおける特定の焦点は，あなたが授業で強調する箇所と，選択する講読資料で決まる。例えば，学生を母親の行動，あるいは運動，または赤ちゃんの社会化にのみ集中させることで，観察がもつ潜在的な豊富な力に制限を加えることもできる。スナネズミやハムスターを用いて，種による比較を行なうこともできる。

学生に書かせるレポートはあなたの立てた目標に合わせて修正することができる。結果を図や表に示すことを望むかもしれない。求められているもの以上の文献の検索や利用を促すことも良い。レポートの長さは，あまり長すぎない実現可能な2,3ページを設定しなさい。明快なレポートを書くために，学生は多くの場合自分の観察記録の一部を選び，その他を捨てなければいけない。

アメリカ心理学会（American Psychological Association）の出している「動物の保護と使用の倫理原則」を読みなさい。その記述を教室や動物観察室に張りたいと思うだろう。その時はAPAのOrder Department, P.O.Box 2710, Hyattsville, MD 20784-071に発注するか，APAのウェブサイト（http://www.apa.org/science/leadership/care/guidelines.aspx）からプリントできる。

□学生用資料

□□はじめに

このプロジェクトの大きな目的の1つは，人間やほかの哺乳類において，どのようにして発達の過程が規則的な順序をたどるのかを見ていくことである。もう1つの目的は，母親の生む前の行動と赤ちゃんと一緒の行動を観察することにある。あなたはおそらくラットよりも，人間の子どもに興味があるだろう。しかし，人間の子どもの成長は私たちの使える時間から考えるとかなりゆっくりである。ラットは6週間で子ども時代を経験し，12週目には性的に大人となる；発達過程は長さとしてはかなり短く，しかし，多くの側面において人間が示すものと同様である。赤ちゃんラットの発達を観察することで，行動観察，それらの観察を理論的原理と結びつけること，そして観察したことの記述と結果を記述する短いレポートを書くという経験を得るだろう。

このプロジェクトの理論的な興味は2つの側面にわたっている。その1つは，本能や，種特有の行動である。動物行動学についての講読資料の1つが，この分野であなたが検討すべきアイデアへの何らかの背景を与えるであろう。母親の行動はしばしば本能的な行動の例とされる。あなたは母親ラットが行なう赤ちゃんラットの誕生のための準備や，赤ちゃんラットへの世話を観察することができるだろう。あなたは次に講読資料に書かれている種の特性という基準と，観察した事柄を照らし合わせることができるだろう。

もう1つの側面は発達である。あなたは，赤ちゃんが大きくなるにつれてみられる外見や行動の規則的な変化を観察し，その観察結果を，授業や講読資料で述べられている発達の原理に照らしてチェックできる。

□□観察の実施法

あなたは，一緒に生まれたラットの赤ちゃんの生まれたときから，約1か月彼らが乳離れするまでの外見的特徴と行動を観察することができる。あなたはまた，母親の出産数日前から，乳離れまでの行動も観察できる。妊娠中のラットは多くの場合，出産の数日前から巣作りを行なう。運がよければ，ラットの出産に立ち会うことができるかもしれない。

あなたはラットの観察を1日各15分，週に3日ずつ，4週行なう。つまり，12観察単位，計3時間が得られる。もし，ラットが皆眠っていたら，15分より長く居て観察を行なうか，ほかの時間に戻ってくる必要がある。ラットはマジックミラーの窓の向こう側に置かれている。ラットがもっとも活発に活動するのは夜間である。そのため，彼らの明かりの明/暗のサイクルは逆に保たれている。ラットは赤い光には比較的鈍感なので，夜時間とするために赤い照明がいられる。夜間時間は午前8時から午後5時である。自分の観察は毎日ほぼ同じ時間のものとなるように心がけなさい。観察室の電気は点けてはいけない。部屋の薄暗い照明に目を慣らす為に数分かかるだろう。

観察を記録するためのもっとも有用な方法は，ノートの数ページ（もっていればパソコンのエクセルのファイル）に動物の各行動の欄を要する大きな表やチャートを作ることである。そのようなチャートの例を表41-1に示す。それぞれの時間区切りごとに，表41-1のリストから母親か赤ちゃんの少なくともいくつかの項目の記述を記録しなければならない。多くの情報を記録するほど，最終レポートを書くのが容易になるだろう。すべての観察記録に日付を記しなさい。それによって，発達の経過がわかり，誕生，目が開く，歩き始める，最初に固形物を食べる，乳離れなどの指標を知ることができる。

□□母親の観察

観察は母親を見る時と子どもを見る時に分けられる。母親を見ている間は次のような観察カテゴリー行動（表41-1にリストアップした）を探さねばならない：巣作り，赤ちゃんを巣に連れ戻す，赤ちゃんの毛づくろい，自分の毛づくろい，養育，世話，睡眠，授乳，歩行など。観察しなければいけない最後の4つの行動は，大人のラットに特徴的な姿勢や動きであると見なされるため，赤ちゃんのこれらの行動と比較することができる。母親の行動において最も興味深いものは，赤ちゃんにかかわるものである（巣作り，連れ戻し，毛づくろい，養育)。4週間のうちにこれらの行動の変化を見なければならない。観察期間である4週間の終わりには赤ちゃんは乳離れし，母親から離れて生活を始めるようになるからだ。

毛づくろいのような行動を観察する時は，母親がどのようにそれを行なっているのかをできるだけ詳細に，正確に記録しなさい。母親はどのように赤ちゃんをもっているのか？　母親のもち方は，子どもの年齢によって変わるのか?　体のどの部位を使っているのか？　その毛づくろい行動は母親が自分で行なっているものと似ているのか，あるいは子どもどうしが互いで行なうものと似ているのか?　授乳が観察されたときも，どのくらいの時間がかかるか，どのような姿勢で行なわれるか，赤ちゃんの年齢はどのくらいか，乳離れの方法はどのようなものなのかなどについて，詳細に記録しなさい。あなたが観察している各行動は，あなたが正確に記述すべき多くの側面を示すだろう。もし可能であれば，これらの行動に対して自分自身で下位カテゴリーを作成してみなさい。行動の詳細についての完全な記述をしなければならない一方で，4週間という期間の間に生じた行動の変化についても記述することにも配慮することを忘れないように。行動のいくつかのカテゴリーの基準例を表41-2に示す。

表41-1 母ラット・子ラットの描写のための行動カテゴリー

母親	巣作り	
	自分の毛づくろい，赤ちゃんの毛づくろい（特にアナルリッキング）	
	探索	
	養育	
	巣への連れ戻し	
	離乳に当たっての赤ちゃんの拒否	
	歩行	
	摂食	
赤ちゃん	睡眠（個・集団）	
	摂食	哺乳
		固形餌-食事行動
		飲む
	移動	体幹運動やうごめき，収縮，すくみ，（鼻を）クンクン鳴らす，方向転換，飛び跳ねる，前足で掻く，姿勢を戻す，直立した状態に立ち上がる，歩く，走る，登る，立ち上がる，揺れる
	感覚運動	見えるもの，聞こえるもの，におい，触れているものへの反応
	排泄	排尿，排便，アナルリッキング
	鳴く	音の質（聞こえるのであれば），音を出したことへの反応
	毛づくろい	顔を洗う，なめる，掻く（どちらの足か，掻いた場所）
	探索	物を嗅ぐ，頭部を横に動かす，巣の材料を掘る
	社会的行動	それぞれの段階で見られる-群れる，もたれかかった状態で眠る，場所をめぐるケンカ；走る，跳ねる，追いかける，じゃれあう，お互いの毛づくろいなどの一般的な社会的行動；立ち居振る舞い，かかわりの長さ，「勝者」と「敗者」の行動などのケンカについて；擬似的性行動，生殖器の臭いをかいだりなめたりする，マウンティング
	発達の段階や身体的発達は，肌の色（後に毛の色），色の出現，視覚的な体長や重さ，目を開けている時間の長さなどの記述を元に述べられるべきである。	

□□子どもの観察

それぞれの観察時間の3分の2をいずれか1つのケージの赤ちゃんを観察するのに用いなさい。全12回の観察すべてで，同じケージを観察しなさい。それによって，ラットの子どもの行動的，身体的な発達を正しく評価できる。表41-1は観察のための項目の部分的なリストである。それぞれの項目について，あなたは各行動の構成要素を注意深く，詳細に記録しなければならない。彼らはどのように眠るのか？　どのような姿勢で？　他の赤ちゃんにどのようにかかわるのか？　歩行はどのように発達するのか？　体のどの部分がどのような動きを行なっているのだろうか？　赤ちゃんは母親が歩くように歩くのだろうか？

自分の感情や解釈を記述しないように注意し，単に自分が見たものだけを記録しなさい。「母親は自分の時間を取っている」「赤ちゃんが大きくなってしまい，母親は赤

表41-2 行動カテゴリーの基準例

巣作り	母親ラットはベッドとなるものを鼻で押し，前足でもち，ケージの角に山を作る（どのくらいの高さか，どのくらい片付いているまたは標準的か，ケージにあったものの中でベッドの材料として積み上げげられているものは何か）。母親は山の上に横たわり，真ん中にくぼみを作る。母親は山の片隅で作業を行う。母親は自分のしっぽを持って，体を丸める。
自分の毛づくろい	母親は仰向けに寝転がり，足を広げ，毛をなめたり，かんだりする（どの部分か）。母親は頭部の耳の後ろを前足，または後ろ足を使って（どっちか）掻く。母親はケージの端に体をこすり付ける（できるだけ詳しく述べる。なめている時の母親の場所など）。
食事を与える	母親は腹部を出した状態で横たわる（状態を正確に記述）。赤ちゃんは体幹運動や前足でもがくような動きで母親の腹部の位置をめぐって争う。赤ちゃんは乳首にしがみつき，同じような吸い付きながら前足を動かす運動をする。赤ちゃんは母親の動きや，他の赤ちゃんにより場所が脅かされそうになると，その場所を維持するために体を動かし，声を上げる（何匹かの赤ちゃんの吸い付いている時間の長さ）。赤ちゃんが満足した時の行動を記述しなさい。

ちゃんが嫌いになった」というのは良くない観察である。「母親はケージの中の巣とは反対の側の場所で眠っている」「母親は養育中に赤ちゃんたちから離れた」は人間の考えを動物に投影していないため，適切な観察である。

□□レポートの実施法

レポートは2つの課題で構成される：(a)時期順の観察の要約と，(b)観察の中で得られた重要な概念についての解釈と考察である。レポートは，あなたと同じ教材を読んでいるが観察はしていない，他の受講者が読むと想定して書くと良い。

□□要約

要約するにあたり，最初に全12個の母親と赤ちゃんの観察単位を順番に並べ，時期によるえさの与え方の変化，運動性，毛づくろい，巣の状態などを見るために，それらを通して読み取りなさい。あなたは母親，赤ちゃんの両方についての記録の要約を行なわなければいけない。要約では詳細については削り，より重要な観察の選択が求められる。あなたの12の観察単位が，表41-2にリストアップされた行動のいくつかについてのみの継続的で詳細な成長像を示しているのであれば，これらの行動を強調して，他の行動は無視しなさい。要約の質は，あなたの観察の質によって決まることがわかるだろう。観察を図や表を用いて要約すると読み手にとっては助けになる。読んで理解するためには多くの詳細が必要であることを忘れず，与えられるだけの手がかりを示すようにしなさい。

また，あなたの感想を書くレポートではなく，科学的なデータであることも忘れないように。例えば，母親ラットが出産したのを見て，強い感情を抱いたとしても，あなたはそれをこのレポートに記してはいけない（母親の出産を見てあなたが感じた同情，恐怖，共感は国語の時間にでも，まったく違うエッセイとして書いてみてはどうだろうか)。

□□解釈

レポートの中のこの節の目的は，あなたが要約で述べた観察と，講読資料や授業で取り上げた理論的な考えや概念とを関連付けることにある。ある意味で，あなたはなぜこれらの観察を行なうことに意味があったのかを読者に説明しなければいけない。発達の傾向や種に特有の行動に関するいくつかの理論的な概念を取り上げ，それらの概念を解釈したり，説明するのに役立つ自分の観察データを探さなければならない。1つの例は，運動行動は，粗大反応から，特定のあるいは分化した反応へと進歩する。あなたの観察記録を見てみよう。粗大反応の例を探すことができるだろうか？（全身の収縮はその1つである）特定反応の例を見つけることはできるだろうか？（固形の餌をつかむというのはその1つである。）赤ちゃんの発達のうちの初期と後期で，粗大反応と特定反応のどちらが多く生じたのかチェックしてみよう。概念はあなたの観察とあっているだろうか？　初期には粗大反応が多く，後期には特定反応が多かっただろうか？

このようなことを，2，3の他の概念について行ないなさい。観察を概念とよりうまく関連づけることができるほど，あなたは，科学者たちがどのように観察データから重要な結論を導き出せたかをより理解していることになる。

★原注：本プロジェクトはBarnerd Mausner（現Arcadia大学）がBeaver大学の入門心理学コースとしてデザインしたものである。このプロジェクトは長年の間実施され，何度も改良が加えられている。

付録41.1：表の書き方例

観察日時	母親の行動	子どもの身体的成長	移動運動	感覚の発達	社会的発達	その他

42. 初期の運動発達と言語発達

Peter S. Fernald：University of New Hampshire
L. Dodge Fernald：Harvard University

このアクティビティは，心理学入門，児童心理学，また乳幼児期の発達の順序を扱うどのような授業にも適している。どの規模の授業でも実施可能である。少なくとも30分は必要であるが，ディスカッションが深まればより時間が必要となるだろう。この授業内アクティビティは，発達の順序，訓練を通して獲得される能力と成熟を通して獲得される能力の違い，発達初期の子どもに対する知能検査に関するディスカッションへの良い導入となる。

□コンセプト

人間発達の原理のいくつか，特に，頭部―尾部と中心部―周辺部の発達の順序性と，成熟の役割について説明している。学生は，事前に宿題として配布された講読資料か講義により，頭部―尾部，中心部―周辺部の発達の順序性の知識を事前に得ておくべきである。

□必要な材料

運動能力と言語能力のリストを，黒板にまとめて書くか，パワーポイントのスライドで提示するか，各学生にリストを印刷したものを配布する。

発達の順序	運動・言語能力
―――――	一人で歩く，いくつかの言葉を言う
―――――	鳥と犬の違いを説明する
―――――	動いている物体を追って、頭を動かす
―――――	1円，10円，100円硬貨を区別する
―――――	階段を上る、多くの言葉を言う
―――――	靴のひもを結ぶ
―――――	1分間一人で座る,「だーだー」と言う
―――――	野球のボールとオレンジ，または飛行機と凧の似ている点を話す
―――――	靴をはく
―――――	15分という時間を伝える
―――――	走る、簡単な単語をつないで用いる
―――――	伝い歩きをする

□実施法

学生に，さまざまな能力を発達の順序に従って，順序付けをするよう求める。最初に発達する能力を1，最後に発達する能力を12とする。学生がこの課題を終えた後で，正しい順序を教える（4，10，1，9，5，8，2，12，7，11，6，3)。次に，学生が発達の順序をより明確に理解できるように，最初に発達する能力から最後に発達する能力までを正しく並べ替えたリストを提示する。そのリストには，適切な年齢を記し，以下のように示す。

発達の順序	運動・言語能力
2ヶ月	動いている物体を追って，頭を動かす
9ヶ月	1分間一人で座る，「だーだー」と言う
1歳	伝い歩きをする
1歳3ヶ月	一人で歩く，いくつかの言葉を言う
1歳6ヶ月	階段を上る，多くの言葉を言う
2歳	走る，簡単な単語をつないで用いる
3歳	靴をはく
4歳	靴のひもを結ぶ
5歳	1円，10円，100円硬貨を区別する
6歳	鳥と犬の違いを説明する
7歳	15分という時間を伝える
8歳	野球のボールとオレンジ，または飛行機と凧の似ている点を話す

□考察

学生に以下の質問をする。頭部—尾部，中心部—周辺部の発達は，ここに示された順序性にどのように表われているか？　学生に順序性のみられるいくつかの例をあげさせる。頭部—尾部発達の例は，乳児が歩き始める前に，動いている物体にしたがって，頭を動かすことがあげられる。また，乳児が，靴紐の結び方を学ぶ前に靴を履くことができるようになることは，中心部—周辺部の発達の順序性を示唆している例である。

次に，成熟を通して主に獲得されると学生が思う能力の横に，M（Matureの頭文字）と書き，明らかに訓練によって身につくと思うものの横に，T（Trainingの頭文字）と書くように伝える。それから，学生に2つ目の質問をする：主に成熟を通して発達する能力と，訓練を通して獲得される能力に何らかの傾向やパターンはあるか？　ディスカッションを通して，以下の点を導き出す。運動発達の課題に関する最初の3つの能力は，成熟を通して主に発達する。しかし，各言語発達の課題は，訓練によって身につく。最後の6つの能力は，すべて訓練によって身につくものである。つまり，訓練（学習）は，発達の順序性の後半に生じる能力に対してとても重要だと考えられているといえる。

最後に，乳児や幼児を対象とする誕生後から8歳までの知能テストを作成するよう，学生に勧める。そして，学生に3つ目の質問をする：そのようなテストで，ここであげられた項目のいくつかを用いることは適切だと考えられるか？　また，ディスカッションを行ない，以下の観点を導き出す。知能は，一般的な言葉で定義すると，ある環境に適応する能力である。正しい順序に並べ替えた項目は，（後半にいくほどに）環境に適応するため，また対処するための能力が徐々に増加することを説明している。実際，2，3の課題は，標準的な知能テストに含まれている。年齢があがるにつれて，知能の性質が変化することにも注意する。人生のごく初期では大筋的な運動能力が，人生の後半では，言語面がより重要視されている。大人用の知能テストのほとんどは，言語能力についてである。

43. パネリストとしての親

親に児童や青年の理解のために来てもらう

Janet Morahan-Martin：Bryant University

このアクティビティは，子どもの発達段階に応じて変化する親の役割について説明する。このアクティビティは，入門心理学の他にも，児童心理学，青年心理学，成人発達心理学の授業に適している。アクティビティは1から6までの授業でのセッションからなり，学生による事前準備を必要とする。どのような規模の授業でも実施できるが，すべての学生が参加する場合には，小～中規模の授業で最も上手くいく。

□コンセプト

親は児童や青年の生活において重要な役割を果たしている。しかしながら，親はしばしば小さな役割に追いやられることがある。典型的に，教科書での児童期や青年期の内容の中で，親の研究は子どもの適応的傾向あるいは精神病理に関連する遺伝，モデリング，養育パターンに焦点を当てている。暗黙のうちに，どのようにして親が子どもを形作るかが強調されている。これらのアプローチは価値のあるものだが，それらの研究は普通で健康的な養育，あるいは養育の相互作用的な性質を十分に調査していないと私は考えている。ここで提示されるパネリストとしての親というのは，親を学部の授業に直接招待するという方法である。親は養育に関する彼ら自身のやり方について語るときに，自分の子育ての中で直面した問題を生き生きと思い出す。親にパネリストとして参加してもらうことは，親になったことのない学部生の教育において特に価値のある方法である。

子育ては，相互作用的な過程である。親が子どもを形作り，子どもが親を形作る。子どもたちは成長と共に変化していく。子どもの変化に伴って，親も変化しなければならない。親は子どものニーズの変化に順応しなければならない。したがって，親期（parenthood）は，発達的な過程である。ガリンスキー（Galinsky, 1981）は，彼女の著書の「世代の間“*Between Generations*”（1981）」や「親期の6段階“*The Six Stage of Parenthood*”（1987）」の中で，親期の6つの段階を示している。親期のそれぞれの段階は，子どもの発達的ニーズによって決定されるテーマや課題によって特徴付けられる。これらの段階は妊娠中の親，乳児の親，幼児の親，学齢期の子どもの親，青年の親，そして子どもが家を去った後の親である。これらの段階は，ここで述べる親にパネリストとして参加してもらうことの理論的な基礎となるので，各段階での関連する課題の簡潔な概要を述べる。

妊娠期の間，親は第一段階，すなわちイメージする段階にいる。妊娠中の親は妊娠を受容し，出産や親になることの準備をする。彼らは，子どもとはどんなものであるかや，自分がどんな親になりたいかのイメージを作る。妊娠中の親はまた，彼らの配偶者，両親，友達との関係の変化について考える。親は赤ん坊の出産と共に，第二段階，すなわち養育段階に入る。これは，子どもが“イヤ”といい始める，およそ1歳半～2歳まで続く。この段階での親にとっての重要な課題は，赤ん坊と愛着を形成するということである。親は赤ん坊のニーズと自分自身のニーズのバランスを取らなければならないため，自己感覚の変容に直面する。親は，夫婦相互の関係や生活上の重要な他者との関係を変化させる。この段階の間，親は実際の養育と，彼らがもっていた出産，子ども，親としての自分自身に関するイメージとを比較する。親期の第3段階，すなわち権威段階は，子どもがおよそ2歳のころからおよそ4～5歳まで続く。子どもが自立し始めるにつれ，親の課題は養育から責任のある支配力や権威を主張することへと移行していく。親は，子どもが許される限界・それらの制限をどのように子どもに強要するかを決定し，子どもに伝えなければならない。この際に，親は彼らの子どもが完璧でなく，自分自身も完璧な親ではないという粉々にされたイメージに対処しなければならない。また，彼らは子どもの性役割の同一性に取り組まなければならない。

子どもがおよそ4～5歳のころから青年期にさしかかるまで，親は第4段階，すなわち説明的段階にいる。子どもの世界が安全な家や学校を超えて広がり始めるので，親の主要な課題は，この世界を子どもに説明することである。これは，親自身を子どもに説明し，子どもが価値を形成するのを支援するのと共に，子どもの自己概念を説明し発達させることを含んでいる。親はまた，広がっていく世界についての子どもの質問に答え，必要とされるスキルや情報の入手方法を子どもに教えなければならない。第5段階，すなわち相互依存的段階は，10代の子どもにあたる。親は，子どもが10代になったことのショックを受け入れ，彼ら自身の親としてのイメージを再評価しなければならない。親はもう一度以下のような権威段階での多くの問題と取り組まなければならない：統制，コミュニケーション，理解，意地のはりあいを避けること。彼らは，子どものセクシャリティに取り組み，10代のアイデンティティを受容し，すでに成長した子どもとの新しい絆を築かなければならない。第6段階，すなわち旅立ち段階は，子どもが家を去るときに起こる。この時期は評価によって特徴付けられる。親は子どもの旅立ちへの準備をしながら，彼らとともに過ごした子どもとの歳月を思い返し，すべての養育過程を再評価する。子どもが実際に去るとき，親は成長した子どもの親としてのアイデンティティを再定義し，他の重要な関係を再度考え，自分たちの達成と失敗について評価するのである。

□実施法

パネリストになる親のスケジュールは，それぞれの子どもの発達年齢に応じて組まれる。セメスターの早い時期に，学生は発表したい親期の段階を選択し，彼らが選択した段階に基づいたワークグループを作る。それらの研究グループは，パネリストとなる親達を見つけ，その日のパネルディスカッションを実施する責任をもつ。

パネルディスカッションの日に先立ち，すべての学生はその時に取り上げられる親の発達段階が書かれた書籍を読んでくるよう要求される。ガリンスキー（Galinsky）の「世代の間“*Between Generations*”（1981）」や「親期の6段階“*The Six Stage of Parenthood*”（1987）」が薦められる。加えて，この親とのパネルディスカッションの研究グループの学生はそれぞれ，該当する年齢の子どもをもつ親，少なくとも1人にインタビューをし，このインタビューの中で明らかにできた問題や，親へのインタビューが書籍に書かれていた親のテーマを立証したかどうかをまとめたレポートを書くよう求められる。教師はインタビューにかかわる倫理的問題について論じ，インタビューの対象者に説明した上で同意書を求めることが重要である。

ある発達年齢を任された研究グループの学生は，パネリストの親が来る日の授業の責任をもつ。しかしながら，教師はボランティアで参加してくれたすべての親に自己紹介し，パネリストとして参加してもらうことの目的を簡潔に説明することが推奨される。親とのパネルディスカッションの当日，親達や研究グループのメンバー全員は，クラスの他の人と対面するように座る。研究グループのメンバー，親，一緒に来ている場合は子どもを受講者に紹介し，その後，そのグループに応じた養育上の問題や，グループがパネリストではない他の親達に実施したインタビューの結果を手短に報告する。親達はその発表に対して質問したりコメントするよう促される。次に，研究グループのメンバーは，親達に今回の対象となっている発達年齢の子どもの養育経験を尋ね始める。研究グループには，オープンエンドな質問やディスカッションを促す技術について前もって教えておく。典型的な質問は，以下のようなものである。今回の発達年齢の子どもの養育についての最も良い事柄と悪い事柄は？　親達がどう変化してきたか？　子ども，友人，きょうだい，そして自分の親との関係や全般的な生活にどのように適応したのか？　親達どうしのディスカッションや受講者からの質問が促される。授業時間の最後のおよそ5−10分は，親達がコメントしたり，参加してくれた親達に御礼を言うために確保されること。

各親とのパネルディスカッションの規模や時間は多様である。私はたいてい，1つの発達段階につき50分の授業を割り当て，パネリストの親を4−6人にしている。しかしながら，授業期間によって2回か3回のパネルディスカッションに短縮できるし，それぞれの年齢グループで，親をより少ない人数にすることもできる。各年齢グループで２人以上の親に来てもらうことが重要である。なぜなら，学生は段階間での違いと同様に，同じ段階での親間での違いについて後でよくコメントするからである。

受講者全員が参加する，別のやり方は，書籍を割り当て，書籍に基づき受講者全員が少なくとも１人以上の親とのインタビューに基づきレポートを書き，親に尋ねる質問を準備するというものである。パネリストとなる親は教師が選ぶ。

□考察

ディスカッションは，パネルディスカッションにおいて生じた問題をまとめるために使用される。焦点は，親から示された発達的テーマや，以前のグループでの親達と，今回の発達年齢での親達の問題やテーマを対比することである。親と子どもの相互作用と共に，養育スタイル間の違いが焦点とされる。

44. 青年期アイデンティティの3つの課題　認知的，道徳的，社会的

Mary Moore Vandendorpe：Lewis University

この3つのパートからなるディスカッションは，人生に対する青年の発達に関する抽象的な理論を紹介するためにデザインされたもので，心理学入門や発達心理学の授業内アクティビティに適している。授業に応じて所要時間は変更できるが，ピアジェ（Piaget）やエリクソン（Erikson）を強調する教師主導のディスカッションである場合は20分くらいかかる。何の材料も不要で，どのような規模の授業でも受講生は参加できる。大人数の授業の場合，学生参加を促すために，小人数のディスカッショングループに分けても良い。

□コンセプト

青年期の研究にとって，ジャン・ピアジェ（Jean Piaget）の認知理論，ローレンス・コールバーグ（Lawrence Kohlberg）やキャロル・ギリガン（Carol Gilligan）の道徳理論，社会的年齢段階規範の考え方は重要な概念である。エリック・エリクソン（Erik Erikson, 1954）によれば，アイデンティティの形成はこれらの領域の発達により助長される。

ピアジェ（Piaget, 1972）は，形式的操作思考は仮説検証能力と抽象的な問題に対する論理的法則の産出を必要とするとした。コールバーグ（Kohlberg, 1986）とギリガン（Gilligan, 1982）は共に，青年期には道徳的な理由づけが可能になり，単純な報酬と罰を超えた見方ができるとした。コールバーグ（Kohlberg）の理論は，正義と公平さの考慮に基づくものであり，ほとんどの男性に適用できるようだ。ギリガン（Gilligan）の理論は道徳判断を関係性と責任性に基づくと述べており，女性により合致しているようだ。私たちの社会では，単一で共通に認知された通過儀礼がないため，年齢段階の規範はそれほど明瞭ではない。青年は児童の基準と成人の基準の間にはめ込まれてしまう。社会がより断片化するにつれ，葛藤する規範や理想はアイデンティティ形成を複雑なものにする。

これらの発達は，青年の自分自身のアイデンティティの探索を困難な戦いとしてしまう。認知的変化によって，十代の若者はいくつかの潜在的なアイデンティティを産出し，それらを合理的な論理的方法で評価できるようになる。青年は，自分にとって

ふさわしい行動はどうあるべきかについての期待に敏感であり続けながらも，家族や社会によって伝えられた信念や役割に疑問をもつこともできる。アイデンティティの確立の成功は，これらのすべての要素を調整する能力に依存する。

□実施法

アクティビティは3つの理論の適用と結論からなる。

1．形式操作段階の定義を提示した後に，私が**一本足物語**と名づけている話を紹介する。学生に，「この瞬間から，すべての人間の赤ちゃんは一本足で産まれてくると仮定しなさい。すると，何を変えていかなければならないだろうか」と尋ねる。受講生からの質問に応じて，この状況を詳しく説明する。たとえば，一本足の赤ん坊は他のことについては正常である。次に，何が変えられなければならないかについて考えを尋ねる。学生たちはすぐに衣服，また建物の変化を示唆するだろう。例えば，彼らはしばしば，階段はなくなるだろうと結論する。ディスカッションには車やスポーツはどうなるかなどの考えも含まれている。どのように人々は移動するか。松葉づえを使う，スクーターに乗る，あるいは一本足でピョンピョン跳ぶのか？　このような出来事が私たちの健常についての考えをどのように変えるかや，新たな差別のターゲットを導くことがあるかについて受講生に考えさせる。結論では，この課題の過程で学生が示した形式的操作の特徴を指摘する。すなわち，仮説演繹推論と問題のあらゆる側面の検討である。これは拡散的思考や問題解決についてのディスカッションの導入にもなる。

2．コールバーグ（Kohlberg, 1986）のハインツと薬屋の道徳ジレンマ課題は，ほとんどの教科書に引用されている。しかし，私の授業では2つの別の道徳ジレンマが，学生に，より現実的で興味をもたれている。それらはスピード違反と学校でのカンニングである。同様にうまくいっている他のトピックとしては妊娠中絶と未成年の飲酒がある。

受講生に，これらの行動に，賛成と反対の想像できるあらゆる理由を生成するよう指示する。自分の考えではなく，他の学生が言うと思うことを示すよう求めることが有効である。受講生を小グループに分け，グループごとにそれぞれの理由をコールバーグ（Kohlberg, 1986）と ギリガン（Gilligan, 1982）の道徳性の水準に従って分類させなさい。各グループは青年の道徳的成長を促すための適切な方法を述べることができる。私はしばしば大人数のグループエクササイズとしてスピード違反の例を取り上げ，次に小グループで2番目の「ジレンマ」をディスカッションさせている。道徳的な理由づけと道徳的行動の違いについてディスカッションする。

3．学生は日常生活における**規範**の効果を認識できない。年齢段階規範は，学生に，高校1年生はどのように行動することを期待されるか，大学4年生はどのように行動することを期待されるかを尋ねることにより，デモンストレーションできる。学生は通常，飲酒，車の運転，人間関係やクラスにおける行動に関することを提出する。主要な点は，そのような規範はしばしば年齢によって段階づけられ，とても強固なもので，しばしば私たちの生活では認識されないうちに影響しており，しかも詳細に検討されることはほとんどない。規範は，どのように行動すべきかを容易に知らせるものであることを指摘する。規範によって，人は効率的になりかつ安定できる。

□考察

ディスカッションでは，認知，道徳，社会の課題を調整する能力が，どのようにアイデンティティの発達に影響するかを指摘する。変化と一貫性のテーマを強調するために，学生に「私は……」という質問に対する10の答えを2セット書くように求める。1セットは現在の自分として，そしてもう1セットは12歳の時の自分としてである。学生に，繰り返し生起しているアイデンティティの変化―たとえば，視点，道徳的責任性の感覚，自己認識の変化―を述べ，また残存している類似性に気づくように求める。このアクティビティで取り上げられた理論を彼ら自身の発達にあてはめさせる。高度に工業化した西洋社会では個人性を賞賛するが，伝統的な文化ではしばしば相互依存や協力に価値をおくこと（Hoover, 2004）を指摘する。

ディスカッションの第2の領域は，多くの青年がイデオロギーに感じる強い魅力に関してである。私の授業では，分析的能力，強固な道徳的感覚，規範への適応感の成長の仕方により，若者がイデオロギーグループ，すなわち，政治的・宗教的過激派，宗教的カルト，ギャング，社会的・軍事的組織などへの脆弱性をもたらしてしまう道筋を分析してきた。

本エクササイズへのレポートとして，自分自身の思考の例，どのように規範が自分に影響したか，あるいはアイデンティティが長期にわたり変化するかを論じさせる。

45. 高齢者への態度を調査する

Paul E. Panek：The Ohio State University at Newark

このアクティビティは，エイジングの過程や高齢者に対しては肯定的な態度と否定的な態度が付随するというように，エイジングへの態度は混合したものであることを示す。これは生涯発達心理学や，心理学入門，社会心理学に適した活動である。このアクティビティには，授業外の要素と授業内の要素の両方がある。授業の規模に応じて，授業内の要素にすべての学生が参加することも，また選ばれた人数の学生が参加することもできる。アクティビティには15－30分の時間を要する。

□コンセプト

団塊世代や平均寿命を増加させた医療科学の変化によって，アメリカにおける65歳以上の成人の人口は最も急速に増加している。このようなアメリカの人口構造の変化は，政治，経済，求人市場，家庭の負担にどのような意味をもつのだろうか？

エイジングの過程や高齢者に対する社会の態度は，多くの要因（例：それまでに高齢者と接していたかどうか，対象となる高齢者の刺激特性，回答者の年齢）によって変わるものの，一般には混合されたものとして描かれている（Chasteen, Schwartz, & Park, 2002; Kite, Stockdale, Whitley, & Johnson, 2005）。つまり，人々は，エイジングに対して肯定的なステレオタイプと否定的なステレオタイプの両方を連想するのだ（Fiske, Cuddy, Glick, & Xu, 2002）。バトラー（Butler, 1969）は多くの人が示す高齢者への否定的な態度を表現するためにエイジズム（age-ism）という用語を創り出した。以下のアクティビティで，学生は友人の高齢者に対する態度を調べ，研究方法における実践経験を育てる。このアクティビティは，学部学生にとって効果的であることが証明されている（Panek, 1984）。

□実施法

学生にエイジングの過程や高齢者への態度に関する簡単な導入講義をしなさい。それから，各自が友人の高齢者への態度を調べてくるように言う。すなわち，高齢者と聞いたときに思い浮かぶ3つの言葉を4人の学生（この授業の受講者以外の学生）に尋ねてくるように指示する。また，回答者の年齢も記録しておく。4人への面接をしたら，反応全体のリストを作り，各反応の頻度を求めておく。全学生がこれらのデータをもってきたら，結果を黒板に示させる。黒板には言葉のマスターリストを用意し，各学生が結果を報告する都度その頻度を書き入れる。あなたの提示したマスターリストを基にして，すべての言葉とその頻度の表を示す。受講者に各言葉の意味が，肯定的（例：叡智）か，否定的（例：ぼけた）か，中立的（例：喜ばせるのが簡単）かを話し合わせる。各言葉の意味の最終決定は，全受講者の多数決で決める。受講者の投票に基づいて，言葉の横にP（肯定的），O（中立），N（否定的）と書く。

授業外の回答者の年齢が十分に多様であったら，たとえば40代 対 20代といったように異年齢の学生による反応パターンの差異を探すように教示する。もしサンプル年齢の多様性を確実に調べたいなら，ショッピングモールや他の公共の場で特定の年齢群の回答者を探してくるように学生に指示すればよい。

□考察

学部生の講義でこれと同じ方法を用いた結果，**高齢者**という言葉に対する反応の60％が否定的で，30％が肯定的，10％が中立だった（Panek, 1984）。このアクティビティはエイジングの過程や高齢者への態度に関する授業での討論を生み出すためにとても効果的である。ディスカッションの話題には，エイジングのステレオタイプはどこからきたのか？　メディアはどのような役割を担っているのか？　エイジングの心理的・身体的問題について医療関係者はどのくらいの訓練を受けているのか？　どのような環境的な障壁が高齢者にはあるのか？　このような否定的なステレオタイプはどのように高齢者への障壁となっているのか？　どうしたら若年成人は高齢者に影響する社会的障壁をより認識できるようになるのか？　エイジングへの態度を表わす言葉に文化差はあるのか？　たとえば，どうやってアメリカと中国での態度を比較するのか？　アメリカにおいてエイジングへの否定的なステレオタイプはどのように変化してきたのか？　何歳でエイジングへのステレオタイプは学習されるのか？　のような疑問が含まれるだろう。クウォン・シーとヘラー（Kwong See, & Heller, 2005）は，高齢者への否定的なステレオタイプが5歳でみられることを示している。

学生が高齢者への態度をより意識するようになることに加えて，このアクティビティには以下のような多くの副次効果がある。優れた授業内ディスカッションと参加，研究方法の説明，他の研究プロジェクトをはじめたいという欲求の増加である。

重要な事は，学生が高齢者に対する否定的なステレオタイプの結果として生じるたいへん深刻な結果を理解することである。たとえば，高齢者に対するステレオタイプの結果として，高齢者は健康促進と病気予防プログラムのための法律制定の対象から何度も外されてきた（Ory, Kinney, Hawkins, Sanner, & Mockenhaupt, 2003）。オリーら（Ory et al., 2003）は，「高齢者差別のステレオタイプはアメリカ社会に広まっており，高齢者の心理的健康や身体機能や認知機能，そして生存そのものに悪影響を及ぼしている」と述べている（p. 164）。このように，心理学にとっても学生にとっても，このトピックの重要性はどれだけ誇張してもしすぎることはない。

■第9章　パーソナリティ

本章のアクティビティはパーソナリティ理論の検討から始まる。学生は彼らの素朴なパーソナリティ理論，パーソナリティ・アセスメントのための投影法の特質，迷信行動の説明にしばしば用いられる偶然の出来事に対する個人の統制の錯覚，パーソナリティの偽アセスメントの性質，そして心理学や文学で描かれる自己の心理学を探究する。

本章はパーソナリティ理論のトピックから始まる。アクティビティ46により学生は自分のもつ素朴なパーソナリティ理論を確認できる。このアクティビティにより「パーソナリティの個人理論を考え，それが心理学の著名なパーソナリティ理論とどう関連しているかを考察する」ことが促される。学生は「パーソナリティとは何か？」という質問に取り組み，なぜ心理学におけるパーソナリティに多様な理論があるのかを理解できるようになる。

アクティビティ47のテーマはパーソナリティ・アセスメントのための投影法である。2人の文章完成法テストの擬似データが彼らのパーソナリティをディスカッションするために与えられる。さらに，このアクティビティは人事考課のアセスメント用具としてのパーソナリティ・テストの利用を探求する。

エレン・ランガー（Ellen Langer）は，ある人々は，実際には結果が偶然によって決定されるような状況を統制する力をもつと信じていることを示し，この現象を**統制の錯覚**と名付けた。アクティビティ48で，学生は偶然のゲームを行ない，自分が勝つ確率を予測する。彼らの推定は実際の偶然をはるかに超えるのが普通である。ディスカッションを通して，アクティビティの結果と迷信やギャンブル依存症等の問題が結び付けられる。

アクティビティ49はパーソナリティをテストする際のバーナム効果（Barnum effect）と呼ばれる現象を説明する。実際には採点されないニセのパーソナリティテストを用い，学生は自分のパーソナリティについて同一のフィードバックを受け，このテストがどれくらい正確に彼らのパーソナリティを述べていると思うかを尋ねられる。結果についてのディスカッションは，新聞の星占いのバーナムに類似した表現を取りあげる。このエクササイズの主な目的は，パーソナリティの信頼性と妥当性のある測度はどのように構成されるのかというディスカッションに学生を巻き込むことにある。

アクティビティ50では学生にワラス・スティーグナー（Wallace Stegner）の「*流れ星*」（*A Shooting Star*）か「*安全な横断*」（*Crossing to Safety*）の2つの小説のいずれかを読んでこさせることで，教室に文学をもち込む。エクササイズの焦点は，自己の理解と，パーソナリティ心理学では自己をどのように見ているのかを理解することである。このアクティビティは心理学的な自己概念と2つのスティーグナーの小説に描かれた自己をつなげる。

46. パーソナリティとは何か 個人の評価

Kenneth W. Kerber

このアクティビティは，学生が自分自身のもつ暗黙のパーソナリティ理論を同定し，検討することを助け，パーソナリティ理論を具体的で理解可能なものにする。心理学入門，パーソナリティ心理学，社会心理学，および対人適応などの授業に向いている。心理学の特別な知識を必要としない。事前の準備は最小限であり，アクティビティはすべての規模の授業に向いている。このアクティビティは授業内でも，宿題レポートによる授業外のいずれでも行なえる。

□コンセプト

パーソナリティ分野はジークムント・フロイト（Sigmund Freud），ゴードン・オルポート（Gordon Allpor），およびレイモンド・キャッテル（Raymond Cattell）によって展開された包括的なパーソナリティ理論としばしば関係している。現在のパーソナリティ理論のリストの一部であっても，そこには大勢の著名な理論家やその見解が含まれている。途方もない多様性をもつパーソナリティ理論は，精神力動論的，人間論的，認知論的，特性論的，学習論的アプローチのような広義のカテゴリーに分類することによって，心理学入門を受講する学生により容易に理解させることが可能である。パーソナリティに対するこれらのアプローチは，相互に関係したものではあるけれど，人間の行動や精神過程を理解するためにそれぞれ異なる概念を使用する。

ケリー（Kelly, 1963）は，そのパーソナリティ構造の理論の中で人々を科学者とみなした。彼は，私たち各々は科学者のように出来事を予測し，統制しようとしていると主張した。私たちは絶えず自分の経験を評価し，私たちを取り巻く世界を理解し，統制するために現実の解釈を用いる。このような観点に立てば，私たちが理解し，統制しようとする現実の大部分を人びとが形作っているので，人はパーソナリティについて自分なりの理論をもっているといえる。

このアクティビティは，学生がパーソナリティについての自分なりの理論について考えて，それが心理学の分野の卓越したパーソナリティ理論にどのくらい関係しているかを熟慮するように促すものである。エクササイズやその結果得られたディスカッションは，よく知られた典型的なパーソナリティ理論に関するより詳細な教材へ導入する上で役に立たせることができる。

□実施法

このアクティビティの最初にパーソナリティという用語について少しディスカッションすることが重要である。社会的スキル，魔力，魅力のような，普段使う言葉の意味と心理学の学術用語の意味，つまり私たちが共通してもっている印象ではなく，人類としての私たちに不可欠な本質とを区別するのである。

以下の教示を書いた用紙を各学生に配布する。「あなた自身のパーソナリティやあなたの周囲の人のパーソナリティについて考える上で，あなたにとって重要であるかもしれない概念が以下に書かれています。各項目について考え，人間のパーソナリティについてのあなたの見方にとって最も重要な項目を3つにチェックを入れてください」この教示の下には以下のような用語が記載されている。

____外的環境
____気質
____経験の解釈
____意識の覚醒
____幼児期の経験
____報酬と罰
____能力
____現実の組織化
____自己
____無意識の動機
____観察可能な行動
____永続的な特徴
____期待
____主観的感情
____性的本能

これらの用語のリストの後に，以下の教示が加えられる。「なぜチェックした3つの項目を選んだか，下の空欄に説明してください」

ここに示されていたリストは，パーソナリティについての5つの主要なアプローチに関連する3つの概念を含んでいる。それは精神力動論的（幼年期の経験，無意識の動機，性的本能），人間論的（意識の覚醒，自己，主観的感情），認知論的（経験の解釈，現実の組織化，期待），特性論的（気質，能力，永続的な特徴），学習論的（外的環境，報酬と罰，観察可能な行動）である。リストの用語が示す概念は授業であなたが紹介するものと一致させるべきである。あるいは関連した読書課題に取り上げられていること。学生の心理学の知識に応じた適切な用語を選ぶようにする。

学生は授業中に，あるいは宿題としてプリントを完成させる。書き終えたら，彼らが選んだ概念とその理由についてディスカッションさせる。ディスカッションの中で，主要な理論を紹介する方法として，パーソナリティの特定の概念と多様なアプローチとの間の関連性を指摘してみる。人間のパーソナリティに対する学生の個人的な視点が，心理学の主要な理論とどのように関係しているかを考えるよう促す。実際にこのエクササイズは，学生が自分自身のパーソナリティについての見方を心理学の理論家の研究と関連づけて説明するレポート作成の基礎を提供する。

□考察

以下のようなパーソナリティ研究に関するいくつかの重要な疑問に取り組むことにこのアクティビティを利用することができる。つまり，パーソナリティはとは何か？　パーソナリティ理論とは何か？　なぜ心理学者はそれほど多くの異なるパーソナリティ理論を提案したのか？　ある理論が正しく，それ以外は間違っているのか？　パーソナリティへの因子分析的アプローチはこの疑問に答えてきたか（例えばビッグ5，Goldberg, 1990参照）？　パーソナリティ理論は心理学においてどのような機能を果たしているか？　普通の人は実際に自分なりの人格理論を作り上げているのか？　そうだとすると，このアクティビティは新たな理論を構築する心理学者の場合とどう異なっているのか？　人間の行動に関する個人的な理論によってどんな機能が提供されるのか？　個人がパーソナリティについての自分なりの見方を評価しなければならない適切な理由があるのか？　といった疑問である。

結局のところ，ホール，リンゼイとキャンベル（Hall, Lindzey, & Campbel, 2001）の言うように，パーソナリティのどれか1つの定義が一般性をもつとして適用されることはなく，パーソナリティは理論家によって用いられる特定の概念でしか定義されないと結論を下すことは，おそらくきわめて妥当であろう。これらの結論を心に留めながら，重要な心理学的概念に基づくアクティビティと伴にパーソナリティ理論を学生に紹介することは意味があると言えるだろう。

人間のパーソナリティは，理論家，学生の意見がたやすく食い違う複雑な題材である。もしあなたが，例え一瞬でも学生を理論家の課題に巻き込むなら，パーソナリティ理論家が直面する多大な困難を学生が理解するよう促すことができる。パーソナリティの定義につきまとう特有の複雑さと奮闘するように学生を励ますことによって，パーソナリティ理論の研究をよりおもしろく，そしておそらくより記憶に残るものとすることができる。

暗黙のパーソナリティ理論を掘り下げるこれ以外の教育アクティビティについては，エムブリー（Embree, 1986）やワン（Wang, 1997）を参照のこと。

47. 文章完成テスト（SCT）

パーソナリティの査定

Peter S. Fernald：University of New Hampshire
L. Dodge Fernald：Harvard University

これは，心理学入門，性格心理学，個人の適応，心理検査あるいは産業・組織心理学の授業においてパーソナリティ検査の特徴と応用をディスカッションする優れた手段である。学生達は安全で倫理的な方法で実際のテストに接する。事前の準備は少なく，心理学の予備知識は必要ない。いかなる規模の授業にも適している。

□コンセプト

投影法の理論はここで述べる文章完成法テスト（Sentence Completion Test: SCT）でデモンストレーションされる。加えて，パーソナリティやパーソナリティアセスメントの研究に関するいくつかの概念，すなわち投影法，状況反応と特性反応，さらに評定者間信頼性，テストの妥当性，検査への回答を解釈する際の問題，パーソナリティ検査の使用にあたっての注意などが考察される。

□必要な材料

各学生には，商社への就職を志望するアルとビルのSCTの回答と彼らの回答に対応する12の質問を示した配付資料が必要となる（附録47.1参照）。

□実施法

学生にアルとビルのSCTを読みあげ，その後に続く12の質問に答えるように伝える。12の質問すべてに答えることが重要なのではない。学生にはアルとビルの回答を分析するため8分（多くとも10分）を与える。さらに活発なディスカッションのために最低15分から20分を与える。

□考察

学生には，不完全な文章“人々が私に思っていることは…”についてよく考え，文章をより投影的にさせるために，いくつかの単語を加えるか，もしくは削除するかどうかを示すように求める。またより投影的でないようにするにはどうするのかについても示すように求める。不完全な文章はいくつかの単語を削ることによって，より投影的になることも，またその逆になることもある。例を示すと，“人々は…”とか“人々が考えることは…”はより投影させるが，“人々が唯一私のことを考える時は…”は，投影をより少なくさせる。単語を加えたり削除することが投影量をコントロールし得るかどうかを考えるさらなる例として，不完全な文章“すべての人は…”や“すべての人は自由に生まれ，そして…”を考えてみる。

学生には単語の合計数で，アルよりビルの方が，SCTの言葉数が多いことに注目させる。次に，他の場面，例えば論文作成，会議，カクテルパーティ，ディナー，個人的な会話などで，アルよりビルの方が言葉数が多いと思うかたずねてみる。配属や選抜に対するアセスメント手法を用いる心理学者は誰でも，テストでの反応がどの程度まで他の状況に一般化されうるかについて関心をもっている。ことによるとビルは，SCTや自分がアセスメントされている状況でのみ，言葉数が多くなるのかもしれない。彼はカクテルパーティや会議，その他の場では言葉数の少ない男かもしれない。もしそうならビルの言葉数の多さは，状況反応と考えられるだろう。逆にビルがどのような場面でも言葉数が多いとするならば，それは気質的反応もしくはパーソナリティ特性と考えられるだろう。

パーソナリティアセスメントは，多くの人間の活動はたいてい状況によるという事実によって複雑になっている。熟練した検査者は，どういったときに彼らの態度が他の場面にも一般化できるのかについて精通していて，さらにテスト状況に少ししか似ていない，もしくはまったく似ていない状況での態度を推測するときは非常に注意深くなる。テスト反応が関心のある状況での反応と対応しているならば，テストは妥当なアセスメント用具と言える。

	アル	ビル
1.	-----	64
2.	56	8
3.	32	32
4.	----	64
5.	60	4
6.	10	54
7.	52	12
8.	55	9
9.	-----	64
10.	1	63
11.	2	62
12.	35	29

検査者がSCTの解釈について意見が一致すると期待しているかどうかを学生に尋ねてみなさい。彼らの反応をいくつか聞いた後，検査者間は求められている解釈によって，時には一致し，時にはそうでないことを解説する。学部学生は訓練された検査者ではないが，アルとビルに関する12の質問への64人の学生の回答は，重要な点を示している。

誰がより自己中心的かについて一致していないことに注意する（問12）。自己中心的という言葉は簡単には定義できないし，概してその議論をすると個人の価値体系が個人の定義と直接かかわっていることを示すことになる。一方，言葉数が多い（問1）という定義に関してはほとんど不一致はない。単に単語数を数えるだけで口数の多い個人を決定できる。したがってデータに即した解釈として，問1への回答を述べれば良いことになる。多くの要因が評定者間信頼性（すなわち，検査者間での一致）にかかわっているが，2つの主要な要因は，データに近い解釈と明確な定義を伴う用語である。

アルとビルには初級会計士の職が検討されていたとする。その職は事務所への大きな忠誠が求められ，上級会計士の指示の下で手順に従って会計処理を行なう立場であるとしよう。学生達に誰を選ぶかを示させ，選択した理由を説明させよう。次のような点をディスカッションから引き出そう。ビルのテスト結果は，規則や権威に沿おうとする気持ちが示されている。このことは文章9と10のSCTと彼のテスト指示への忠実さにおいて明白である。彼のSCTは真面目にテストを受けたことを示唆している。一方アルの最後の4つのSCTはそうでないことを示している。また文章3で，アルはまったく新しい文章を書くことによって検査の指示からそれてしまっている。最終的にアルは，文章12では“もし”，文章8と10では，“〜こと”の用い方において，また文章3ではピリオドを省略するなど，通常の文章の基準にほとんど関心を示していない。これらの観察に基づくと，ビルは上級会計士の事務所や会計処理により順応しそうであるといちおう結論づけられるかもしれない。これに対してビルのいくつかの性格は彼と上級会計士との間に相容れない関係を作り出すかもしれない。例えば，ビルは自分に意味ある規則には従うが，上級会計士の指示する事務所の手順を受け入れることには気がすすまない，おそらくアルよりもっと気がすすまないだろう。再度言うが，テスト結果から他の状況に一般化する問題には注意しなくてはならない（すなわちテストの妥当性の問題である）。

多くの学生がビルよりアルの方が，より衝動的で，より自発的であると考えることに注目してみる。その上でこれらの言葉が同義語であるかどうか，もし同義語でないならばアルを表現するのに一方の語を用い，他方の語を使わないことの意味について学生たちにたずねてみなさい。学生達は，一般的に「衝動的」と「自発的」が同義語ではないことは同意するが，アルのSCT，特に文章13から16までにおいて，どちらの言葉がよりその特徴を述べているのかについては一致しないだろう。アルは衝動的なのか，自発的なのか，あるいはただテストにうんざりしただけなのか？　心理学の検査者が使う言葉は，採用や他の状況において重要な意味をもつかもしれない。誰が衝動的な従業員を雇いたいだろうか？

学生達にSCTにのみ基づいて重要な選択決定をすることを差し控えたほうがよいかどうかを尋ねてみる。そしてその後のディスカッションに以下のポイントが含まれているかどうか確かめる。いかに訓練された心理学者も，それがSCTであろうと，他のアセスメント用具であろうと，１つだけの方法を用いることは，しないだろう。その理由は，SCTによる結果のいくつかは他のテストでは指摘されないだろうからである。もう１つの理由は，一般的知能，数学や会計の訓練，以前の業務経験などの多くの他の要因が，ここでとりあげたビジネス職をこなす上で，疑いなく同等かそれ以上の重要性があるからである。

附録 47.1 ：文章完成法テストへの反応★

以下は，ある商社への就職を志望するアルとビルのSCTである。
彼らのSCTを読み，次の12の質問に答えなさい。

1．私の母は…
アル：地球上でもっとも素敵な人です。
ビル：あらゆる点でも私の理想であり，私が母にそうであるように，私に献身的です。
2．私の父は…
アル：いい人です。
ビル：素敵で，魅力的で，正直で，そして素晴らしい友達だった。
3．兄弟姉妹は…
アル：私には沢山いる
ビル：素晴らしい仲間で，何かあるときはいつも互いに助け合う。
4．私たちの家族は…
アル；特に親密ではない。
ビル：１つのユニットのように機能し，そこでは皆が決めごとにかかわり，互いに愛し合っているという事実が根底にある。
5．他の人々はたいてい…
アル：私が好きだ。
ビル：私が好きで，私を尊敬し，私と一緒にまた私のためによく働く。
6．人々が私に思っていることは…
アル：いいやつだ。
ビル：足が地についた指導者—実力があり，真面目な人だ。
7．人々が知ったらいいのは唯一…
アル：私の能力。
ビル：関係の築き方，世界はもっと幸福なところになるだろう。
8．人々が手間取ることは…
アル：私の能力を認識すること。
ビル：不当な判断をすることです。
9．もし私が自分の道を進むと…
アル：私は成功するだろう。
ビル：私たちはある基本的な原理を信じ，それに沿って生きるだろう。
10．私が何でもしようとすることは…
アル：トップに立つこと。
ビル：神と仲間に仕えることです。
11．私の最大の野望は…
アル：健康で，経済的安心があること。
ビル：成功することです。
12．私が憂うつで気が滅入るときは…

アル：もし病気になったら
ビル：親愛な人が，死への扉に近づいているとき。

13. 私が最も苦痛を受けるのは…
アル：原子爆弾。
ビル：他人の失敗。

14. とてもフラストレーションを感じることは…
アル：交通渋滞。
ビル：明らかに即座に正しい答えを思いつくことができないこと。

15. 私が失敗したのは…
アル：通りを横切ること。
ビル：投資顧客の関心を一時的に見誤ったせいで，注文を得られなかったこと。

16. 私をトラブルに巻き込むのは…
アル：銀行強盗。
ビル：他の人々が，私と同じくらい早く反応し，アクションを起こすことを時々期待すること。

上記のアルとビルのSCTを参照して，以下の質問に答えなさい。

1. 誰がより言葉数が多いか？　アルかビルか？
2. 誰がより自発的か？
3. 誰が思考や行動でより柔軟か？
4. 誰が人間関係の重要さを強調しているか？
5. 誰がより衝動的か？
6. 誰がより注意深く，几帳面か？
7. 誰がより攻撃的か？
8. 誰がフラストレーションに陥ると人をからかったり嘲ったりするか？
9. 誰がより理想主義者か？
10. 誰の独善性が周囲の人々を遠ざけてしまうか？
11. 誰が信頼でき，誠実か？
12. 誰がより自己中心的か？

★Wallen (1956) から引用。

48. 統制の錯覚

Stephen J. Dollinger：Southern Illinois University at Carbondale

この個人による統制の錯覚についての手早く簡単なアクティビティを行なうために必要なものは，一般的なトランプ一組と１枚の１ドル札だけである。学生には何も先行知識は必要なく，このデモンストレーションは１回の授業で終了する。心理学入門，心理学研究法，人格心理学でのどんな規模の授業にも適しており，迷信行動やギャンブルに関する活発なディスカッションを生む。

□コンセプト

このアクティビティには実験人格心理学における研究方法を説明するシミュレーションが含まれ，統制の錯覚に関する授業の予備的な導入ともなる。ランガー（Langer, 1975）は，人がまったく偶然の状況でしばしば統制力があると信じていることを示した。このことに対する例は宝くじや競馬，またはESP課題でみられる。この錯覚は偶然の状況が，類似したスキルを要する状況からの手がかりを組み込んでいる場合に最も歴然とみられる。その手がかりとは，偶然の結果の決定にスキルの要因が効果をもつと考えられるものである。例えば，その人の宝くじに当たる確率は選んだ人やそのチケットを割り当てた人の徳とは関係はない。にもかかわらず，多くの人は自分が活動の参加に受身でいる時よりも能動的であった時のほうがより自信があるように感じている。統制の錯覚に関する概念は強迫的なギャンブルや迷信的習慣，熱狂などの現象を考える際に興味深い（Ayeroff & Abelson, 1976; Benassi, Sweeney, & Drevno, 1979; Burger & Schnerring, 1982; Golin, Terrell, & Johnson, 1977; Stern & Berrenberg, 1979）。

□必要な材料

普通の52枚のトランプ１組と，賞品としての１ドルが必要である。このシミュレーションを行なうには，最低で４人（20人くらいがちょうど良い）が必要である。

□実施法

教室に入ったら，１ドル札をあなたの財布から出し，高くかざし，これから授業で簡単なカードゲームをすることを告げる。一番高い価値をもつカードを引き出した人がこの1ドルを獲得することを告げる。

これからあなたが1人に1枚ずつカードを配るが，合図があるまで見ないようにと学生に告げる。最初の人に直接カードを一枚渡し，2番目の人には自分でカードをひくように指示する。このようにすべての人がカードをもつまで行なう（すなわち，半分の人にはカードを配り，もう半分にはカードを自分で選ばせる）。次に，カードを見る前の学生に自分が勝つ自信のレベルをパーセンテージを使用して書きとめてもらう。すべての参加者がカードを受け取り，自分が勝つ主観的確率を書きとめた後，学生にはカードを見てもらい，誰が勝者かを決める。次に，受講者は2つのグループ（自己選択，選択不可）の反応の結果を計算しまとめる。

統制の錯覚現象に従って，自分でカードを選んだ学生の方が（例えば，グループ平均55％），カードが配られた学生たち（グループ平均45％）よりも高い自信をもっているだろう。どちらのグループも基本確率から考えると著しく高い（クラスに9人いれば基本確率は11％，クラスに20人いれば基本確率は5％である）。

□考察

私はこのシミュレーションをイリノイ州の宝くじとそのしくみについてのディスカッションと，統制の錯覚に関する講義の導入に使用している。同じように，皆さんの州でも宝くじは行なわれているだろう（2007年現在では39州で行なわれている）。このしくみや似たようなゲームについて学習することは，本アクティビティの意義をあなたが論じるのを助けとなる。

このシミュレーションは講義の内容やその意義への大きな関心や熱心な参加を引き出す効果がある。例えば，このような現象への学生たちの個人的なかかわりをたくさん聞きだすことができた（Cramed & Perreault, 2006, Langes, 2007参照）。また，統制の錯覚と関連のある，迷信のような要因をもってくることもできる。最終試験を受けたり重要なスポーツの試合をする時，学生はどんな迷信を使っているのだろう。これらの迷信は結果に実際に結びついているのだろうか，またはそのように信じることは，そうした状況に固有の不安を鎮めるのに実際に役立つだろうか？　ギャンブラーと，競馬の賭けをした人がもつ統制の錯覚と，強迫的なギャンブラーが被った統制感の喪失の矛盾について学生に問いなさい（Griffiths, 2006; Wohl, Young, & Hart, 2007参照）。競馬で成功することにはその状況についての知識が必要であるという結論になることが多い（馬がどのような調子なのか，このようなコンディションではどのように走るのか，最近の騎手の調子はどうかなど）。これはどのくらい正しいのだろう。他のタイプのギャンブルでも同じようなことはいえるだろうか（Williams & Connolly, 2006）？

49. パーソナリティ検査

Nancy Felipe Russo：Arizona State University

このアクティビティでは，パーソナリティ検査におけるバーナム効果（Barnum effect）を説明する。バーナム効果とは，誰にでもあてはまるような曖昧なパーソナリティの記述内容を当っていると信じてしまう個人の傾向を意味する。この実習は，心理学入門，心理学研究法，心理検査法，パーソナリティに関する授業に適している。また，クラスの規模に関係なく，受講者全員が参加可能である。最初の授業では約10分，その次の授業では20～30分の時間を要する。

□コンセプト

このエクササイズはバートマン・フォラー（Bertram Forer, 1949）の論文に基づいており，妥当性の検証方法として個人の同意を利用することの誤りを明らかにする。このアクティビティは，曖昧な文章，ここでは個人のパーソナリティの正確な分析結果とされる文章がいかにたやすく納得されるかを効果的にデモンストレーションする。この現象はフォラー効果（Forer effect）や，個人的妥当化の誤り（personal validation fallacy），バーナム効果（「騙される人は尽きない」）などとよばれる。

□必要な材料

各1枚の紙にプリントされた形容詞チェック式のパーソナリティ検査用紙，評定尺度のついたパーソナリティ解説用紙を受講者の人数分用意する。どちらもこのアクティビティの中で配布される。

□実施法

このアクティビティでは受講者をだますので，実施前にそのことに留意しておく必要がある。しかしだましの内容は小さなもので，学生を不快にさせるようなことはないであろう。まず受講生に，パーソナリティ検査を実施すると告げる。この時検査に名前（例えば，「トンプソン人格目録」）をつけても構わない。学生に参加・不参加を選べる旨を告げる。パーソナリティチェックリスト（附録49.1参照）を配布し，参加を希望した学生に回答させる。通常，チェックリストを記入するのに3～5分程度の時間を要する。その後，回答者の氏名を記入し忘れないように注意を促した上で，検査用紙を回収する。そして，次回授業時に採点した検査結果を返却すると告げる。

研究室に戻ったら検査を提出した学生の名簿を作成する。名簿作成の簡単なやり方としては，検査用紙上部の氏名欄を切り取って保存するという方法もある。検査はシュレッダーなどで処分するべきである。教師は学生がどのようにチェックリストに回答を記入したかは見なくてよい。実際，そうした情報はプライベートなものである。

パーソナリティ検査に参加した学生各々に，次の授業での返却用として検査結果用紙（附録49.2参照）を準備しておく。この用紙は，個々の学生のパーソナリティの分析結果として一連の文章が書かれている。しかし，実際には学生全員に同じ結果が書かれた用紙を返却する。つまり，パーソナリティの記述は全員同じである。パーソナリティ分析が書かれた面が内側になるように用紙を半分に折り，表側に学生の名前を書く。少人数の授業であれば用紙を各学生に手渡すことも可能であろう。あるいは多人数の授業であっても座席が決まっているならば，用紙を列ごとにまとめて流し，学生に自分の名前が書かれた紙をとらせていくようにしてもよい。その際，欠席している学生がいる場合には，後で教師が回収しやすいように，欠席者の分を列の最後まで回すよう伝える必要がある。**重要**：用紙を返却する前に，その内容はプライベートなものなので，見るのは自分自身の用紙だけで，他人の分析結果を見ないように学生に伝えておくことが大切である。また，教師が開けてもよいというまでは，用紙を開けないよう指示しておく。

学生に，トンプソン人格目録は，アルファベットで表わされる24のパーソナリティタイプのいずれかに個人を分類すると伝える（ここでは，示されているパーソナリティは全てタイプCである）。次に学生に彼らのパーソナリティが記述してある用紙を開いて，読むように伝える。読み終えたら用紙の一番下にある評定に回答するように指示する（記述してあるパーソナリティの記述が，学生自身が認識しているパーソナリティとどの程度一致していると感じたかを評定する尺度が用紙の一番下にある）。

評定尺度の数字ごとに挙手で示すようにうながす（例えば，「５にマルをつけた人は何人ぐらいいますか。手を上げてください」「４にマルをした人は？」）。そして挙手を数えて人数を板書する。ほとんどの学生が４か５（とてもよく自分のパーソナリティを述べている）にマルをつけ，１，２，３にマルをつける学生は非常に少ないというのが典型的な結果である。

やりたいなら他の受講生とパーソナリティの記述を見せ合ってもよいと伝える。少しの間用紙がまわし読みされるのを待つ。ほどなくして，学生はパーソナリティの記述が全員同じであることに気づくだろう。そのような状況になったら，受講生に，事実全員に同じパーソナリティの記述を返却していること，チェックリストのデータは採点しなかったこと，検査はその結果に目を通すことなく処分したこと，そしてトンプソン人格目録なるものは現実に存在しないことを，学生に伝える。

□考察

このテストは当たっているとほとんどの学生が認識したのはなぜか，という問いからディスカッションを始めることもできよう。このアクティビティは占星術師や筆跡鑑定家の手口をどのように暴くか，あるいは，自分の観察にクライエントが同意したことを理由にあげて，自分には診断力があると主張するセラピストに対して何と言うか，などと学生に問いかけるのも良いと思われる。

このエクササイズに続いてパーソナリティ測定の以下のような講義を行なうこともできよう。パーソナリティ検査とはどのように作成され，どのように妥当性が検証されているか？　パーソナリティ研究における現在の争点は何か？　パーソナリティ測定はパーソナリティの特性論的，因子論的アプローチとどう異なるのか？　これらさまざまなアプローチの仕方や理論の間で同意されている点，同意されていない点は何であろうか？

附録 49.1

氏名：________________

説明：下記の各項目について，普段のあなたにあてはまる言葉の欄にチェックをつけてください。

__活動的な
__攻撃的な
__野心的な
__主張的な
__有能な
__自信のある
__決断力のある
__支配的な
__効率的な
__積極的な
__力強い
__独立心の強い
__勤勉な
__率先した
__知的な
__日和見的な
__忍耐強い
__持続的な
__計画的な
__機知に富む

__適応的な
__魅力的な
__思慮深い
__満足な
__協力的な
__好奇心のある
__勇気ある
__温厚な
__忠実な
__行儀の良い
__成熟した
__いたずら好きな
__穏やかな
__褒め上手な
__くつろいだ
__話好きな
__信頼できる
__ものわかりの良い
__温かい
__健康的な

附録 49.2 ：パーソナリティタイプCの要約

あなたは他人から好かれ，賞賛されたいと思っています。自分自身に対して批判的な傾向があります。これまで役に立たせられなかった数多くの潜在能力をもっています。性格的に弱い面もありますが，普段はそのような面を補うことができています。異性への適応の面で何らかの問題がみられます。外に対しては自らを律し自制することができていますが，内面は心配性で不安定な傾向があります。時に，自分が正しい判断や正しい行動をしているか，深刻に疑問をもちます。ある程度の変化や多様性を好み，規則や制限に束縛されたときには不機嫌になるでしょう。独自の考え方に誇りをもっており，納得のいく証拠がなければ他人の意見を受け入れません。他人に対して自分をさらけ出しすぎることは賢明ではないと理解しています。

このパーソナリティテストは，あなたのパーソナリティを表わすのにどのぐらい成功していると思いますか。以下の数字の１つを○でかこんでください

1	2	3	4	5
まったく異なる				完全に一致している

50. 文学を通して「自己」を解釈する

心理学とウォーレス・ステグナーの小説

Dana S. Dunn：Moravian College

このアクティビティでは「自己」の主観性を調べるために，ウォーレス・ステグナー（Wallace Stegner,）によって書かれた2冊の小説を使用する。パーソナリティ，発達心理学，生涯発達，心理学入門を受講する学生は‘*Shooting Star*’か‘*Crossing to Safety*’を読み，ディスカッションする。これらの小説は心理学的なテーマの中でも，特にストレスとそのコーピング，加齢と統合性についてそれぞれ扱っている。このアクティビティで，学生は授業でのディスカッションや宿題として「自己」についてレポートを書く時，心理学と文学の間の解釈的な関連性を探索できる。30～40人の授業なら受講生は小説についての意見を述べることができる。40人以上の受講生がいる場合では，先に小グループでディスカッションし，そのあと全体でディスカッションする。受講生の多少にかかわらず，学生は宿題として小説についてレポートを書くことができる。

□コンセプト

教師は心理学が，文学のように，「自己（the self）」で始まり「自己」に終るという，本来的に解釈を旨とする企てであったことを時に忘れる。作品に影響されるにしろ，自分自身の経験を反映するにしろ，学生は主観的認識を通して現実を解釈する。このアクティビティでは，ウォーレス・ステグナーの2冊の小説に表現された「自己」の心理学的側面をディスカッションすることにより，学生は解釈や自己認識を検討することができる。学生は，‘*Shooting Star*’（Stegner，1996）を読み，ディスカッションすることでストレスとその対処，また自己破滅を検討する。これとは対照的に‘*Crossing to Safety*’（Stegner，2006）は加齢，統合性，人生を通した「自己」の意味の問題を強調している。教師としてのあなたの目標は，自己心理学の解釈の質が文学，特にステグナーの小説についての議論と関連していることを示すことである。

□必要な材料

学生は‘*Shooting Star*’か‘*Crossing to Safety*’を購入する必要がある。2冊の小説は安価なペーパーバック版が販売されている。

□実施法

ウォーレス・ステグナー（1909−1993）は，アメリカ人の小説家で，彼の作品は愛，逆境との対決，友情，犠牲，人間の完全性，および許し（Benson, 1996）のような自己と個性という時代を超えた話題を深めたと評されている。私は2つの授業で「自己」についての教育アクティビティに彼の小説を使用した。「自己」の研究のための今日的アプローチについての授業では‘*Crossing to Safety*’を，ストレス，コーピング，健康に関するコースでは‘*Shooting Star*’を用いる。2つの小説は，より広く定義された人間の発達や行動といったテーマと同様に，「自己」の解釈性についての論議を続けることを助ける。また，発達，加齢，パーソナリティ，および社会心理学に関する単元から得られた概念を応用するための方法として，心理学入門の授業でもこのアクティビティを使用することができるだろう。事実，心理学入門の受講生に授業のトピックを踏まえて小説を読み，議論させることは，心理学的理論や概念を他の研究領域に適用できることを示すすばらしい方法である。

このアクティビティの初めに，自己に対する主観的（自己心理学）と客観的（パーソナリティ心理学）な心理学の価値を区別する必要がある（Brown, 1997）。自己心理学はその位置づけとしては現象論的であり， 私たちがどのように世界や人々，出来事を認識するかは，これらの実際の在り方よりも関心がもたれる。パーソナリティ心理学は，人が思考や行動に正確な説明を与えうるかを究明すること，「自己」の客観的な質を確立することに焦点を合わせている。

「自己」，解釈，および文学の関連を作るために，学生にそれぞれの小説にどのようにアプローチするかを簡潔に指示するのがよい。例えば，学生は小説を読んで，作品に描かれた主な登場人物の観点に立つことができる。自分自身の経験の描写であるかのように本の物語を追うように学生に伝えるのも良いだろう。各小説の要約とそれらのディスカッションについては以下の通りである。

□ ‘*Shooting Star*’の要旨

‘*Shooting Star*’は，経済的には自立しているが，情緒的には破綻した知的な女性サブリナ・カストロの物語である。愛のない結婚と堅苦しい家風の板挟みになり，彼女は新しい人生のスタートを切望した。しかし，待ち望んだ再出発も，妻帯者との不運な恋愛沙汰に終わり，結局年老いた母親と高慢な家柄が支配している実家へ戻り，そこで隠遁生活を送ることとなった。自己破滅へのらせんはゆっくりと続く。そしてサブリナは，どん底にたどり着く前に古い「自己」の残渣の上に生活を再建しなければならないことを悟る。過去の人生の影響は避けることができず，最初から完全にやり直す可能性はない。

‘*Shooting Star*’に関する授業のディスカッションでは，アメリカ社会が自らに課したストレスの本質にしばしば焦点を合わせることができる。すなわち私たちは，社会的期待（例えば，高まる物欲主義；愛ではなく，富や名声を求めての結婚）を満足させるために，しばしば自分自身を不幸な環境に置こうとする。ラザラスとフォークマン（Lazarus & Folkman, 1984）のストレス-コーピングモデルはこの作品についてディスカッションする際に役に立つ。このモデルは相互性があり，現象論的であるからである。つまりストレスは人とその人が認知する環境との適合の結果として生じるのである。ストレスのもつ特異な性質は，学生に主人公の経験に共感させる，その一方で，同時に別の生き方はなかったかを考えさせる。自尊心と自己責任はこの小説の主要なテーマであり，ストレスフルな文脈で検討されると，テーマが新しい意味を帯びるようになる。

□ '*Crossing to Safety*' の要旨

'*Crossing to Safety*' は，個人に焦点をあてるのではなく，とても長い間，時にあやうくなりながらも友情を結んできた2組の夫婦についての小説である。2人の妻は病気，つまり1人は小児麻痺，もう1人は周囲の人たちの運命を支配する押さえがたい衝動で苦しめられる。事実，後者の登場人物は，癌でその人生を終える時，夫婦を一か所に集める。その人生のように，また家族の生活のように，チャリティ・ラングの死は人生の最後にいたるまで，注意深く組織化されなければならなかった。2つのカップルのほろにがい再会により，語り手であるラリー・モーガンは喜び，苦悩，微妙なライバル意識，この40年間の友情を共有できた幸せ，そしてこれらの年月が人生に与えた意味を回顧することができた。

学生は2組の夫婦の示す正反対の結婚生活に引きつけられる。表面的には1組の結婚生活は素朴で，互いに支え合っているように思えるが，もう1組は変化に乏しく，まさに筋書きのある人生で，根本に依存関係が存在するように思える。テキストをより緻密に読み，ディスカッションすることによって，2組の結婚生活には表に現われない多くの類似性があり，わずかな違いによって人間関係を適切にまとめることなどできないということが明らかになる。加齢，距離，時間や経験，また獲得されたものの見方のもたらす和解は，自己理解にとって大いに重要である。学生は初めに「彼らはどうして友人でいつづけられたのですか？」と尋ねる。後には，学生の質問は「どうして彼らは友人であることをやめられなかったのだろう？」と変わっていく。

私は，世代性★に焦点を合わせることによって，あるいは人（あるいはある世代）が他者（次の世代）のために，どんな心理的な財産を残すことができるかと問いかけることが，この小説のディスカッションを進める上で非常に役立つことがわかった。それぞれの夫と妻は友情の過程で相手に彼らのもつ何か重要なものを与えている。学生に自分自身のこれまでの人生をよく考えさせ，他者と共有する価値がある彼らの体験の中のテーマやメッセージはどのようなものかを確認するように求める。「自己」

とその解釈という使命において世代性が果たす役割を強調するために，私はマッカダム（McAdam, 1993）の個人的神話と自伝に関する著書について論じる。それは概念が人生のテーマをまとめる役目を果たすかということについて書かれている。'*Crossing to Safety*' のすばらしい長所は，世代性が登場人物の人生で展開するのを読者が見ること，つまり彼らの複雑で，多彩な人生が読者にとって例示となっているという点である。小説はまた加齢，長寿，実存的意味に関する省察が，単に義務や結末ではなく，すばらしいものになり得るという感動的なメッセージを送る。

□考察

すばらしい物語は，読者を奮い立たせ，悟らせる（Coles, 1989)。事実，物語を語ることは重要な人間の活動であり，人に物語を語ることを通して自分自身を知るようになる，(McAdarns, 1993; McAdarns, Josselson, & Lieblich, 2006)。また，私たちが他者の物語を読み，討論し，解釈することを通して自分自身について眺め，学ぶことができるのも真実である。もちろん文学は「自己」を理解するためのすばらしい素材である。どのような物語も人間の発達，ドラマ，あるいは喜劇の問題を含んでいる。皮肉なことに，小説を利用する心理学の授業はほとんどないし，ましてや授業のテーマを「自己」の解釈的な視点に結びつけるものはない。

このアクティビティは，これら２つのウォーレス・ステグナー（Wallace Stegner）の小説に描かれた「自己」の視点を探ることによって，心理学的なトピックと文学作品を結びつける。なぜ「自己」なのか？　小説を読み，ディスカッションする過程で登場人物，作者，読者が出会うからだ。つまり個人がどのように自分自身を考えているかということは，他人の行為の解釈の中に現われてくる。学生が登場人物の動機，パーソナリティ，個性を解釈する時，登場人物と自分自身の「自己」を関連づけるので，これは必然的に起こることである。

通常，ディスカッションは１～２回の授業を使って行なう。授業を始める際には，小説の中で語られる物語に対して自分たちが受け止めたことをディスカッションすることにより，「自己」の主観的な性質を探ることが目的であることを学生に思い出させる必要がある。教師として前もって小説を読んで，考えておくならば，授業のねらいと小説のプロット，登場人物，テーマを結びつけるためのディスカッションのきっかけとなる質問を用意することができる。「読者はサブリナ，彼女の性格，彼女の選択についてどのように感じなければならないのか？」「読者は彼女の立場であればどうするだろう？　それはなぜ？」これらの質問は自由に意見が出るようになり，学生が自分達で議論を導くようになってから行なう。心理学の授業において本についてディスカッションすることの目新しさは，非常に活気のあるディスカッションをもたらす。

これらの小説の受け止め方には正答も正しい解釈もないことを学生に強調すること

が重要である。明らかに授業中のディスカッションは，ある小説のプロットのより適切な解釈があることや本を読むというこのような心理学の授業の意図をしだいに明らかにしていく。「自己」の主観的な性質を考えるなら，この客観性をもたない課題もまた，期待されるものであり，事実歓迎されている。

最後に，心理学の授業で小説を読み，学ばせることについては奇妙だが，何か壮快なものがある。学生は社会科学の授業で小説に出会うとは予想していないし，大部分の作者が意図している人生を解釈するというようには小説をディスカッションしない。小説を楽しみ，文学についての息の長いディスカッションが快く，得るところの多いエクササイズであることを知って，学生は一様に驚く。またそれは散文の研究と心の研究を分離する恣意的な専門分野の境界線を越えて，眺め,考えることのできるので，させる価値あるエクササイズでもある。

□レポートの要素

これらの小説における「自己」にかかわるテーマを探るために2種のレポート執筆をすることができる。まず最初にどちらかの小説の書評を授業のトピックに沿ったようなものとして書くように指示する。例えば，人間発達や生涯発達の授業の中で‘*Crossing to Safety*’を読んだなら，小説の必須テーマは，世代性のトピックや，成人間の友情，加齢，時には死，と関連する心理学的なデータや理論に照らして論評されることができる（McAdams, 1993）。学生が書評を書く時，何らかのペルソナを取り，その人物になったつもりになるように促すことが重要である。学生が評論家となったつもりで書くのか，学術的な心理学者となったつもりで書くのかは，そこから引き出される洞察や，書評の論調に影響を与える。

2番目のレポート課題は，どちらかの小説での主たる登場人物に焦点を当てた人物描写である。人物研究は，解釈を助けるために心理学のモデルや理論を大いに利用すべきである。もし‘*Shooting Star*’のサブリナ・カストロの特徴を研究しようとするなら，その基準として前述のストレス-コーピング交流モデルが役に立つ。このストレスモデルが小説の流れの中の登場人物の反応をどれくらいうまく説明できるかを吟味することによって，学生は容易に主役の性格分析を書くことができる。

★訳注：世代性（generativity）：エリクソン（E. H. Erikson）の造語で，ライフサイクル論の七段階目の状態を指し「次の世代に向けて価値を生み出す行為にかかわること」を意味する。それまで自分1人に向けていた関心を次の世代へ向ける段階をいう。一般には「生殖性」と直訳されるが，ここではその内容から「世代性」とした。

■第 10 章　心理障害と治療

大量の参加型学習がある中で，心理障害とその治療のためのアクティビティについては，教室で行なえる有効なエクササイズを創ることが難しいことから十分ではない。しかし，本章には心理学の授業にヒューマニティの要素をもたらしてくれる2つのアクティビティをはじめとする非常に良い例が掲載されている。取りあげられているトピックは，さまざまな心理学的立場に基づいて立案された治療法，行動変容技法を用いた自己変容プロジェクト，ストレス・マネージメント法である漸進的筋弛緩の学習，ロメオとジュリエット事例における生産的な葛藤解決の創造，ハムレットの殺人法廷における心神喪失の法的判断である。なんてたくさんの中から選べるのだろう！

アクティビティ 51 は仮定の女性エレン 32 歳の短いケースヒストリーを使う。学生は，生物医学的アプローチ，行動主義的アプローチ，認知的アプローチ，精神分析的アプローチといった多様な立場から，エレンの適切な心理治療過程を述べるよう求められる。

アクティビティ 52 では，学生がグループになり，修正したいと選んだ自己の行動変容に認知行動技法を適用する。グループは同じ目標を選んだ者で構成する。この自己変容アクティビティは，小グループの集まりを含め，主に授業外で行なわれるプロジェクトで，終了までに約 8 週間かかる。

ストレスやストレス・マネージメントがアクティビティ 53 のテーマで，学生に漸進的筋リラクゼーションを教える。アクティビティの主な目的は，学生が緊張やリラックスをどのように経験しているかに気づかせ，リラックスすることにより経験するストレスを減らす方法を提示することである。

アクティビティ 54 の背景は，シェークスピアの*ロミオとジュリエット*である。葛藤解決のためのロールプレイングやディスカッション・エクササイズが行なわれる。破壊的な解決ではなく生産的な解決，つまりこの古典の恋人どうしの悲劇的な結末を回避する方法を探究することが強調される。アクティビティの最後には，生き生きとした，また熱心な授業ディスカッションを生み出すことを保証する，刺激的で生産的な質問が準備されている。

シェークスピアのテーマはアクティビティ 55 にも続く。ここではハムレットがポローニアスを殺したときに心身喪失であったかを判断する擬似法廷が行なわれる。このアクティビティにはかなりの準備が必要だが，思い切ってやってみようとする教師には，きわめて価値のあるエキサイティングな授業経験が約束される。多くの教訓が学ばれ，学生は法廷心理学者によるロールプレイや陪審員の集団審議過程に触れる。

51. 異常行動の原因と治療についてのパラダイム

Janet Morahan-Martin：Bryant University

このアクティビティは，異常行動を説明し治療する際のパラダイムの役割を提示するものである。心理学入門，異常心理学，臨床心理学とカウンセリング心理学の授業で利用できる。アクティビティは授業の中で行なわれ，学生全員の参加が必要であり，どの規模の授業でも実施できる。少なくとも30分は必要である。

□コンセプト

パラダイムとは，科学者が現実を説明するために用いる理論的枠組みのことである(Kuhn, 1996)。心理学者がもつ特定のパラダイムやモデルは，彼らの人間の行動に対する見方に大きな役割を担っており，彼らが問う疑問，考えるある行動の原因，異常行動に対する治療方法に影響を与えている。パラダイムはまた，心理学者が行動についてもつ仮説にも反映する。例えば，行動における生物学的パラダイムを支持している心理学者は，異常行動の原因を体の機能異常であるとし，遺伝子や神経系や内分泌系の重要性を強調し，精神活性薬の投与のような身体療法を推奨するだろう。一方，行動的パラダイムを支持している心理学者は，異常行動を誤った学習のせいであるとし，条件づけのモデルの重要性を強調し，強化随伴性の管理や系統的脱感作法のような行動的介入を推奨するだろう。

心理学者として，私たちは行動に関する自分の判断や仮説にパラダイムがどのような影響を与えているかを理解するための訓練を受けてきている。しかしながら，学生はこの概念を理解しようとする際，戸惑いや難しさを感じると考えられる。心理学を学び始めたばかりの学生には特に，このような考えは，心理学者という連中はけっして同意しない，それゆえ無能で，また，自分が話していることがわかっていないやつらだという信念を強化するだろう。心理学をかなり学んでいる学生には，パラダイムが担っている役割がより明白になっているだろう。しかしこうした学生でも，行動の原因や正常と異常とを構成しているものに対して自分がもっている内潜的な仮説を理解することは難しいと感じているかもしれない。

本アクティビティでは，人間の行動におけるパラダイムの役割について説明する。さらに，正常な行動と異常な行動についての学生自身の仮説を明らかにし，異常心理学の歴史に関する論議の導入とする。

□必要な材料

学生各自に配布する事例の資料が必要である（附録51.1参照）。パワーポイントのスライドで全受講生に事例を提示してもよい。

□実施法

学生に事例を読ませ，質問に答えさせる。これは全受講生が参加している状態で行なうとよい。受講生を最初に小グループに分けて事例について話し合わせ，それから各グループの回答をクラス全体へ発表させてもよい。

□考察

受講生から回答を出させた後で，授業で用いた心理学のパラダイムに応じて彼らの回答を分類させる。彼らが帰していない行動の原因を指摘し，なぜなのかを聞くことは有効である。例えば，学生はエレンの行動の原因が身体的なものであるかどうかという質問はあまりしてこない。これは，行動上の問題の原因が身体的なものであるかもしれないということを強調するよい機会となる。学生が推奨する治療法が，エレンの行動を生じさせると彼らがみなした原因に基づいているのかを尋ねることで，治療法がどのようにして原因から導き出されるかについてディスカッションする。次に，学生が彼らの回答の中で示した正常行動と異常行動についての仮説についてディスカッションする。最後に，なぜだれもエレンが悪魔に支配されている，自慰行為に由来する精神異常になっている，体液がアンバランスであるなど考えを出さなかったのかについて尋ねることで，このディスカッションを異常心理学研究の歴史を検討するという次の課題への導入に利用できる。

附録51.1：エレンの事例

エレンS. は,「流産」後すぐにクリニックに紹介された。彼女は32歳の女性で，ジョンソン氏の事務補佐として雇われていた。彼女とジョンソン氏は最近2年間にわたる恋愛関係を終わらせたばかりだった。ジョンソン氏は子どもたちのために妻と離婚する意志がなかったからである。

医学的検査では，エレンは実際妊娠していないという結果が得られていたが，エレンは，自分が妊娠していると信じていた3か月の間，妊娠初期の典型的な症状を示していた。彼女の生理は止まり，慢性的な疲労，吐き気を示し，体重も増加していた。

エレンは原理主義的な宗教を信仰する両親のもとで育ち，現在も両親と一緒に生活している。彼女はセックスとアルコールの罪業について再三にわたり言われながら育った。ジョンソン氏との恋愛関係は，彼女にとって初めてのものであった。

あなたがエレンのセラピストであると仮定しなさい。

1．エレンの問題が進行したことについて，どんな問題が重要であると思いますか？
2．あなたはエレンをどのように治療しますか？

52. 自己指向行動変容プロジェクトのためのモジュール

Janet Morahan-Martin：Bryant University

このアクティビティでは，学生が複数のグループにわかれ，自分で選んだ行動を変えるために認知行動技法を応用する。これは，心理学入門や，臨床・カウンセリング心理学，個人的適応，健康心理学などの授業に適している。このアクティビティは，主に授業時間外で行なわれる。それは数週間におよび，授業外での小グループでのミーティングも含まれる。どのような規模の授業でも行なうことができる。

□コンセプト

学生に彼ら自身の行動を変容させるよう求めるアクティビティは，心理学の原理を直接的に応用するすばらしい方法である。そのようなプログラムは，しばしば，自己変容プロジェクトや自己変化プロジェクトとよばれ，心理学入門やカウンセリング，認知行動技法，適応，健康心理学，自己変容（Dodd, 1986; Rakos & Grodek, 1984），ストレス・マネージメント（Deffenbacher & Shephard, 1994），そして学業スキル（Brigham, Moseley, Sneed, & Fisher, 1994）のようないろいろな授業で成功裏に用いられてきた。いくつか他のパラダイムの応用を含めているものもあるが，ほとんどの自己変容プロジェクトは認知行動技法を用いている。

ここで示される自己変容プロジェクトの構成は以下の諸点からなる。(a)プロジェクトに関する各段階の頻繁な報告と，これらの段階を評価しプロジェクトの最終評価に用いること，(b)主要なプロジェクトに関して外部の助言者に，各トピックの講義をしてもらうこと，そして(c)同じプロジェクトに参加する学生のサポートとディスカッションのためのグループを作ること，である。

□必要な材料

ワトソンとサープ（Watson and Tharp, 2007）の『自己指向行動：個人的適応のための自己変容（*Self-Directed Behavior: Self-Modification For Personal Adjustment*）』が有用であろう。著者は自己変容のための行動的・認知的技法を詳細に述べ，自己変容の全体の過程を通して読者を一歩一歩案内している。各章はどのタイプの行動的自己変容にもあてはまる概括的な記述であるが，頻繁な具体例と同様に，不安，主張性，喫煙，アルコール・薬物依存，抑うつ，運動，社会的スキルと対人関係，ストレスマネージメント，学習スキル，時間管理，体重管理のようなトピックに関する，どのプロジェクトにも共通する具体的なアイデアを多くの章の最後の節で示している。各章の最後には，自己変容プログラムを計画し実行するための具体的な一連の段階的ステップが掲載されている。

□実施法

学生が選択した目標に応じてグループに分ける。各グループは異なる領域を対象とする。グループは，彼らの進捗について15分から20分間ディスカッションし合うために，学期を通して週に一度会わなければならない。これは授業の中でも，授業時間の外でも行なうことができる。ここで重要なことは，教師がグループでの話し合いの中で現われるであろう機密的な情報の倫理的な取り扱いについて論じておくことである。

アクティビティは3つの段階に分けることができる。第1段階では，学生は変化させる特定の目標を設定し，2から3週間のベースライン観察を行なう。この段階にいる間に，第2段階である最初の契約の計画を開始させる。彼らの契約の実行のためには約5週間を充てる。第3段階では，学生は終結を計画し，実行する。

以上のどの段階でも，ワトソンとサープ（Watson and Tharp, 2007）から採用された特定のステップはシラバスに組み込まれ，学生に各ステップで宿題レポート執筆を課す。これらレポートは，プロジェクトの各側面のために必要な漸次接近やスキルを段階的に学生が通過することにより，最終レポート執筆の助けとなる。

教師や他の学生からの促進的なフィードバックを，自己変容グループの学生にどの段階においても与えるべきである。各段階の完了は，最終レポートにおけるプロジェクトの評価のために重みづけられる。学生のフィードバックによると，求められる週1回か2回の話し合いのステップは，授業外の時間や作業に価値があることを示唆している。それは，この話し合いが，より深い関与を作り，学生を最新の状態にし，彼らの進捗の中にプログラムの修正の助けとなる外からの意見を与え，そして，最終レポート執筆の基礎となるからである。

以下はこれらの3つの段階の過程の解説である。

I. 目標の特定化と観察の実施
- A. 目標設定
  - 1．あなたが達成したい5つの個人的な目標を列挙する
  - 2．特定の目標とその下位目標を選び，最初の契約を書く。
    - a）　変容の良い点と悪い点ならびに自己効力信念を評価することによって，

妨害要因に対する事前の対応計画を立てる

b) 魅力的な状況を予想することや公約することで関与を形成する

B. ベースライン観察期間

1. この期間に，用いられる特定の方法を計画し実施する。行動は毎日先行する要因，行動，結果を含めて，記録すること。構造化された日記，頻度記録，評定尺度を使用すること。この期間は2・3週間続く。

II. 正式な契約

A. 計画

1. あなたの観察を基に，あなたの行動の先行要因と行動の結果を特定し評価する。

2. あなたの望む行動や望まない行動の先行要因を特定し，少なくとも以下にあげるもののうちの2つを使用して刺激統制を増加させる，あるいは減少させる具体的な計画を工夫する。自己教示，先行統制の制限，先行要因の再認識，事象連鎖の変更，思考停止，事前的コミットメント。

3. 特定の行動目標やその下位目標を達成するために，以下の技法を少なくとも一度は使用して具体的な計画を開発する。新しい思考や行動の置き換え，シェーピング，外顕的・内潜的モデリング，リハーサル。

4. プロジェクトを通して望ましい行動への適切な結果を与えるための方法を，少なくとも4つ計画する。少なくとも3つの結果は報酬を含んでいなければならない。(ステップ1から4はベースライン観察期間の間に完了する)

5. 最初の契約の完了。それは，あなたの観察期間のまとめ，あなたの特定の目標と下位目標，各目標を手に入れるための具体的な方法と規則，記録方法，フィードバック，免責条項を含めるようにする。ステップ1から4で使用した技法は契約に組み込む。契約は立ち会い者のいる前で署名される。自己変容プロジェクトは即座に開始される。

B. 実施と自己変容

1. 自己変容プロジェクトの最初の1週間の終わりと残りの各週に，学生は教師と観察結果を共有し，彼らの行動のグラフを完成させることを求められる。

2. 2週目の終わりと残りの活動を通して，学生は毎週彼らの進捗を評価し，必要ならば契約書を書き直す。学生はリスクの高い状況や過失に対処するために，前もって具体的なプログラムも準備しなければならない。

III. 終結

1. 契約期間終了の1～2週間前に，学生は終結のためのプログラムを立てる。学生は以下のことを行なわなければならない。強化の希薄化，社会的・自然的な強化の探索，転移のためのプログラム，復帰のための計画。

大きなトピックをディスカッションするために，助言者に来てもらうことは喜ばれる。学生自身の興味に基づいて発表するものを選び，ディスカッションから得られたことを彼らの契約に組み入れるようにする。典型的な発表のトピックは，ストレスマネージメント，主張訓練，リラクゼーション技法，栄養摂取，時間管理，学習技法である。私はこれらの発表のために，健康教育専門家，大学のカウンセリングセンター，また学習支援センターのスタッフを招いてきた。外部講師のある人たちは，個々の学生やグループの相談にも乗ってくれるかもしれない。学生はしばしば，これらの発表は2つ以上のトピックを1つの目標に統合するのに助けになったと報告している（例えば，ストレスマネージメントと時間管理を，栄養管理プログラムに含める）。

□考察

学期の最初に作られたグループは，彼らの進捗についてディスカッションし，彼らのプロジェクトについてフィードバックを与え，同時に情緒的なサポートを与えるために，週に1回会うべきである。グループミーティングでは，一般に最も直近で完了したステップに焦点を当てる。学生はまた，彼らの進捗や困難，代替行動，今後の計画についてもディスカッションする。これは授業時間中でも授業時間外でも行なうことができる。先行研究は，学生は協力的環境の中でより作業を行ない，より学ぶこと（Johnson, Maruyama, Johnson, Nelson, & Skon, 1981），グループは学生間の協力を促すこと（Bouton & Garth, 1983）を示してきている。学生からのフィードバックは，グループが彼らの自己変容プロジェクトの質に対して，また同様にプロジェクトへの関与やプロジェクトを楽しむことにも類似した肯定的な効果があるということを確認している。しかし，学生がグループの中で作業を行なうことを望まないこともありえる。そのような場合，学生は個人で作業をすることを許容されなければならない。

調査は自己変容技法を行なった学生の約3分の2がターゲットとした行動の改善に成功したことを示している（Dodd, 1986; Hamilton, 1980; Rakos & Grodek, 1984; Watson & Tharp, 2007）。しかし，私は評価の基準をプロジェクトの成功に置いているわけではない。その代わりに，個々人のプロジェクトの評価に際して以下のことを考慮している。問題の難易度と複雑さ，行動変容に使用された技法の回数とその適切さ，理論の理解，必要に応じてプロジェクトを修正する意欲，複数の技法を合わせて用いる時の洞察，努力の一貫性，必要とされるステップの完了，週に1回共有される詳細な日記記録の持続，グループへの出席と積極的参加，最終レポートの構成と発表である。

教師はこのプロジェクトの代わりとなる課題を準備しておくことを強く助言する。行動を変化させたくない学生は，倫理的に，この介入課題を完成させることを求められるべきではない。いったん学生がプロジェクトを開始した時でさえ，学生は自主的に抜けてもよいしもし彼らが課題を完了しなかったり，観察を共有しなかったり，グループの話し合いに参加しなければ，抜けるよう要求されてもよい。

53. 漸進性筋リラクゼーション

効果的なストレスマネージメントの１要素

Paul Bracke：Stanford University

この授業内アクティビティは，心理学入門，異常心理学，個人的適応，動機づけと感情の授業，あるいはストレスを扱うどのような授業にも適している。どのような規模の授業でも使用できるが，最も効果的なのは授業内でディスカッションができる場合である。このアクティビティは，ストレスの概念，ストレスマネージメント，漸進性筋リラクゼーションを学生に紹介するために使用できる。このアクティビティにバイオフィードバックの要素を導入するために，体温センサーである“バイオドッツ（biodots）”を購入できる。このアクティビティには心理学の予備知識は必要なく，オプションとしてのバイオドッツの購入を除いては，高価な準備は必要ない。

□コンセプト

慢性的なストレスはさまざまな心理学的・身体的障害と関連している。慢性的ストレスの具体的な形であるタイプA行動パターン（Type A Behavior Pattern: TABP）は，慢性的なストレスを生み出すライフスタイルであり，冠状動脈性心臓疾患の進行や高血圧と関連している（Friedman & Rosenman, 1974）。TABPは子どもや青年にも見受けられるため（Eagleston et al., 1986; Siegal, 1982），個人のストレスマネージメント・プログラムを開発することは大人だけでなく，若い世代にとっても必要不可欠なことである。効果的なストレスマネージメント・アプローチは，ストレス反応を引き起こす事象をより認識するようにする個人の視点の変更と，ストレスに曝されることを回避したり受け取るストレスを減らす方略の双方から構成される（Bracke & Thoresen, 1996; Bracke & Bugental, 1995; Thoresen & Bracke, 1993）。

正式なリラクゼーション方略は受け取るストレスを減らすことにとても有効である。漸進性筋リラクゼーション（Progressive Muscle Relaxation: PMR）は慢性的ストレスを特徴づける心理学的な覚醒や徴候を減らすのに効果的なアプローチであることが示されている（Davis, Mckay, & Eshelman, 1982）。本アクティビティは，自分にとって特徴的なストレスの徴候により気づきやすくなり，ストレスをマネージメントする重要な要素を実践する機会を学生に（と同様に教師にも）提供するものである。この基本的なアクティビティは，学生の関心に応じて，他のタイプのリラクゼーション方略（例えば，腹式呼吸，自律訓練，視覚化）を用いるように修正することもできる。

□必要な材料

PMRの台本が必要になる。利用できるものは多くあるが，デービスら（Davis et al., 1982）や，バーンスタインとボーコベック（Bernstein and Borkovec, 1973）のものが特に良い。PMRの台本をゆっくり，おちついて，やや単調に読むことが，このアクティビティの効果をより高めるだろう。

これは任意ではあるが，あなたは皮膚温変化によって色を変える小さな温度感受性の粘着性のドットであるバイオドッツを購入したいと思うかもしれない。これらは参加者に血管拡張と皮膚温度の上昇に反映される自分のリラクゼーションのレベルを観察できるようにし，それによってエクササイズの効果を促す。それらはBiodots International（P.O. Box 2246, Indianapolis, IN 46206; [800]272−2340）．から入手できる。また，他のバイオフィードバック装置メーカーからもバイオドッツを購入できるだろう。もし，バイオドッツを使用することを決めたならば，学生に手首の筋肉の部分に貼ることを求める。ただしこのアクティビティでドットがどのように使用されるかは示さないことが有用である。これはエクササイズを単なるパフォーマンスとしないためである。PMRエクササイズを効果的に用いた場合でも，さまざまな理由からバイオドッツに何らの変化ももたらさないかもしれない（例えば，皮膚反応の個人差，粘着の乏しさ）。

□実施法

ストレスを減らすためには，私たちが個人の身体的・心理学的な経験をより自覚するようになることが必要である。学生自身の自覚を助けるために，PMRエクササイズを使用する前の１週間で以下のような感覚をどのくらい頻繁に経験するのかを自己観察し，記録するよう求める。すなわち，不安，抑うつ，イライラ感や敵意，筋肉の緊張，頭痛，首の痛みや腰痛，消化不良，不眠，慢性的疲労，手足の冷え，時間に追われている全般的な感覚である。この自己観察に教師も参加すると，経験を学生と共有する機会になり，学生への誘因にもなるだろう。

このアクティビティは，２つの方法のどちらでも提示することができる。最初に，以下のような質問を用いて，慢性的なストレスについての手短なディスカッションを行ない，次いでこのエクササイズを始めることができる。

1．ストレスとは何か？ 学生がストレスから連想する言葉や感情を引き出す。学生の反応は，しばしば緊張や逼迫のような概念と関連する。ストレス（stress）という言葉は，“ピンと引っ張ること”を意味するラテン語のstringere

からきている。ストレスを定義するにはいくつもの方法があるが，最も有用なものは，この「ストレスは直面する要求と，その要求を満たすために所有している資源との不均衡を知覚した時に生じる」というものであろう。身体的，認知的そして情動的な徴候がストレスの指標となる。

2．なぜ慢性的なストレスは問題なのか？ ペースの速い現代生活はストレスに満ちている。いくつかのストレスは現われてはすぐに消え，私たちはそれに対処することができ，快適で生産的な生活を送ることができる。しかし，しばしば，ストレスは慢性的になる。私たちはそれにあまりに長い時間曝され，そしてそのことが重大な問題になる。調査は，慢性的なストレスは多くの身体的，認知的，情動的徴候の進行と関連があることを示している（Bracke & Thoresen, 1996; Bracke & Bugental, 1995）。最も劇的なものは，慢性的なストレスの特殊な形であるタイプA行動パターンが，冠状動脈性心臓疾患のリスクを高めるという結果である。さらに研究は，その基にある疾患が20歳代で始まることを明確に示している。

3．自己観察 事前の1週間で学生が観察した多くの感覚の記録は，ストレスの徴候であるかもしれない。これについてディスカッションする。

4．ストレスはどのようにしてマネージメントできるのか？ 効果的なストレスマネージメント・プログラムは個人の態度や期待，対処行動，生理学を考慮に入れなければならないが，ストレスに伴う身体的覚醒を減らす学習も1つの重要な要素である。有効な別のやり方の1つは，PMRエクササイズを進めるのに必要な教示を与えてこのアクティビティを始め，このエクササイズを学生が経験した後まで上述のディスカッションのための質問を保留しておくことである。このやり方の利点は，知識にとらわれずPMRエクササイズを学生に経験させることができることにある。

学生にPMRエクササイズの準備をさせるために，手足を伸ばすのに十分な広い場所で快適に座るように指示する。学生が連続して筋肉を緊張させたり解放したりする基本的な方略を理解していることは重要である。加えて，学生が，PMRの目標は緊張を感じる程度とリラックスを感じる程度の両者の間における対比の気づきを得ることであることを理解していることも必要である。リラクゼーションは単なるパフォーマンスや競争ではないことを強調する。学生が単純な教示を単に聴いて従っている時，そして，自分の独特な感覚に気づいている時，PMRは最も効果的である。最後に，学生にエクササイズの最中に呼吸をすることと，彼らの最大の力の50％から75％程度で筋肉を緊張させることを注意する。

あなたはPMRエクササイズを2つの方法で提示できるだろう。1つのやり方は学生の“通常”の緊張とリラクゼーションとの間の差を劇的に説明する方法で，これは学生に身体の片側の四肢の筋肉（例えば，右腕，右肩など）を緊張させ，そして緩和させ，次いでリラックスした側は通常の（リラックスしていない）側と比べてどのように感じるのかをディスカッションするものである。もう１つのやり方は，単純に，あなたがPMRの台本を読むのに応じて学生に全身をリラックスさせる方法である。

□バリエーションと修正

このアクティビティは大きなグループで使用するためにさまざまな方法で修正できる。例えば，グループの一部には静かに座っているように求め（統制条件），他の人たちにはPMRの手順を用いる（実験群）。これらの２つのグループは，次に彼らの身体的・心理的経験を比較調査される。

このアクティビティはまた，異なるリラクゼーション方略を使用するように修正できる。例えば，自律訓練（Luthe & Schultz, 1969）は，心をリラックスさせるのにきわめて効果的な方略である。このエクササイズは，自律訓練やオンラインで利用できる数多くの視覚化方略によって，きわめて有効に修正できる。教示は，用いられるリラクゼーション方略の特定の基本原理に基づいて修正される。

多様なリラクゼーション手順を使用することを考慮に入れることの価値は，そうすることでリラクゼーションの特定の形のさまざまな効果に注目することにある。創造的で有用なバリエーションの１つは，学生に多様なタイプのリラクゼーションを経験させ（例えば，PMRと自律訓練），経験と効果におけるそれらの違いをディスカッションすることである。

□考察

このエクササイズの目的は，自分がどのように緊張とリラクゼーションを経験するかに，学生が気づくようになることを助けることである。あなたは，ディスカッションを刺激する以下のような質問を，学生になげかけたくなるだろう。あなたの筋肉の緊張の感じをどのように表現しますか（例えば，硬い，固い）？　リラクゼーションはどのように感じましたか（例えば，暖かい，重たい）？　特に緊張を感じた筋肉の部位はありましたか？　（これらの筋肉の記録は，身体的緊張の個人的な指標として有用になるかもしれないことを学生に指摘すること）　エクササイズの最中に他に経験したことはなんですか（例えば，穏やかさを感じた）？　もし，学生がバイオドッツを使用したなら，リラクゼーションの指標である皮膚温の上昇を示す色の変化についてディスカッションする。

ストレスの徴候を減らすための授業内の実験の中で，学生はPMRエクササイズに先立ち記録をおそらく取っている。したがって，ディスカッションを，より一般的にリラックスを得るためにPMR（あるいはその他の有力なリラクゼーション方略）を，どのようにすれば練習し続けることができるかに向けること。あなたは，引用文献と参考文献に示す文献を調べることにより，効果的にストレスをマネージメントするために不可欠な他の習慣や態度を開発させるために計画された追加のエクササイズを入手することができる。

54. ロミオ，ジュリエットと葛藤解決

Robert A. Goodale：Late of Westfield State College (MA)

このアクティビティは，シェイクスピアの悲劇『*ロミオとジュリエット*』を題材とした，ロールプレイとディスカッションのエクササイズを用いる。薄幸な恋人たちが行なった心中という破壊的な解決ではなく，生産的な葛藤解決のプロセスを検討することを目的とする。1時間か2時間の授業時間で実施可能であり，心理学入門，社会心理学，異常心理学，その他葛藤解決や自殺をテーマとする授業に適した，授業内アクティビティである。どの規模の授業でも利用できるが，十分なディスカッションができる人数が最適である。

□コンセプト

過去25年間，アメリカでの自殺者数は減少しているが，15-24歳の年齢範囲では3倍に増加している。14歳以下で自殺する青年の数は20万人中約1名にすぎないとはいえ，その背後には多くの自殺未遂者がいることも事実である。19歳までには自殺による死亡者数は，10倍に増加する。自殺は青年期の死因の，第2位，第3位であり（調査によって順位は異なる），深刻に考えなければならない問題である。自殺完遂者と自殺未遂者の調査では，彼らの無力感，絶望感や，孤独感，疎外感，大きな社会に溶け込むことへの失敗などが明らかとなっている。

10代の自殺に関する有名な物語として，ウィリアム・シェイクスピアの『*ロミオとジュリエット*（*Romeo and Juliet*）』がある。ジュリエットとロミオは激しい恋に落ち，それぞれの家族が著しい憎悪，敵意，死によって長期にわたり激しく対立しているにもかかわらず，ひそかに結婚する。その時，ジュリエットの親は，年上の男性と彼女を結婚させようと計画し，その後，ロミオはジュリエットのいとこを殺害したために別の土地へと追放される。シェイクスピアは，ジュリエットが最も絶望的な時に彼女を助けるために神父を登場させ，その壮大な危機の中で愛と憎しみ，親と子，義務と衝動，生と死のダイナミクスを描いている。ジュリエットは愛していない男性との結婚を両親に誓約させられそうになったが，その前日に今や追放の身となったロミオとひそかに結婚をしたことで両親にすでに背いていた。彼女は，ロミオへの純愛を守り，妥協から彼女自身を守るために，ロレンス神父と奇妙な計画を仕組む。幕が下

りる前に，シェイクスピアは，教会と政治，個人 対 社会の対比をさらに巧みに織り交ぜる。葛藤の解決は，登場人物を道徳的な妥協へと運命づける。

現代心理学では，ジュリエットの苦境を葛藤解決と危機の1つとして特徴づけるだろう。ロミオとジュリエットは，さまざまな関係性の中で彼らが人々から享受してきた信頼を崩壊させるいくつかの意志決定を，きわめて意識的に行なった。ジュリエットが神父を求めた時点でなされた大きな変化ないし秘密の開示は，結果的に，拒絶，屈辱，家族スキャンダル，おそらくお互いの死でさえももたらすことになっただろう。心理学者モートン・ドイッチ（Morton Deutsch）によると，ロミオとジュリエットは，彼らの周囲の人々と争いもがいていた。葛藤する集団内のコミュニケーションは悪化し，信頼できないものとなる。問題解決は勝つか負けるかにこだわるようになり，集団間の違いがそれらの間の共通性よりも強調される。どの集団においても，あるいはすべての集団においても，破壊的な結果のみが今にも起こりそうになるまで，対立する力は拡大し，エスカレートする。シェイクスピアの演出のもとでは，もちろんすべての集団が負け，葛藤するダイナミクスは結局のところ明瞭になるのだが，すべての人々のためになるような解決を選ぶ者は誰もいなかった。

本エクササイズの目的は，葛藤と危機のダイナミクスへ注意を向け，破壊的な解決よりも生産的な解決に到達する方法を検討することである。ドイッチ（Deutsch, 1973）によると，生産的な解決の結果は創造的な問題解決と似ている。つまり，ここでの課題は，大きな犠牲を払って引き合わない勝利を納めようとするよりも，できる限り多くの利害集団の参加を得て，相互にそこそこの報酬を分かちあう道を探るというものである。ドイッチによると，生産的な過程には以下の点が必要である。(a)開かれたコミュニケーション，(b)参加するすべての集団の相互の認識と敬意，(c)集団間の共通の関心を強調し，差異を最小に評価する信頼や友好的な態度。シェイクスピアがロミオとジュリエットで示した競争的な過程に生産的な過程を代置することで，受講生は，ロミオとジュリエットが選択した愛を貫く死の代わりとなる解決法を検討するだろう。

□授業の準備

どの程度まで学生が自分で情報を直接入手するのが良いかについてのあなたの考えに応じて，学生にロミオとジュリエットの物語を宿題として読ませるか，要約を与えるかを選ぶ。演劇の映像も利用できる。なお，最良のやり方は，学生にシェイクスピアの脚本を読ませ，シェイクスピアの言葉についての解釈を行なわせることである。授業では，危機をもたらす重大な出来事や鍵となる要素を調べる。例えば，ジュリエットの両親が彼女の結婚相手を選ぶことを宣告する支配的な社会的慣習，反目しあう両親から自分達の秘密の愛を守ろうとするロミオとジュリエットの判断，マキューシオの死への敵討ちとしてティボルトを殺そうとするロミオの判断，などである。ジュリエットが，ロミオがティボルトを殺したことで追放され，彼女自身も次の日にパリで両親が決めた結婚を公的に誓約するだろうという知らせをもってロレンス神父のもとへ行く時点での物語を取り上げる。この時点で，ジュリエットは夜明けまでに自分の葛藤を解決しなければならないために，パニック状態にある。

□実施法

受講生に次のように伝える。ジュリエットと神父が出会った時に，シェイクスピアが与えた破壊的なプロセスの選択ではなく，ドイッチによって提示された生産的なプロセスの3つの原則を用いることによって，現実的で生産的な解決に到達するために，どうしなければならないかについて話し合いなさい。シェイクスピアによる破壊的なプロセスは，そのスキーマ自体はうまくいったとはいえ，恋人たちや家族にとってさまざまな否定的な結果をもたらすことになった。

例えば，もしジュリエットと神父が両家のすべての人々のところへ赴き，夜明け前にすべての話を明らかにしたなら（開かれたコミュニケーション），事態はうまく進んだかを検討する。数人の学生に，両家の人物のロールプレイを行なってもらい，問題に対する彼らの考えを表明させる（すべての人々の考えと関心に対する認識と敬意）。神父へ助けを懇願したとき，ジュリエットはロミオと彼女の結婚について，両家の人々がどのように思っていたかを現実的に理解していたか，それとも両家の人々が2人の結婚を知ったら，彼らがするだろうと想像したことに反応していたのかを考えさせる（信頼 対 不信）。

ポイントは，生産的な結果のための代案となる解決法を探すことである。危機に直面した人は，思考がひどく抑制されるもので，そのような時に良い友人やセラピストが与えてくれる支援は，代案について話し合うこと，何が現実で何が想像なのかを検討することである。過去の彼らの長所や，失敗はどんなに頻繁にあるものであるかを虚心に思い起こすことは，成長の刺激となるものである。実際の生活の中では，危機的状況にある人は，すべての解決をあまりにコストがありすぎるとして拒否するものだということを認識させなさい。そうでなければ，その人は，それまでにそれらのうちの1つを選択し，危機を回避していただろうからである。『ロミオとジュリエット』の中で，危機が頂点に達するまでにロミオとジュリエットを困難な状況に追い込んだものは，何であったのかについてディスカッションさせなさい。

□考察

以下にさらにディスカッションを深めるためのアイデアをあげる。

1．困難な危機に対して，自殺が最も合理的な解決法であると人に思わせるような一連の出来事について，学生と探してみよう。

2．もしシェイクスピアが『ロミオとジュリエット』の中に最初から正しい生産的なプロセスを導入していたとしたら，彼の古典はどれくらい印象深いものとなるだろうか？　多くの人々が，長い間にわたりロミオとジュリエットに自己を同一化し，親の鈍感さの犠牲者と見ることにどのような意味があるだろうか？
3．ある集団が生産的な解決を求め，他の集団がそれに関心を払わないとしたら，その集団は何をすべきか？
4．もし授業で以下のトピックを検討しやすい雰囲気があるのならば，学生と親との現在や過去の葛藤について検討させる。ある授業でそのような情報を匿名で収集し，別の授業でのディスカッションのためにその情報を提示できる。これらの葛藤を考慮する際に，ドイッチの葛藤の生産的な解決のための3つの段階を，どの程度学生は適用するだろうか？　学生達はそれらの問題を，どの程度自己成長の機会ではなく，個人的な敗北とみなすか？　同じ状況がなぜある学生には問題となり，他の学生には問題とはならないのかを検討する。
5．「酢よりも蜂蜜の方がハエを良く捕れる（頭ごなしに命令するより穏やかに頼んだ方が引き受けてもらえる可能性が高い）」という教訓について評価させる。

55. ハムレットの心神喪失裁判

教授アクティビティ

Elizabeth V. Swenson：John Carroll University

このアクティビティは，C-SPAN DVD「ハムレットの心神喪失裁判（*Insanity Trial of Hamlet*）」を視聴し，心神喪失に対する弁護と裁判のダイナミクスを学習させるものである。心理学入門，社会心理学，精神病理学，心理学と法などの授業に適している。また学際的な人間学や倫理の授業でも実施可能である。すべての学生対象とし，どの規模の授業においても実践可能な授業内アクティビティである。

□コンセプト

本アクティビティでは，ハムレットがポローニアスを殺害したときに彼が狂気に陥っていたかどうかという問題を扱う。狂気を示していたと判断するために必要な適切な根拠，法廷でのメンタルヘルスの専門家の役割，結論を出すためのさまざまな視点からの証拠を検討するための必要性を提示する。学生は，裁判審議のダイナミクスについても経験する。

□必要な材料

必要な教材は，DVDプレイヤー，1996年にボストン弁護士会（Boston Bar Association），もしくは1994年にワシントン弁護士会（Washington Bar Association）によって制作されC-SPANから入手可能な「ハムレットの心神喪失裁判（*Insanity Trial of Hamlet*）」★のDVD，判決用紙，筆記用具，６人から12人の学生が一緒に審議するためのスペースである。ボストン弁護士会のDVDは３時間30分にわたり，ワシントン弁護士会のDVDは２時間である。そのため，インタビューやディブリーフィングのような，実際の模擬裁判にはない箇所を削除したいと思うならそうしても良い。以下の教材は配布資料として利用可能である。アメリカ法律協会（American Law Institute（ALI））（1962）の心神喪失に対する陪審員規約（*Model Panel Code test for insanity*），『精神障害の診断と統計マニュアル（*the Diagnostic and Statistical Manual of Mental Disorders*）』から抑うつと躁的エピソードに対する診断基準（第４版；*DSM-IV-TR*；アメリカ精神医学会, 2000），メモを記載するために両側に空白をあけた専門家と弁護士のリスト，DVDからの裁判教育の説明書のコピー。（本アクティビティの配布資料のコピーは著者から入手可能である。ジョン・キャロル大学（John Carroll University）心理学部，University Heights, OH44118 またはswenson@jcu.edu.まで）。

□実施法

本アクティビティの開始までに，学生は授業で心神喪失を理由とする弁護についての学習を行なっておく。さらに，本件の実際を熟知しておいてもらうために，全員『ハムレット（*Hamlet*）』を読んでおかねばならない。学生には文学的観点からよりも心理学的観点から戯曲を読むように努めることを求める。学生がハムレットの何らかのビデオや実際の演劇を見ることは認めてもいいが，私は戯曲を読むのが良いと思う。登場人物に対する特定の俳優の解釈による偏見をもつことがないからである。

ハムレットの立場になり，彼の感情やモチベーションを理解するよう努めるべきであることを，学生に伝える。授業の最初に以下の説明をする。

あなた達は，ハムレットがポローニアスを殺害した際，心神喪失に陥っていたかどうかを判定する裁判の陪審員である。本件の記録は，あなた方が読んできた戯曲『ハムレット』である。専門家の論議に注意を払いなさい。しかし，裁判が終結するまでは判断を下さないで欲しい。この裁判のDVDは1回の授業内では終わらないので，今日から次回の授業までの間に，クラスメートと本件について話し合ってはいけない。

それから，「ハムレットの心神喪失裁判（*Insanity Trial of Hamlet*）」のあなたが選択した箇所のDVDを学生に見せる。DVDが終わったら，学生を，クラスの規模に応じて6人から12人の陪審員グループに分ける。

学生に，DVDの裁判官により読み上げられた陪審員への説明書のコピーを配布する。これらの説明では，いくつかの点が強調されている。もし人がある行為を起こす時点で心神喪失に陥っているならば，その人にはその行為に対する刑法上の責任はないというのが，刑法の基本原則である。弁護士の仕事はその人が（心神喪失ではないというのではなく）心神喪失であるということを証拠の優越によって証明することである。精神異常についてのアメリカ法律協会（1962, §4. 01）の心神喪失に対する模範刑法典（*Model Panel Code test for insanity*）が，学生が判断に到達するまでにいくつかの段階を経て考えるために必要であろう。それには，以下のように述べられている。「その行為が犯罪性がある（悪質である）と評価される場合，あるいはその行為が法に触れる場合に，その時のその行為がその人が実質的な能力を欠くような精神障害や精神の欠陥の結果であるならば，その人は犯罪行為の責任を問われない」

最初に，学生は，被告が精神障害であるかどうか決定しなければならない。もし，答えが「イエス」ならば，次に学生はこの障害が，行為の犯罪性の認識能力の欠如によるのか（認知的考慮），あるいは法に従って行動するための実質的能力の欠如によるのか（意志的考慮）を判断しなければならない。最後に，学生陪審員はポローニアス殺害の罪について，ハムレットが実際に有罪か無罪かについては気にしないように言われる。もし，彼に刑事責任があるならば，別の機会に刑事責任を追求されるだろう。

私はまた，学生に*DSM-IV-TR*の躁と抑うつの診断基準のコピーを配布する。なぜなら，被告側の専門家はハムレットが双極性障害であることを主張するからである。

陪審員は，次に，審議室または審議スペースに行き，主任を選出し，また判決を下すために，30分から1時間が与えられる。DVDを視聴する際に授業を欠席した学生は，観察することとし，陪審審議に参加はしない。時間の終わりに，学生たちは意見を集約し評決を下す。評決の形式は，「*デンマーク王子，ハムレットの事件*（*the Matter of Denmark v. Hamlet*）」において，陪審員のメンバーは，被告人ハムレットが刑事責任を負うか，負えないか（すなわち，心神喪失という理由で無罪）を評決するかどうかを学生に問うものである。次に，主任は，陪審員の評決が全員一致であったか否かについて，また何名の陪審員がこの評定に賛成，反対したかにを述べる（判決文は全員一致である必要はない）。主任は，次にこの書類にサインをする。続いて，ディスカッションを行なうか，レポートを課す。これによって，学生は最も説得力のある証拠や，陪審員がその評決に到達するまでの過程をふりかえることになる。

□考察

私がこのアクティビティを行なうと，毎回学生たちは，彼らの陪審評議に，興奮し熱心に取り組む。陪審員たちは，ハムレットが刑事責任を負うと全員一致で結論づけるか，全員一致の評決に到ることができないかのどちらかであった。しかし，心神喪失という理由による無罪の評決に関して，全員一致となることはなかった。評議は，通常ヒートアップし，冷静で物静かな学生でさえも最も説得力のある証拠について熱心に話すようである。

私がこの模擬裁判のDVDを好んでいるのは，ハムレットの刑事責任の有無について討論している専門家が，この領域の2人の著名な学者であるアラン・ストーン医学博士（Alan Stone, MD）と，トーマス・ガットヘイル医学博士（Thomas Guttheil, MD）だからである。このDVDは，用いられる分析方法をみるだけでなく，個人の行動様式が2つの異なる観点から解釈可能であるということを示している点に価値がある。また，このDVDは裁判における法廷メンタルヘルスの専門家の利用についても説明している。この裁判がアメリカ合衆国最高裁判所のアンソニー・ケネディ（Anthony Kennedy）氏が裁判長を務めていることも特典である。彼のいかにも裁判官にふさわしい気質は授業内でコメントする価値のあるものである。

「ハムレットの心神喪失裁判（*Insanity Trial of Hamlet*）」のより初期の版は，弁護士は異なるが，同じ専門家や裁判長によってワシントンDCの弁護士会（1994）によって制作された。長さはやや短い。両方のDVDを利用した後，私は現在2つをつなげ編集して利用している。こうすると，私の好みの弁護士が尋問や，冒頭陳述，最終弁論を行なうからである。これを行なう上で生じる1つの問題は，立証責任がワシントンDC版のDVDは政府にあり，ボストン版のDVDが被告人にあることである。私はこの矛盾を，被告人側は心神喪失という理由による無罪を自身が証拠の優越によって証明しなければならないということを陪審員に説明することで対処している。これは，被告人が正気であることを証明するという，より難しい問題を避け，ジョン・ヒンクリー（John Hinckly）（ロナルド・レーガン大統領を狙撃した男性）の事例に用いられたワシントンDC版の基準を参照させることによってディスカッションに興味深い視点を提供するためである。実際，ほとんどの学生は，正気か狂気かという問題や被告に刑事責任があるかどうかということよりも，立証責任を考慮すべきだなどとは考えないものだ。

本アクティビティを最初から最後まで実践するのに，約3時間かかり，もし，ボストン版DVDの完全版を編集しないで用いるならば，さらに1，2時間はかかる。心理学と法の領域の多くの授業では，学生が実践する模擬裁判を多く利用しているけれども（American Psychology-Law Society, 2007），本アクティビティは実質的な内容以上のものを一緒にもたらす。実際の法廷の雰囲気がある。法廷メンタルヘルスの専門家の役割を説明している。証拠を評価するために，学生がクリティカルシンキングのスキルを用いることが可能であり，それによって被告人の精神状態に関する評決を下すことができる。学生に陪審のプロセスを分析するための機会を提供する。そしてシェイクスピアの戯曲を用いることによって，授業に関連する人文科学への関心ももたらす。

★訳注：*The Insanity Trial of Hamlet* はc-spanの以下のwebで見ることができる。
http://www.c-spanarchives.org/program/70842-1

■第11章　社会心理学

この社会心理学のアクティビティの集積は，説得や態度変容の特質，援助行動，集団の性質，基本的な誤帰属を含む帰属理論などのこの領域の主要分野の多くを反映している。社会心理学に関連する他の章，特に12章でもリーダーシップ，偏見と差別，ステレオタイプのようなトピックスに関するアクティビティがある。

アクティビティ56では，学生は恋愛関係がどのように始まり展開していくのかについて自分の理論を創ることが求められる。この理論は宿題として書かれ，授業のディスカッションのために，（理想的には多様な理論を提示している）5つのグループが教師により選ばれる。学生は，これらの理論がどれくらい現実的であるかをコメントするよう求められる。それらは理想化され，ロマンティックにされたものではないか？　それらにはどのような対人関係の質があるのか，また欠けているのか？　こうした質問や，またこれら以外の質問を通して，教師は学生の理論と対人関係理論を結び付けることができる。

テレビの宣伝が態度変容を生み出す力がアクティビティ57のテーマである。小グループに分かれ学生は3つの録画されたコマーシャルを見て，教師の与えるワークシートを使いその効果性を評価する。このアクティビティはイエールモデル（Yale Model）とよばれる説得のメッセージ―学習アプローチに基づくもので，情報源やメッセージの多様な特性の信頼性と好みを扱う。このアクティビティは学生が説得を理解するための主なモデルを知るだけでなく，コマーシャルを評価する際のクリティカルシンキングを強めることにもなる。

アクティビティ58は援助行動の実験である。学生は車の故障で道ばたに立ち往生してしまった女性からの4種の間違い電話を提示され，援助してくれる人を得る上での各シナリオの成功を予想するよう求められる。2つの社会的規範，すなわち社会的責任性の規範と自己責任の規範の予測の関連がディスカッションされる。

集団とは何だろうか？　ニューヨークヤンキースは集団だろうか？　ステート通りとモンロー通りの交差点に立っている通行人はどうだろう？　授業に出席している学生は？家を建てている建設作業員達は？　アクティビティ59は集団構成の疑問を探求する。学生は短い質問紙に記入し，その結果を，社会心理学者が集団をどのように定義しているか，これらの定義の特徴をこれら問題とされた集団はもっているのかといったディスカッションに用いる。

アクティビティ60を，著者は「対人知覚の“非合理的”な基礎に関する，単純で，直接的で，効果的なデモンストレーションである」と述べている。これは基本的な誤帰属（FAE）のデモンストレーションであり，学生はペアになってクイズゲームを行なう。1人の学生が質問を準備し，もう一方の学生が答える。出題者と回答者は相手がどのくらい上手く行なったかを推定する記入用紙に記入する。結果はFAEが明らかに見出されることを示す。

アクティビティ61も帰属に関するものである。特に，このアクティビティは学生にホームレス問題を学ぶことにより帰属理論を，また帰属理論を学ぶことによりホームレス問題を教えるようデザインされている。エクササイズは5-6コマと多くの授業時間を必要とするが，得られる結果の豊かさや経験の価値は大きい。

56. ロマンティックな関係

人間関係発展の理論を学ぶ

Elizabeth L. Paul：The College of New Jersey

人間関係の研究分野はここ数十年で盛況な専門領域へと発展してきた。この領域を紹介するために，本アクティビティでは，どのようにロマンティックな関係が発展するのかについて，学生が自分なりの理論を作る。理論作成は授業外でなされる。その後学生の理論は，人間関係に関する心理学的研究についての授業内でのディスカッションに使われる。このアクティビティは，心理学入門，社会心理学，そして対人関係論の授業に用いられる。すべての学生が参加できる。大人数の授業では良いディスカッションができるかがやや問題となるとはいえ，どんな規模の授業でも使うことができる。

□コンセプト

このアクティビティは人間関係の分野を紹介するために，対人関係の発展や進展のモデルを使う。関係性の発展に関する社会的浸透理論，社会的交換理論，魅力に基づく理論，個人発達理論，ならびに段階理論のモデルが，コミュニケーション，関係性認知，葛藤，関係性維持，そして，コミットメントのような対人的過程とともにデモンストレーションされ，議論される。加えて，ステレオタイプの機能，理想化ないしロマンティックな社会的スクリプト，関係の発展の素朴理論が扱われる。

このアクティビティを探求するために，以下の関係の発展に関する学術モデルを使いなさい。

1．社会的浸透理論が焦点を当てるのは，コミュニケーションにおける変化（特に自己開示）である。つまり，表面的もしくは非個人的な話題から始まり，不確定さが減少するにつれて，より親密な相互作用へとコミュニケーションが幅広くかつ深くなる（Altman & Taylor, 1973; Baxter, 1988）。

2．社会的交換理論は経済のモデルを関係の発展に適用する。この理論では，個人は利益を最大にし，損失を最小にするように動機づけられているとされる。関係の発展と満足は，報酬，コスト，期待，知覚されるそれに代わる選択肢，そして投資に基づく（Levinger & Huesmann, 1980; Rusbult, 1983; Thibaut & Kelly,

1959)。

3．**魅力に基づく理論**が主として焦点を当てるのは，初期の対人魅力である。近接性，身体的な魅力，ならびに身体的魅力や他の個人的特徴の類似性と相補性の重要性を強調する（Bersheid, Dion, Walster, & Walster, 1971; Hatfield & Sprecher, 1986）。

4．**個人発達理論**はエリクソン（例えば，Erikson, 1963）やサリヴァン（Sullivan, 1953）のような生殖性発達理論に立脚する。このモデルでは，関係の発展とは，進化している心理的な強さや能力に基づき確立される個人の発達を示すものである（Franz & White, 1985; Paul & White, 1990）。

5．**段階理論**は，一連の特定の順序において，特定の段階を通って進化するものとして関係の発展を概念化する。それらには，ケーチコフとデービス（Kerckhoff & Davis, 1962）の2段階理論，レイス（Reiss, 1960）の4段階理論，ルイス（Lewis, 1972）の多段階理論，そして，マースティン（Murstein, 1976, 1987）の刺激−価値−役割理論が含まれる。

□必要な材料

黒板かホワイトボード，それともちろん，創造的な学生を必要とする。

□実施法

このアクティビティは，心理学入門や社会心理学の授業の人間関係の分野を始める前や人間関係論の授業のはじめのころに行なわなければならない。こうすることで，学生は，この分野の既存の学術研究によって歪められない。この分野を授業で紹介する一週前に，学生に，どのようにロマンティックな関係が発展し進展するのかについての理論を作り出すように求める。学生は段階をリストアップして，それぞれについて述べたり，フォローチャートを描いたり，あるいは，一般的に生起する過程をあげるかもしれない。この宿題を達成するのに必要な創造性には制限はない（私はコラージュ，風刺漫画，そして1メートル近いフローチャートを受け取ったことがある）。学生には，この宿題のために教科書や学術資料を調べてはならないと言っておくこと。ただし，友人たちには相談するように促す。学生は次の授業に自分の理論について1，2ページのプレゼンテーションをもってこなければならない。（それに代わる方法としては，理論を開発するために授業中にグループで作業するやりかたもある。これは，自宅に宿題としてもち帰るやり方よりも効果が少ないが，それでも有効なディスカッションの道具である。）

（全学生から理論を集めたいのなら）学生に自分の理論を印刷するか，USBフラッシュメモリーかCDに保存したパワーポイントとして授業に持参するよう求める。自分の理論をパワーポイントのプレゼンテーションで見せてくれるボランティアとして

5人の学生を募りなさい。そのボランティアに，受講生に自分の理論の短い説明を行なうように求める。その後，授業でこれらの理論についてディスカッションするよう促す。

このエクササイズは，演習形式の授業でも大きな講義形式の授業でも非常に効果的であることが見出されている。以下に示すのは，大きな講義形式の授業でこのエクササイズを促すための示唆である。(a)学生に自分の理論を事前に提出させる。そうすることで，受講生全体で共有するための5つの理論の多様な例を選ぶことができる。(b)自分達の理論についてのディスカッションを始めるために学生を小グループに分ける。グループごとにそのグループにより提起される問題の記録係として1人の学生を割り当てる。そうすることで，その後のクラス全体でのディスカッションへの寄与を促すことができる。

以下に示すのは，どのような授業の形態（例えば，演習，講義）にも適しているエクササイズの2つの付加的なバリエーションである。

1．半分の学生には関係のあるタイプのモデルを開発させ，残りの学生には別のタイプのモデルを開発させる。関係タイプの比較として考えられるものは，(a)親密なプラトニックな友情とロマンティックな関係，(b)異性間の友情と異性間のロマンティックな関係，(c)同性間の友情と異性間の友情，(d)同性間のロマンティックな関係と異性間のロマンティックな関係，(e)同性間の友情と同性間のロマンティックな関係である。授業でのディスカッションの中で，関係タイプによる相違点と類似点を検討しなさい。関係タイプの相違の原因の可能性をディスカッションしなさい。

2．関係の発展理論のエクササイズのフォローアップとして，関係の発展についての主要な学術理論を学生と一緒にレビューしなさい。次に，受講生を小さな作業グループに分け，各グループに1つの学術理論を割り当てる。1人の学生の関係の発展理論を選び，この個人理論を，各グループで割り当てられた特定の学術理論の方向性（例えば，社会的浸透理論あるいは社会的交換理論）に合うよう改訂するように言いなさい。他の受講生と共有するために，各グループのメンバーの1人にクループの改訂を記録させる。その後のディスカッションの中で，改訂されたさまざまな理論を比較，対照しなさい。各学術モデルの長所と短所を探求しなさい。さまざまな学術理論を見てみたとき，関係の発展について理解されるのは何か？　そして，答えられないまま残される疑問は何か？

□考察

ほとんどの学生は最初，この課題を興奮とともに迎える。これは簡単だと考えるからである。いざ学生が自分自身の理論を開発し始めると，これがとても挑戦的な課題だと悟る。彼らは，多くの変数が含まれることやそのような要因が多くのバリエーションを作り出すことに気づき始める。この対人関係の複雑さについての新しい気づきを，人間関係という広大な分野に学生を触れさせるために使いなさい。

5人のボランティアは通常さまざまな理論を示す。類似点，不一致，独自の考えがあるだろう。以下に示すのは，ディスカッションを導くための示唆である。

1．受講生に5つの理論に対するコメントを求めることにより，ディスカッションを始めなさい。理論を比較，対照しなさい。学生が同意するまたは同意しない特徴は何か？

2．その理論は，ロマンティックな関係の発展や進展の現実的な描写か？　それともその理論は理想化され，ロマンティックにされたものか？　理想化された理論は，ロマンティックに関する社会的な神話ないしは幻想（すなわち，社会的スクリプト）をどのように反映しているか（情熱的な愛の強調，“葛藤恐怖”，“その後ずっと幸せに”暮らしましたとさ）？　そのような社会的スクリプトの機能は何か？　社会的スクリプトは，対人関係にどのように影響するのか？

3．どのような対人的な過程あるいは質が，理論に反映されているのか（例えば，魅力，信頼，誠実，愛の誓約）？　理論では，これらについて詳細に述べられているか？　あるいは，あまり考えることのない単に自動的な反応としてリストアップされるだけか？　そのようないい加減な反応の機能は何か？　理論においては，さまざまな対人的な過程や質はどのような順序で生じるのか？　例えば，（もし書かれていたならば）いつ性交渉が起こるのか？　いつ愛の誓約が起こるのか？　多くの理論は，非常に速いペースでの連鎖を反映している。そのような連鎖では，性交渉と愛の誓約が，相手に引きつけられ会った後に直接的におとずれる。現代の社会的，性的風土の文脈と関連させて，そのような連鎖についてディスカッションしなさい。そのような連鎖は，その後の関係の道筋にどのように影響するか？

4．どのような対人的な過程や質が，学生の理論には欠けているのか？　学生はしばしば，（表面的なおしゃべり以外の）コミュニケーション，葛藤，そして，葛藤解決方略としての交渉，関係性認知（関係の道筋あるいは将来計画に関する能動的な意思決定を含む），もしくは，関係性維持方略を含めない（ほとんどの理論は，長期にわたり関係を維持し続けるために必要な過程や質についての考えなしに，婚約か結婚で終わる）。多くの理論は性交渉を含まない。性交渉を含めることに関する学生の躊躇，性交渉に関する直接なコミュニケーションの社会的なタブー，そして，そのような要因がロマンティックな関係にどのように影響するのかについて学生とディスカッションしなさい。例えば，そのような遠慮は，関係性においての性的な葛藤ないしは望まない性的活動の根源となりうるだろうか？

5. 人間関係のような領域における理論の機能は何か？　数十年もの間，学者はどのように関係性が発展し，進展するのかについてのモデルを開発しようとしてきた。学生の理論に最も近い学術モデル（社会的浸透理論，社会的交換理論，魅力に基づく理論，そして，個人発達理論）を同定しなさい。そのようなモデルは研究や応用にどのように有用だろうか？　関係の発展モデルは，我々が追い求めるべき理想化されたモデルであるべきか？　あるいはしばしば生起する困難さを詳しく述べる現実的なモデルであるべきか？

6．人間関係の発展理論における個人差を探求しなさい。例えば，学生の理論に性差や人種差はあるか？　ロマンティックな関係の発展や進歩の普遍的なモデルはありうるか？　その普遍的なモデルは有用なのか？　理論は，年齢，コホート，ジェンダー，性的志向，民族や人種，健康，社会経済的地位，合衆国内の地理学的な地域，もしくは，国籍により変わるか？　どのように？　理論はそのようなバリエーションを考慮しているか？　人間関係の理論と研究はどのように包括されるのか？

7．授業のディスカッションの結果として，関係の発展についての自分の考えがどのように変わったか，学生にコメントするように求めなさい。

57. テレビコマーシャルにおける態度変容の要因

Margaret A. Lloyd：Georgia Southern University

この授業内のアクティビティでは，学生は録画されたコマーシャルの中で用いられているさまざまな態度変容の要因を確認し，気づいたことをワークシートに記録する。このアクティビティは，どのような規模の心理学入門や社会心理学の授業にも適している。小グループで行なうため，移動可能な椅子のある教室が良いが，必須ではない。教師は，さまざまな態度変容の要因を例証するコマーシャルを録画しておく必要がある（3つを推奨する)。また，ワークシートを準備しなければならない。このアクティビティでとりあげる態度変容の原理は，心理学入門や社会心理学の教科書に書かれている，説得のためのメッセージ－学習アプローチ（ホブランドのイェール・モデル［Hovland's Yale model］）の記述で，十分に説明されているだろう。

□コンセプト

説得のためのメッセージ－学習アプローチ（イェール・モデル）は“誰が，何を，誰に対して述べるのか？（*Who* says *what* to *whom*?)”という問いに特徴づけられる（Hovland, Janis, & Kelly, 1953)。このモデルでは，“誰が（who)”は，要請の送り手または情報源を意味し，“何を（what)”は，コミュニケーションや説得的メッセージを指し，“誰に（whom)”は，説得的要請の受け手を意味している。研究者はこのモデルを用い，説得の試みの中で作用する情報源やメッセージ，受け手に関する多くの変数を確認してきた。このモデルでは，受け手がメッセージを理解し，その論拠には説得力があると見なした場合に，説得の試みは成功しやすいと仮定している。このアクティビティでは，メディア広告に用いられている態度変容の原理に対する学生の気づきを増加させることを目的としている。

これまでに研究されてきた，情報源やメッセージに関するいくつかの要因を以下に示す（ただし，アクティビティの範囲を限定するために，いくつかの要因や下位要因は除外されている)。

Ⅰ．コミュニケーションの情報源（誰が［Who］)

A. 信憑性

1．専門的知識
2．信頼性
B. 好感度
1．熟知性（有名人など）
2．身体的魅力
3．受け手との類似性（ジェンダー，年齢，民族性など）
Ⅱ．メッセージの特質（何を［What］）
A. メッセージへの繰り返しの接触（ブランド名）
B. ポジティブな情動状態とメッセージとの連合（アップビートの音楽，ユーモアなど）
C. ネガティブな情動状態（恐怖や脅し）
D. 合理的な要請
E. 一面的議論と両面的議論

説得の根底にある認知的プロセスに焦点を当てた態度変容に関する最新の理論や研究を学生に思い出させるのもいいだろう。例えば，説得的メッセージの処理に含まれる認知的エフォートに焦点を当てたペティーとカシオッポ（Petty & Cacioppo, 1986）の精緻化見込みモデル（elaboration likelihood model）★がいい例である。この研究は，多様な情報源やメッセージ，受け手に関する要因の働きを明らかにしている。

□必要な材料

このアクティビティに参加するために，学生は録画されたコマーシャルを見る。そのため，授業に先立ち，教師は授業で再生するコマーシャルを録画しておく必要がある。たくさんのコマーシャルを録画したら，教師は，学生が探し出すことになる態度変容の多くの要因を例証しているコマーシャルを，少なくとも3つ選ばなくてはならない（コマーシャルの数を3つに制限しているのは，50分の授業時間でアクティビティを十分に行なう時間を確保するためである）。また，学生が探し出すことになる態度変容の要因を一覧にしたワークシート（上述のリスト）を人数分準備しておく必要がある。

□実施法

このアクティビティは，学生が小グループで取り組むときにもっともよく機能する。そのため，移動可能な椅子のある教室が良い（椅子の固定されている講堂で行なう授業なら，学生にお互いに振り返ってグループを作らせてもかまわない）。

このアクティビティを始める前に，説得のためのメッセージ－学習アプローチやこのアクティビティで使用されるであろう態度変容の要因について講義する必要がある

(この情報はどのような心理学入門や社会心理学の教科書でも取り上げられているはずである)。言うまでもなく，教師は各コマーシャル内で作用している要因を指摘し，ディスカッションすることができなければならない。

アクティビティの始めにワークシートを配り，これからすることや，授業教材とアクティビティとの関連について学生に説明する。ワークシートの要因を復習し，学生がさまざまな要因の意味を理解していることを確認する。

次に，学生を小グループ（3-6名）に分ける（アクティビティには少なくとも4グループ必要である)。グループにわかれたら，グループごとにコマーシャルの中でモニターする要因を割り当てる。グループ1：情報源の信憑性の要因（専門的知識と信頼性)，グループ2：情報源の好感度の要因（熟知性，身体的魅力，受け手との類似性)，グループ3：メッセージの要因（繰り返し接触，ポジティブな情動状態)，グループ4：メッセージの要因（ネガティブな情動状態，合理的な要請）(注：グループ3では，製品名を耳にする回数を数える人と，製品が視覚的に表示された回数を数える人を少なくとも1人ずつ割り当てる)。同じ要因を複数のグループがモニターしてもかまわない。しかし，グループごとに結果を報告させるため，この場合アクティビティの時間は長くなる。また，グループの数を制限するために，グループの人数を大きくすることもできる。しかし，ディスカッションが抑制されないようにするために，グループは大きくしすぎるべきではない。

学生がグループにわかれたら，各コマーシャルの終わりにグループを代表して報告するスポークスマンを（すばやく）選ばせる。各グループが何を担当するかがわかっているかを確認し，最初のコマーシャルを見せる（コマーシャルが終わったらすぐにテープを止める。これは学生が無関係な情報に気を取られるのを避けるため，また，教師もコマーシャルを巻き戻しておき，再び再生する必要があるためである)。コマーシャルを見せた後，学生が割り当てをはっきりとわかっているかを再確認するのもいいだろう。質問があれば答える。また，与えられたコマーシャルにすべての要因が作用しているわけではないことを学生に思い出させる。

次に，巻き戻して再生し，コマーシャルの終わりでテープを止める。コマーシャルが終わったら，学生にワークシートに記録するように言い，彼らが確認していた要因がコマーシャルで使われていたかどうか，またどのように使われていたかをグループのメンバーでディスカッションさせる。グループの準備が整ったら，各グループのスポークスマンに，(グループ番号の順に）自分たちが確認していた要因がコマーシャル内で作用しているのを見つけたか，どのように作用していたかを報告させる。必要に応じてトラブルを解決し，サポートする。

この手続きを，2つめ，3つめのコマーシャルに繰り返していく（学生が分析するのに十分な視聴ができるように，各コマーシャルをこのようなやり方で二度見せることが重要である)。

□考察

最後のコマーシャルが分析された後にまだ時間があるのなら，学生に，人気のあるコマーシャルについて述べさせ，そこに作用している態度変容の要因についてディスカッションさせるのもいいだろう。

★訳注：個人の情報処理能力と情報処理の動機により，広告メッセージの処理水準が異なるとする。情報処理能力が高く動機も高い場合はメッセージの中心的内容を処理し，態度を決めるが，情報処理能力が低く動機が低い場合はメッセージの周辺的内容（CMタレントのイメージなど）を処理し，それを基に態度を決める。

58. 人間の判断 対 実証的な証拠

Jane A. Jegerski：Elmhurst College

このアクティビティは，援助行動を扱いながら，行動理解の方法としての（常識とは対立する）研究の価値をデモンストレーションする。心理学入門または社会心理学の授業，もしくはフィールドや実験室の設定における研究方法論のディスカッションを行なう授業に適している。どのような人数の授業であってもすべての学生を参加させられる。授業時間の15分ほどを要する。

□コンセプト

このエクササイズは調査研究を使いながら，常識的な社会的信念を科学的に検証する必要性をデモンストレーションするものである。これは，援助行動に関する研究から得られた，直観に反した結果を使うことで行なわれる。このエクササイズはまた，実験室研究とフィールド研究での結果のズレという現象に光を当て，援助を左右する基準に関するディスカッションを引き出す。

□必要な材料

グルーダー，ロマーとコース（Gruder, Romer, & Korth, 1978）の，援助行動の決定因としての依存性と落ち度に関する研究を読むと，教員に助けとなろう。

□実施法

グルーダー，ロマーとコース（Gruder, Romer, & Korth, 1978）の研究計画と手続きを以下のように提示する。

> 無作為に選択された電話加入者が，バーノン夫人からの“間違い”電話を受けた。夫人は近くの高速道路で立ち往生しているようだった。彼女はラルフ修理工場かと尋ね，番号が間違っていると伝えられると，以下の4つの内から無作為に割り当てた1つの言い方で，被験者に彼女のためにに正しい番号に電話をかけてくれるように頼んだ。
>
> 1．低依存性・落ち度あり「……それで，私とっても混乱しちゃってるんです。修理のために，先週その修理工場に車をもって行くことになっていたんですけど，忘れちゃってて。それで車が今壊れちゃったんです」

2．低依存性・落ち度なし。「……それで，私とっても混乱しちゃってるんです。車はちょうど先週修理したばかりなのに，壊れちゃったんです」

3．高依存性・落ち度あり「……それで，電話するための小銭がもうないんです。ああ，私とっても混乱しちゃってるんです。修理のために，先週その修理工場に車をもって行くことになっていたんですけど，忘れちゃってて。それで車が今壊れちゃったんです」

4．高依存性・落ち度なし「……それで，電話するための小銭がもうないんです。ああ，私とっても混乱しちゃってるんです。車はちょうど先週修理したばかりなのに，壊れちゃったんです」

従属測度は，被験者が電話をすることで援助したかどうかであった。

この研究デザインを受講生が十分に理解したら，結果を予想させ，なぜそう判断したのか言わせなさい。私の心理学入門と社会心理学の学生はいつでも被害者のバーノン夫人に，最大の援助は，高依存性・落ち度なし条件でそして最小の援助は2つの落ち度あり条件でなされるだろうと判断する。グルーダー，ロマーとコース（Gruder, Romer, & Korth, 1978）は，実際の援助の割合を以下の通り報告した。高依存・落ち度あり＝86％；低依存・落ち度なし＝69％；高依存・落ち度なし＝55％；低依存・落ち度あり＝52％

□考察

仮定された2つの基準と関連させて結果についてディスカッションしなさい。2つの基準とは社会的責任と自己責任の基準である。社会的責任が示唆するのは，特に犠牲者のニーズが高い時に（そして，車を修理することに怠慢であったことはより大きな依存的ニーズを示すものである），我々は援助を必要としている他者を助けるということである。自己責任の基準（人々は自分の幸福に責任をもつということ）は，犠牲者の即時的な依存性が低いときに，援助は少なくなることを予想させる。どうもこれらの基準は，現実の援助状況においてのみ活性化されるらしい。なぜなら，この著者たちは，被験者に4つの条件に対する自分自身の援助の見込みを判断するように求めた実験室研究の結果をこのフィールド研究では再現することができなかったからである。

実験室設定とフィールド設定の援助行動で差異が生じた理由をディスカッションすることによりエクササイズを結論づけなさい（例えば，フィールドでの媒介変数としての共感，実際に援助を頼まれるのではなく，援助の可能性を問われたこと）。ディスカッションでは，行動についての人の直観に反するようなデータとさせてしまう変数を強調すべきである。

59. 集団の性質

教室での討論のためのエクササイズ

Robert P. Agans：University of North Carolina at Chapel Hill

このアクティビティの目的は，集団の性質に関する授業ディスカッションを喚起することにある。社会心理学，グループ・ダイナミックス，および心理学入門の大規模な授業にも少人数の授業にも適している。準備作業はほとんど不要で，30分くらいの授業でのディスカッションを容易に引き出すことができる。

□コンセプト

このアクティビティは，集団生活のさまざまな側面について授業ディスカッションを喚起させ，集団現象を説明しようとするときに，心理学者が直面する難題に学生が敏感になるように計画されている。社会科学では集団の明確な定義が一致していないが，4つの重要な特徴が集団と非集団とを区別している（Pavitt & Curtis, 1994）。これらの重要な特徴とは，(a)相互依存（Cartwright & Zander, 1968），(b)構造化された，またはパターン化された行動（Newcomb, 1951），(c)共通目標（Mills, 1967），(d)知覚された集団性（Smith, 1945）である。

□必要な材料

以下の質問紙を印刷し，配布する。

□何が集団を構成するのだろうか

あなたが集団を表わしていると思う記述にチェックをつけなさい。

1	病院の待合室の患者
2	学生でいっぱいの教室
3	男子学生社交クラブのパーティに一緒に出席している女子学生社交クラブのメンバー
4	国境を守る陸軍の小隊
5	地球上にいるすべての人たち
6	国会議事堂の前をデモする怒れる抗議者の群衆
7	家族
8	初めてのデートに出かけるロバートとラニ
9	請求書のミスを解決するために電話で話をする2人の見知らぬ人

10.　産科病棟の新生児達
11.　無人島に打ち上げられた敵対した一団出身の３人のギャング
12.　最終報告書を書くことを割り当てられた同僚達
13.　コンサートチケットを買うために並んでいるファン達
14.　グリーンピースのメンバー
15.　ダラス・カウボーイズ（注：アメリカのフットボールチーム）
16.　夜会で外国の訪問者を楽しませる現地の人
17.　中華民国から来た人々
18.　家を建てる建設作業班
19.　五番街と中央通りの角にいる歩行者
20.　テニスの試合

□実施法

授業のはじめに，質問紙を各学生に配布する。それぞれの記述を注意深く読み，集団を表わしている項目にチェックをつけるよう指示する。非集団の項目にはチェックをしないように伝える。そして，他の人が言うであろうと思うことや教師が望むであろうと思うことではなく，自分自身の考えで項目に答えるよう言う。質問紙は回収するが，名前は書く必要がないことについても伝える。

質問紙に答えるのに学生に５分間を与える。データを表にする簡単な方法として，質問紙を回収し，無作為に再度配布して，学生達に自分以外の質問用紙がわたるようにする。こうすることで，自分の回答を知らせることで感じる困惑を減少させる。次にデータを黒板に記録するために学生に挙手をさせる。項目ごとに，集団を表わしているとしてチェックをつけた学生の数を数える。学生の総数から，この数を差し引くことによって，その項目が集団を表わしていないと思う学生の数をすぐに計算できる(Benjamin, 1985より)。この素点を手早くパーセントに換算する時間を取れば，学生はデータを最も容易に関連づけられる。少人数の授業なら，データを表にするのは５分程度である。

大人数の授業の場合は，１つ前の授業までに，質問紙を実施し回収しておく。これによって授業に先立ち，事前に結果を表にする時間を十分にとることができ，それによって授業時間の多くをディスカッションに費やすことができる。

□考察

社会科学においては，統一した集団の定義はないが，実験研究は次のようなメンバーを集団としている。(a)特定の課題もしくは目標を達成するために互いに依存していることが示されている，(b)相互作用をする時に，ある特有な構造化されたもしくはパターン化された行動を展開させている，(c)共通目標の認識がある，(d)知覚される集団性の雰囲気をつくっている。このアクティビティは，学生達に集団と非集団を区別する特質を見い出し，探求させる。

教室のディスカッションは集団とはほとんど見なされない項目を確認することから始めよう。例えば，項目1，5，10，19は，一般的に非集団と考えられているので，最も承認率が低くなるであろう。これに反して，項目4，7，12，15および18は最も承認率が高くなるであろう。これらの項目は，集団の4つの特質，すなわち相互依存，構造化もしくはパターン化行動，共通目標，知覚された集団性が入っているからである。

残りの項目は，これら4つの特質の程度を多様に反映している。それらは，一部の学生によってチェックされ，多くの論争を引き起こすだろう。項目8，9，16，20は相互依存のテーマに基づくものである。項目2，3，6，13は主として構造化もしくはパターン化行動に基づくものである。項目11，14，17はその中の人々がある種の集団性や共通目標を認識しているならば，心理的集団と成り得るものである。

項目によっては欠落している特質を指摘することも有効だろう。例えばコンサートチケットを買うために並んでいるファン達（項目13）は，これらの人々の間に相互依存がないので，集団を形成していないことは明白である。このような状況下では，並ぶという典型的行動が個人の行動を導き，期待を引き起こしているとしても，実際にはこんなに並ばずにコンサートチケットを容易に購入できる。逆に，電話で話をする2人の見知らぬ人（項目9）は会話を続け，争いを解決するという点で相互に依存しているが，一般社会から彼らを区別するような特有のパターン化された行動や構造が現われていないので，集団とは考えられないだろう。中華民国から来た人々（項目17）やグリーンピースのメンバー（項目14）はある種の集団性，あるいはおそらく共通目標をもっていると外部の人は見なすかもしれないが，もし彼らが突然1つの部屋に一緒に入れられ，相互作用し合うことを強制されたとして，同じ決定に達することはありそうにない。これらの人々は同じ国籍や同じメンバーの一員であることによってゆるく結びついてはいるが，心理的感覚では相互に依存していないし，期待や規範的行動を発展させるために十分な時間を共に過ごしてはいない。

まとめると，心理学の文献で取り上げられる真の集団とは次のような特質をもっている。(a)彼らは1人では完成できない課題を達成するという唯一の目的を共に達成しようとする個人から構成されている，(b)他では見られないさまざまなメンバーの間で，彼らは特有の構造化されたもしくはパターン化された行動を展開させている，(c)彼らを結びつけている共通目標をはっきりと述べることができる，(d)自分達を一体であると見なすにいたっている。このような特質を考慮すると，学生達にとって集団と非集団との区別が容易になる。

60. 基礎的な誤帰属

David L. Watson：University of Hawaii

このアクティビティは，対人知覚の“非合理的”な基礎に関する，単純で，直接的で，効果的なデモンストレーションである。配布資料を準備しなければならない。心理学の事前の知識は必要ない。この授業内アクティビティは，20人以上の授業が最適で，すべての学生が参加する。15分から20分かかる。心理学入門や社会心理学の授業に適している。

□コンセプト

基礎的な誤帰属とは，人間の行動を説明する際に，我々はその行動への状況の効果を割引き，パーソナリティ要因の効果を過大評価する傾向があるという考えである(Nisbett & Ross, 1980とRoss, Amabile, & Steinmentz, 1977参照)。誰かの行動を説明しようとするとき，我々は帰属をする。これらの帰属は，行動の原因を他者の中にある（個人の特徴にある）か，その人が含まれている状況にある（その環境にある）ことを強調しうる。時に一方が他方よりも重要なことはあるとしても，実際には行動の原因はしばしば両者にある。しかし，社会的認知の研究者たちは，帰属をするときに，人々は状況の影響を無視して，個人の役割を過度に強調する傾向があることを一貫して見出している。

このアクティビティにおいては，状況が起こったことの主要な原因である条件が作られる。これは参加者たちにも明白に行なわれる。それでも，参加者の多くは，出来事の原因をその状況の役割を無視して，個人要因へと帰属するだろう。これは，リー・ロス（Lee Ross）と彼の同僚により基礎的な誤帰属とよばれてきた。

□必要な材料

デモンストレーションの前に，デモンストレーションに参加する各学生に1部ずつ配るため，質問票（附録60.1に示す）を準備する。

□実施法

デモンストレーションには10分から15分かかる。受講生全員が参加できる。最初に，互いにあまりよく知らない学生どうしでペアを作る。(仮に互いに知っていると，相手のもつ一般的知識の蓄積から意見を形成するかもしれない。) 各学生ペアに一緒に座るように求める。実験の性質を事前には説明しないのが最良である。あなたが期待していることを学生が知るなら，効果を得られないだろう。

学生が席に着いたら，次のように言う。「クイズゲームをします。クイズゲームでは，あなたたちの各ペアで１人が解答者に，もう１人は出題者になってもらいます。まず，誰がどちらの役割をするのかを決めましょう。各ペアで１と２という番号を割り当てようと思います。では，各ペアの中で誰が１番で誰が２番になるのかを決めてください」全員が自分１番か２番と指定するまで数秒間を取りなさい。その後，「このコインをつめではじきます。表が出たら１番の人が出題者，裏が出たら２番の人が出題者になることにしましょう」と言う。コインをはじき，各ペアで誰が出題者で誰が解答者なのかを学生に確認させる。

次に，出題者に言う（解答者が聞いているままにさせておく)。「“メイン州（または何らかの自分達のいる州とは異なる遠くの州）の州都は何？”というような５つの問題を作ってください。問題は挑戦的だが答えられないものではないものでなければなりません。“1950年の大統領は誰？”または“詩人W. H. オーデン（Auden）のイニシャルの正式名は何？”というような問題を使ってください。“私の兄のミドルネームは何？”というような問題はだめです。問題は，一般的な知識を問うものではあるけれど，挑戦的なものでなければなりません。さあ，５つの問題を作ってください。まだ問題は解答者に見せないように。私に相談したいのなら，どうぞ」

解答者に言う。「皆さんは問題が用意されるまで，待っていてください。それまで誰とも話さないでください」問題を書くために，出題者に５分程与える。

問題が用意されたら，ペアに言う。「さあ，始めましょう。出題者はおよそ30秒ごとに問題を尋ねなければなりません。解答者はそれに声に出して答えます。出題者は，その答えがあっているのかどうかを告げなければなりません。また各ペアの両メンバーは，各問題が正しく答えられたかどうかの記録を取っておかなければなりません」通常解答者は出題される問題のうちのいくつかへの答えを知らないだろう。問題が終了したら，質問票に記入するよう両方の学生に求めなさい。学生には相手が自分の評定を見ることはないこと，そして，質問票に名前を書く必要はないことを知らせなさい。

質問票が記入されたら，実験は完了である。これであなたは，デモンストレーションの目的を学生に説明することができる。なぜ事前に説明することができなかったのかを学生に述べなさい。

次に，学生から質問票を集め，データを以下に示すように黒板上に並べなさい。授業時間中にデータを集計できないほど受講生が多い場合には，授業外で集計し，そのデータを次の授業にもってくる。

	解答者	出題者
もっていない	＿＿＿＿	＿＿＿＿
多少もっていない	＿＿＿＿	＿＿＿＿
だいたい同じ	＿＿＿＿	＿＿＿＿
多少もっている	＿＿＿＿	＿＿＿＿
もっている	＿＿＿＿	＿＿＿＿

各行について，評定をした学生数を数えなさい。例えば，1人の出題者が“もっていない”を選んだら，正の字の一をその行に書き入れる。すべての質問票が数え上げられたら，解答者と出題者の平均尺度評定値を計算する。“もっていない”に1を，“多少もっていない”に2を，“だいたい同じ”に3を，“多少もっている”に4を，“もっている”に5を割り当てなさい。この尺度は間隔尺度を構成していると仮定して，平均を計算しなさい。例えば，1人の出題者が解答者を2と評定し，4人は解答者を3と評定し，そして，1人が解答者を4と評定するなら，平均値は（2＋(3×4)＋4)÷6で，3である。

もちろん，評定にはいくらかのオーバーラップがあるだろうが，私はいつも解答者の平均評定値は明らかに出題者とは異なることを見出してきた。典型的には，平均評定値間の差はおおよそ0.5すなわち評点の1／2である。解答者は出題者を，自分よりも多くの一般的な知識をもっていると評定する傾向がある。

□考察

なぜ解答者が自分自身をより低く評定するのか学生に尋ねなさい。学生は状況の効果を無視していないか？　解答者のいる前で，あなたは出題者に挑戦的な問題，つまり解答者がおそらく間違えるだろう問題を考えるように励ました。しかし，解答者は間違えると，その原因を出題者のもつより多くの一般的知識に帰属した。解答者は状況ではなく，個人的な特徴に基づいて帰属した。

あなたはまたすべての学生がこうしているわけではないことも指摘でき，なぜそうしなかったのかを尋ねることもできる。例えば，時に出題者は解答者を自分より低く評定することを，礼儀正しさから控えるだろう。また，学生どうしが互いに知っているなら，相手が自分自身とそんなに変わらないことを知っているかもしれない。あなたは，互いによく知らない学生を使ったり，無作為に解答者と出題者に割り当てるというような，研究におけるさまざまな統制を指摘することができる。

附録 60.1：質問票

あなたは解答者でしたか____出題者でしたか____(あてはまる方にチェックをしてください。)

一緒に作業した相手の一般的な知識を，自分自身と比較して評価してください。正直に答えてください。相手があなたの答えを見ることはありません。あなたの答えは誰にも見られません。そして，あなたの名前をこの質問票に書く必要はありません。

自分と比べて，相手は～をもっているようだ（あてはまるところにチェックをしてください）。

1．____私よりも一般的な知識をもっていない。
2．____私よりも多少一般的な知識をもっていない。
3．____私とだいたい同じ水準の一般的知識である。
4．____私よりも多少一般的な知識をもっている。
5．____私よりも一般的な知識をもっている。

61. ホームレスという社会問題への帰属理論の適用

Susan H. Franzblau：Fayetteville State University

このアクティビティの目的は，重要な社会的事象の分析のために，社会心理学の法則を適用することの適切性を，経験を通して学生に示すことである。学生は，ホームレス問題に関して対立する２つの立場をロールプレイするが，そのときそれぞれの立場を支持するような帰属理論を用いる。帰属理論の使用と対立する集団を設定したことで生じる自民族中心主義が，口述と文書の両方の形態で取り組まれることになる。この授業内アクティビティは５，６回の授業時間を使って行なわれ，全学生が参加する。大人数の授業でも行なえるが，１グループを10名程度に分けた方がいいだろう。社会心理学の授業や，多様性，社会的階級，権力の力学，多文化問題を扱っているような授業にも適している。

□コンセプト

このアクティビティの目的は，心理学の法則が重要な社会的事象を分析するのに使われうることを学生に示すことである。このエクササイズは，ホームレス問題について学ぶという文脈で，学生に帰属理論を教えるようにデザインされている。さらに帰属理論について学ぶという文脈で，学生にホームレス問題を教えるようにもデザインされている。ある問題についてどちらか一方の側に立って聴聞会や法廷形式で意見を述べることが学生に求められる。

□必要な材料

２つのバージョンの帰属エクササイズ用材料が必要である。それぞれ一枚の紙に印刷され，そのどちらか一方を学生に配布する。バージョン１（附録61.1）では学生はホームレス集団の一成員である。バージョン２（附録61.2）では学生はニューヨーク市（あるいは，あなたの大学の回りにある他の都市）の議員である。

□実施法

１グループが10人以上にならないのが望ましい。５回分の授業時間が必要であるが，学生は授業時間外にグループの学生と作業することができる。このエクササイズは長いが，多くの社会心理学的題材を扱っているので，表向きには全体を社会心理学の単元として行なうことができる。

学生に入門用教科書の帰属理論の部分を前準備として読ませることから，このアクティビティを始めよう。それから，一致性（consensus），弁別性（distinctiveness），一貫性（consistency）を基盤とした原因帰属を決めるための素朴傾向（Kelly, 1967），根本的な帰属の錯誤（fundamental attribution error）（Ross, 1977），行為者－観察者効果（Jones & Nisbett, 1971），自己奉仕的バイアスと自滅的バイアス（self-serving bias and self-defeating bias）（Miller & Ross, 1975），印象形成（Asch, 1946），心理学的視点の創造（Storms, 1973）といったトピックスを含め，帰属理論について，講義を行なうかディスカッションを行なわせる。

学生で１グループ10人以上にならないようにグループに分かれさせ，部屋の別の隅で丸くなるようにする。各グループはエクササイズ用材料のバージョン１かバージョン２のどちらかを受け取る（附録61.1と61.2）。

このエクササイズをクラス全体でディスカッションさせる。その際に，各グループの使命は，ホームレス問題に関する市全体の聴聞会で自分のグループを代表して証言する準備をすること，そのために帰属理論から学習したことをすべてまとめなければならないということをアドバイスする。彼らの責務は聴聞会で，(a)ニューヨーク市の議員として，ホームレスは精神的に病んでいて責任能力がなく，地下鉄から立ち退いて一時的なシェルターに移動すべきであることを，あるいは(b)ホームレス集団の成員として，ホームレスの人々は彼らが望めば地下鉄で寝る権利があること，ホームレスは精神的に病んでいるのではないこと，ホームレス問題は多くのシェルターを作ることではなく低家賃の住居を建てることで解決すべきであることを，役人に納得させることである。

グループでのディスカッションと対応の立案のほぼ一週間後に，聴聞会／ディベートを行なう。審判には主席質問者（教師）と各グループから選ばれた審判員を１人入れるとよい。各グループは，審判の前に座ってそれぞれの立場を弁護する専門家証人（こうした証人は各集団の学生が演じることができる）のリストを準備する必要がある。各グループの証人は片方のグループの証人と交互に出てくるようにする。授業のダイナミックスや教師の好みによって，ディベートは正式にも略式にもできる。私自身はそれぞれの側が次々交替してでてくるようなディベート形式を用いている。どちらの側が先に始めるかを決めるためにコインをはじいた後，親近効果と初頭効果（Asch, 1946）の利益を考慮して決めてほしいと伝える。

ディベートの最後に，以下のトピックを含めた全体での自由なディスカッションを始めるとよい。

1．エクササイズの前，最中，後での，自分の所属するグループへの好意度や所

属しないグループへの感情

2．所属グループに密接に引き寄せられた要因

3．ホームレス問題の原因を片方のグループに帰属させ，有利になるように心理学的視点を創り上げるために使ったテクニック。

4．片方のグループによって引き起こされた不均衡

5．このエクササイズの全般的効用

6．社会的状況にいる人として，自分自身が学んだこと

□考察

グループは当初団結してなくて，熱心ではないだろう。しかし，グループが会合し続けるにつれ，関与が増すだろう。関与を促すために，彼らが聴聞会の構成員であることを思い出させることは重要である。グループが進化すると，各グループのダイナミックスによって，リーダーが現われたり，メンバーがそれぞれさまざまな役割を担うようになる（Scherif, Harvey, White, Hood, & Scherif, 1961）。自分のグループに対する心理的な好みが作られるにつれ（Storms, 1973），内集団中心主義（in-group ethnocentrism）（Sumner, 1906）も現われるだろう。このエクササイズを試みるたび，最初に入ったグループのホームレス問題についての視点によって，グループのメンバーがそれぞれ違うように影響されることがわかるだろう。グループが行なう作業も，ホームレス問題に関する調査を含めて，各グループのダイナミックスによる。議員グループは，ホームレスの人たちへの偏見をもっているこのグループに入ったことから，なるべく客観的であり続けることを選ぶ場合がある。しかし，エクササイズの最後には，多くの学生は客観的であり続けることができず，自分たちのグループの議論を弁護することに執心することが示されている。中には，自分が当初思っていた以上に熱心になった人もおり，そのことは彼ら自身を驚かせた。このアクティビティは，帰属理論の使用に関するエクササイズとして学生に示されたが，集団成極化（group polarization），社会的比較や社会的情報の役割，自集団中心主義について経験的に理解するようにもなり，次には，彼ら自身の経験からこうしたプロセスについて解釈したりディスカッションしたりできるようになる。聴聞会では，学生の関与は聴聞会が進むにつれ増加するだろう。

□レポートの内容

市の聴聞会で主張を立証するために帰属理論を用いたことについて，学生にレポートを宿題として書かせる。新しいグループと一体感をもつという経験や，その経験がいかにグループ・プロセスや片方のグループへの感情に影響を与えたかについて論じさせることもできる。附録61.3は，学生がレポートを完成させるとき使える指針を示している。

このアクティビティはとても強力で，特定の問題についての学生の信念に影響しがちである。帰属理論について教えるという文脈で，他の社会的に有益なトピックを開拓することもできる。例えば，帰属理論がいかにレズビアンとゲイを差別から守るために利用可能かということを学生に教えるために，私はこのエクササイズを行なった。グループ・プロセスによって，学生は自分の当初もっていた帰属を変える，あるいはより高めるという形で影響されることを考えると，レズビアンやゲイの権利や人種問題のような問題で対立するグループを構成するときは，かなり慎重に事を運ぶようにしている。このエクササイズは対立グループを戦わせるという手法を使わずに行なうこともできる。しかしながら，状況に応じて，対立する側を用いる手法を選ぶなら，学生に，対立する視点の正当性を主張するためのレポートの執筆を宿題として課すと良い。

附録61.1：帰属エクササイズ用材料バージョン1：ホームレスグループのメンバー

あなたたちはあるホームレスグループである。あなたたちは，ニューヨーク市が，冬の間，氷点下となる時期でさえ，地下鉄から5000人以上のホームレスの人たちを立ち退かせようとしていることを知ったところだ。この政策に反対する他のグループの活動により，市全体の聴聞会が招集された。その会期中，両サイド（ホームレスと彼らの支援者，市議とその支援者）が立証するために呼ばれている。あなたたちの責務は，ホームレス問題の状況は，ホームレスの人々のためにアパートや家を建てるという救済策を必要としていること，ホームレスは寒い中外にいることがよくないことを知らない変な人々ではないこと，ホームレスの人々は自分達のことは自分達で語ることができる知性があり他者に代弁してもらう必要などないこと，ホームレス問題は多くの都市が抱える問題であり，“ホームレス”と呼ばれるタイプの人のせいではなく，深刻な経済危機やその結果としての失業，再開発による地域の高級化（高所得者用の家を建てるために貧しい人々を追い出すこと），ウェアハウジング（市場が高い賃貸料を見込めないときに建物を空室のままにすること）によることを示すことである。

聴聞会で論証するために，帰属理論から学んだこと，(a)原因帰属を決めるために一致性，弁別性，一貫性を考慮する素朴傾向，(b)根本的帰属の錯誤，(c)行為者－観察者効果，(d)自己奉仕的バイアスと自滅的バイアス，(e)顕現性を創るための印象形成，(f)心理学的視点の創造力，(g)帰属を創る際の権力や地位の影響のすべてを用いなさい。

附録 61.2：帰属エクササイズ用材料バージョン 2：ニューヨーク市の議員

あなたたちはニューヨーク市の議員である。行政は推定5000人のホームレスを，冬の間，氷点下となる時期も，地下鉄から立ち退かせるという政策を行なった。この政策に反対する他のグループの活動によって，市全体の聴聞会が招集された。その会期中に，両サイド（ホームレスと彼らの支援者，市議とその支援者）が立証するために呼ばれている。あなたたちの責務は，ホームレスの人たちが精神的に病んでおり，彼らが地下鉄を占拠することによって，地下鉄で物乞いをしたり，運賃をごまかしたり，寝たりする人たちに気分を害されることなく仕事に行きたいと願うニューヨーク市民に問題を発生させているということを示すことである。あなたはホームレスの人々をシェルターに移すことを主張し，冬の間地下鉄からシェルターに彼らを組織的にバス輸送する計画を進めている。あなたは聴聞会にいる人々に，ホームレス問題が，シェルターを与えられているにもかかわらずシェルターで寝たくない，道や地下鉄の駅で寝ることを自ら選んでいる人々の願望から生じているという事を納得させるべきである。あなたはホームレスが，客を自分の店に惹きつけたいという商業者に対して問題を引き起こしていることを主張すべきである。それは，景気が後退しているこの時期にはより大きな問題となる。ビジネスは好転しなければならないし，ホームレスはその邪魔になっている。

聴聞会で論証するために，帰属理論から学んだこと，(a)原因帰属を決めるために一致性，弁別性，一貫性を考慮する素朴傾向，(b)根本的帰属の錯誤，(c)行為者―観察者効果，(d)自己奉仕的バイアスと自滅的バイアス，(e)顕現性を創るための印象形成，(f)心理学的視点の創造力，(g)帰属を創る際の権力や地位の影響のすべてを用いなさい。

附録61.3：宿題レポートの手引き

あなたの宿題レポートは，ホームレス問題について帰属理論を適用するという授業内エクササイズについて詳しく書くことである。以下は採用すると良い一般的なアウトラインである。

まず初めに問題を記述しなさい。次に，いかに努力してそれを解決しようとしたかについて記述しなさい。はじめに，一致性，弁別性，一貫性に基づいて原因を決めるという我々の素朴傾向に関する理論を含め，どのように帰属が行なわれるかについての文献調査から始めなさい。次に，行為者－観察者バイアス効果や自己奉仕的バイアスを引き起こす，我々が犯す根本的帰属の錯誤について論じなさい。次に，どのように心理学的視点が創られるかを示す研究を含めて，いかに顕現性が生み出されるかについて示すために，印象形成や知覚からの他の情報に関する研究を論じなさい。地下鉄からのホームレスの人々の立ち退きに関して，ホームレスの人々の視点，もしくは，ニューヨーク市議会議員のいずれかの視点を理解するための市全体の聴聞会に，あなたがどのように影響を与えたかを示すように，これらのすべての研究をまとめあげなければならない。

レポートは，3～4ページの長さで，一行おきにタイプで打たれ，アメリカ心理学会の書式に準拠すること。こうした問題にあまりく詳しくない読者を想定して，使う言葉を定義しながら，調査によってあなたの意見や主張を支持するように論述しなさい。

■第 12 章　人種，ジェンダー，多文化主義

本章のアクティビティは偏見や差別，性役割ステレオタイプ，文化差に焦点を当てた多文化の問題を探求する。アクティビティは特に人種，ジェンダー，文化の単元に適しているが，社会心理学，パーソナリティ，発達心理学，異常心理学の単元にも適している。

アクティビティ 62 は，心理学入門の授業で偏見や差別を教えるための示唆のカタログである。それは，講義，ディスカッション，アクティビティであり，いずれもこの重要な教材を，授業全体を通して統合することを意図したものである。

小集団のリーダーはどのように選ばれるのだろう。その疑問に答えるのがアクティビティ 63 である。ここでは４人の学生からなるグループ（理想的には，男女２人ずつ）に，ゲームをする前にリーダーを選ぶよう求める。教師は２つのうちの１つのゲームを提示する。１方のゲームの目標は激しく競い合う競争である。他方のゲームの目標は協同で，互いに同意しあうことである。このリーダー選択の結果を予想できますか？

アクティビティ 64 と 65 はいずれも社会化におけるジェンダーの役割をテーマとしている点で，姉妹編とみなされる。アクティビティ 64 で，学生は玩具店やデパートの玩具売り場を訪れ，子どものおもちゃへのジェンダー・メッセージについての観察の詳細なレポートを書く。レポートを基に興味深い授業ディスカッションを行なう。アクティビティ 65 は学生に学校図書館や公共図書館の子どもの本コーナーに行き，ランダムに 10 冊の本を選ぶよう求める。これらの本の情報を教示に従って記録し，それらのデータについてのレポートは，授業ディスカッションのために教室に持参される。

多文化主義がアクティビティ 66 のテーマである。相互的な多文化インタビューを通して多様な発達経験を学生に示す。インタビューは社会的時計つまり，「人生におけるさまざまな出来事，挑戦はいつごろが適切なのかを定める，文化的に設定された時間表（Berger,2001,p.531）」の概念に焦点を当てる。接触仮説（contact hypothesis）に基づいて，意義のあるインタビューを保証する条件が述べられる。著者が述べている結果では，参加した学生の実際の成長経験量について，いくつかの良好な結果があげられている。

アクティビティ 67 でも多文化の問題が提示される。宇宙船がアメリカ合衆国に着陸し，新しい文化に同化しようと最善を尽くしている３人のエイリアンの家族のロールプレイングエクササイズを行なう。２人の学生がこの新入り家族にインタビューするレポーターの役割を演じる。このエクササイズは，差別，偏見，文化変容，コミュニケーションスタイルに関するディスカッションをたびたびもたらす。さらに，このアクティビティは自然観察の有効性や難しさの好例でもある。

62. 心理学入門授業における偏見と差別の授業

Joseph I. Lamas：Cambridge Global Studies Academy
Miami Dade County Public Schools

このアクティビティは，心理学入門授業のいろいろなポイントで，偏見（態度と信念）とこうした差別（行動）の原因と結果について学ぶ学生のために，さまざまな教育的示唆を与えるものである。この教材は，授業の中で最も重要なものであり，ほとんどの心理学の入門書の中に含まれているトピックを用いて，最小限の授業時間や準備で教えることができる。

□コンセプト

偏見と差別は，人間の日常的な行動における多くの課題，問題，相互作用の中核をなすことから，心理学入門授業ではよく扱われるトピックである。心理学入門授業で偏見と差別を扱う上で望まれる教育的目的は，科学的心理学が偏見と差別に言い得ることを学生自身が分析し，内面化することにある。こうした理解は，多文化・多民族社会，さらにグローバル化を増している社会にとって，必要不可欠なものである。

□必要な材料

以下の教育的提案の実施に当たっては，特別な材料を必要とはしない。提示したアイデアからより洗練化されたアクティビティやデモンストレーションを開発することも可能であろうが，ここではまず偏見や差別を，教師が可能な限りなじみやすく扱えるよう配慮した。

□実施法

以下の教材は実際のアクティビティではなく，質問のリストである。しかし，心理学研究に基いたこれら一連の質問ないし陳述を利用することで，教師は偏見と差別について学生により良い理解を促すことができるだろう。これらの質問や陳述は，さまざまに使うことができる。ある質問については10～15分かけて議論し，別の質問については1～2分ですませるという使い方をしてもよいだろう。講義の中である質問を提示し，すぐには解答を与えないこともできるし，そのほうが望ましいこともある。その考え得る解答についてのディスカッションを，次の授業時間に行なうのも良いし，レポート課題にするのも良いだろう。講義中に提示した質問に対してレポート課題で論じることは，たいてい最も効果的な方法となり得る。このような課題は短くとも，多くの学生にとって強力な学習の機会となる。

これらの事柄を教師が講義の中で提示するという考え方もあるだろう。しかし，その場合，教師の示すポイントは簡潔なものになり，ディスカッションや更なる分析を行なうことのない，自明なものになってしまう。

□考察

ここでの提案に共通するのは，学習経験の中核は，学生に授業のトピックと偏見・差別との関連性についてクリティカルシンキングを行なうよう求めることである。教師の役割は，学生に，偏見・差別と関連づけることで現在学習しているトピックの関連性や意義について目を向けさせること，そして学生自身がその必然的な関連性や意義を明らかにしようとすることに，最小限の援助を与えることである。

偏見と差別は，明らかに慎重に扱うべき価値あるトピックである。この問題を授業でディスカッションする際には，尊厳と承認が優勢となる環境を作りださなければならない。価値中立な教育は幻想だと考えるべきであろう。我々教師は教育的役割（teaching persona）の一部として，科学的価値，教育的価値，人間的価値のいずれをも等しく担っているのである。ただし，学生は，進んで偏見を抱くことを選ぶ人はいないということを十分に理解すべきである。我々の態度とその結果として生じる行動の多くは，特定の情報や学習経験を分析したり，謝絶したり，拒否することに先立つ影響や条件によって与えられる。それゆえ，受容と理解は特に偏見をもっているような学生にとっては，不可欠なものとなる。

□□序章

心理学者の教育とトレーニング　職業としての心理学は，アメリカ社会における人種，民族の人口統計上の変化のペースに追いついてはいない。心理学入門は，民族的バックグラウンドをもつ学生にとって，心理学にかかわる職業に就きたいという動機づけを与えるキーとなる可能性を秘めている。学生に，なぜ心理学の専門家が民族的多様性をもつことが望ましいかについて尋ねる。すべての心理学研究者の民族的バックグラウンドが，一般社会を反映していないのだとしたら，心理学に何が起こりうるのだろうか？

心理学における研究法　ほとんどの理論構築や実証研究は，非マイノリティのアメリカ人男性に焦点を当てている。こうした理論構築と実証研究の結果は，母集団以外の集団の人々にどの程度適用しうるのだろうか？　他の文化についてはどうだろうか？　フロイト（Freud）とホルナイ（Horney），コールバーグ（Kohlberg）とギリガン（Gilligan）の論争について言及すると良いだろう。

□□行動の生物学的基礎

樹状分岐　ラットの実験室研究では，被検体が豊かで多様な外的刺激にさらされた時，脳内の樹状突起の発達はより複雑に分岐することが明らかになっている。この知見は，社会経済環境が剥奪されたり，限定されている中で養育される多くの乳児や子どもにとって何を意味するのだろうか？　（すべての子どもの環境を豊かにしなければならないという認識は，心理学入門の授業の中でももっとも強力な成果の１つかもしれない）

□□知覚

知覚に及ぼす有機体的変数の効果：人間の知覚は，刺激変数を正確に表象してはいない。むしろ，動機づけ，構え，態度，興味，記憶といった有機体的変数と刺激変数との相互作用が表象されたものである。学習は，このプロセスにおいて重要な役割を果たす。マイノリティの個人や集団の知覚は，どの程度現実的なものだろうか？　有機体的変数によって私たちの知覚は，どの程度歪められるのか？

選択的注意　選択的注意は，クー・クラックス・クランのメンバーの社会的知覚にどのような影響を与えることができるのか？　女嫌いの人に対してはどうか？

知覚的プロセス　知覚的恒常性や知覚体制化のような知覚的プロセスは，偏見にどのような影響を及ぼし得るか？

トップダウン処理　以下の事柄について，偏見の獲得と維持という観点から説明し，偏見ないしは差別に関連した適切な例をあげさせる。(a)知覚的構え（Perceptual set）：知覚者はある種の知覚的レディネスまたは期待をもっている。すなわち観察者は何かを知覚するように構えている。(b)スキーマ（Schemas）：すべての情報は個人のスキーマに応じて処理される。スキーマに合致しない場合には，合致するよう入力が歪められる。(c)中国に「We see what is behind our eyes―人は目の裏側を見ている」（すなわち，すでに心の中にあるものを見ている）という故事がある。今日，これは知覚の期待効果とよばれている。人種差別主義者，性差別主義者，同性愛恐怖症者は，他の人々の知覚と何が異なっているのか？

□□学習

古典的条件づけ　古典的条件づけの接近または随伴モデルを通じて，偏見がどのように学習されうるのか？　その例を考えるよう学生に求める。

道具的学習　道具的またはオペラント条件づけを通じて，偏見がどのように学習されうるのか？　例を考えるように学生に求めるとよい。

強化のスケジュール：強化の定率スケジュールと変動間隔スケジュールは，特に消去に抵抗する。これを，偏見をもった人の態度や行動に応用することは何を意味するのか？

学習性無力感　学習性無力感の概念を適用することで，抑圧された集団のメンバーである人の行動をより理解することはできるだろうか？

強化により誘発された常同症 強化により誘発された常同症（一環した報酬を産み出す以前の反応パターンに固執する傾向）の概念を適用することで，社会がマイノリティのギャングメンバーの攻撃行動をより理解すること（必ずしも許容しなくてよい）はできるだろうか？

観察学習 観察学習のプロセスによって，私たちが偏見と差別を学習する可能性が最も高いのはどのような状況であるか？ 例を考えるように学生に求める。

□□記憶

エピソード記憶 ネガティブな個人の経験は，偏見をうみだすことに偏った影響を及ぼすだろうか？

再構成記憶 非マイノリティのメンバーが，マイノリティの人または集団に関連した過去の出来事を想起するとき，彼らは長期記憶から詳細な事実だけを検索しているのだろうか？ それとも，その状況にあてはまりそうな事柄と事実の記憶とを結合させがちなのだろうか？

□□思考と言語

属性の定義 偏見をもった人における，黒人，ヒスパニック，アジア人，ネイティブアメリカンまたは女性の定義的属性とはどういったものか？ こうした定義的属性が作り出された場合，現実の知覚にどのような影響を及ぼすのか？

基礎レベルカテゴリー 黒人やアフリカ系アメリカ人は，人種を適用した場合，基礎レベルカテゴリーとなるのか？ それとも下位カテゴリーとなるのか？ 基礎レベルのカテゴリーは簡単に区別され，基礎レベルカテゴリーのメンバーは視覚情報だけで容易に分類される。基礎レベルカテゴリーは，人生で最初に学ぶカテゴリーである。もし黒（Blackness）が，基礎レベルのカテゴリーであるならば，偏見の形成可能性にどのような影響を及ぼすのか？

利用可能性ヒューリスティクスの誤用 より多く犯罪を犯しているのは黒人か白人か？ 黒人は，攻撃性を伴わない犯罪よりも攻撃性を伴う犯罪を犯しやすいのか？ 白人は，知能犯罪を犯す頻度が高いか低いか？ 単に利用可能性の高い部分的な情報に頼り，他の補完的情報を無視することで，間違った答えに導かれてしまう。

言語の発達 普遍的順応性とは，人のすべての乳児が同じ音を出し，いかなる言語の音素でも取得できる能力のことである。この柔軟性は，1歳を過ぎたあたりから失われていく。これは，異なる国家，文化，社会グループの言語行動に関連させたとき，遺伝 対 環境論争に何を意味するのか？ ヒトという種の（human species）の単一性（oneness）にどのような意味をもつのか？

性差別と言語 男性指向的な性に偏りのある言語は，女性の自己概念の発達にどのような影響を及ぼすのか？ 性に偏りのある言語は，男女に対するステレオタイプ的行動期待を持続させることに寄与しているか？

□□人間の発達

ピアジェ（Piaget）の認知論 ピアジェによると，人は形式的操作段階（formal-operations stage）（青年期と成人期）以前には，抽象的，仮説的，演繹的思考をすることができない。このことは，我々がその段階を迎えるまで，偏見的な態度の発達を尊ぶ家族や社会的状況のなすがままであることを意味するのか？

仲間との交流 青年期に仲間集団の圧力（peer pressure）の重要性が増すことにより，偏見や差別に影響するどのような状況が展開するのか？

コールバーグ（Kohlberg）の道徳判断の段階 人は，水準Ⅲ（後慣習的，原理化された水準）の発達段階以前の道徳的スキーマの一部分として，どのような人種的，民族的，性差別主義的態度を内在化すると考えられるか？ コールバーグが示すように，多くの人が水準Ⅲに到達しないのであれば，社会における偏見と差別の問題への対処という点で，何を意味するのか？

道徳判断の性差 コールバーグ（Kohlberg，あるいはフロイト［Freud］，エリクソン［Erikson］，ピアジェ［Piaget］でもかまわない）は，情報を解釈し理論を構築するために，男性的視点を用いることで，女性を一貫して表わしてこなかったのか？ キャロル・ギリガン（Carol Gilligan）やカレン・ホルナイ（Karen Horney）らは，イエスと答えるだろう。

エリクソン（Erikson）の心理社会的理論 抑圧された少数派集団のメンバーが，勤勉 対 劣等段階（6歳から思春期），自我同一性 対 役割混乱段階（青年期）に達するときに抱えうる，特有の問題とはどういったものが考えられるか？

□□動機づけと感情

認知的不協和理論 人は，個人の行動に不協和な（矛盾している）思考，態度，信念を経験すると，ストレスフルで，心理学的に不快な状態が優位となる。これは，人に存在する不協和を調整し，調和を達成することでストレスを低減するよう動機づける。この現象が偏見的態度や差別的行動の発達や維持を，どのようにして促進したり，妨害しうるか？

達成動機づけ 自分自身に対する偏見の知覚は，成功達成傾向と失敗回避傾向の相互作用に，どのような影響を及ぼすのか？

親和動機 学生の90％が白人で占められている学校では，環境は，マイノリティの学生の親和動機にどのような影響を及ぼすか？

感情を表わす表情の普通性 これは，世界中の人類の同一性と差異性に，何を意味するか？

恐れと不安の形成 異なる民族集団，文化集団の誰かに親しみをもっていないことが，その集団への恐怖，不安の形成にどのような影響を及ぼすのか？

□□パーソナリティ

フロイト（Freud）の性心理理論 フロイトの発達段階は，女性にどの程度適用できるか？　カレン・ホルナイ（Karen Horney）は，フロイトの理論をどのように批判しているか？

パーソナリティの個人差　ある種のパーソナリティは，その他のパーソナリティに比べ，偏見を抱く可能性が高いか？　いわゆる権威主義的パーソナリティや偏見を抱きやすいパーソナリティをもつ学生が，そのために抱えがちなリスクに対処するためにどのような支援が可能か？（Allport, 1954 参照）

□□心理的査定

検査の構成と標準化　心理検査の多くは，中流階級の白人を標準化サンプルとしている。これらの検査は，標準化サンプルに含まれていない集団のメンバーにどの程度の妥当性を有しているか？

調査者効果　男性と女性の検査の成績における男性調査者と女性調査者の効果に関する研究はどのような結果を示しているか？　同じ疑問を，白人の検査者とさまざまな人種的マイノリティの検査者で尋ねてみよう。

人種とIQテスト　白人と黒人のIQ得点を比較する際，養育要因から生得要因を完全に切り離すことができるのか？「人種間の文化-環境的差異を認めながら，人種的差異を遺伝要因にのみ帰することは，愚行と悪意を混ぜ合わせることに等しい」(Kamin, 1974, p. 7)

文化と心理検査　ほとんどの心理検査は，「すべての文化で利用でき」「文化を通じて正しい」とされている。本当にそうだろうか？　そうした検査はどのように構成されているのか？

□□健康，ストレス，コーピング

嗜癖行動と健康　都市中心部の社会経済環境は，薬物乱用や薬物依存にどの程度影響を与えるのか？

ストレスの源　ホームズとレイ（Holmes & Rahe, 1967）のライフチェンジイベントのリストに基づいて平均的な都市中心部の居住者と平均的な上流郊外居住者を比較した場合，どのような違いが見いだせるか？　このリストは，高校生や大学生のストレス源を評価するのに，どの程度妥当か？

ストレスコーピング　サポートグループ，リラクゼーショントレーニング，瞑想，バイオフィードバックなどのストレスに対処する一般的な手段としてあげられるものは，社会経済レベルの低いマイノリティにどの程度利用可能か？

□□異常心理学と治療

異常の社会学的モデル　たとえば，鬱のようないくつかの状態は，「社会経済レベルの低い集団や女性により多くみられる。これは，おそらく日常のストレスに対処するための選択肢が少ないためであろう」(Benjamin, Hopkins, & Nation, 1994, p. 639)

治療の利用可能性　アメリカ合衆国の約３分の１の人は，生涯において何らかの急性精神疾患にかかるだろうということを考えると，もし貧しい彼らが治療代を支払うこともできず，健康保険もない状況だとしたら，十分な精神保健治療を受けることはできるのだろうか？

脱施設化 アメリカの精神疾患患者の脱施設化とホームレスに，どのような関連がみられるだろうか？ この問題に効果的に対処する我々の社会的能力に，人種的偏見が影響を及ぼしているか？

治療における治療者変数 心理学の領域は，黒人，ヒスパニック，アジア人，その他のマイノリティの多くの要望や，21世紀のアメリカにおいてこれらの人々がますます増加していくという予測に応えて，これらマイノリティのメンバーを心理学者として積極的に募集し，それを維持しているのか？ アメリカ心理学会（APA）によると，専門職としての心理学はマイノリティの募集を十分に行なっていない（APA, 1997）。

□□社会心理学

態度形成 人の態度は生得的なものではない。態度は学習の原理によって形成される。

態度変容と説得 態度変容は，メッセージの送り手が，好ましく，信用できる専門家として知覚され，メッセージが受け手の立場と大きく異ならないときに，生じうる。

基本的帰属のエラー 人は，他者の受け入れ難い行為を評価するとき，状況に帰属するよりも個人に帰属する傾向がある。（たとえば「もし彼が貧しく，仕事もなかったとしたら，彼が怠惰であるからだ」）社会全体がマイノリティのメンバーに対して，そのような見方をしてはいないか？

教育の自己成就予言 生徒の成績に対する教師の期待は，授業の中での生徒の行動に影響するが，同時に，教師による生徒の成績の評価の仕方にも影響する。私たちが白人に対する場合と同じような評価の仕方や期待を，黒人，ヒスパニック，その他の民族にももつだろうか？ 小学生は期待されると，成績がよくなる傾向がある。このピグマリオン効果（Pygmalion effect）は，教師が言語的にも非言語的にもあたたかい雰囲気を作り出し，より多くの事柄を教え，相互作用を行ない，他の人とは異なるフィードバックを与え，質の低い反応を受容しないことによって生じる。（映画“*Stand and Deliver*”★1を参照。この映画は実在する高校数学教師ジェイミー・エスカランテ（Jaime Escalante）をモデルにした実話。彼は学生に高い期待をもち，きわめて高い目標の達成を支援したという物語である。）

没個性化 「集団の中の個人は，自分自身の責任感を失い，ある種の集団心理にとらわれることに，没入していくこともある」（Benjamin et al., 1994, p. 564）このことを，暴動における行動の理解に役立てることはできるだろうか？

同調 学生のもつ偏見と差別のどれくらいが，準拠集団や一般社会の社会的規範ないしは態度を受け入れようとした結果なのだろうか？

ステレオタイプ 私たちは自分自身のステレオタイプに気づいているだろうか？

また，なぜ私たちはステレオタイプを使うのか，つまり，ステレオタイプはどのような機能をもつのか？　他者が我々に対してもっているステレオタイプにはどういったものがあるか？　それは妥当か？　それ以上に私たちが他者に対してもつステレオタイプは妥当か？　もし自分がもつ他者に対するステレオタイプの維持を許容するとしたら，他者が我々に対してステレオタイプをもつことを本当に許せるのか？

人種的偏見の発達　子どもたちは4，5歳になるまでは人種の違いについて敏感ではない。なぜ4，5歳以前の子どもは，人種の違いに敏感ではないのか？

偏見の発達の容易さ　アイオワ州ライスフィールドコミュニティ小学校3年生の担任教師ジェーン・エリオット（Jane Elliot）は，授業で「青い目」は「茶色の目」より頭が良く優れていると区別化し，分離した★2。優秀な人物という役割に教師が割り当てた児童はその行動をさらに変化させ，他の児童は，自分を劣等グループに割り当てた教師に即座に嫌悪感を抱いた。「劣等であると見られている人々も，優秀であると見られている人々も，それに応じた感情を抱き，行動する」（Zimbardo, 1990）。このデモンストレーションから何を学ぶことができるか？　今日，このデモンストレーションを追試することが非倫理的であると考えられる理由についてディスカッションしなさい。

偏見と差別の低減　接触だけでは不十分である。アメリカ社会で，豊かな調和をもたらす可能性のある状況について，尋ねる。

上位の目標　両方のグループに重要で，彼らの互いの協力によってのみ達成できる目標を導入することで，集団間葛藤を低減できる。協同学習グループを用いて，これを我々の教育の中に構築することはできるか？

自民族中心主義　自民族中心主義とは，自身の民族集団，特に人種的，民族的または国家的グループは優れているという信念である。自民族中心主義は自尊心にどのような影響を与えるのか？

□□産業–組織心理学

以下の観察とコメントは，著者が教育に携わる以前に，15年間にわたって，アメリカの大企業やさまざまな産業部門（運輸，重工業，食物販売，金融業）に従事した経験に由来する。

雇用差別　女性の能力と仕事上の役割に対するステレオタイプ的な見方は，いまだ健在である。多くの有名な企業を任される「Good ol' boys：古き良き男性」たちは，彼らの前任者の価値と期待を内在化している。「政府やメディアが騒ぎ立てるトラブルを避けるために，黒人やマイノリティをたくさん雇わなければならない」という見方も依然として存在している。学生は，偏見やステレオタイプが雇用に影響を及ぼしている証拠をメディアから見いだすことはできるだろうか？

昇進の差別　中間管理職までは，女性，黒人，ヒスパニック，その他のマイノリティも企業構造の中に受け入れられている。しかし，それ以上となると，能力やスタイルを疑われてしまう。女性は昇進の過程で男性化することがしばしば期待されるが，一方で「男性的すぎる」ことを批判されもする。男性であれば競争的と見なされることが，女性であれば攻撃的と見なされる。学生に「ガラスの天井（昇進に際しての目に見えない障害）」の概念を尋ねてみよう。

民族的マイノリティの中間管理職の苦境　民族的マイノリティの中間管理職は，上司や部下の中に人種差別主義的態度をとる者がいることを理解している。それゆえ，信頼を確信できるまで上司や部下を疑う傾向があり，必要以上に用心深く，たいていの組織風土において保守的である。こうした疑念は，たとえば，上司や部下に職務を委任したり，彼らの意欲を高めたり，進捗状況の監視を行なうなどの日常的マネージメント機能を妨げる。こうした企業の過酷な雰囲気によって，不安感や疎外感を募らせていく。この環境において，自己成就予言のような概念は，どのように機能するのか？

□□最終的な見解

> 心理学教育は，固有の社会的責任を担っている。人の学習，認知的発達や道徳的発達，態度形成などの理解は，偏見をなくし，マイノリティへの差別が受容へと代わり，社会正義が抑圧に打ち勝つ世界を創造する上で計り知れない影響を及ぼす。心理学の知識は，よりよい未来をもたらすためのきわめて強力な可能性を秘めている。したがって，教師はこの特別な責任を受け入れ，これらのきわめて重要な目標を教授するよう努力しなければならない（APAの分科会である中等学校における心理学教員の民族・マイノリティ問題委員会の任務に関する声明より）。

心理学入門の授業で，偏見と差別についてきちんと教育するのは不可能だと感じる人もいるだろう。しかし，そのメッセージを力説する必要はないことを思い出してほしい。学生はメッセージにネガティブな態度をとるより先に，それを受け止められることを我々は知っている。ここで提案した領域の中から，扱いやすいトピックを選択し，利用してもらいたい。独自の工夫を付け加えるのもよい。そして，あなたが，心理学教育を科学的な確かさのみならず，人間的，社会的価値からも作りあげようとしている教員の輪に参加してくれることを願いたい。

★1訳注：日本劇場未公開，邦題『落ちこぼれの天使たち』としてワーナー・ホームビデオ（Warner Home Video）からVHSビデオが発売されている。

★2訳注：エリオットの実践は反人種差別の立場で行なわれたもので，*Eye of the strome*（ABC News）というタイトルでビデオ化されている。この授業を受けた子どもたちの15年後のようすは，*A class devided*（1984）というタイトルでビデオ化されている。http://www.janeelliott.com 参照。

63. リーダー選択におけるジェンダーバイアス

Michelle R. Hebl：Rice University

このアクティビティは，最小限の準備しか必要とせず，ステレオタイプが偏ったリーダー選択の結果をもたらしうるかを説明する。これは心理学入門，ジェンダー・女性心理学，産業・組織心理学，社会心理学の授業に適している。すべての学生が参加し，約20分かかる簡単な授業内アクティビティである。男子と女子両方の学生のいる大人数の授業が最良である。

□コンセプト

このデモンストレーションは，ジェンダー・ステレオタイプの潜在的な行動への影響とリーダーシップのタイプが操作されるとき，ジェンダー・ステレオタイプが，リーダー選択に異なる影響を与えるという見解を説明するものである。具体的には，学生ははじめにリーダーのいない性が混じり合ったグループに置かれ，競争的あるいは協力的なグループ活動のリーダーを選ぶように言われる。一般に，不釣合いなほどの数の男性がリーダーとして選ばれ，ジェンダー・ステレオタイプがリーダー選択の際に個人を誘導するという考えを実証する。このバイアスは競争的なグループの中では強いが，社会的な協同的グループの中では弱い。こうした結果に対する刺激的なディスカッションを引き起こすための質問項目も示される。

□必要な材料

2種の印刷した教示が必要である。1つは課題指向の競争的な課題，もう1つは社会的な協力課題が記述されているものである。授業で学生にはどちらか1種の教示を渡すので，学生の数だけの部数を作成する必要がある。

□実施法

学生を4人から6人のグループに分け，各グループは男・女が同数になるよう構成する。授業参加者が男性より女性が多いというような偏りがあるならば，少なくともすべてのグループに確実に男性が1人いるようにしなさい。これは，はっきりとはわからないように行なう。もし1つの性だけから構成されているグループがあったら，これらのグループのデータは分析から除外する。可能なら学生は他のメンバーを知らない方が良い。以前の直接経験が，ジェンダー・ステレオタイプの発見を台なしにし，デモンストレーションの効果を弱めるかもしれないからだ。したがって，このアクティビティは一連の授業のはじめにおこなうのが一番良いだろう。

デモンストレーションは学生がジェンダー・ステレオタイプやグループ・ダイナミックスについて勉強する前に用いられなければならない。アクティビティは１つの“心理学ゲーム”として紹介できる。各グループの１人ひとりのメンバーに，グループ課題を記述した教示用紙を配布しなさい。そうしないと，教示を受け取ったり読んだ人がリーダーとして選ばれたり，容認されるかもしれない。各グループは２種の教示のうちの１種を人数分の枚数受け取る。

□□課題指向の競争

学生に以下のように書いてある教示用紙を与えなさい。

> グループでボードゲームをします。このボードゲームは他のグループと競争することを目的とします。そして，特定の作業に集中してもらいます。ゲームに勝つために熱心に取り組んでください。そのためには，できる限り競争というゲームの目的に集中することです。ゲームを始めるために，はじめにグループの責任者を選ばなければなりません。リーダーが選択されたら，ゲームの具体的な指示を渡します。それからゲームを始めてください。

□□社会的指向の協力

学生に以下のように書いてある教示用紙を与えなさい。

> グループでボードゲームをします。ボードゲームは勝つことを目指すものではありません。お互いに合意しながら，互いをサポートしあうこと，そして互いの違いをわきにおいて，最大限うまく調和していくことを必要としています。ゲームを始めるために，はじめにグループの責任者を選ばなければなりません。リーダーが選択されたら，ゲームの具体的な指示を渡します。それからゲームを始めてください。

□□ゲームをする

学生は教示を読むために２分使い，そしてグループのリーダーを選ぶ。グループはリーダーを選ぶ方法については特に指示されていない。指名や選択のどのような方法でも，すべてのグループメンバーが最終的にリーダーに合意する限り，受け入れられる。

各グループのリーダーが選ばれたことを確かめた後，結局はゲームをしないことを学生に知らせなさい。その代わりに，アクティビティの実際の目的はリーダーの選択とその過程を調査することであったと知らせなさい。課題指向リーダーと社会的リーダーとして選ばれた学生のジェンダーのリストをまとめなさい。そうすると，あなたや学生はリーダーの選び出し方はもちろん，選ばれたリーダーのジェンダーも記録できる。

□考察

このアクティビティは既存の研究に基づくものである。それらの研究は，はじめにリーダーがいないジェンダーが混在したグループでは，女性よりも男性がリーダーとして選ばれる可能性が著しく高いことを示している（Eagly & Karau, 1991, 2002:また Kellerman & Rhode, 2007参照)。おそらくリーダーシップについてのジェンダー・ステレオタイプはこれらの結果に影響を及ぼす大きな役割を演じている。たとえば，男性は女性よりも“感情を理性から引き離す”ことができ，“リーダーとして行動”することができ，“決定する”ことができると知覚される可能性が高い（Broverman, Vogel, Broverman, Clarkson, & Rosenkrantz, 1972)。これらや他のステレオタイプな男らしさの事項は，リーダーについての大学生の認識と正の相関があった（Lord, DeVader, & Alliger, 1986)。イーグリィとマラディニック（Eagly & Mladinic, 1989）は，ジェンダー・ステレオタイプはまた，男性は女性と比べると社会的に有利な立場の権力と地位を占めるという信念を構成すると主張している。そのような見方は私たちに，例えそうでない時でさえも男性は女性よりもより統率力や力量があると知覚させる。実際，ポーター，ゲイスとジャニングス（Porter, Geis, & Jennings, 1983）は，男性と女性の双方がいる曖昧な場面では，第三者の評価者は，女性より男性を責任者であるとより頻繁に知覚することを明らかにした。

女性についてのステレオタイプもまた，リーダー選択に関してバイアスを促すかもしれない（Geis, Brown, Jennings, & Corrado-Taylor, 1984; Nye & Forsyth, 1991)。ゲイス，ブラウン，ジェニングスとポーター（Geis, Brown, Jennings, & Porter, 1984）は，女性に対する最も一般的なステレオタイプは，自律しておらず，世間での達成指向の責任を担うことが適任ではないというものである。しかしながら女性は男性に比べ，“おしゃべり”で“機転が利いて”，“他者の感情に気づき”（Broverman ら, 1972)，より表出的で，共同的だと信じられている（Eagly & Mladinic, 1989)。

リーダーシップのタイプが操作されるとき，リーダー選択において，ジェンダー・ステレオタイプは異なる影響力をもつ（Eagly & Karau, 1991)。課題指向の競争的なリーダーは，課題への貢献や生産性に焦点を当てる一方，社会的な共同的なリーダーは，社会的な貢献，向社会的行動，そして社会的雰囲気に焦点を当てる。男性のグループメンバーは女性のグループメンバーよりも課題指向の貢献をする（Wood, 1987)。それゆえに，男性は社会的なリーダーとして選ばれるよりも，課題指向の競争的な状況においてより頻繁にリーダーとして選ばれるのだろう。対照的に，社会的なリーダーは向社会的行動に焦点を当てるだろう。それゆえ，女性は課題指向の競争的なリーダーとして選ばれるよりも，社会的なリーダーとしてより頻繁に選ばれるのだろう。

このデモンストレーションから得られた結果は，特に女性と男性の比率がほぼ1対

4である課題指向の（競争的）状況の下で，リーダーの立場はほとんど男性によって占められる可能性が高い，ということを示したヘブル（Hebl, 1994）の結果と比較することができる。イーグリィとカラウ（EaglyとKarau, 1991）は，リーダーシップの目的が，人が課題指向の行動を必要とする立場から社会的に複雑な課題や良い対人関係やグループの調和の維持を必要とする立場へと変化するにつれ，男性より女性が徐々にリーダーとして出てくることを示唆している。これはヘブルの研究（Hebl, 1994; 表63-1参照）に見られる傾向でもある。

まとめると，この授業内アクティビティは，学生にジェンダー・ステレオタイプとリーダー選択に及ぼすそれらの影響をより認識させる信頼のおける，刺激的な結果をもたらす。このアクティビティ後の授業での討論は以下のような問いを投げかけることで，生き生きとしたものにできるだろう。

1．どのように選択手順を決定しましたか？　一般的に男性は男性を，女性は女性を指名しましたか？　一般的にどちらのジェンダーが他の性のメンバーから指名されましたか？　リーダー選択において用いられた，共通の手順は何でしたか？　ヘブル（Hebl, 1994）では，学生の自分達の選択過程の記述は“彼は一番背が高いから選ばれた……彼は責任者になるべきだと思われた”，“私は彼がリーダーになるだろうとはじめからわかっていた一彼はまさにそのように見えた”“私たちのグループの2名の女性は彼にリーダーになるように頼んだ”といったものでした。

2．どんなステレオタイプがリーダー選択に使われていましたか？　いつ，そして，なぜ，男性と女性に対するステレオタイプがリーダー選択に影響する可能性が高いのでしょう？　グループが長い間接触するときに，これらのステレオタイプは使われるでしょうか？

3．女性のリーダーに反対するバイアスはどのような可能性をもたらすのでしょう？　毎日の生活の中で，私たちはリーダーとして女性よりも男性をより目撃します。なぜ，そのようなリーダー選択への好みが生まれるのでしょう？　女性はリーダーシップの立場を避けているのでしょうか？　女性がリーダーになるとき，彼女達は男性と比較してみられるのでしょうか？

4. 課題が社会的なリーダーを必要とするようなものであるとき，どのようなジェンダーの違いが結果として生じるでしょうか？　ジェンダー・バイアスは消滅するのでしょうか？　もしそうなら，なぜですか？

本デモンストレーションの1つの可能な変形は，女らしさと男らしさのジェンダータイプアクティビティのいずれかにグループを割り当てることである。たとえば，あるグループは赤ちゃんに布おむつを使うか，使い捨ておむつを使うかの議論に対する

表63-1 ジェンダーと教示により選ばれたリーダーの数

	ジェンダー		
	男性	女性	合計
教示のタイプ	観測値/期待値		
課題指向的教示	40/32.2	11/18.8	51
社会的教示	25/32.8	27/19.2	52
合計	65	38	103

註. Hebl（1994）の結果

リーダーを選ぶために話し合いをさせられる。他のグループの議論話題は，車を自宅でマニュアルや友人に教えてもらいながら修理するか，それとも修理店にもっていくかの選択であるかもしれない。ステレオタイプは，課題が女らしさのジェンダータイプに分類されたものであるときは女性が，課題が男らしさのジェンダータイプに分類されたものであるときは男性が，それぞれより頻繁に選ばれることによって示されるだろう。いずれの場合も，リーダー選択にジェンダーステレオタイプが個人を誘導する。

64. おもちゃの中のジェンダーメッセージ　授業外プロジェクト

Margaret A. Lloyd：Georgia Southern University

このアクティビティは，学生におもちゃ売り場に行って，子どものおもちゃの中でジェンダーメッセージだと考える観察をまとめてレポートに書くことを求めるものである。このアクティビティは高校生から学部生までのどのようなレベルの授業にも適している。そしてどのような規模の授業の受講生も参加できるが，それはあなたがどのくらい多くのレポートを読みたいのかによる。この課題に必要な唯一の材料は宿題の概要を示した１枚の教示プリントである。学生がレポートを提出した後，学生たちに子どものおもちゃに含まれたジェンダーメッセージに関する彼らの観察や見方を発表しあうことを求めることで，興味深いディスカッションを生み出すことができる。このエクササイズは心理学入門，発達心理学，セックスとジェンダー心理学の授業で用いることができる。

□コンセプト

このプロジェクトの目的は，学生に性別役割の社会化の重要な側面，すなわち，子どものおもちゃにおける性役割のステレオタイプの存在に気づかせることである。子どもの遊びは重要な場である。そこでは，ある行動の２つの性別に対する適切性についての信念がとても幼い年齢で発達する（Miller, Trautner, & Ruble , 2006）。

□必要な材料

学生はこの授業外アクティビティを完遂するための配布資料を必要とするだろう。あなたはコンセプトと教示の節の適切な部分を組み合わせることによって，容易に配布資料を構成することができる。

□実施法

比較的広範囲におもちゃが並んでいる，おもちゃ屋さん（もしくはデパートのおもちゃコーナー）を訪れるよう要求しなさい。店内に入ったら，学生はおもちゃを調べ，一般的な観察を行なう。それによって，学生は“結果––一般的な観察”の下の質問に応えることができる。

学生が一般的な観察を終えたら，彼らは女の子のおもちゃ，男の子のおもちゃ，中性的なおもちゃのカテゴリーのそれぞれの中からよい例であると思うおもちゃを３つずつ選ばなければならない（総計９つのおもちゃ）。

９つのおもちゃを選択したら，学生はそのおもちゃに目を付け，３カテゴリーの中の１つにリストアップさせる気にした，おもちゃの特徴を書き留めなければならない。

ジェンダー・ステレオタイプとして分析できる写真やラベルもしくは広告のメッセージが書かれているかもしれないので,学生はおもちゃのパッケージにこまかく注意を払うように指示されなければならない。たとえば,化学セットや医者キットには表面に男の子の写真が描かれていて,女の子はまったく描かれていないか，もしくは裏面に描かれているのか？

学生は以下のような形式で観察をまとめる。

導入　課題の目的を簡潔に説明する（１／４ページ）。

方法　課題を行なうために用いた手続きを順に手短に述べる。店の場所や店の簡潔な記述（陳列棚の数や長さ，おもちゃは性別や年齢によって分けて陳列されているかどうか）（１／２ページ）。

結果−一般的な観察　すべての観察を基に，以下の質問に答える：(a)ジェンダーのステレオタイプは特定の年齢範囲に対するおもちゃでより頻繁にみられるか？ (b)男の子のおもちゃ，女の子のおもちゃはそれぞれ共通して大人の役割と関係づけられているか？ （したがって，ジェンダー・ステレオタイプをもたらす役目をする）(c)性別で分けられないおもちゃは男の子のおもちゃや女の子のおもちゃの数より多いか？ (d)男の子のおもちゃの中で２つの最も一般的なテーマは何だったか（たとえば，攻撃性）？ (e)女の子のおもちゃの中で２つの最も一般的なテーマは何だったか（たとえば，家事）？ （1−2ページ）

結果−特殊観察　自分が選んだ９つのおもちゃに関して発見したことを記述しなさい。それらのおもちゃを以下の形式を用いて，女の子のおもちゃ，男の子のおもちゃ，性別に分けられないおもちゃのカテゴリーごとにまとめなさい。３つの欄を使用しなさい。左の欄には３つの女の子用おもちゃ，３つの男の子用おもちゃ，３つの中性的なおもちゃをあげなさい。真ん中の欄にはそれぞれのおもちゃの広告の特徴を簡潔に記述しなさい。右の欄には，予想される購入者もしくは使用者に対する明白な，そして暗黙のジェンダーメッセージを述べなさい（下の例を参照のこと；２−３ページ）。

女の子のおもちゃ	パッケージの記述と広告の特徴	ジェンダーメッセージ
１．人形	パッケージには人形を持つ女の子（のみ）；パステルカラー	このおもちゃは女の子だけのもの；女の子だけが赤ちゃんに興味を持っている

考察　(a)期待通りの結果だったか，結果に驚いたか？ (b)“女の子のおもちゃ”や“男の子のおもちゃ”をどれか選び，そのおもちゃを中性的なおもちゃにするための

方法を示唆せよ。

□考察

レポートを返却すれば，学生達の観察の類似性と違い，そして観察が示唆することに対する各自の見方に関する，活発なディスカッションを容易に生み出すことができる。

65 子どもの本の中にある性役割のステレオタイプ

Lita Linzer Schwartz：Pennsylvania State University

このアクティビティは，幼児が本からジェンダー・ステレオタイプをどのように獲得するかに焦点を当てている。これは心理学入門，また発達心理学や教育心理学，女性心理学にも適している。学生は学校の図書館や公共図書館で調査するために，おそらく授業外で１時間程度を費やす必要があるだろう。学生は，簡単な記入用紙の助けを借りて，授業の中でジェンダー・ステレオタイプについて議論でき，また，その記入用紙を他のステレオタイプに応用できるようになるべきである。ディスカッションの部分はあまりに大人数の授業で行なうことは難しいが，基本的にこのアクティビティはいかなる規模の授業にも適している。

□コンセプト

ステレオタイプは人種，国籍，民族，年齢，宗教，ジェンダーなど特定のカテゴリーにおける人々について，過度に簡略化された一般概念のことである。このアクティビティはジェンダーによるステレオタイプに焦点を当てる。異なる文化は女らしさ・男らしさを，それぞれの性に応じた役割や行動とみなす（ときには規定する）点で，異なるように定義する。これらのジェンダーに適切な役割は，直接的な教授からモデリングまでさまざまな方法で子どもたちに教えられている。もし女性が男性よりもスキルをほとんどもっていない，あるいは女性は特定の成人役割に制限されていると絶えず教えられるとしたら，少女たちは低められた自尊心と向上心しかもたずに成長していくだろう。もし少年が男らしさを証明するためには攻撃的であることや競争的であることが必要だと，あるいは感情的な反応を見せてはならないと絶えず教えられるとしたら，少年たちはおそらく他者に対する低められた感受性しかもたずに成長していくだろう。親のモデリングや子ども用の本やテレビのストーリーを通して，子どもたちが，冒険心や好奇心は男の子の独占的な領域であり，受動性は女の子の役割であるということを示されるならば，彼らのパーソナリティ，学業成績，成人の行動，そして他の領域において，成熟するにつれて潜在的な否定的影響がみられるだろう。少年か少女が他のジェンダーと見なされる行動や役割を好むならば，葛藤が生じることになる。自分の個人的な特性や好みにかかわらず，人は“理想的な”ないしは“典型的な”男性・女性であることを他者に印象付けようとするだろうか？

□必要な材料

学生は子ども用の本のコーナーがある，地元の図書館に行かなければならない。学生は，出版年代を示し，主要キャラクターが男性か女性か，彼らの活動の性質，すなわち，これらは男児・女児のステレオタイプであるかどうか，話の中に描かれている大人はステレオタイプの役割を示しているかどうかをチェックするため，単純な記入用紙が有効であることがわかるだろう。

□実施法

学生に図書館の絵本コーナーからランダムに10冊の本を選んでくるよう求めなさい（たとえばゴールデン・ブックスシリーズなど）。それぞれの本のイラストと本文を見て，以下の質問に答えさせる。：(a)話の主要なキャラクターは誰ですか？ (b)それはどこからわかりましたか？ (c)話の中で主要なキャラクターは何をしていますか？ (d)キャラクターは，一方あるいは他方のジェンダーにとって典型的なことをしていますか？ （すなわち，少年たちは元気にスポーツをしたり，少女たちは人形遊びをしたり台所にいる，などが見受けられますか？）女性が登場していたら，彼女たちはステレオタイプ的な役割（たとえば主婦，教師，看護師，秘書など）で描かれていますか？ (e)そのジェンダーに典型的に割り当てられている役割とは正反対の役割を表現しているキャラクターの例はありますか？ 学生は1960年代や1980年代，そして現在といった，異なる年代に出版された本を探して，何らかの変化があるかを見たいと思うかもしれない。彼らは著者，タイトル，著作権／出版社のデータ（原本なのか，もし本が増刷されているのなら最新版か）を書き留めておかなければならない。

□考察

議論の中で，以下のようないくつかの質問が出て来るだろう。(a)キャラクターと話の筋は，少女や少年にアメリカ社会におけるジェンダー役割に関してどのようなメッセージを伝えているか？ (b)これらは現代の事実を反映しているのか，それとも伝統的なステレオタイプを反映しているのか？ (c)ジェンダー・ステレオタイプに関して，より昔に出版された本と最近出版された本では違いがあるのか？

追加のアクティビティ 似たような調査が小学校や中等学校で使われている歴史の教科書を対象に行なえる。それは，学生に歴史の中での女性の見かけの役割と実際の役割を比較させることができる。

学生はまた，ジェンダー役割のステレオタイプを示すものとして，土曜日の朝の子ども用アニメや放課後の番組，ホームコメディーにおけるコマーシャルや雑誌の広告を調査することもできる。もしテレビ番組のコマーシャルの分析を行なうことが選ばれたら，学生にさまざまなAPA発行の学術研究雑誌の論文だけでなく，1978年から刊行されている“*Journal of Broadcasting*”（今は“*Journal of Broadcasting & Electronic Media*”と改題）の論文も参照させる。

学生が異なる年代の本を比較すると，おそらく1970年代半ばに始まった，今にもその一部が引き続いている厳格なステレオタイプからの逸脱の動きに気づくだろう。学生が歴史の教科書を調査すると，女性や女性の貢献への言及はまだ限定されていることに気づくだろう。彼らがテレビを研究すると，おそらく多様な視点に気づくだろう。ホームコメディーはステレオタイプから，また（もしあるとすれば）ステレオタイプを克服するような試みから，少なくとも何らかの“ユーモア”を引き出しているように見えるけれども。

少なくとも，学生はジェンダー・ステレオタイプに対するより大きな気づきや感受性をもって，このアクティビティを終えるべきである。学生の中にはステレオタイプに関する世間一般の不公平を理解する者もいるかもしれない。また自分のジェンダーから，自分には閉ざされているとそれまで考えていた別の行動や目標により気づくようになる者もいるだろう。また，モデリングや子どものパーソナリティ，社会性，知的発達に関する社会化の影響に注目する学生もいるだろう。

66. 接触仮説
多様な文化へのインタビュー

Pat A. Bradway：Siena College
Sarah Atchley：Berkshire Community College

この教室内の多文化アクティビティは，接触仮説（contact hypothesis）モデルに基づき，社会的時計（social clock）の概念をデモンストレーションし，心理学受講生と異なる文化的バックグラウンドをもつ学生との情報交換を促す。これは発達心理学，社会心理学の授業や，心理学入門での発達心理学や社会心理学の単元でのトピックのデモンストレーションに適している。このアクティビティは，20人程度のクラスの全員が参加する教室内アクティビティを想定している。それ以上の多人数クラスの場合はエクササイズの示唆的適用を参照して欲しい。学生は，文化によって決定される社会的時計，発達概念，集団間接触における最適条件モデルとしての接触仮説の検討を通して，人の経験の多様性の理解を発展させる。このアクティビティは相互インタビューで構成され，最後に短いレポート課題を課すことになる。

□コンセプト

西欧心理学はしばしば，すべての人に普遍的な経験であると混同される。このアクティビティは，多文化インタビューを通して，発達における経験の多様性に学生に触れさせるようデザインされている。エクササイズは，「人生におけるさまざまな出来事，挑戦はいつごろが適切なのかを定める文化的にセットされたタイムテーブル」（Berger, 2005, p. 531）である社会的時計の概念を用いたインタビューに基づく。インタビューを成功させるため，アミー（Amir, 1976），ノーベルとワーチェル（Norvell & Worchel, 1981）の接触仮説のガイドラインに従い，対等な立場，参加，親密な環境，サポートに配慮する。

□必要な材料

事前に作成されたインタビューで使用する質問項目の配布用資料，複数の小グループにわかれてインタビューを行なうための大きめの教室，移動可能な机，椅子，世界地図，軽食を用意する。第二言語として英語を学習するクラス（ESL），外国人学生団体，異文化交流クラブなど，文化的多様性をもつ学生集団の参加が必要となる。

□実施法

このアクティビティでは，心理学の教師と外国人学生の教師・アドバイザー・リーダーとの事前の協力が必要となる。準備のため，心理学の受講生と，多文化グループの学生は，文化によって異なる成人のライフイベント（life events for adult）のタイミングについての情報を引き出すための社会的時計に関連した質問項目を作成する。学生が作成した典型的な質問の例を以下にあげる。

○ あなたの国では，何歳で初デートするのが適切だと考えられていますか？
○ それは男性，女性共に同じ年齢ですか？
○ 若者が自立して，１人暮らしを始めるのはいつぐらいですか？
○ 一般的に，何歳で結婚しますか？

10問が適度な項目数であろう。双方の学生が合同授業をもつ前に，心理学受講生，外国人学生それぞれが作成した質問をあらかじめ交換し，英会話に堪能でない学生，心理学的概念の知識があまりない学生が準備するための時間を設ける。

外国人学生と心理学受講生とは合同授業を行なう。簡潔な導入と軽食の時間の後，学生を小グループに割り当てる。理想的には，外国人学生２名，心理学受講生２名となるとよい。文化的バックグラウンド，会話能力，性別も，グループを作る上で配慮しなければならない重要な要因である。小グループに割り当てたら，学生は事前に作成した質問項目を用いて互いにインタビューを行なうが，質問から派生した余談も許容される。学生には，メモをとるよう促す。この段階では，教師の干渉は最小限に抑えるようにするが，教師が教室内にいることで学生はインタビューに集中し，全員の参加が促される。

通常，教室は初めのうちは静かだが，すぐにさかんに会話が行なわれるようになる。グループ構成を変えれば，さらに多様な文化的組み合わせができるが，十分な授業時間を確保できないのであれば推奨できない。我々の経験では，ディスカッションに50分の時間を割いても，学生たちは最後まで初めのグループのまま課題に取り組んでいる。気さくに情報を交換するまでには，それなりの時間を見ておかなければならない。

グループメンバー間の効果的な相互作用を促すためには，接触仮説に基づく以下の４つの条件に従うことが重要となる（Amir, 1976; Norvell & Worchel, 1981）。

１．接触状況では，グループメンバーは同じ地位であるか，マイノリティグループの地位の方が高くなくてはならない。このエクササイズでは，心理学受講生と外国人学生は同じ学生であり，その意味では対等である。また，両グループは互いに相手グループが必要とする情報をもち，互いに質問し，回答し合うという点でも対等である。

2．その状況における権威的人物は，接触を促進しなければならない。このアクティビティのために授業時間を調整することは，アクティビティの重要性を確認することになる。また，教師はインタビュー中，グループ間を巡視する。ただし，グループ活動が促進されるかどうかは，教師の事前の合同授業の準備，インタビューの質問項目の作成・解釈における学生への援助による。

3．接触は楽しく，親密なものでなければならない。このエクササイズでは，小グループ内で個人的性質についてのインタビューが行なわれるため，親密さが促進されやすい。また，食べ物を共有することで，接触が楽しいものとなり，初めの気まずさが緩和される。

4．アクティビティの成功は，両グループの貢献と協力しだいである。学生は互いに相手の情報を必要としている。心理学受講生は，レポートに必要な情報を収集するために，外国人学生の回答に頼らなければならない。外国人学生は，多文化的経験についてのレポートを書くための情報収集や英会話スキルの練習が目的となるだろう。

効果的な相互交流を行なうためには，接触仮説の4つの条件はいずれも重要である（Pettigrew & Tropp, 2006）。

授業の最後には，全体でディスカッションするための時間を設け，インタビュー時に感じたことを他の学生に伝えるよう促す。これにより，学生は他のグループの経験に触れ，自身の経験が新鮮なうちに自分達のインタビューを省察する機会を与えられる。ディスカッションを開始するに当たっては，「今日学んだことで，あなたを驚かせたのは何でしたか？」という質問を最初に投げかけると，活発なディスカッションを引き出すことができるだろう。

ティーチングアシスタントのいる，より多人数のクラスで実施する場合は，クラスを分割し，教師とティーチングアシスタントがそれぞれにエクササイズを実施する。クラス全体でのディスカッションは，当日または次の授業時間に再び集まって行なう。ここで留意すべきは，教師もいずれかのグループに参加し，エクササイズをすべてティーチングアシスタントまかせにしてはならない，ということである。教師の存在と参加は，「権威的人物」による承認を通して，アクティビティの重要性を高める（接触仮説の第2条件）。教室に対して学生数が多い場合には，あらかじめ別の場所を用意しておかなければならない。

外国人学生との合同授業は，以降の授業においても多種多様なトピックを学ぶ上で有益である。心理学受講生は，心理学において集団の多様性の研究が欠如していることを批判的に考えるようになるかもしれない。また，情報収集に用いたインタビュー法の利点や欠点についてもディスカッションできるだろう。他には，授業の中での相互作用を成功させるために用いた接触仮説に基づく4つの条件も重要である。この概念を，ステレオタイプの打破や偏見の克服といった広範な問題に適用することもできる。また，接触仮説に基づく4つの条件のうち，どの条件が集団間の日常的な相互作用に存在しているかについて考えるよう求めることもできるだろう（Dixon, Durrheim, & Tredoux, 2005）。

最後に，心理学受講生は以下の設問について2，3ページのレポートを書くよう求められる。インタビューによって収集された情報から，社会的時計の概念はどのように説明されるか？　研究法として，インタビュー法の長所と短所は何か？　異文化インタビューの中で直面した問題は何か？　他の文化の情報は，我々の心理学や人間発達の知見をどう拡げてくれるか？

学生は，このエクササイズのレポートの要素についてよく書いてくれる。実際の経験について書くのは直接的であるため，他者の行なった研究について書くよりも書きやすいということもある。また，学生がデザインしたプロセスを自ら分析することで，クリティカルシンキングが促進される。

□考察

インタビューが相互作用の経験であることから，このアクティビティは学生の熱気を産み出す。学生は授業を自分で作る。つまり，自分自身でインタビューをデザインするなど，自主性をもってエクササイズに参加することで，積極的な参加が促される。それにより，多文化主義という考え方はもはや抽象的なものではなく，より身近なものとして考えられるようになるだろう。学生は，自文化についてひとくくりにまとめて話すことの難しさを理解し，他の文化を一般化することを避けるようになる。

他の文化の人と交流をもったことのない学生にとっては，この経験は対人的快適域（interpersonal comfort zones）を広げるものとなりうる。小さな田舎町で警察官として働く学生は，「このインタビューは，これまでに経験した課題の中で最も興味深いものだった。[…] 今まで外国人学生と会話する機会は一度もなかった。警戒心からか，私はいつも地元にばかりいた。[…] 国外の人は言うまでもなく，州外の人たちと話すこともなかった」とレポートに記している。授業というフォーマルな場面で他の文化の人々に触れたことによって，キャンパス内のインフォーマルな場面での接触でも緊張はなくなり，接触の頻度は増すようになる。

外国人学生は，自分の言語能力に，そして自分自身に自信を得る。このインタビューを経験したことで，新たな友人探しがより気楽に感じられるようにもなる。自分たちの文化が他の文化の人にとって興味深く思ってもらえるという事実は，彼らに自信を与える。しかし，我々がこのエクササイズを実施した際，時に心理学受講生の質問が外国人学生を圧倒し困惑させることもあった。ある学生は，自分が「モルモットにされた」ように感じたと報告した。このことは相互作用における対等さがいかに重要であるかを示している。授業中，インタビューにおけるやりとりが一方的なものになっていると思われる場合には，教師が間に入ることも必要になる。

我々の経験では，このアクティビティ後も多文化的な探求を続けることを望み，再会を熱望する学生が多い。このアクティビティでは社会的時計に関するディスカッションに限定されているが，それ以外の面接を成功させるトピックとしてはデートの習慣，結婚と離婚，性役割，親子関係，異常行動についての見方，高齢者の扱いなどがある。また，我々は心理学入門，発達心理学，女性心理学，そしてもちろんESLなどの多数の授業でこのインタビュー法を用いている。このアプローチは，多様な授業で心理学的概念の探究に役立てることができるだろう。そして最も重要なのは，このアクティビティが大学コミュニティ作りを促すのみならず，それを超えたグローバルコミュニティ作りを促進するということである。

67. 心理学における異文化への感受性

Lani C. Fujitsubo：Southern Oregon University

このアクティビティは，わずかな準備で異文化への理解やコミュニケーションの重要性をデモンストレーションする。これは，心理学入門，異文化心理学，カウンセリング心理学，あるいはこれらのトピックについての大学院の授業で用いることができる。異文化との相互作用に特有の課題や困難さを示すためにロールプレイによるエクササイズを行なう。このエクササイズは，教室でデモンストレーションとして使うことができ，また，小グループに分けることで全受講生を参加させることもできる。所要時間は，15～20分間である。

□コンセプト

世界のグローバル化が進むにつれ，異文化への感受性とコミュニケーションはますます重要性なものとなっている。このアクティビティは，異なる文化的ルール，基準，慣習や伝統に接する際の異文化への感受性に関する課題や困難さを明らかにする。学生は，そうした誤解が他者との関係性や相互作用に及ぼす影響についてレポートを執筆したりディスカッションすることが求められる。

□必要な材料

ロールプレイのために，脚本を用意する必要がある（例は後に記載する）。ロールプレイの「記者」は，紙とペンが必要だろう。

□実施法

授業でのデモンストレーションのために，5名のボランティアが必要である。そのうち3名は，家族役を演じ，残りの2名は，その家族にインタビューする地方紙の記者役を演じる。家族役を演じる人には，彼らのコミュニケーションと相互作用のルールが記載された脚本を与える。

以下が脚本の例である。

> あなた達は，最近宇宙船でアメリカ合衆国に着陸した宇宙人の家族（母親，父親，子ども）である。あなた達は，この社会に同化しようと最善を尽くしている

が，地球人との相互作用の機会は限られている。あなたの子どもが地域のスペリング・コンテストで優勝したため，あなた達は，2人の地方紙の記者のインタビューを受けている。あなた達の星には，競争は存在しないので，優勝という概念はとても異質な概念である。あなた達の星では，質問に答える前に大声で笑うことで相手に敬意を表わす。男性は家族以外の人と直接的に会話をせず，自分の要望や返答を女性にささやく。そしてこの女性が直接的なコミュニケーションを行なうのである。相手に何かを求めたり，尋ねたりする前には，その相手にプレゼントを渡すか，相手をほめることが伝統である。気分を害した場合，自分の傷ついた気持ちを相手に表わすために，非言語的コミュニケーションを用いる。最も一般的な方法は，その相手に少しの間（2，3秒）背を向けることである。男性どうしのアイコンタクトは，攻撃態勢であるとみなされる。あなた達の住んでいた星では，自分達が他者よりも重要であるとか，高い地位にあると考えることはないので，競争という言葉を聞いたことはない。通常，質問に対して直接答えることはしない，なぜなら，質問に直接答えることは，専門家であることを意味しており，他者の面子を失わせることになるからである。

このエクササイズを教室のデモンストレーションとして行なう場合には，家族役の学生に数分間教室の外で自分達の役について話合わせ，リハーサルさせる必要がある。その間，記者役の学生には，彼らの仕事が，彼らの地方紙の読者の興味を引く内容をこの家族にインタビューすることであると説明する。インタビューの後，彼らには新聞記事にこの家族について書く内容のアイデアを考えさせる。役を務めてくれたボランティアの全学生に，教室の前に座るよう求める。インタビューを5～7分間おこなう。

いくつかの別の方法を用いて，このアクティビティを行なうこともできる。記者役の学生が教室を出て，その間に，教師が受講生に脚本を読む方法もある。この方法では，ロールプレイの中での異文化変数のダイナミックスや影響を受講生が見ることができる。インタビューの後，2人の記者役の学生は，この家族についての解釈や理解を共有するべきである。受講生に家族についての事前知識なしにインタビューを見せ，インタビューが終わった後に家族についての解釈や行動を報告させるという方法を用いてもよい。

このアクティビティは，受講生を5人ずつのグループにわけることで，クラス全体のアクティビティとして行なうこともできる。各グループのうちの3名が家族役，2名がリポーター役になる。それから，同じようにエクササイズを行なう。インタビューの後，記者役はその家族についての解釈や理解をクラス全体で共有する。家族役のメンバーは，インタビューの際に自分達の感じたことをクラス全体で共有する。

□考察

このアクティビティは，日常の中の異文化変数の影響力と重要性をデモンストレーションする。記者役のロールプレイをする学生は，この家族にインタビューをしようとする間に，しばしばフラストレーション，困惑，誤解されているという気持ち，怒り，無力感を表わす。家族役のロールプレイをする学生は，傷つけられた，軽蔑された，見下された，怒り，欲求不満，悲しみ，誤解されているといった気持ちを抱くことがわかるかもしれない。こうした感情は，コミュニケーション，理解，尊敬，将来の相互作用における異文化変数の影響に焦点をあてた活発なディスカッションを導くであろう。

心理学入門の授業では，このエクササイズによって差別，偏見，自然観察の問題点と利点，帰属理論，文化変容，コミュニケーションスタイルについての有意義なディスカッションを行なうことができる。学生は通常，自分達の偏見や人種差別主義の体験を出し合い，これらの体験がどのくらい誤解や無知に基づいたものであるのか思いをめぐらすであろう。

カウンセリングや家族療法の授業では，転移や逆転移の潜在的な影響をデモンストレーションするためにこのエクササイズを用いることができる。また，特にカウンセラーの自覚，特に彼ら自身の個人的な異文化変数の重要性を紹介することにも有用である。

宿題としてのレポートを加えたいなら，学生個人の文化について彼らが他者に知らせることが重要だと思ういくつかのルール，伝統，基準，儀式を書かせるとよい。これは，重要なイベントのお祝いや感謝の作法，相互作用やコミュニケーションの仕方，性役割やジェンダー役割に関するルール，通過儀礼に関するルールといったさまざまなものがあろう。

学生に，いくつかのトピックに関して１ページのリアクション・ペーパーを書くよう求めることもできる。トピックとしては，異文化の要因が彼らに影響するのはどんな時か，世界規模で生じていることに異文化の要因はどのように影響を及ぼすのか，異文化のダイナミックスの影響にいかに対処するのか，といったものである。

□引用・参考文献および参考Webサイト

●序文

Benjamin, L. T., Jr., & Lowman, K. D. (Eds.). (1981). *Activities handbook for the teaching of psychology* (Vol. 1). Washington, DC: American Psychological Association.

Benjamin, L. T., Jr., Nodine, B. F., Ernst, R. M., & Blair-Broeker, C. (Eds.). (1999). *Activities handbook for the teaching of psychology* (Vol. 4). Washington DC: American Psychological Association.

Makosky, V. P., Sileo, C., Whittemore, L. G., Landy, C. P., & Skutley, M. L. (Eds.). (1990). *Activities handbook for the teaching of psychology* (Vol. 3). Washington, DC: American Psychological Association.

Makosky, V. P., Whittemore, L. G., & Rogers, A. M. (Eds.). (1987). *Activities handbook for the teaching of psychology* (Vol. 2). Washington, DC: American Psychological Association.

Mathie, V. A., Beins, B., Benjamin, L. T., Jr., Ewing M. M., Hall, C. C. I., Henderson, B., McAdam, D. W., & Smith, R. A. (1993). Promoting active learning in psychology courses. In T. V. McGovern (Ed.), *Handbook for enhancing undergraduate education in psychology* (pp. 183–214). Washington, DC: American Psychological Association.

■第１章

●1

Benjamin, L. T., Jr. (2006). *A history of psychology in letters* (2nd ed.) Malden, MA: Blackwell.

Cattell, J. McK. (1885). The time it takes to see and name objects. *Mind,* 11, 63–65.

Corsini, R. J., & Auerbach, A. J. (1996). *Concise encyclopedia of psychology* (2nd ed.). New York: Wiley.

Donders, F. C. (1969). On the speed of psychological processes. *Acta Psychologica,* 30, 412–431. (Originally published in 1868)

Leahey, T. H. (2001). *A history of modern psychology* (3rd ed.). Upper Saddle River, NJ: Prentice Hall.

Luce, R. D. (1986). *Response times: Their role in inferring elementary mental organization.* New York: Oxford University Press.

Van Zandt, T. (2002). Analysis of response time distributions. In J.T. Wixted & H. Pashler (Eds.), *Stevens' handbook of experimental psychology* (3rd ed.): *Vol. 4. Methodology in experimental psychology* (pp. 461–516) New York: Wiley.

Wertheimer, M. (2002). *A brief history of psychology* (4th ed.). Fort Worth, TX: Harcourt College.

●2

M&M/Mars. (1993). *A little illustrated encyclopedia of M&M/Mars.* Hackettstown, NJ: Author.

Proctor, R., & Capaldi, E. J. (2006). *Why science matters: Understanding the methods of psychological research.* Malden, MA: Blackwell Publishing.

Pryczak, F. (2006). Making sense of statistics: A conceptual overview (4th ed.). Los Angeles: Pryczak.

Smith, R. A., & Davis, S. F. (2007). *The psychologist as detective: An introduction to conducting research in psychology* (4th ed.). Upper Saddle River, NJ: Prentice Hall.

●3

Holmes, D. J., & Kardos, J. (2003). Who was the author : An introduction to stylometry. *Chance,* 16 (2), 5–8.

Huff, D. (1954). *How to lie with statistics.* New York: Norton.　高木秀玄　訳（1968）．統計でウソをつく法　講談社

Klarreich, E. (2003). Statistical tests are unraveling knotty literary mysteries. *Science News,* 164, 392.

Mendenhall, T. C. (1887). The characteristic curves of composition. *Science,* 9 (Suppl.), 237–246.

Mendenhall, T. C. (1901). A mechanical solution of a literary problem. *Popular Science Monthly,* 60, 97–105.

Mosteller, F., & Wallace, D. L. (1964). *Inference and disputed authorship: The Federalist.* Reading, MA: Addison-Wesley.

Steele, J. M. (2005). Darrell Huff and fifty years of *How to Lie with Statistics. Statistical Science,* 20, 205–209.

●4

Anastasi, A., & Urbina, S. P. (1997). *Psychological testing* (7th ed.). Upper Saddle River, NJ: Prentice-Hall.

Beere, C. A. (Ed.). (1990). *Gender roles: A handbook of tests and measures.* New York: Greenwood.

Janowitz, M., & Marvick, D. (1953). Authoritarianism and political behavior. *Public Opinion Quarterly*, 17, 185–200.

Rudman, L., & Fairchild, K. (2007). The F word: Is feminism compatible with beauty and romance? *Psychology of Women Quarterly*, 31, 125–136.

Takooshian, H., & Stuart, C. R. (1983). Ethnicity and feminism among American women: Opposing social trends? *International Journal of Group Tensions*, 13, 100–105.

●5

Dunn, D. S. (2007). *Best practices in teaching statistics and research methods in the behavioral sciences*. Hillsdale, NJ: Laurence Erlbaum Associates.

Meltzoff, J. (1997). *Critical thinking about research: Psychology and related fields*. Washington, DC: American Psychological Association. 中澤　潤　監訳（2005）．クリティカルシンキング―研究論文篇　北大路書房

Proctor, R., & Capaldi, E. J. (2006). *Why science matters: Understanding the methods of psychological research*. Malden, MA: Blackwell Publishing.

Smith, R. A., & Davis, S. F. (2007). *The psychologist as detective: An introduction to conducting research in psychology* (4th ed.). Upper Saddle River, NJ: Prentice-Hall.

●6

Lilienfelds, S. O., Lohr, J. M., & Morier, D. (2001). The teaching of courses on the science and pseudoscience of psychology: Useful resources. *Teaching of Psychology*, 28, 182–191.

Morris, S. (1981). Believing in ESP: Effects of dehoaxing. In K. Frazier (Ed.), *Paranormal borderlands of science* (pp. 32–45). Buffalo, NY: Prometheus Books.

Randi, J. (1995). *An encyclopedia of claims, frauds, and hoaxes of the occult and supernatural*. New York: St. Martin's Press.

Shermer, M. (2002). *Why people believe weird things: Pseudoscience, superstition, and other confusions of our time*. New York: W. H. Freeman.

Smith, R. A. (2002). *Challenging your preconceptions: Thinking critically about psychology* (2nd ed.). Pacific Grove, CA: Brooks/Cole.

●7

Pelham, B. W., & Blanton, H. (2007). *Conducting research in psychology: Measuring the weight of smoke* (3rd ed.). Belmont, CA: Wadsworth/Thompson Learning.

Pryczak, F. (2006). *Making sense of statistics: A conceptual overview* (4th ed.). Los Angeles: Pryczak.

●8

American Psychological Association. (2002). *Ethical principles of psychologists and code of conduct*. Retrieved from http://www.apa.org/ethics/code/index.aspx

American Statistical Association. (2003). American Statistical Association Committee on Privacy, Confidentiality and Data Security Web site. Retrieved from http://www.amstat.org/committees/pc/index.html

Bersoff, D. (2003). *Ethical conflicts in psychology* (3rd ed.). Washington, DC: American Psychological Association.

Chastain, G., & Landrum, R. E. (1999). *Protecting human subjects: Departmental subject pools and institutional review boards*. Washington, DC: American Psychological Association.

Connor, R. F. (1982). Random assignment of clients in social experimentation. In J. E. Sieber (Ed.), *The ethics of social research: Surveys and experiments* (Vol. 1, pp. 57–77). New York: Springer-Verlag.

Newman, E., Risch, R., & Kassam-Adams, N. (2006). Ethical issues in trauma-related research: A review. *Journal of Empirical Research on Human Research Ethics*, 1 (3), 29–46.

United States Department of Education. (2006). *Family Educational Rights and Privacy Act (FERPA)*. Retrieved from http://www.ed.gov/policy/gen/reg/ferpa/index.html

Willis, G. (2006). Cognitive interviewing as a tool for improving the informed consent process. *Journal of Empirical Research on Human Research Ethics*, 1 (1), 9–24.

■第2章

●9

Bear, M. F., Connors, B., & Paradiso, M. (2006). *Neuroscience: Exploring the brain* (3rd ed.). Baltimore: Lippincott Williams & Wilkins.

Levinthal, C. F. (1983). *The physiological approach to psychology* (2nd ed.). Englewood Cliffs, NJ: Prentice-Hall.

McFarland, R. A. (1981). *Physiological psychology.* Palo Alto, CA: Mayfield.

Robertson, D. (Ed.). (2004). *Primer on the autonomic nervous system* (2nd ed.). San Diego, CA: Elsevier.

Rosenzweig, M. R., Breedlove, S. M., & Watson, N. V. (2005). *Biological psychology: An introduction to behavioral and cognitive neuroscience* (4th ed.). Sunderland, MA: Sinauer Associates.

●10

Corballis, M. C., & Beale, I. L. (1983). *The ambivalent mind: The neuropsychology of left and right.* Chicago: Nelson-Hall.

Gazzaniga, M. S. (1970). *The bisected brain.* New York: Appleton-Century-Crofts.

Johnson, O., & Kozma, A. (1977). Effects of concurrent verbal and musical tasks on a unimanual skill. *Cortex,* 13, 11–16.

Kinsbourne, M., & Cook, J. (1971). Generalized and lateralized effects of concurrent verbalization on a unimanual skill. *Quarterly Journal of Experimental Psychology,* 23, 341–345.

Kolb, B., & Wishaw, I. Q. (2003). *Fundamentals of human neuropsychology* (5th ed.). New York: W. H. Freeman.

Springer, S., & Deutsch, G. (1998). *Left brain, right brain: Perspectives from cognitive neuroscience* (5th ed.). New York: W. H. Freeman.

Witelson, S. F. (1976). Sex and the single hemisphere: Specialization of the right hemisphere for spatial processing. *Science,* 193, 425–427.

●11

Chute, D. L. (1968). *Localization of sign in toe touching.* Undergraduate paper presented in Sensation and Perception. University of Western Ontario.

Louis, E. D., & York, G. K. (2006). Weir Mitchell's observations on sensory localization and their influence on Jacksonian neurology. *Neurology,* 66, 1241–1244.

Mitchell, S. W., Morehouse, G. R., & Keen, W. W. (1864). *Gunshot wounds and other injuries of nerves.* Philadelphia: JB Lippincott.

Persinger, M.A., Webster, D., & Tiller, S. G. (1988). SPECT (HMPAO) support for activation of the medial prefrontal cortices during toe graphaesthesia. *Perceptual and Motor Skills,* 87, 59–63.

Richards, P., & Persinger, M. A. (1992). Toe graphaesthesia as a discriminator of brain impairment: The outstanding feet for neuropsychology. *Perceptual and Motor Skills,* 74, 1027–1030.

Tucha, O., Steup, A., Smely, C., & Lange, K. W. (1997). Toe agnosia in Gerstmann syndrome. *Journal of Neurology, Neurosurgery, and Psychiatry,* 63, 399–403.

下記のウェブサイトでさらに情報を得ることができる。

□参考webサイト

足の構造　http://www.foottrainer.com/foot/

足の神経構造　http://en.wikipedia.org/wiki/Plantar_nerve

●12

Cohen, W. (1957). Spatial and textual characteristics of the Ganzfeld. *American Journal of Psychology,* 70, 403–410.

Cohen, W. (1958a). Apparent movement of simple figures in the Ganzfeld. *Perceptual and Motor Skills,* 8, 32.

Cohen, W. (1958b). Color perception in the chromatic Ganzfeld. *American Journal of Psychology,* 71, 390–394.

Hochberg, J. E., Triebel, W., & Seaman, G. (1951). Color adaptation under conditions of homogenous visual stimulation (Ganzfeld). *Journal of Experimental Psychology,* 41, 153–159.

Milton, J., & Wiseman, R. (1999). Does psi exist? Lack of replication of an anomalous process of information transfer. *Psychological Bulletin,* 125, 378–391.

Milton, J., & Wiseman, R. (2001). Does psi exist? Reply to Storm and Ertel (2001). *Psychological Bulletin,* 127, 434–438.

Storm, L., & Ertel, S. (2001). Does psi exist? Comments on Milton and Wiseman's (1999) meta-analysis of Ganzfeld research. *Psychological Bulletin,* 127, 424–433.

●13

Bernstein, D. A., Penner, L. A., Clarke-Stewart, A., & Roy, E. J. (2008). *Psychology* (8th ed.). Boston: Houghton Mifflin.

Goldstein, E. B. (2007). *Sensation and perception* (7th ed.). Belmont, CA: Thomson Wadsworth.

Mollon, J. D., Pokorny, J., & Knoblauch, K. (2003). *Normal and defective color vision.* New York: Oxford University Press.

Wolfe, J. M., Kluender, K. R., Levi, D. M., Bartoshuk, L. M., Herz, R. S., Klatzky, R. L., & Lederman, S. J. (2006). *Sensation and perception.* Sunderland, MA: Sinauer Associates.

●14

Bartoshuk, L. M. (2000). Comparing sensory experiences across individuals: Recent psychophysical advances illuminate genetic variation in taste perception. *Chemical Senses,* 25, 447–460.

Bartoshuk, L. M., Duffy, V. B., & Miller, I. J. (1994). PTC/PROP taste: Anatomy, psychophysics, and sex effects. *Physiology & Behavior,* 56, 1165–1171.

Bell, K. I., & Tepper, B. J. (2006). Short-term vegetable intake by young children classified by 6-n propylthoiuracil bitter-taste phenotype. *American Journal of Clinical Nutrition,* 84, 245–251.

Blakeslee, A. F. (1935). A dinner demonstration of threshold differences in taste and smell. *Science,* 81, 504–507.

Cartiere, R. (1997, April). Genetic clues to wine tasting? *Wine Business Monthly,* 4, 1–7.

Drewnowski, A., Henderson, S. A., Shore, A. B., & Barratt-Fornell, A. (1997). Nontasters, tasters and supertasters of 6-n-propythouracil (PROP) and hedonic response to sweet. *Physiology & Behavior,* 62, 649–655.

Getchell, T. V., Doty, R. L., Bartoshuk, L. M., & Snow, J. B. (Eds.). (1991). *Smell and taste in health and disease.* New York: Raven Press.

Goldstein, G. L., Daun, H., & Tepper, B. T. (2005). Adiposity in middle-aged women is associated with genetic taste blindness to 6-n-propythouracil. *Obesity,* 13, 1017–1023.

Green, B. G., Shaffer, G. S., & Gilmore, M. M. (1993). Derivation and evaluation of a semantic scale of oral sensation magnitude with apparent ratio properties. *Chemical Senses,* 18, 683–702.

Keller, K. L., & Tepper, B. J. (2004). Inherited taste sensitivity to 6-n-propythouracil and body weight in children. *Obesity,* 12, 904–912.

Levenson, T. (1995, January/February). Accounting for taste. *The Sciences,* 35, 13–15.

Tepper, B. J., & Nurse, R. J. (1998). PROP taster status is related to fat perception and preference. *Annals of the New York Academy of Sciences,* 855, 802–804.

Wolfe, J. M., Kluender, K. R., Levi, D. M., Bartoshuk, L. M., Herz, R. S., Klatzky, R. L., & Lederman, S. J. (2006). *Sensation and perception.* Sunderland, MA: Sinauer Associates.

●15

Ackerman, D. (1990). *A natural history of the senses.* New York: Random House.　岩崎　徹・原田大介　訳 (1996). 感覚の博物誌　河出書房新社

Bartoshuk, L. M. (1991). Sensory factors in eating behavior. *Bulletin of the Psychonomic Society,* 29, 350–355.

Bartoshuk, L. M., & Beauchamp, G. K. (1994). Chemical senses. *Annual Review of Psychology,* 45, 419–449.

Bartoshuk, L. M., Rifkin, B., Marks, L. E., & Bars, P. (1986). Taste and aging. *Journal of Gerontology,* 41, 51–57.

Coren, S., Ward, L. M., & Enns, J. T. (2004). *Sensation and perception* (6th ed.). Hoboken, NJ: Wiley.

Forsyth, A. (1985, November). Good scents and bad. *Natural History,* 94, (11), 25–30.

Hepper, P. (1992). Smoking, passive smoking, and smell. *Medical Science Research,* 30, 205–206.

Labows, J. N., Jr. (1980, November). What the nose knows: Investigating the significance of human odors. *The Sciences* , 20, (9), 10–13.

Murphy, C., & Cain, W. S. (1986). Odor identification: The blind are better. *Physiology and Behavior,* 37, 177–180.

Perkins, K. A., Epstein, L. H., Stiller, R. L., Fernstrom, M. H., Sexton, J. E., & Jacob, R. G. (1990). Perception and hedonics of sweet and fat taste in smokers and nonsmokers following nicotine intake. *Pharmacology, Biochemistry, and Behavior,* 35, 671–676.

Sherman, P. W., & Flaxman, S. M. (2001). Protecting ourselves from food. *American Scientist,* 89, 142–151.

Sokolov, R. (1989, September). Insects, worms, and other tidbits. *Natural History,* 98, (9), 84–88.

Weiten, W. (2007). *Psychology: Themes and variations* (7th ed.). Belmont, CA: Wadsworth.

●16

Benjamin, L. T. Jr. (2007). *A brief history of modern psychology.* Malden, MA: Blackwell Publishing.

Garfield, K. (2006). Are we all synesthetes? *Discover,* 27 (12), 19.

Goldstein, E. B. (2007). *Sensation & perception* (7th ed.). Belmont, CA: Wadsworth.

Harrison, J. E., & Baron-Cohen, S. (Eds.) (1996). *Synesthesia: Classical and contemporary readings.* Cambridge, MA: Blackwell.

Marks, L. (1975a). On colored-hearing synesthesia: Cross-modal translation of sensory dimensions. *Psychological Bulletin,* 82, 303–330.

Marks, L. (1975b, January). Synesthesia: The lucky people with mixed up senses. *Psychology Today,* 9, (1), 48–52.

Müler, J. (1842). Elements of physiology (W. Baly, Trans.). London: Taylor & Walton.

●17

Burr, D. C., Morrone, M. C., & Ross, J. (1994). Selective suppression of the magnocellular visual pathway during saccadic eye movements. *Nature,* 371, 511–513.

Irwin, D. E., & Brockmole, J. R. (2004). Suppressing where but not what: The effect of saccades on dorsal- and ventral-stream visual processing. *Psychological Science,* 15, 467–473.

Just, M. A., & Carpenter, P. A. (1987). *The psychology of reading and language comprehension.* Boston: Allyn & Bacon.

Marcar, V. L., Zihl, J., & Cowey, A. (1997). Comparing the visual deficits of a motion blind patient with the visual deficits of monkeys with area MT removed. *Neuropsychologia,* 35, 1459–1465.

Matin, E., Clymer, A. B., & Matin, L. (1972). Metacontrast and saccadic suppression. *Science,* 178, 179–182.

Paus, T., Marrett, S., Worsley, K. J., & Evans, A. C. (1995). Extraretinal modulation of cerebral blood flow in the human visual cortex: Implications for saccadic suppression. *Journal of Neurophysiology,* 74, 2179–2183.

Vallines, I., & Greenlee, M. W. (2006). Saccadic suppression of retinotopically localized blood oxygen level-dependent responses in human primary visual area V1. *Journal of Neuroscience,* 26, 5965–5969.

Zihl, J., von Cramon, D., & Mai, N. (1983). Selective disturbance of movement vision after bilateral brain damage. *Brain,* 106, 313–340.

●18

Atkinson, R. L., Atkinson, R. C., Smith, E. E., Bem, D. J., & Nolen-Hoeksema, S. (1999). *Hilgard's introduction to psychology* (C. D. Smith, Ed.; 13th ed., pp. 184–185). New York: Harcourt Brace.

Harris, C. (1965). Perceptual adaptation to inverted, reversed, and displaced vision. *Psychological Review, 72,* 419–444.

Held, R., & Hein, A. (1963). Movement-produced stimulation in the development of visually guided behavior. *Journal of Comparative and Physiological Psychology,* 56, 872–876.

Hochberg, J. (1971). Perception Ⅱ: Space and movement. In J. W. Kling & L. A. Riggs (Eds.), *Experimental psychology* (3rd ed., pp. 475–550). New York: Holt.

Redding, G. H., & Wallace, B. (2006). Generalization of prism adaptation. *Journal of Experimental Psychology: Human Perception and Performance,* 32, 1006–1022.

●19

Christianson, S., & Hofstetter, H. W. (1972). Some historical notes on Carl Pulfrich. *American Journal of Optometry and Archives of the American Academy of Optometry* 49, 944–947.

Diaper, C. J. M. (1997). *Pulfrich revisited. Survey of Ophthalmology,* 41, 493–499.

Gregory, R., & Heard, P. (2003). Pulfrich on wheels. *Perception,* 32, 253–254.

Hofeldt, A. J., & Hoefle, F. B. (1993). Stereophotometric testing for Pulfrich's phenomenon in professional baseball players. *Perceptual and Motor Skills,* 77, 407–416.

●20

Flanagan, J. R., & Bandomir, C. A. (2000). Coming to grips with weight perception: Effects of grasp configuration on perceived heaviness. *Perception & Psychophysics, 62*, 1204–1219.

Horner, D. T., & Robinson, K. D. (1997). Demonstrations of the size-weight illusion. *Teaching of Psychology, 24*, 195–197.

Krech, D., Crutchfield, R. S., & Livson, N. (1974). *Elements of psychology* (3rd ed.). New York: Alfred Knopf.

Murray, D. J., Ellis, R. R., Bandomir, C. A., & Ross, H. E. (1999). Charpentier (1891) on the size-weight illusion. *Perception & Psychophysics, 61*, 1681–1685.

Wallach, H. (1959). The perception of motion. *Scientific American, 201*, 56–60.

●21

Coleman, R. M. (1986). *Wide awake at 3:00 a.m.: By choice or by chance?* San Francisco: W. H. Freeman.

Dement, W. C., & Vaughan, C. (1999). *The promise of sleep*. New York: Delacorte Press.

Moorcroft, W. H. (2005). *Understanding sleep and dreaming*. New York: Springer Verlag.

Pace-Schott, E. F., Solms, M., Blagrove, M., &Harnad, S. (Eds.). (2003). *Sleep and dreaming: Scientific advances and reconsiderations*. New York: Cambridge University Press.

□参考Webサイト

睡眠，夢，睡眠障害医学に関する傑出したウェッブサイトを提供しているスタンフォード大学睡眠研究リーダーウィリアム・デメント（William Dement）のホームページ　http://med.stanford.edu/school/psychiaty/coe

●22

Domhoff, G. W. (2003). *The scientific study of dreams: Neural networks, cognitive development, and content analysis*. Washington, DC: American Psychological Association.

Schwartz, S. (2000). A historical loop of one hundred years: Similarities between 19th century and contemporary dream research. *Dreaming, 10*, 55–66.

Ullman, M. (1986). Access to dreams. In B. B. Wolman & M. Ullman (Eds.), *Handbook of states of consciousness* (pp. 524–552). New York: Van Nostrand Reinhold.

●23

Arias, A. J., Steinberg, K., Banga, A., & Trestman, R. L. (2006). Systematic review of the efficacy of meditation techniques as treatments for medical illness. *Journal of Alternative and Complementary Medicine, 12*, 817–832.

Benson, H. (1975). *The relaxation response*. New York: William Morrow.

Naranjo, C, & Ornstein, R. (1971). *On the psychology of meditation*. New York: Viking.

Shapiro, D. H., & Walsh, R. N. (1984). *Meditation: Classical and contemporary perspectives*. New York: Aldine.

Wallace, R. K., Orme-Johnson, D. W., & Dillbeck, M. C. (1990). *Scientific research on Maharishi's Transcendental Meditation and TM-Sidhi program*. Fairfield, IA: Maharishi University Press.

West, M. A. (1998). *Psychology of meditation*. New York: Oxford University Press.

□参考Webサイト

メイヨー病院の情報豊かなウェブ　http://www.mayoclinic.com/health/meditation/HQ01070

米国立補完代替医療センターの瞑想の概略　http://www.nccam.nih/gov/health/meditation

精神科学研究所，研究と教育のウェブ。著者名とトピックで分類された膨大な電子文献目録　http://www.noetic.org/research

Journal for Meditation and Meditation Research　http://www.smmr.de/en/journal

超越医学プログラムの公式ウェブサイト　http://www.tm.org

●24

Alcoholics Anonymous World Services. (2007). *Alcoholics Anonymous* (4th ed.). New York: Author.

DiClemente, C. C. (2003). *Addiction and change: How addictions develop and addicted people recover*. New York: Guilford.

Goldstein, A. (2001). *Addiction: From biology to drug policy* (2nd ed.). New York: Oxford University Press.

McNeece, C. A., & DiNitto, D. M. (2005). *Chemical dependency: A systems approach* (3rd ed.). Boston: Allyn & Bacon.

Miller, W. R., & Heather, N. (Eds.). (1998). *Treating addictive behaviors.* New York: Plenum Press.

Narcotics Anonymous World Service Office. (1991). *Narcotics Anonymous* (5th ed.). Van Nuys, CA: Author.

Substance Abuse and Mental Health Services Administration. (2006). *Results from the 2005 National Survey on Drug Use and Health* (Office of Applied Studies, NSDUH Series H-30, DHHS Publication No. SMA 06-4194). Rockville, MD.

●25

Bitterman, M. E. (2006). Classical conditioning since Pavlov. *Review of General Psychology,* 10, 365-376.

Driscoll, M. P. (2003). *Psychology of learning for instruction* (3rd ed.). Boston: Allyn & Bacon.

Grant, L. K. (2002). Word diagrams in teaching classical conditioning. *Psychological Record,* 52, 129-138.

Kirsch, I., Lynn, S. J., Vigorito, M., & Miller, R. R. (2004). The role of cognition in classical and operant conditioning. *Journal of Clinical Psychology,* 60, 369-392.

Kohn, A., & Kalat, J. W. (1992). Preparing for an important event: Demonstrating the modern view of classical conditioning. *Teaching of Psychology,* 19, 100-102.

Pavlov, I. P. (1927). *Conditioned reflexes: An investigation of the physiological activity of the cerebral cortex* (G. V. Anrep, Trans.). London: Oxford University Press.

Sparrow, J., & Fernald, P. (1989). Teaching and demonstrating classical conditioning. *Teaching of Psychology,* 16, 204-206.

●26

Abramson, C. I. (1990). *Invertebrate learning: A laboratory manual and source book.* Washington, DC: American Psychological Association.

Akins, C. K., Panicker, S., & Cunningham, C. L. (Eds.). (2005). *Laboratory animals in research and teaching: Ethics, care, and methods.* Washington, DC: American Psychological Association.

Alloway, T. M., Graham, J., Wilson, G., & Krames, L. (2000). *Sniffy the virtual rat, pro version.* Pacific Grove, CA: Wadsworth Publishing.

Bare, J. K. (1987). Human operant conditioning. In V. P. Makosky, L. G. Whittemore, & A. M. Rogers (Eds.), *Activities handbook for the teaching of psychology*: Volume 2 (pp. 67-68). Washington, DC: American psychological Association.

Benedict, J., & Stoloff, M. (1991). Animal laboratory facilities at "America's best" undergraduate colleges. *American Psychologist,* 46, 535-536.

Corey, J. R. (1990). The use of goldfish in operant conditioning. In V. P. Makosky, C. C. Sileo, L. G. Whittemore, C. P. Landry, & M. L. Skutley (Eds.), *Activities handbook for the teaching of psychology* (Vol. 3, pp. 106-108). Washington, DC: American Psychological Association.

Crisler, J. C. (1988). Conditioning the instructor's behavior: A class project in psychology of learning. *Teaching of Psychology,* 15, 135-137.

Cunningham, P. F. (2003). Animal use, student choice, and nonanimal alternatives at "America's best" undergraduate colleges. *Teaching of Psychology,* 30, 288-296.

Davis, S. F. (1993). Animals in the classroom. *Psychological Science Agenda,* 6 (5), 8.

Davis, S. F., & Palladino, J. J. (2007). *Psychology* (5th ed.). Upper Saddle River, NJ: Prentice-Hall.

Domjan, M. (2003). *The principles of learning and behavior* (5th ed.). Belmont, CA: Thomson/Wadsworth.

Herzog, H. A. (1990). Discussing animal rights and animal research in the classroom. *Teaching of Psychology,* 17, 90-94.

Michael, J. (1963). *Laboratory studies in operant behavior.* New York: McGraw-Hill.

Myers, D. G. (2007). *Psychology* (8th ed.). New York: Worth.

National Research Council. (1996). *Guide for the care and use of laboratory animals.* Washington, DC: National Academy Press.

Owen, M. J., & Scheuneman, D. L. (1993). An inexpensive habituation and sensitization learning laboratory exercise using planarians. *Teaching of Psychology,* 20, 226-228.

Sharp, P. E., & LaRegina, M. C. (1998). The laboratory rat. Boca Raton, FL: CRC Press.

Skinner, B. F. (1956). A case history in scientific method. *American Psychologist,* 11, 221–233.

Skinner, B. F. (1983). *A matter of consequences.* New York: Knopf.

Venneman, S. S., & Knowles, L. R. (2005). Sniffing out efficacy: Sniffy Lite, a virtual animal lab. *Teaching of Psychology,* 32, 66–68.

●27

Brainerd, C. J. (1979). Cognitive development and concept learning: An interpretive review. *Psychological Bulletin,* 77, 919–939.

Cofer, C. N. (1961). Experimental studies of verbal processes in concept formation and problem solving. *Annals of the New York Academy of Sciences,* 92, 94–107.

Mitchell, T. (1997). *Machine learning.* New York: McGraw-Hill.

Rosch, E., & Lloyd, B. (1978). *Cognition and categorization.* Hillsdale, NJ: Lawrence Erlbaum.

Sternberg, R. J. (2006). *Cognitive psychology* (4th ed.). Belmont, CA: Thomson-Wadsworth Publishing.

●28

Anderson, L. W., & Krathwohl, D. R. (Eds.). (2001). *A taxonomy for learning, teaching, and assessing: A revision of Bloom's taxonomy of educational objectives.* New York: Allyn & Bacon.

Bloom, B. S., Englehart, M. D., Furst, E. J., & Krathwohl, D. R. (1956). *Taxonomy of educational objectives: Cognitive domain.* New York: McKay.

Craik, F. I. M., & Lockhart, R. S. (1972). Levels of processing: A framework for memory research. *Journal of Verbal Learning and Verbal Behavior,* 11, 671–684.

Haladyna, T. M. (1994). *Developing and validating multiple-choice test items.* Hillsdale, NJ: Erlbaum.

Perry, W. G. (1970). *Forms of intellectual and ethical development in college.* New York: Holt, Rinehart & Winston.

●29

Ashcraft, M. (2006). *Cognition* (4th ed.). Upper Saddle River, NJ: Prentice-Hall.

Eich, E., Macauley, D., & Ryan, L. (1994). Mood dependent memory for events of the personal past. *Journal of Experimental Psychology: General,* 123, 201–215.

Smith, S. M. (2006). Context and human memory. In H. L. Roediger Ⅲ, Y. Dudai, & S. M. Fitzpatrick (Eds.), *Science of memory: Concepts* (pp. 111–114). New York: Oxford University Press.

Smith, S. M., & Vela, E. (2001). Environmental context-dependent memory: A review and meta analysis. *Psychonomic Bulletin and Review,* 8, 203–220.

Sternberg, R. J. (2005). *Cognitive psychology* (4th ed.). Belmont, CA: Wadsworth.

Thompson, R. F., & Madigan, S. A. (2005). *Memory: The key to consciousness.* Washington, DC: Joseph Henry Press.

Tileston, D. W. (2004). *What every teacher should know about learning, memory, and the brain.* Thousand Oaks, CA: Corwin Press.

●30

Allard, E, & Burnett, N. (1985). Skill in sport. *Canadian Journal of Psychology,* 9, 294–312.

Chase, W. G., & Simon, H. A. (1973). Perception in chess. *Cognitive Psychology,* 4, 55–81.

Cohen, G. (1989). *Memory in the real world.* Hillsdale, NJ: Erlbaum.

Miller, G. A. (1956). The magical number seven, plus or minus two: Some limits on our capacity for processing information. *Psychological Review,* 63, 81–97.

Squire, L. R. (1992). *Encyclopedia of learning and memory.* New York: Macmillan.

●31

Cermak, L. S., & Craik, F. I. M. (1979). (Eds.) *Levels of processing in human memory.* Hillsdale, NJ: Erlbaum.

Craik, F. I. M., & Lockhart, R. S. (1972). Levels of processing: A framework for memory research. *Journal of Verbal Learning and Verbal Behavior,* 11, 671–684.

Hyde, T. S., & Jenkins, J. J. (1969). Differential effects of incidental tasks on the organization of recall of a list of highly associated words. *Journal of Experimental Psychology,* 82, 472–481.

Jenkins, J. J. (1979). Four points to remember: A tetrahedral model of memory experiments. In L. S. Cermak & F. I. M. Craik (Eds.). *Levels of processing in human memory* (pp. 429–446). Hillsdale, NJ: Erlbaum.

Roediger, H. L., Ⅲ (In press). Relativity of remembering: Why the laws of memory vanished. *Annual Review of Psychology.*

Roediger, H. L., Ⅲ., Gallo, D. A., & Geraci, L. (2002). Processing approaches to cognition: The impetus from the levels-of-processing framework. *Memory,* 10, 319–332.

●32

Ashcraft, M. (2006). *Cognition* (4th ed.). Upper Saddle River, NJ: Prentice-Hall.

Bartlett, F. C. (1932). *Remembering: A study in experimental and social psychology.* Cambridge, England: Cambridge University Press.

Bransford, J. D., Barclay, R., & Franks, J. (1972). Sentence memory: A constructive vs. interpretive approach. *Cognitive Psychology,* 3, 193–209.

Lessing, D. (1967). *Particularly cats.* New York: Simon & Schuster.　深町眞理子　訳（1987）．なんといったって猫　晶文社

Sachs, J. S. (1967). Recognition memory for syntactic and semantic aspects of connected discourse. *Perception and Psychophysics,* 2, 437–442.

Schacter, D. L. (2002). *The seven sins of memory: How the mind forgets and remembers.* Boston: Houghton Mifflin.

Solso, R. L., MacLin, M. K., & MacLin, O. H. (2005). *Cognitive Psychology* (7th ed.). Boston, MA: Pearson.

●33

Brunvand, J. (1981). *The vanishing hitchhiker.* New York: Norton.　大月隆寛・重信幸彦・菅谷裕子　訳（1997）．消えるヒッチハイカー—都市の想像力のアメリカ　新宿書房

Brunvand, J. (2001). *Too good to be true: The colossal book of urban legends.* New York: Norton.

Brunvand, J. (2002). *Encyclopedia of urban legends.* New York: Norton.

Graziano, A., & Raulin, M. (2006). *Research methods: A process of inquiry* (6th ed.). Boston: Allyn & Bacon.

Myers, D. (2007). *Psychology* (8th ed.). New York: Worth.

●34

Goldstein, E. B. (2007). *Sensation & perception* (7th ed.). Belmont, CA: Wadsworth.

Kramer, A. F., Logan, G. D., & Coles, M. G. H. (Eds.). (1995). *Converging operations in the study of visual selective attention* (Monograph). Washington, DC: American Psychological Association.

Solso, R. L., MacLin, M. K., & MacLin, O. H. (2005). *Cognitive psychology* (7th ed.). Boston: Pearson.

Styles, E. A. (2005). *Attention, perception, and memory: An integrated introduction.* New York: Psychology Press.

Styles, E. A. (2006). *The psychology of attention* (2nd ed.). New York: Psychology Press.

●35

Defeyter, M. A., & German, T. P. (2003). Acquiring an understanding of design: Evidence from children's insight problem solving. *Cognition,* 89, 133–155.

Duncker, K. (1945). On problem solving. *Psychological Monographs, 58* (Whole No. 270).

German, T. P., & Barrett, H. C. (2005). Functional fixedness in a technologically sparse culture. *Psychological Science,* 16, 1–5.

German, T. P., & Defeyter, M. A. (2000). Immunity to functional fixedness in young children. *Psychonomic Bulletin & Review,* 7, 707–712.

Halpern, D. F. (Ed.). (1994). *Changing college classrooms: New teaching and learning strategies for an increasingly complex world.* San Francisco: Jossey-Bass.

Halpern, D. F. (2003). *Thought and knowledge* (4th ed.). Mahwah, NJ: Lawrence Erlbaum.

●36

Allport, F. H. (1955). *Theories of perception and the concept of structure.* New York: Wiley.

Biederman, I. (1972). Perceiving real-world scenes. *Science,* 177, 77–80.

Biederman, I., & Cooper, E. E. (1991). Priming contour-deleted images: Evidence for intermediate representation in visual object recognition. *Cognitive Psychology,* 23, 393–419.

Bruner, J. S. (1957). On perceptual readiness. *Psychological Review,* 64, 123–152.

Hebb, D. O. (1949). *The organization of behavior.* New York: Wiley.　白井　常　訳（1957）．行動の機構　岩波書店

Matlin, M. W. (2004). *Cognition* (6th ed.). Hoboken, NJ: John Wiley & Sons.

Miller, G. A., & Isard, S. (1963). Some perceptual consequences of linguistic rules. *Journal of Verbal Learning and Verbal Behavior,* 2, 217–228.

Neisser, U. (1967). *Cognitive psychology.* New York: Appleton-Century-Crofts.　大羽　泰　訳（1981）．認知心理学　誠信書房

Neisser, U. (1976). *Cognition and reality.* San Francisco: Freeman.　古崎　敬・村瀬　旻　訳（1978）．認知の構図―人間は現実をどのようにとらえるか　サイエンス社

●37

Anderson, C. A., & Bushman, B. J. (2002). Human aggression. *Annual Review of Psychology,* 53, 27–51.

Atkinson, R. L., Atkinson, R. C., & Hilgard, E. R. (1983). *Introduction to psychology* (8th ed.). New York: Harcourt Brace Jovanovich.　内田一成　監訳（2010）．ヒルガードの心理学（第14版）　ブレーン出版

Benjamin, L. T., Jr. (1985). Defining aggression: An exercise for classroom discussion. *Teaching of Psychology,* 12, 40–42.

Buss, A. (1961). *The psychology of aggression.* New York: Wiley.

Freedman, J. (2002). *Media violence and its effect on aggression: Assessing the scientific evidence.* Toronto, Ontario, Canada: University of Toronto Press.

Gleitman, H., Reisberg, D., & Gross, J. (2007). *Psychology* (7th ed.). New York: W. W. Norton.

Kosslyn, S. M., & Rosenberg, R. S. (2004). *Psychology: The brain, the person, the world* (2nd ed.). Boston: Pearson.

Krahé, B. (2001). *The social psychology of aggression.* Philadelphia: Taylor & Francis.　秦　一士・湯川進太朗　編訳（2004）．攻撃の心理学　北大路書房

Sdorow, L. M., & Rickabaugh, C. A. (2002). *Psychology* (5th ed.). New York: McGraw-Hill.

Sternberg, R. J. (2004). *Psychology* (4th ed.). Belmont, C.A: Wadsworth.

Zimbardo, P. G., Weber, A. L., & Johnson, R. L. (2003). *Psychology: Core concepts* (4th ed.). Boston: Allyn and Bacon.

●38

Bailey, J. M., & Zucker, K. J. (1995). Childhood sex-typed behavior and sexual orientation: A conceptual analysis and quantitative review. *Developmental Psychology,* 31, 43–55.

Bogaert, A. F., & Liu, J. (2006). Birth order and sexual orientation in men: Evidence for two independent interactions. *Journal of Biosocial Science,* 38, 811–819.

Coleman, E. (1987). Bisexuality: Challenging our understanding of human sexuality and sexual orientation: In E. E. Shelp (Ed.), *Sexuality and medicine* (Vol. 1, pp. 225–242). New York: Reidel.

Dworkin, A. (1987). *Intercourse.* New York: Free Press/Macmillan.

Hyde, J. S., & DeLamater, J. D. (2006). *Understanding human sexuality* (9th ed.). Boston: McGraw-Hill.

Kinsey, A. C., Pomeroy, W. B., & Martin, C. E. (1948). *Sexual behavior in the human male.* Philadelphia: W. B. Saunders.

Laumann, E. O., Gagnon, J. H., Michael, R. T., & Michaels, S. (1994). *The social organization of sexuality: Sexual practices in the United States.* Chicago: University of Chicago Press.

Sell, R. L. (1997). Defining and measuring sexual orientation: A review. *Archives of Sexual Behavior,* 26, 643–658.

Storms, M. D. (1980). Theories of sexual orientation. *Journal of Personality and Social Psychology,* 38, 783–792.

●39

Benson, S. (1981, February). Dr. Max Maultsby says: Stop worrying and get on with your life. *Ebony,* 36, (2), 66–70.

Borkovec, T. (1985, December). What's the use of worrying? *Psychology Today,* 12, 59–64.

Dyson, R., & Renk, K. (2006). Freshmen adaptation to university life: Depressive symptoms, stress, and coping. *Journal of Clinical Psychology,* 62, 1231–1244.

Eison, J., & McDaniel, P. S. (1985). *The development of a student worry survey.* Unpublished manuscript.

Ellis, A., & Harper, R. (1975). *A new guide to rational living.* Hollywood, CA: Wilshire.

Hauck, P. A. (1975). *Overcoming worry and fear.* Philadelphia: Westminister.

Gatchel, R. J., & Baum, A. (1983). *An introduction to health psychology.* Reading, MA: Addison-Wesley.

Kanner, A. D., Coyne, J. C., Schaefer, C., & Lazarus, R. S. (1981). Comparison of two modes of stress measurement: Daily hassles and uplifts versus major life events. *Journal of Behavioral Medicine,* 4, 1–39.

Kieffer, K. M., Cronin, C., & Gawet, D. L. (2006). Test and study worry and emotionality in the prediction of college students' reasons for drinking: An exploratory investigation. *Journal of Alcohol & Drug Education,* 50, 57–81.

Maultsby, M. (1975). *Help yourself to happiness through rational self-counseling.* New York: Institute for Rational Living.

McDaniel, P. S., & Eison, J. (1986). *The relationship between college student worries and other measures of health and adjustment.* Unpublished manuscript.

Zaritsky, J. S. (1990). "What I worry about." Meeting the needs of the community college student. *Community Review,* 10, 19–24.

●40

Bailey, J. M., Dunne, M. P., & Martin, N. G. (2000). The distribution correlates and determinants of sexual orientation in an Australian twin sample. *Journal of Personality and Social Psychology,* 78, 524–536.

Beckwith, J. (2002). *Making genes, making waves: A social activist in science.* Cambridge, MA: Harvard University Press.

Drayna, D., Manichaikul, A., de Lange, M., Snieder, H., & Spector, T. (2001). Genetic correlates of musical pitch recognition in humans. *Science,* 291, 1969–1972.

Gupta, A. R., & State, M. W. (2007). Recent advances in the genetics of autism. *Biological Psychiatry,* 61, 429–437.

Hawke, J. L., Wadsworth, S. J., & Defries, J. C. (2005). Genetic influences on reading difficulties in boys and girls: The Colorado Twin Study. *Dyslexia,* 12, 21–29.

Hay, D. A. (2003). Who should fund and control the direction of human behavior genetics? Review of Nuffield Council on Bioethics 2002 Report, Genetics and Human Behavior: The Ethical Context. *Genes, Brain and Behavior,* 2, 321–326.

Jang, K. L., Livesley, J. W., & Vernon, P. A. (1996). Heritability of the Big Five personality dimensions and their facets: A twin study. *Journal of Personality,* 64, 577–591.

Jha, P., Kumar, R., Vasa, P., Dhingra, N., Thiruchelvam, D., & Moineddin, R. (2006). Low male-to-female sex ratio of children born in India: A national survey of 1.1 million households. *Lancet,* 367, 211–218.

Kirk, K. M., Bailey, J. M., Dunne, M. P., & Martin, N. G. (2000). Measurement models for sexual orientation in a community twin sample. *Behavior Genetics,* 30, 345–356.

Kitcher, P. (1997). *The lives to come: The genetic revolution and human possibilities.* New York: Touchstone.

Linday, L. A. (1994). Maternal reports of pregnancy, genital, and related fantasies in preschool and kindergarten children. *Journal of the American Academy of Child and Adolescent Psychiatry,* 33, 416–423.

Loehlin, J. C., McCrae, R. R., & Costa, P. T. (1998). Heritabilities of common and measure-specific components of the Big Five personality factors. *Journal of Research in Personality,* 32, 431–453.

Martin, C. L. (1995). Stereotypes about children with traditional and nontraditional gender roles. *Sex Roles,* 33, 727–751.

Moore, D. S. (2001). *The dependent gene: The fallacy of "nature vs. nurture."* New York: W. H. Freeman.

Plomin, R., Defries, J. C., Craig, I. W., & McGuffin, P. (Eds.). (2003). *Behavioral genetics in the postgenomic era.* Washington, DC: American Psychological Association.

Plomin, R., Defries, J. C., McClearn, G. E., & McGuffin, P. (2001). *Behavioral genetics* (4th ed.). New York: Worth Publishers.

Plomin, R., & Spinath, F. M. (2004). Intelligence: Genetics, genes, and genomics. *Journal of Personality and Social Psychology,* 86, 112–129.

Rutter, M. (2006). *Genes and behavior: Nature-nurture interplay explained.* Malden, MA: Blackwell Publishing.

Sandnabba, K. N. (1999). Parents' attitudes and expectations about children's cross-gender behavior. *Sex Roles,* 40, 249–263.

Schmitt, D. P., Allik, J., McCrae, R. R., & Benet-Martinez, V. (2007). The geographic distribution of Big Five personality traits: Patterns and profiles of human self-description across 56 nations. *Journal of Cross-Cultural Psychology,* 38, 173–212.

Sternberg, R. J., Grigorenko, E. L., & Kidd, K. K. (2005). Intelligence, race, and genetics. *American Psychologist,* 60, 46–59.

Wilmut, I., & Highfield, R. (2006). *After Dolly: The uses and misuses of human cloning.* New York: W. W. Norton.

●41

Maimon, E .P., Belcher, G. L., Hearn, G. W., Nodine, B. F., & O'Connor, F. W. (1981). *Writing in the arts and sciences.* New York: Winthrop Publishers.

Papalia, D. E. (2006). *A child's world: Infancy through adolescence* (10th ed.). New York: McGraw-Hill.

Shaffer, D., & Kipp, K. (2007). *Developmental psychology: Childhood and adolescence* (7th ed.). Belmont, CA: Wadsworth.

Siiter, R. J. (1999). *Introduction to animal behavior.* Belmont, CA: Wadsworth.

Whishaw, I. Q., & Kolb, B. (2004). *The behavior of the laboratory rat.* New York: Oxford University Press.

□ラットの飼育に関する参考webサイト

http://ratgrowth.homestead.com

http://www.dapper.com.au/links.htm

●42

Papalia, D. E. (2006). *A child's world: Infancy through adolescence* (10th ed.). New York: McGraw-Hill.

Shaffer, D., & Kipp, K. (2007). *Developmental psychology: Childhood and adolescence* (7th ed.). Belmont, CA: Wadsworth.

●43

Bartz, K. W. (1978). Selected childrearing tasks and problems of mothers and fathers. *The Family Coordinator,* 27, 209–214.

Freed, A. O. (1985). Linking developmental, family and life cycle theories. *Smith College Studies in Social Work,* 55, 169–182.

Galinsky, E. (1981). *Between generations: The stages of parenthood.* New York: Berkeley Books.

Galinsky, E. (1987). *The six stages of parenthood.* New York: Perseus Publishing.

Rhodes, S. I. (1977). A developmental approach to the life cycle of the family. *Social Casework,* 58, 301–311.

Schaefer, C. E., & DiGer, T. F. (2000). *Ages and stages: A parent's guide to normal child development.* New York: Wiley.

Unell, B. C., & Wyckoff, J. L. (2000). *The 8 seasons of parenthood.* New York: Crown.

●44

Erikson, E. (1954). *Childhood and society.* New York: W. W. Norton. 仁科弥生 訳 (1977). 幼児期と社会 みすず書房

Gibbs, J. C. (2003). *Moral development and reality: Beyond the theories of Kohlberg and Hoffman.* Thousand Oaks, CA: Sage.

Gilligan, C. (1982). *In a different voice: Psychological theory and women's development.* Cambridge, MA: Harvard University Press. 岩男寿美子 監訳 (1986). もうひとつの声—男女の道徳観のちがいと女性のアイデンティティ 川島書店

Hoover, K. R. (Ed.). (2004). *The future of identity: Centennial reflections on the legacy of Erik Erikson.* Lanham, MD: Lexington Books.

Kohlberg, L. (1986). *The stages of ethical development from childhood through old age.* San Francisco: Harper & Row.

Piaget, J. (1972). Intellectual evolution from adolescence to adulthood. *Human Development,* 15, 1–12.

Thomas, R. (2004). *Comparing theories of child development* (6th ed.). Belmont, CA: Wadsworth.

●45

Butler, R. N. (1969). Age-ism: Another form of bigotry. *The Gerontologist,* 14, 243–249.

Chasteen, A. L., Schwartz, N., & Park, D. C. (2002). The activation of aging stereotypes in younger and older adults.

Journal of Gerontology, 57B, 540-547.

Fiske, S. T., Cuddy, A. C., Glick, P., & Xu, J.(2002). A model of(often mixed)stereotype content: Competence and warmth respectively follow from perceived status and competition. *Journal of Personality and Social Psychology,* 82, 878-902.

Kite, M. E., Stockdale, G. D., Whitley, B. E., & Johnson, B. T.(2005). Attitudes toward younger and older adults: An updated meta-analytic review. *Journal of Social Issues,* 61, 241-266.

Kwong See, S. T., & Heller, R.(2005). Measuring ageism in children. In E. Palmore, L. Branch, & D. Harris (Eds.), *The encyclopedia of ageism*(pp. 210-217). Binghamton, NY: Haworth Press.

Panek, P. E.(1984). A classroom technique for demonstrating negative attitudes toward aging. *Teaching of Psychology,* 11, 173-174.

Ory, M., Kinney, H. M., Hawkins, M., Sanner, B., & Mockenhaupt, R.(2003). Challenging aging stereotypes: Strategies for creating a more active society. *American Journal of Preventive Medicine,* 25, 164-171.

●46

Benjamin, L. T., Jr.(1983). A class exercise in personality and psychological assessment. *Teaching of Psychology,* 10, 94-95.

Embree, M. C.(1986). Implicit personality theory in the classroom: An integrative approach. *Teaching of Psychology,* 13, 78-80.

Goldberg, L. R.(1990). An alternative "description of personality": The Big-Five factor structure. *Journal of Personality and Social Psychology,* 59, 1216-1229.

Hall, C. S., Lindzey, G., & Campbell, J. B.(2001). *Theories of personality*(4th ed.). New York: Wiley.

Haslam, N., Bastian, B., & Bissett, M.(2004). Essentialist beliefs about personality and their implications. *Personality and Social Psychology Bulletin,* 30, 1661-1673.

Kelly, G. A.(1963). *A theory of personality: The psychology of personal constructs.* New York: Norton.

McAdams, D. P.(1995). What do we know when we know a person? *Journal of Personality,* 63, 365-396.

Moskowitz, G. B., & Tesser, A.(Eds.).(2005). *Social cognition: Understanding self and others.* New York: Guilford Press.

Schultz, D. P., & Schultz, S. E.(2004). *Theories of personality*(8th ed.). Belmont, CA: Wadsworth.

Wang, A. Y.(1997). Making implicit personality theories explicit: A classroom demonstration. *Teaching of Psychology,* 24, 258-261.

●47

Anastasi, A., & Urbina, S. P.(1997). *Psychological testing*(7th ed.). Upper Saddle River, NJ: Prentice-Hall.

Funder, D. C., & Ozer, D. J.(1997). *Pieces of the personality puzzle: Reading in theory and research.* New York: W. W. Norton.

Wallen, R. W.(1956). *Clinical psychology: The study of persons.* New York: McGraw-Hill.

●48

Ayeroff, F., & Abelson, R. P.(1976). ESP and ESB: Belief in personal success at mental telepathy. *Journal of Personality and Social Psychology, 34,* 240-247.

Benassi, V. A., Sweeney, P. D., & Drevno, G. E.(1979). Mind over matter: Perceived success at psychokinesis. *Journal of Personality and Social Psychology,* 37, 1377-1386.

Burger, J. M., & Schnerring, D. A.(1982). The effects of desire for control and extrinsic rewards on the illusion of control and gambling. *Motivation and Emotion,* 6, 329-335.

Cramer, K. M., & Perreault, L. A.(2006). Effects of predictability, actual controllability, and awareness of choice on perceptions of control. *Current Research in Social Psychology,* 11, 111-126.

Golin, S., Terrell, F., & Johnson, B.(1977). Depression and the illusion of control. *Journal of Abnormal Psychology,* 86, 440-442.

Goodman, J. K., & Irwin, J. R.(2006). Special random numbers: Beyond the illusion of control. *Organizational Behavior and Human Decision Processes,* 99, 161-174.

Griffiths, M. (2006). An overview of pathological gambling. In T. G. Plante (Ed.), *Mental disorders of the new millennium: Behavioral issues* (Vol. 1, pp. 73–98). Westport, CT: Praeger Publishers.

Langens, T. A. (2007). Regulatory focus and illusions of control. *Personality and Social Psychology Bulletin,* 33, 226–237.

Langer, E. J. (1975). The illusion of control. *Journal of Personality and Social Psychology,* 32, 311–328.

Stern, G. S. & Berrenberg, J. L. (1979). Skill-set, success outcome, and mania as determinants of the illusion of control. *Journal of Research in Personality,* 13, 206–220.

Williams, R. J., & Connolly, D. (2006). Does learning about the mathematics of gambling change gambling behavior? *Psychology of Addictive Behaviors,* 20, 62–68.

Wohl, M. J. A., Young, M. M., & Hart, K. E. (2007). Self-perceptions of dispositional luck: Relationship to DSM gambling symptoms, subjective enjoyment of gambling, and treatment readiness. *Substance Use & Misuse,* 42, 43–63.

●49

Boyce, T. E., & Geller, E. S. (2002). Using the Barnum effect to teach psychological research methods. *Teaching of Psychology,* 29, 316–318.

Burger, J. M. (2008). *Personality* (7th ed.). Belmont, CA: Thomson Wadsworth.

Dickson, D. H., & Kelly, I. W. (1985). The "Barnum effect" in personality assessment: A review of the literature. *Psychological Reports,* 57, 367–382.

Forer, B. (1949). The fallacy of personal validation: A classroom demonstration of gullibility. *Journal of Abnormal and Social Psychology,* 44, 118–123.

Goldfried, M. R., & Kent, R. N. (1972). Traditional versus behavioral personality assessment: A comparison of methodological and theoretical assumptions. *Psychological Bulletin,* 77, 409–420.

Layne, C. (1998). Gender and the Barnum effect: A reinterpretation of Piper-Terry and Downey's results. *Psychological Reports,* 83, 608–610.

MacDonald, D. L., & Standing, L. G. (2002). Does self-serving bias cancel the Barnum effect? *Social Behavior and Personality,* 30, 625–630.

Piper-Terry, M. L., & Downey, J. L. (1998). Sex, gullibility, and the Barnum effect. *Psychological Reports,* 82, 571–576.

Schultz, D. P., & Schultz, S. E. (2005). *Theories of personality* (8th ed.). Belmont, CA: Thompson Wadsworth.

●50

Benson, J. J. (1996). *Wallace Stegner: His life and work.* New York: Viking.

Brown, J. D. (1997). *The self.* New York: McGraw-Hill.

Coles, R. (1989). *The call of stories: Teaching and the moral imagination.* Boston: Houghton-Mifflin.

Josselson, R., Lieblich, A., & McAdams, D. P. (Eds.). (2002). *Up close and personal: The teaching and learning of narrative research.* Washington, DC: American Psychological Association.

Lazarus, R. S., & Folkman, S. (1984). *Stress, appraisal, and coping.* New York: Springer.

McAdams, D. P. (1993). *The stories we live by: Personal myths and the making of the self.* New York: William Morrow.

McAdams, D. P., Josselson, R., & Lieblich, A. (Eds.). (2006). *Identity and story: Creating self in narrative.* Washington, DC: American Psychological Association.

Stegner, W. (1996). *Remembering laughter.* New York: Penguin Books.

Stegner, W. (1996). *A shooting star.* New York: Penguin Books.

Stegner, W. (1997). *Recapitulation.* New York: Penguin Books.

Stegner, W. (2006). *Angle of repose.* New York: Penguin Books.

Stegner, W. (2006). *Crossing to safety.* New York: Penguin Books.

●51

Benjamin, L. T., Jr. (2007). *A brief history of modern psychology.* Malden, MA: Blackwell Publishing.

Davison, G. C., & Neale, J. M. (2000). *Abnormal psychology* (8th ed.). New York: Wiley. 村瀬孝雄　監訳 (1998). 異常心理学（第 6 版）　誠信書房

Halgin, R. P., & Whitbourne, S. K. (2007). *Abnormal psychology* (5th ed.). New York: McGraw-Hill.

Kuhn, T. S. (1996). *The structure of scientific revolutions* (3rd ed.). Chicago: University of Chicago Press. 中山 茂 訳 (1971). 科学革命の構造 みすず書房

Prilleltensky, I. (1990). The politics of abnormal psychology: Past, present, and future. *Political Psychology,* 11, 767–785.

Schultz, D. P., & Shultz, S. E. (2008). *A history of modern psychology* (9th ed.). Belmont, CA: Wadsworth/Thomson Learning. 村田孝次 訳 (1986). 現代心理学の歴史 (第 3 版) 培風館

Thomas, R. M. (2001). *Folk psychologies across cultures.* Thousand Oaks, CA: Sage.

●52

Barton, E. J. (1982). Facilitating student veracity: Instructor application of behavioral technology to self-modification projects. *Teaching of Psychology,* 9, 99–101.

Berrera, M., & Glasgow, R. E. (1976). Design and evaluation of a personalized instruction course in behavioral self-control. *Teaching of Psychology,* 3, 81–84.

Bouton, C., & Garth, R. (Eds.). (1983). *Learning in groups.* San Francisco: Jossey-Bass.

Brigham, T. A., Moseley, S. A., Sneed, S., & Fisher, M. (1994). Excel: An intensive structured program of advising and academic support to assist minority freshmen to succeed at a large university. *Journal of Behavioral Education,* 4, 227–242.

Deffenbacher, J., & Shephard, J. (1994). Evaluating a seminar on stress management. *Teaching of Psychology,* 16, 79–81.

Dodd, D. K. (1986). Teaching behavioral self-change: A course model. *Teaching of Psychology,* 13, 82–85.

Epstein, R. (1997). Skinner as self-manager. *Journal of Applied Behavior Analysis,* 30, 545–568.

Hamilton, S. B. (1980). Instructionally based training in self-control: Behavior-specific and generalized outcomes resulting from student-implemented self-modification projects. *Teaching of Psychology,* 7, 140–145.

Johnson, D. W., Maruyama, G., Johnson, R., Nelson, D., & Skon, L. (1981). Effects of cooperative, competitive, an individualistic goal structure on achievement: A meta-analysis. *Psychological Bulletin,* 89, 47–62.

Menges, R. J., & Dobroski, B. J. (1977). Behavioral self-modification in instructional settings: A review. *Teaching of Psychology,* 4, 168–173.

Rakos, R., & Grodek, M. V. (1984). An empirical evaluation of a behavioral self-management course in a college setting. *Teaching of Psychology,* 11, 157–162.

Seligman, M. E. P. (1994). *What you can change and what you can't: The complete guide to successful self-improvement.* New York: Knopf.

Watson, L., & Tharp, R. G. (2007). *Self-directed behavior: Self-modification for personal adjustment* (9th ed.). Belmont, CA: Wadsworth.

Worthington, E. L. (1977). Honesty and success in self-modification projects for a college class. *Teaching of Psychology,* 4, 78–82.

●53

Bernstein, D. A., & Borkovec, T. (1973). *Progressive relaxation training: A manual for the helping professions.* Champaign, IL: Research Press.

Bracke, P. E., & Bugental, J. F. T. (1995). Existential addiction: A new conceptual model for Type A behavior and workaholism. In T. Pauchant (Ed.), *In search of meaning* (pp. 65–97). San Francisco: Jossey-Bass.

Bracke, P. E., & Thoresen, C. E. (1996). Reducing Type A behavior patterns: A structured-group approach. In R. Allan & S. Scheidt (Eds.), *Heart & mind* (pp. 255–290). Washington, DC: American Psychological Association.

Davis, M., McKay, M., & Eshelman, E. R. (1982). *The relaxation and stress reduction workbook.* Oakland, CA: New Harbinger Publications.

Eagleston, J. R., Kirmil-Gray, K., Thoresen, C. E., Wiedenfeld, S., Bracke, P. E., & Arnow, B. (1986). Physical health correlates of Type A behavior in children and adolescents. *Journal of Behavioral Medicine,* 9, 341–362.

Friedman, M., & Rosenman, R. (1974). *Type A behavior and your heart.* New York: Knopf. 新里里春 訳 (1993). タ

イプA性格と心臓病　創元社

Friedman, M., & Ulmer, D.(1984). *Treating Type A behavior and your heart.* New York: Fawcett Crest.

Jacobson, E.(1974). *Progressive relaxation.* Chicago: University of Chicago Press.

Luthe, W., & Schultz, J. H.(1969). *Autogenic methods.* London: Grune& Stratton.

Siegel, J. M.(1982). Type A behavior and self-reports of cardiovascular arousal in adolescents. *Psychosomatic Medicine,* 43, 311–321.

Thoresen, C. E., & Bracke, P. E.(1993). Reducing coronary recurrences and coronary prone behavior: A structured group approach. In J. Spira(Ed.), *Group therapy for the medically ill*(pp. 156–179). New York: Guilford Press.

●54

Berman, A. L., Jobes, D. A., & Silverman, M.(2006). *Adolescent suicide: Assessment and intervention*(2nd ed.). Washington, DC: American Psychological Association.

Deutsch, M.(1973). *The resolution of conflict*: Constructive and destructive processes. New Haven, CT: Yale University Press.　杉田千鶴子　訳（1995）．紛争解決の心理学　ミネルヴァ書房

Deutsch, M., & Coleman, P. T.(Eds.).(2000). *The handbook of conflict resolution: Theory and practice.* San Francisco: Jossey-Bass.　レビン小林久子　編訳（2009）．紛争管理論―さらなる充実と発展を求めて　日本加除出版

King, R. A.(Ed.).(2003). *Suicide in children and adolescents.* New York: Cambridge University Press.

Murphy, J. M.(1999). *Coping with teen suicide.* New York: Rosen Publishing.

Nelson, R. E., & Galas, J. C.(2006). *The power to prevent suicide: A guide for teens helping teens.* Minneapolis, MN: Free Spirit Publishing.　浦谷計子　訳（2007）．友だちに「死にたい」といわれたとき、きみにできること―大切な人の自殺を食い止める方法　ゴマブックス

Roleff, T. L.(Ed.).(2000). *Teen suicide.* Chicago: Greenhaven Press.

●55

American Law Institute. *Model penal code*(1962 official draft), §4.01.

American Psychiatric Association.(2000). *Diagnostic and statistical manual of mental disorders*(4th ed.). Washington, DC: Author.　高橋三郎・大野　裕・染矢俊幸　訳（2002）．DSM-IV-TR精神疾患の分類と診断の手引　医学書院

American Psychology-Law Society.(2007).
Retrieved from http://www.ap-ls.org/academics/downloadUndergrad.html

Boston Bar Association.(Producer).(1996, March, 11). *Insanity tail of Hamlet.*[DVD].

Greene, E., Heilbrun, K., Fortune, W. H., & Nietzel, M. T.(2006). *Wrightsman's psychology and the legal system*(6th ed.). Pacific Grove, CA: Brooks/Cole.

Hermann, D. H. J.(1997). *Mental health and disability law.* St. Paul, MN: West.

Reisner, R., Slobogin, D. W., & Arti, R.(2004). *Law and the mental health system: Civil and criminal aspects.* St. Paul, MN: West.

Sales, B. D., & Shuman, D. W.(1996). *Law, mental health, and mental disorder.* Pacific Grove, CA: Brooks/Cole.

Shakespeare, W.(1947). *The tragedy of Hamlet, Prince of Denmark.* New Haven, CT: Yale University Press. (Original work published 1603)　野島秀勝　訳（2002）．ハムレット　岩波書店

Slobogin, C.(2006). *Proving the unprovable: The role of law, science, and speculation in adjudicating culpability and dangerousness.* New York: Oxford University Press.

Washington, DC, Bar Association.(Producer).(1994, March 17). Trial of Hamlet[DVD]. Available from C-SPAN Video Library Web site, http://www.c-spanvideo.org/program/55363-1

□参考Wedサイト

ボストン弁護士会版　http://www.c-spanvideo.org/program/70842-1

ワシントン弁護士会板　http://www.c-spanvideo.org/program/55363-1)

●56

Altman, I., & Taylor, D. A.(1973). *Social penetration: The development of interpersonal relationships.* New York: Holt, Rinehart & Winston.

Baxter, L. A. (1988). A dialectical perspective on communication strategies in relationship development. In S. Duck (Ed.), *Handbook of personal relationships* (pp. 257–273). New York: Wiley.

Berscheid, E., Dion, K., Walster, E., & Walster, G. W. (1971). Physical attractiveness and dating choice: A test of the matching hypothesis. *Journal of Experimental Social Psychology,* 7, 173–189.

Erikson, E. (1963). *Childhood and society.* New York: Norton.　仁科弥生　訳（1977）．幼児期と社会　みすず書房

Franz, C., & White, K. M. (1985). Individuation and attachment in personality development: Extending Erikson's theory. In A. Stewart & B. Lykes (Eds.), *Gender and personality* (pp. 136–168). Durham, NC: Duke University Press.

Hatfield, E., & Rapson, R. (2005). *Love and sex: Cross-cultural perspectives.* Lanham, MD: University Press of America.

Hatfield, E., & Spencer, S. (1986). Mirror, mirror … *The importance of looks in everyday life.* Albany: State University of New York Press.

Kerckhoff, A. C., & Davis, K. E. (1962). Value consensus and need complementarity in mate selection. *American Sociological Review,* 27, 295–303.

Levinger, G., & Huesmann, L. R. (1980). An "incremental exchange" perspective on the pair relationship: International reward and level of involvement. In K. K. Gergen, M. S. Greenberg, & R. H. Willis (Eds.), *Social exchange: Advances in theory and research* (pp. 165–188). New York: Plenum Press.

Lewis, R. A. (1972). A developmental framework for the analysis of premarital dyadic formation. *Family Process,* 11, 17–48.

Miller, R., Perlman, D., & Brehm, S. (2007). *Intimate relationships* (4th ed.). Boston: McGraw-Hill.

Murstein, B. I. (1976). The stimulus-value-role theory of marital choice. In H. Grunebaum & J. Christ (Eds.), *Contemporary marriage: Structures, dynamics, and therapy* (pp. 165–168). Boston: Little, Brown.

Murstein, B. I. (1987). A clarification and extension of the SVR theory of dyadic pairing. *Journal of Marriage and the Family,* 49, 929–933.

Parks, M. R. (2006). *Personal relationships and personal networks.* Mahwah, NJ: Lawrence Erlbaum.

Paul, E. L., & White, K. M. (1990). The development of intimate relationships in late adolescence. *Adolescence,* 25, 375–400.

Reis, H. T., & Rusbult, C. E. (Eds.). (2004). *Close relationships: Key readings.* New York: Psychology Press.

Reiss, I. L. (1960). Toward a sociology of the heterosexual love relationship. *Marriage and Family Living,* 22, 139–145.

Rusbult, C. E. (1983). A longitudinal test of the investment model: The development (and deterioration) of satisfaction and commitment in heterosexual involvement. *Journal of Personality and Social Psychology,* 45, 101–117.

Sullivan, H. S. (1953). *The interpersonal theory of psychiatry.* New York: Norton.　中井久夫　訳（2002）．精神医学は対人関係論である　みすず書房

Thibaut, J. W., & Kelley, H. H. (1959). *The social psychology of groups.* New York: Wiley.

Vangelisti, A. L., & Perlman, D. (Eds.). (2006). *The Cambridge handbook of personal relationships.* New York: Cambridge University Press.

●57

Cialdini, R. B. (2001). *Influence: Science and practice* (4th ed.). Boston: Allyn & Bacon.

Crano, W. D., & Prislin, R. (2006). Attitudes and persuasion. *Annual Review of Psychology,* 57, 345–374.

DeBono, K. G. (2006). Self-monitoring and consumer psychology. *Journal of Personality,* 74, 715–737.

Hovland, C. I., Janis, I. L., & Kelley, H. H. (1953). *Communication and persuasion.* New Haven, CT: Yale University Press.

Petty, R. E., & Cacioppo, J. T. (1986). *Communication and persuasion: Central and peripheral routes to attitude change.* New York: Springer-Verlag.

メッセージ－学習アプローチ（イェール・モデル）における態度変容の要因やペティーとカシオッポの精緻化見込みモデルについて多少深いところまで扱っている社会心理学の教科書はどれでも有用な参考文献である。

現代の態度変容の理論や研究についてのレビューとしては，P. S. Visser & J. Cooper. (2003). Attitude change. In M. A. Hogg & J. Cooper (Eds.), *The Sage handbook of social psychology* (pp.211–231). Thousand Oaks, CA: Sage

Publicationsを参照のこと。

● 58

Giere, R. N. (1997). *Understanding scientific reasoning* (4th ed.). Fort Worth, TX: Harcourt Brace.

Goodwin, C. J. (2007). *Research in psychology: Methods and design.* (5th ed.). Hoboken, NJ: Wiley.

Gruder, C. L., Romer, D., & Korth, B. (1978). Dependency and fault as determinants of helping. *Journal of Experimental and Social Psychology,* 14, 227–235.

Pelham, B. W., & Blanton, H. (2007). *Conducting research in psychology: Measuring the weight of smoke* (3rd ed.). Belmont, CA: Wadsworth/Thomson Learning.

● 59

Benjamin, L. T., Jr. (1985). Defining aggression: An exercise for classroom discussion. *Teaching of Psychology,* 12, 40–42.

Cartwright, D., & Zander, A. (1968). *Group dynamics: Research and theory* (3rd ed.). New York: Harper & Row.

Levine, R. L., & Moreland, R. L. (2006). *Small groups: Key readings in social psychology.* New York: Psychology Press.

Mills, T. M. (1967). *The sociology of small groups.* Englewood Cliffs, NJ: Prentice Hall.

Newcomb, T. M. (1951). Social psychological theory. In J. H. Rohrer & M. Sherif (Eds.), *Social psychology at the crossroads* (pp. 31–49). New York: Harper.

Pavitt, C., & Curtis, E. (1994). *Small group discussion: A theoretical approach.* Scottsdale, AZ: Gorsuch Scarisbrick.

Smith, M. (1945). Social situation, social behavior, social group. *Psychological Review,* 52, 224–229.

● 60

Moskowitz, A. B., & Tesser, A. (Eds.). (2005). *Social cognition: Understanding self and others.* New York: Guilford Press.

Myers, D. G. (2008). *Social psychology.* New York: McGraw-Hill.

Nisbett, R., & Ross, L. (1980). *Human inference: Strategies and shortcomings of social judgment.* Englewood Cliffs, NJ: Prentice-Hall.

Ross, L. D., Amabile, T. M., & Steinmetz, J. L. (1977). Social roles, social control and biases in social-perception processes. *Journal of Personality and Social Psychology,* 35, 485–494.

Ross, L., & Nisbett, R. E. (1991). *The person and the situation: Perspectives of social psychology.* New York: McGraw-Hill.

● 61

Asch, S. E. (1946). Forming impressions of personality. *Journal of Personality and Social Psychology,* 41, 258–290.

Children's Defense Fund. (2005). *The state of America's children —Yearbook 2005.* Washington, DC: Author.

Jones, E. E., & Nisbett, R. E. (1971). The actor and the observer: Divergent perceptions of the causes of behavior. In E. E. Jones, D. E. Kanouse, H. H. Kelley, R. E. Nisbett, S. Valins, & B. Weiner (Eds.), *Attribution: Perceiving the causes of behavior* (pp. 79–94). Morristown, NJ: General Learning Press.

Jones, J. M., Levine, I. S., & Rosenberg, A. A. (Eds.). (1991). Homelessness [Special issue]. *American Psychologist,* 46, 1188–1207.

Kelley, H. H. (1967). Attribution theory in social psychology. In D. Levine (Ed.), *Nebraska Symposium on Motivation* (Vol. 15, pp. 192–240). Lincoln: University of Nebraska Press.

Miller, D. T., & Ross, M. (1975). Self-serving biases in the attribution of causality: Fact or fiction? *Psychological Bulletin,* 86, 93–118.

Parker, E., & Spears, R. (Eds.). (1996). *Psychology and society: Radical theory and practice.* London: Pluto Press.

Ross, L. (1977). The intuitive psychologist and his shortcomings: Distortions in the attribution process. In L. Berkowitz (Ed.), *Advances in experimental social psychology* (Vol. 10, pp. 173–220). New York: Academic Press.

Sherif, M., Harvey, O. J., White, B. J., Hood, W. R., & Sherif, C. W. (1961). *Inter-group conflict and cooperation: The Robbers Cave experiment.* Norman: University of Oklahoma Book Exchange.

Spurlock, J., & Robinowitz, C. B. (Eds.). (1990). *Women in context: Development and stresses.* New York: Plenum Press.

Storms, M. D. (1973). Videotape and the attribution process. Reversing actors' and observers' points of view. *Journal of Personality and Social Psychology,* 27, 165–175.

Sumner, W. G. (1906). *Folkways*. Boston: Ginn.

●62

Adorno, T. W. (1993). *The authoritarian personality*. New York: Norton.

Allport, G. W. (1954). *The nature of prejudice*. Reading, MA: Addison Wesley.

American Psychological Association. (1997). *Visions and transformation —The final report*. Washington, DC: Author.

Baird, R. M., & Rosenbarum, S. E. (Eds.). (1992). *Bigotry, prejudice and hatred: Definitions, causes, and solutions*. Buffalo, NY: Prometheus.

Benjamin, L. T., Jr., Hopkins, J. R., & Nation, J. R. (1994). *Psychology* (3rd ed.). New York: Macmillan.

Bronstein, P., & Quina, K. (Eds.). (2003). *Teaching gender and multicultural awareness*. Washington, DC: American Psychological Association.

Clark, K. B. (1963). *Prejudice and your child* (2nd ed.). Boston: Beacon Press.

Dovido, J. R., & Gaertner, S. L. (Eds.). (1986). *Prejudice, discrimination, and racism*. Orland, FL: Academic Press.

Gilligan, C. (1982). *In a different voice: Psychological theory and women's development*. Cambridge, MA: Harvard University Press.　岩男寿美子　監訳（1986）．もうひとつの声—男女の道徳観のちがいと女性のアイデンティティ　川島書店

Gioseffi, D. (1993). *On prejudice: A global perspective*. New York: Anchor Books.

Herek, G. M. (Ed.). (1998). *Stigma and sexual orientation: Understanding prejudice against lesbians, gay men and bisexuals*. Thousand Oaks, CA: Sage.

Holland, J. (2006). *Misogyny: The world's oldest prejudice*. New York: Carroll and Graf.

Holmes, T. H., & Rahe, R. H. (1967). The Social Readjustment Rating Scale. *Journal of Psychosomatic Research*, 11, 213–218.

Jones, J. M. (1997). *Prejudice and racism* (2nd ed.). New York: McGraw-Hill.

Joshi, S. T. (Ed.). (2006). *In her place: A documentary history of prejudice against women*. Amherst, NY: Prometheus.

Kamin, L. J. (1974). *The science and politics of I.Q.* Hillsdale, NJ: Lawrence Erlbaum.　岩井勇児　訳（1977）．IQの科学と政治　黎明書房

Lerner, R. M. (1992). *Final solutions: Biology, prejudice and genocide*. University Park, Pennsylvania State University Press.

Matsumoto, D., & Juang, L. (2003). *Culture and psychology* (3rd ed.). Belmont, CA: Thomson Wadsworth.

Nagayama Hall, G. C., & Barongan, C. (2001). *Multicultural psychology*. Upper Saddle River, NJ: Prentice Hall.

Sachs, M. (2006). *First impressions*. New Milford, CT: Roaring Brook Press.

Stem-La Rosa, C. (2000). *The Anti-Defamation League's hate hurts: How children learn and unlearn prejudice*. New York: Scholastic.

Waller, J. (2000). *Prejudice across America*. Jackson: University of Mississippi Press.

Zanna, M. P., & Olson, J. M. (Eds.). (1993). *The psychology of prejudice: The Ontario Symposium* (Vol. 7). Hillsdale, NJ: Erlbaum.

Zimbardo, P. (1990). *Discovering psychology*. [Video series]. Burlington, VT: The Annenberg/CPB Project.　肥田野直　監訳　1992．心理学への招待　丸善

●63

Broverman, I. K., Vogel, S. R., Broverman, D. M., Clarkson, F. E., & Rosenkrantz, P. S. (1972). Sex-role stereotypes: A current appraisal. *Journal of Social Issues*, 28, 59–78.

Eagly, A. H., & Karau, S. J. (1991). Gender and the emergence of leaders. *Journal of Personality and Social Psychology*, 60, 685–710.

Eagly, A. H., & Karau, S. J. (2002). Role congruity theory of prejudice toward female leaders. *Psychological Review*, 109, 573–598.

Eagly, A. H., & Mladinic, A. (1989). Gender stereotypes and attitudes toward women and men. *Personality and Social Psychology Bulletin*, 15, 543–558.

Geis, F. L., Brown, V., Jennings, J., & Corrado-Taylor, D. (1984). Sex versus status in sex-associated stereotypes. *Sex*

Roles, 11, 771–785.

Geis, F. L., Brown, V., Jennings, J., & Porter, N. (1984). TV commercials as achievement scripts for women. *Sex Roles,* 10, 513–524.

Hebl, M. R. (1994). Gender bias in leader selection. *Teaching of Psychology,* 22, 186–188.

Kellerman, B., & Rhode, D. L. (2007). *Women and leadership: The state of play and strategies for change.* San Francisco: Jossey Bass.

Lord, R. G., De Vader, D. I., & Alliger, G. M. (1986). A meta-analysis of the relation between personality traits and leadership perceptions: An application of validity generalization procedures. *Journal of Applied Psychology,* 71, 402–410.

Nye, J. L., & Forsyth, D. R. (1991). The effects of prototype-based biases on leadership appraisals: A test of leadership categorization theory. *Small Group Research,* 22, 360–379.

Porter, N., Geis, F. L., & Jennings, J. W. (1983). Are women invisible as leaders? *Sex Roles,* 9, 1035–1049.

Wood, W. (1987). Meta-analytic review of sex differences in group performance. *Psychological Bulletin,* 102, 53–71.

●64

Miller, C. F., Trautner, H. M., & Ruble, D. N. (2006). The role of gender stereotypes in children's preferences and behavior. In L. Balter & C. S. Tamis-LeMonda (Eds.), *Child psychology: A handbook of contemporary issues* (2nd ed., pp. 293–323). New York: Psychology Press.

Raag, T. (1999). Influences of social expectations of gender, gender stereotypes, and situational constraints on children's toy choices. *Sex Roles,* 41, 809–831.

Wood, E., Desmarais, S., & Gugula, S. (2002). The impact of parenting experience on gender stereotyped play of children. *Sex-Roles,* 47, 39–49.

●65

Barner, M .R. (1999). Sex-role stereotyping in FCC-mandated children's educational television. *Journal of Broadcasting & Electronic Media,* 43, 551–564.

Diekman, A. B., & Murnen, S. K. (2004). Learning to be little women and little men: The inequitable gender equality of nonsexist children's literature. *Sex Roles,* 50, 73–385.

Gooden, A. M., & Gooden, M. A. (2001). Gender representation in notable children's picture books: 1995–1999. *Sex Roles,* 45, 89–101.

Hamilton, M. C., Anderson, D., Broaddus, M., & Young, K. (2006). Gender stereotyping and under-representation of female characters in 200 popular children's picture books: A twenty-first century update. *Sex Roles,* 55, 757–765.

Roberts, L. C., & Hill, H. T. (2003). Come and listen to a story about a girl named Rex: Using children's literature to debunk gender stereotypes. *Young Children,* 58 (2), 39–42.

Taylor, F. (2003). Content analysis and gender stereotypes in children's books. *Teaching Sociology,* 31, 300–311.

●66

Amir, Y. (1976). The role of intergroup contact in change of prejudice and ethnic relations. In P. A. Katz (Ed.), *Towards the elimination of racism* (pp. 245–308). Elmsford, NY: Pergamon Press.

Amir, Y. (1994). The contact hypothesis in intergroup relations. In W. J. Lonner & R. Malpass (Eds.), *Psychology and culture* (pp. 231–238). Needham Heights, MA: Allyn & Bacon.

Berger, K. S. (2005). *The developing person through the life span* (6th ed.). New York: Worth.

Dixon, J., Durrheim, K., & Tredoux, C. (2005). Beyond the optimal contact strategy: A reality check for the contact hypothesis. *American Psychologist,* 60, 697–711.

Norvell, N., & Worchel, S. (1981). A reexamination of the relation between equal status contact and intergroup attraction. *Journal of Personality and Social Psychology,* 41, 902–908.

Pettigrew, T. F., & Tropp, L. R. (2006). A meta-analytic test of intergroup contact theory. *Journal of Personality and Social Psychology,* 90, 751–783.

Stephan, W. G., & Brigham, J. C. (1985). Intergroup contact: Introduction. *Journal of Social Issues,* 41 (3), 1–8.

●67

Guadalupe, K., & Lum, D. (2005). *Multidimensional contextual practice: Diversity and transcendence.* Belmont, CA: Thomson.

Matsumoto, D., & Juang, L. (2004). *Culture and psychology.* Belmont, CA: Thomson.

Okun, B., Fried, J., & Okun, M. (1999). *Understanding diversity: A learning-as-practice primer.* Pacific Grove, CA: Brooks/Cole.

Shiraev, E., & Levy, D. (2004). Cross-cultural psychology: Critical thinking and contemporary applications (2nd ed.). Boston: Pearson.

Sue, D. W., & Sue, D. (2003). *Counseling the culturally diverse: Theory and practice* (4th ed.). New York: Wiley.

人名索引

事項索引

監訳者あとがき

大学教育において，学生参加型授業の重要性が指摘されて久しい。とりわけ心理学という物理的な実体のない「心」の機能を明らかにしようとする学問の内容を十分理解する上で，実験など実際の体験は重要である。心理学を専門とする学生は心理学実験を体験できるが，実験体験のない一般学生には実験を基に作りあげられた心理学の授業はわかりにくいものであろう。

このような点から，心理学の講義的な授業においても学生参加型授業や，簡単な実験を取り入れた授業を行ないたいという希望は多い。しかしながら，具体的に何をどのようにすれば良いのかわからないという声も聞かれる。実際，わが国の大学院教育で心理学教育法を教えているところはなく，多くの若手教員は心理学に関する大学の教授法はもちろん学生参加型授業の作り方などを学ぶことなく教壇に立っているのである。

このような状況を改善するための１つの手だてとして本書 Ludy T. Benjamin, Jr. (Ed.) (2008). *Favorite Activities for the Teaching of Psychology*. American Psychological Association, Washington DC. は翻訳された。本書はアメリカ心理学会から発行されている心理学授業で有効な学生参加型のアクティビティを集めた Activities Handbook for the Teaching of Psychology シリーズに掲載された中から定評のあるものを選び構成したものである。心理学における学生参加型授業を行ないたい，簡単な実験を取り入れた授業を行ないたいという希望をもつ教員は，ベテランであれ初心者であれ，本書を通して多くの授業のアイデアを得ることができるだろう。

監訳者は，伊藤秀子先生の科学研究費補助金研究「心理学の学部教育における効果的教授法の開発と評価」（平成６－８年度）ならびに「心理学の主体的学習を支援する教材および教授法の研究」（平成10－12年）に参加しActivities Handbook for the Teaching of Psychologyシリーズを紹介してきた。また平成20－21年に東京学芸大学連合学校教育学研究科博士課程研究プロジェクトとして，「博士課程学生の授業能力を高める：教育心理学・発達心理学教授法の開発」を実施してきた。本書の翻訳へといたる道程の最初のきっかけとなる科研研究にお誘いいただいた伊藤秀子メディア教育開発センター名誉教授，ならびに博士課程プロジェクトを担ってきた千葉大学中澤研究室の皆さんに感謝したい。

本書の翻訳は当初，上記博士課程研究プロジェクトの活動として計画されたが，日本の心理学ワールドの広範な活動とするため日本心理学会心理学教育研究会の事業の一環として展開することとなった。

日本心理学会心理学教育研究会代表杉山憲司先生，および各翻訳のとりまとめをいただいた心理学教育研究会の角山　剛，北村英哉，小山高正，坂元　章，鈴木晶，中澤　清，山崎晴美の諸先生および各訳者の方々に深く感謝申しあげたい。

さらに，本書の翻訳の機会を与えて下さった北大路書房，特に何かと手間取りがちであった翻訳作業を支えていただいた薄木敏之さんに心よりお礼申しあげたい。

最後に，本書をヒントに多くの心理学教員がオリジナルの授業アクティビティを作り出し，共有化していただくことを期待したい。それによって，日本の心理学教育はより充実したものとなるだろう。日本心理学会心理学教育研究会はそのようなアイデアを共有し，交流する場である。多くの方々の参加を願っている。

中澤　潤（千葉大学）
日本心理学会心理学教育研究会

編者について

ルディ・ベンジャミン・ジュニア（Ludy T. Benjamin, Jr.）はテキサスA＆M大学の心理学教授で，最優秀教育教授である。学部と大学院で心理学史，心理学入門を，また大学院で心理学教授法を教えている。彼の業績は22冊の著書と150編以上の雑誌論文や本の章に渡るが，それらは大きく心理学史と心理学教育に分けることができる。心理学教育に関する研究では特に参加型学習の重要性を強調している。

彼は1981年にアメリカ心理学会（APA）のフェローに選出され，APAの心理学史および心理学教育という２つの部門会の会長をそれぞれ務めた。1986年にアメリカ心理学財団から栄誉ある傑出教育賞を，2001年にはAPAから教育・訓練への傑出貢献賞を受賞した。テキサスA＆M大学ではファスケン教授職とグラスコック教授職に就いている。これらはいずれも優れた教育実践を行なった教授に与えられる名誉ある称号である。

彼は1940年に小さなリベラルアーツカレッジであるネブラスカ・ウエスレヤン大学で大学教員としてのキャリアを開始した。テキサスA＆M大学に異動する前の1978年から1980年の間には，APAの教育ディレクターを務めた。心理学教授の公務を離れた時には，旅行，野球，演劇鑑賞，釣りを楽しむ。

◆訳者一覧（執筆順）

中澤　潤	千葉大学	序文, 6, 7, 9, 33, 編者について
山崎　晴美	日本大学	1
中道　圭人	常葉学園大学	2, 29, 34, 43
遠藤　忠	日本大学	3
髙橋　美保	早稲田大学	4, 8
中道　直子	東京学芸大学	5, 13, 45
上田　彩子	日本女子大学	10
小山　高正	日本女子大学	32
中神　明子	日本女子大学	11, 31
安江　みゆき	日本女子大学	12
鈴木　晶夫	早稲田大学	14
横尾　暁子	東京家政学院大学	15, 16
北村　英哉	東洋大学	17
大森　馨子	日本大学	18
吉田　宏之	日本大学	19
泉井　みずき	東京学芸大学	20, 41, 48
小原　依子	神戸女子大学	21
水澤　慶緒里	関西学院大学	22
小林　麻衣	東洋大学	23
佐藤　重隆	東洋大学	24
近江　玲	お茶の水女子大学	25, 38
榎本　淳子	東洋大学	26, 47, 59
中澤　小百合	淑徳大学	27, 30, 40, 44
角山　明子	埼玉大学	28
長内　優樹	大正大学	35, 36
名取　洋典	東京学芸大学	37, 56, 58, 60
市川　優一郎	日本大学	39
荒木　史代	東京学芸大学	42, 51, 54, 55
中澤　清	関西学院大学	46, 50
安田　傑	関西学院大学	49
中込　充信	東京国際大学	52, 53
田島　祥	関東学園大学	57
坂元　桂	立教大学	61
佐藤　史緒	東洋大学	62
加藤　麻里恵	桜美林大学	63, 64, 65
相馬　拓郎	東洋大学	66
下田　俊介	東洋大学	67

■監訳者紹介

中澤　潤（なかざわ・じゅん）

1951年　島根県生まれ
1977年　広島大学大学院教育学研究科修士課程修了
現　在　千葉大学教育学部教授・博士（心理学）

主　著

社会的行動における認知的制御の発達　多賀出版　1996年
心理学マニュアル観察法（共編著）　北大路書房　1997年
心理学マニュアル質問紙法（共編著）　北大路書房　1998年
心理学マニュアル面接法（共編著）　北大路書房　2000年
心理学マニュアル要因計画法（共編著）　北大路書房　2000年
心理学マニュアル研究法レッスン（共編著）　北大路書房　2002年
教育心理学の基本理解（編著）　同文書院　2005年
Applied Developmental Psychology: Theory, Practice and Research from Japan.（共編著）Greenwich, CT: Information Age Publisher. 2005年
クリティカルシンキング研究論文篇（監訳）　北大路書房　2005年
よくわかる教育心理学（編著）　ミネルヴァ書房　2008年
Handbook of Cultural Developmental Science.（分担執筆）NY: Psychology Press. 2009年
発達心理学の最先端（編著）　あいり出版　2009年
The Role of the father in Child Development.. 5th Edition（分担執筆）Hoboken, NJ: John Wiley & Sons. 2010年

心理学教育のための傑作工夫集
講義をおもしろくする67のアクティビティ

2010年8月30日　初版第1刷印刷
2010年9月10日　初版第1刷発行
定価はカバーに表示してあります。

編　者　L. T. ベンジャミン・ジュニア
監訳者　中　澤　　潤
日本心理学会心理学教育研究会
発行所　㈱北大路書房
〒603-8303　京都市北区紫野十二房町12-8
電　話　(075) 431-0361㈹
F A X　(075) 431-9393
振　替　01050-4-2083

印刷・製本／シナノ書籍印刷㈱
検印省略　落丁・乱丁本はお取り替えいたします。

ISBN978-4-7628-2726-6　Printed in Japan